Über das Buch

Das Buch *»Refugium – sichere Gebiete nach Alois Irlmaier und anderen Sehern«* fasst die Aussagen der bekannten europäischen Hellseher zu den unterschiedlichen Gebieten in Deutschland, Österreich, der Schweiz und Europa für die prophezeiten Szenarien zusammen, vergleicht und analysiert sie und stellt die Ergebnisse in rund 20 detaillierten Landkarten dar. In den jeweiligen Karten werden die einzelnen Kriegsvoraussagen berücksichtigt, ebenso wie die Voraussagen zu Überflutungen, zur dreitägigen Finsternis und teilweise auch zu den bürgerkriegsähnlichen Unruhen.
Der geografische Schwerpunkt des Buches ist der deutschsprachige Raum bzw. Mitteleuropa, aber das Buch behandelt – soweit das möglich war – auch andere Länder und Regionen in Europa und der Welt.
Eine vergleichbare Arbeit hatte Stephan Berndt schon im Jahre 2001 als Teil des Buches *»Prophezeiungen – alte Nachricht in neuer Zeit«* vorgelegt. »Refugium« baut auf dieser alten Arbeit auf, berücksichtigt aber zwischenzeitliche Erkenntnisse und neu aufgetauchte Quellen der letzten 15 Jahre.

Über den Autor

Stephan Berndt forscht und publiziert seit über 20 Jahren zum Thema traditionelle europäische Prophetie. Er ist bekannt für seine umfangreichen, seriösen und eingehenden Analysen. Sein Buch über den bekannten bayrischen Hellseher Alois Irlmaier ist seit Jahren ein Bestseller.

STEPHAN BERNDT

REFUGIUM

SICHERE GEBIETE

NACH

ALOIS IRLMAIER

UND

ANDEREN SEHERN

www.reichel-verlag.de
info@reichel-verlag.de
93053 Regensburg

ISBN 978-3-946433-30-9

Gabriele Hoffmann, Deutschlands bekannteste Wahrsagerin 2010 in einem Interview mit Stephan Berndt:

Ich habe gesehen, dass in etwa 18 bis 20 Jahren von jetzt [2010] an, in Russland eine Situation einsetzt, politisch und wirtschaftlich, wo dieses Land einen Aufschwung macht, fast wie ein Einwanderungsland, wie Amerika zur Zeit der Jahrhundertwende, wo aus Deutschland, aus Irland, von überall her Menschen nach Amerika gegangen sind, um ihr Glück zu machen. Und wenn ich mir überlege, dass das Land sehr große Bodenschätze hat, ist es logisch vorstellbar. Aber Russland ist ein dicker, brauner, schwerfälliger Bär, und vom Logischen her bin ich ganz unsicher und denke, wie sollen die Menschen in dieses Land einwandern und ihr Glück machen und einen Aufschwung bringen, wenn das Land in der Struktur so starr ist?

Anmerkung von Stephan Berndt: Das deckt sich prinzipiell mit der traditionellen europäischen Prophetie. Diese erklärt den radikalen Wandel in Russland mit einem großen Krieg, an dessen Ende der Untergang derjenigen Mächte steht, die Europa spalten und schwächen.

Inhalt

Über dieses Buch

Dieses Buch ist speziell für solche Leser gedacht, die schon etwas mehr wissen über ältere, traditionelle europäische Hellseher, deren Visionen und Prophezeiungen.
Das Buch ist aber auch geeignet für Leser, die sich zum ersten Mal mit dem Thema europäische Prophetie befassen. Für diese Leser erkläre ich nachfolgend auch die Hintergründe, die zum Verständnis des prophezeiten Szenarios wichtig sind.
Thema dieses Buches sind sichere Gebiete innerhalb des prophezeiten Szenarios. *Sichere Gebiete* schreibe ich nachfolgend immer in Anführungszeichen, denn niemand weiß, ob sich die Voraussagen der europäischen Prophetie jemals vollständig erfüllen werden. Kurz: Es ist nicht sicher, ob die angeblich „sicheren Gebiete" wirklich sicher sein würden, sei es, dass sich die Prophezeiungen überhaupt nicht erfüllen, sei es, dass sie sich anders erfüllen als gedacht.

New Age gegen „alte" Prophetie

Wenn ich die etwas sperrigen Begriffe *„alte", „ältere"* oder *„traditionelle europäische Prophezeiungen"* verwende, dann deshalb, weil in Deutschland und Europa seit etwa 1990 eine Art neue Prophetie mehr und mehr an Boden gewonnen hat: die *New-Age-Prophetie.* Deren Repräsentanten behaupten immer wieder, die „alten" Prophezeiungen stimmten nicht mehr.

New Age bedeutet *neues Zeitalter.* Im eigentlichen Sinne ist mit *New Age* aber nicht nur ein *neues* Zeitalter gemeint, sondern ein Zeitalter, das *so* neu und geistig so innovativ ist, dass es die „alten" Seher überhaupt nicht vorausgesehen *konnten!*

Jemand wie ich, der etwas weiß über alte, traditionelle europäische Prophetie, muss allerdings feststellen, dass die Sache mit der komplett neuen Zukunft nicht so ganz stimmen kann. Denn es gibt eine Reihe älterer Prophezeiungen, die nachweislich Dinge vorausgesagt haben, die sich seit etwa 1990 mehr und mehr erfüllen, u. a. der sogenannte Arabische Frühling und die Flüchtlingskrise.
Es geht hier wohlgemerkt um erfüllte Prophezeiungen, die schon vor Jahrzehnten *niedergeschrieben und publiziert* worden sind. Es erfüllt sich derzeit nahezu ein prophezeites Vorzeichen nach dem anderen, und es ist in Betracht zu ziehen, dass schlussendlich auch das prophezeite dicke Ende kommt: ein großer Krieg in Europa, den Russland zwar formal vom Zaune bricht, der in Wahrheit aber von westlichen Kräften provoziert *und gewollt ist.*

Dieser Krieg würde insbesondere auch auf deutschem und österreichischem Staatsgebiet ausgetragen. Wider Erwarten soll es in Europa aber *keinen* Atomkrieg geben. *Gäbe* es diesen Atomkrieg in Europa, oder würde ich als Autor dieses Buches glauben, dem sei so, würden Sie diese Zeilen nicht lesen. Ich hätte das vorliegende Buch, wie auch meine anderen Bücher gar nicht erst geschrieben!

Der dritte Weltkrieg in Europa wäre also kein Atomkrieg. Um das zu unterstreichen, schreibe ich *dritter Weltkrieg* nachfolgend immer in Anführungszeichen.
Der Krieg soll laut europäischer Prophetie zudem auch nur kurz sein: nur etwa drei Monate, so dass man guten Mutes sein könnte, diese schwierige Zeit zu überstehen.
Allerdings soll es zum Kriegsende hin zu einer Naturkatastrophe kommen, die das Zerstörungspotenzial des Krieges noch deutlich übertrifft. Diese Naturkatastrophe wird seit Jahrhunderten von besonders vielen Sehern vorausgesagt: die *dreitägige Finsternis*. Nach dieser Finsternis – so die europäische Prophetie – begänne eine vollkommen neue Zeit in Europa. Eine Zeit, die sich derzeit kaum einer ausmalen kann oder will,

Der Weg in den „dritten Weltkrieg"

Fast noch wichtiger als die Frage nach dem genauen Ablauf des „dritten Weltkriegs", ist *die Frage nach dem Weg dorthin* – die Frage, ob wir uns schon auf diesem Wege befinden, und wenn, wie lang noch die Reststrecke wäre? Kurz: Wie viel Zeit bliebe uns noch?
Die Frage nach dem genauen Zeitpunkt kann Ihnen meines Wissens bisher niemand guten Gewissens präzise beantworten. Was man aber guten Gewissens feststellen kann, ist: Es sieht so aus, also ob wir uns wenigstens bisher weiter auf dem Wege „ins Szenario" befinden.
Mag sein, dass auf den letzten Metern noch ein Wunder geschieht und sich die Hoffnung des New Age doch noch erfüllt, sich ein Notausgang eröffnet und sich eine wundersame Wendung ergibt. ... Die angeblich alten und überholten europäischen Prophezeiungen jedenfalls sagen eine Reihe konkreter Ereignisse und Entwicklungen voraus, die sich im unmittelbaren Vorfeld des „dritten Weltkrieges" ereignen sollen. Zum Beispiel die aktuelle Flüchtlingskrise (siehe Seite 23).
Zum Thema „die letzten Vorzeichen" ist 2015 mein Buch *»Countdown Weltkrieg 3.0«* erschienen, das sich mit den wichtigsten Vorzeichen in den *letzten acht Monaten* vor Kriegsausbruch in Europa befasst. Der Krieg wäre dann – wohlgemerkt *wenn* – im Hochsommer eines Jahres X zur Getreideernte zu erwarten. Der Zeitpunkt Getreideernte taucht immer wieder in den Quellen auf (siehe Seite 216).

bad lands

Versucht man die Gebiete einzugrenzen, die in Europa vom Krieg verschont bleiben sollen, muss man auch klarstellen, wo in Deutschland, in Österreich usw. Krieg wäre, also wo gekämpft, geschossen, bombardiert, gestorben und geflüchtet würde.
Um den potenziellen Wert und die Bedeutung der „sicheren Gebiete" bewusst zu machen, muss man auch ansprechen, wie hoch die Lebensgefahr in den einzelnen bedrohten Gebieten – den *bad lands* – wäre. Potenzielle Gefahren müssen so weit möglich benannt werden.

Dieses Buch geht also ans Eingemachte. Einen Großteil der Informationen in diesem Buch habe ich aber schon 2001 in *»Prophezeiungen – alte Nachricht in neuer Zeit«* veröffentlicht. Ähnliches haben schon andere Autoren getan, und vieles aus diesem Buch wurde in den letzten Jahrzehnten in anderen Werken und Publikationen zusammen schätzungsweise in weit über *500.000 Exemplaren*[*] veröffentlicht. Gegenüber meinem Buch von 2001 berücksichtigt *»Refugium«* einige jüngere Quellen, ist besser und klarer strukturiert, kompakter, und auch das Kartenmaterial ist verbessert. Vermutlich finden Sie derzeit in ganz Europa kein Buch, das so viele detaillierte Karten zum Thema Prophetie, Mitteleuropa und dritter Weltkrieg enthält.

Als Nächstes folgt die Beschreibung des „großen Szenarios" in Europa und der Welt im Überblick. Dann folgen ein paar grundsätzliche Anmerkungen zur Idee der „sicheren Gebiete", danach folgen drei hellseherische Voraussagen zur aktuellen Flüchtlingskrise. Und danach sehen wir uns die betreffenden Voraussagen zu den einzelnen Gebieten im großen Szenario im Detail an.

Dann will und muss ich kurz noch darauf hinweisen, dass ich persönlich letztlich *nicht* weiß, was die Zukunft bringen wird, mich aber aufgrund meiner Kenntnis der traditionellen europäischen Prophetie verpflichtet fühle, auf die mögliche Bedeutung dieser Prophetie hinzuweisen.

Frühling 2016

Stephan Berndt

---

[*] Alleine von Conrad Adlmaiers *»Blick in die Zukunft«* müssten es über die Jahre hin 150.000 bis 200.000 Exemplare gewesen sein, siehe Stephan Berndt, *»Alois Irlmaier«*, Seite 236

Das große Szenario in Europa

Der Krieg

Im Frühling eines Jahres X befindet sich Europa in einer schweren Wirtschaftskrise. Zeitgleich rumort es im Nahen Osten und die militärische Situation dort droht zu eskalieren. Zum Sommer hin spitzt sich die Lage zu. Die innenpolitische Situation in Deutschland, Frankreich, Italien wird immer chaotischer, es riecht nach Unruhe und Bürgerkrieg. Im Nahen Osten wird erkennbar, dass eine Eskalation der dortigen Lage eine direkte Konfrontation zwischen NATO und Russland auslösen könnte.
Im Juni/Juli schöpft man dann Hoffnung, weil es zu einer Friedensbewegung kommt. Auch die Großmächte USA und Russland scheinen jetzt eine friedliche Lösung im Nahen Osten anzustreben. Eine Friedenskonferenz wird anberaumt. Wenige Wochen vor der Friedenskonferenz scheint sich Europa unmittelbar vor einer sozialen Explosion zu befinden. In Paris und Rom herrscht große Unruhe.
Dann, im Hochsommer, wenn das Getreide reif ist und das Gerede von Frieden auf Konferenzen und in den Medien den Höhepunkt erreicht, bricht über Nacht der „dritte Weltkrieg" aus. Abends noch ist man am Verhandeln, frühmorgens läuft bereits der Angriff Russlands. Glaubt man Alois Irlmaier, so erfolgt zwischen den Abend- und Morgenstunden ein politisches Attentat, das zum finalen Kriegsauslöser wird. Nach dem Attentat starten die Russen aus dem Stand heraus einen völlig überraschenden Angriff auf Skandinavien, Mitteleuropa, Südosteuropa und die Türkei. Europa ist bis in die Knochen erschrocken. Niemand hat damit gerechnet.

Später dann, wenn der Krieg vorüber ist, die Trümmer beseitigt werden und die Ursachenforschung beginnt, fällt es den Menschen wie Schuppen von den Augen: Auch dieser Krieg war wieder einmal *gewollt!* Wieder einmal war es *kein Unfall.* Und es war wieder einmal auch kein Kampf zwischen „Gut" und „Böse". Es ging in dem Krieg darum, Russland ein für alle Male und endgültig als globalen Machtfaktor auszuschalten. Dazu brauchte es einen großen Krieg, den Russland zwar nicht gewinnen kann, aber dennoch vom Zaune bricht.

Schon drei Tage nach Kriegsausbruch stehen die Russen am Rhein und überschreiten ihn im Norden nördlich des Ruhrgebietes an der holländischen Grenze und im Süden südlich von Freiburg. Aus dem Raum Freiburg heraus stoßen sie tief nach Frankreich hinein, erreichen aber nicht wie geplant den Atlantik. Denn der russische Angriff bleibt europaweit stecken. Nicht aber weil jetzt die amerikanischen Atombomben fallen. Nein. Noch versuchen die USA das „Problem" unterhalb der atomaren Schwelle zu lösen. Was also machen die USA? Sie unterbinden den russischen Nachschub, indem sie über tschechischem und deutschem Gebiet einen chemischen Kampfstoff einsetzen, der sämtliche über Erdboden verlaufende Militärtransporte nördlich von Prag unmöglich macht.

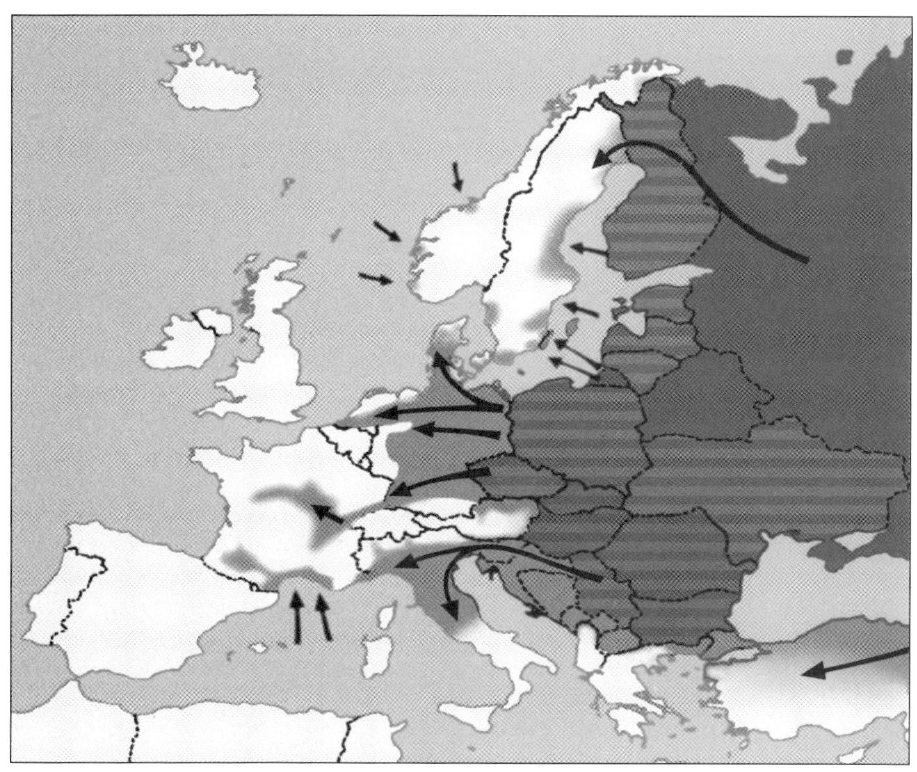

Abb. 1: Der Angriff auf Europa / vereinfachter Überblick

Diese Europakarte fasst die Aussagen der europäischen Seher und Prophezeiungen zu den von russischen Bodentruppen eroberten Gebieten in Europa zusammen. Dargestellt ist das weiteste Vorstoßen der Russen. Europa ist hier in vier Zonen unterteilt: 1. die verschonten Gebiete (weiß), 2. die vom Angreifer schnell durchquerten Gebiete, wo es wenigstens beim Angriff zu keinen nennenswerten Kämpfen kommen dürfte (schraffiert), 3. Kriegsgebiete (dunkle Gebiete westlich der schraffierten Zone), 4. die Herkunftsländer der Angreifer

Nach diesem Sperrgürtel zwischen Prag und dem Meer im Norden zahlen die Russen mit gleicher Münze zurück: Jetzt vernichten sie ihrerseits den Nachschub der NATO, der größtenteils über See läuft (USA–Europa, England–Kontinent). Russland zündet am Nordrand der Nordsee unterseeisch eine Atombombe, die einen gigantischen Tsunami erzeugt, der sämtliche Schiffe in der Nordsee und dem Nordatlantik in die Tiefe reißt und zudem auch noch Hafenanlagen und andere Infrastruktur im Hinterland der Nordseeanrainer zerstört. Zwar entfällt für Europa durch den Explosionsort der unterseeischen Atombombe so weit im Nordwesten im Meer das Problem der radioaktiven Strahlung, aber das unmittelbare Zerstörungspotenzial der ausgelösten Flutwelle stellt alles in den Schatten, was man selbst von den größten bisher bekannten Tsunamis kennt.

Nach dem Bomben-Tsunami in Nordeuropa sind sowohl NATO als auch Russland schwer angeschlagen. Aber noch ist man nicht bereit, einen weltweiten Atomkrieg zu

riskieren. Also kämpft man (vorerst) konventionell weiter. Rund drei Monate nach Kriegsausbruch wird dann aber doch allmählich die Grenze zum totalen Atomkrieg überschritten, und in den USA und Russland, *nicht aber in Mitteleuropa,* detonieren schon vereinzelt erste Atombomben.
In Mitteleuropa sind die Russen inzwischen auf dem Rückzug, und am Nordostrand des Ruhrgebietes und in Westfalen kommt es zu den letzten und heftigsten Schlachten. Auch hier unterliegt die russische Armee.

Die dreitägige Finsternis

Genau in diesem Moment erscheint über den europäischen Schlachtfeldern ein kleiner leuchtender Himmelskörper. In der darauffolgenden Nacht ertönt ein Donnerschlag, den man europaweit hört, und nur wenige Stunden später, noch in derselben Nacht, ist die Luft in Europa überall mit so dichtem Staub angefüllt, dass man an der freien Luft nach wenigen Atemzügen stirbt. In geschlossenen Räumen allerdings sind die Überlebenschancen gut.
Am nächsten Morgen warten die Menschen vergeblich auf den Sonnenaufgang. Drei Tage lang bleibt es dunkel. Während dieser drei Tage sollen in Deutschland laut Alois Irlmaier mehr Menschen sterben als in Erstem und Zweitem Weltkrieg zusammen (rund 10 Mio.). Ursache wäre zum einen die Verpestung der Außenluft, zum anderen soll es aber auch zu einer Destabilisierung des Erdmagnetfeldes und einer Störung der Erdrotation kommen und infolgedessen zu einer Verschiebung der geografischen Pole, zu Erdbeben und Überflutung der Küsten.
Die *dreitägige Finsternis* ist das mit weitem Abstand am häufigsten in ganz Europa seit mehreren Jahrhunderten von Hellsehern vorausgesagte Einzelereignis. (Auf Seite 186 finden Sie dazu eine Auflistung *von über 30 Quellen*, die dieses Ereignis vorausgesehen haben.) Noch dazu sind es gerade viele der besten Hellseher, die das Ereignis vorausgesehen haben. Man kann sagen: Wenn überhaupt etwas an der traditionellen europäischen Prophetie stimmt, *dann die Voraussage der dreitägigen Finsternis! Sie* wäre das eigentliche Hauptereignis im Szenario „dritter Weltkrieg“. *Ihr* fielen mit Abstand die meisten Menschen zum Opfer, *nicht dem Kriege.*

Nach der Finsternis soll es deutlich wärmer sein. Und die Sonne – so die Quellen – geht nicht mehr dort am Horizont auf, wo sie aufgehen müsste. Die Europäer begreifen auch angesichts der plötzlich höheren Temperatur, dass der alte Kontinent etwas Richtung Äquator gerutscht ist, und erkennen in dieser großen Verschiebung die Ursache für die Erdbeben und Überflutungen während der letzten drei Tage.
Was das Militärische betrifft, verfügen die Europäer immer noch über ausreichend Material, so dass sie einerseits die letzten russischen Verbände unter Kontrolle bringen können, andererseits aber auch Truppen zusammenstellen, mit denen sie ein paar Wochen oder Monate später im Nahen Osten für dauerhaft stabile Verhältnisse sorgen.

Großbritannien würde zu diesem Zeitpunkt schon nicht mehr existieren. Infolge gigantischer Erdbeben während der dreitägigen Finsternis wäre England zum großen Teil buchstäblich im Meer versunken. Ebenso würden die USA infolge der Katastrophen nicht mehr über die nötige Infrastruktur verfügen, um ihr weltweites Stützpunktnetz aufrechtzuerhalten und weltweit militärische und politische Macht auszuüben. Der Dollar wäre als Weltleitwährung passé. Infolge der brachliegenden Weltwirtschaft müssten sich die USA auf Jahre hin mit dem begnügen, was sie selbst produzieren. Außerdem soll es in den USA einen ziemlich heftigen Bürgerkrieg geben. Kurz: Die USA wären nach der Finsternis global betrachtet weg vom Fenster.
Ohne angelsächsischen Einfluss in Kontinentaleuropa – sowohl kulturell wie politisch – kommt es in Europa zu einer Renaissance alter christlich-europäischer Werte. Infolge des katastrophalen Versagens der demokratischen Eliten in der zurückliegenden Zeit (Stichwort Euro-Crash und Russland-Politik) wird in vielen Staaten Europas die Monarchie wieder eingeführt. Auch der christliche Glaube blüht wieder auf.
Trotz des russischen Angriffes gelingt es den Westeuropäern und Deutschen relativ bald, wieder freundschaftliche Beziehungen zu Russland aufzubauen. Europa erlebt, gestützt auf eine Achse Frankreich–Deutschland–Russland, eine neue Blüte und braucht für gewisse Zeit keine außereuropäische Macht zu fürchten. Für gewisse Zeit ruht Europa in sich selbst und findet zu sich selbst zurück.

So sieht komprimiert und verkürzt dargestellt das Szenario „dritter Weltkrieg“ und die anschließende Entwicklung aus. Der eine oder andere Leser mag entschuldigen, wenn ich diesen oder jenen Aspekt gar nicht erwähnt oder nur kurz berührt habe, aber in diesem Buch geht es schwerpunktmäßig um Prophezeiungen und Voraussagen zu „sicheren Gebieten“ im Rahmen des Krieges und der dreitägigen Finsternis. Im Zusammenhang mit dem Thema „sichere Gebiete“ wird aber noch das eine oder andere oben nicht erwähnte Thema aufgegriffen.*

* Wer nach der Lektüre dieses Buches noch mehr über das ganze Drumherum beim Szenario wissen möchte, dem empfehle ich zum Thema Vorzeichen und die Entwicklung bis zum Kriegsausbruch mein Buch *»Countdown Weltkrieg 3.0«*.

Allgemeines zum Thema „sichere Gebiete“

Der für viele Menschen bedeutendste Aspekt beim Thema Kriegsvorsorge wäre natürlich der „sichere Ort“. Es fragt sich, ob es dort sicher wäre, wo man derzeit wohnt, und wenn nicht, wohin man sollte? Würde man in einer potenziell kritischen Region wohnen, würde sich zumindest ein *vorübergehendes* Verlassen der Region empfehlen. Doch alleine nur der Gedanke an das *vorübergehende* Verlassen der Heimat ist für viele Menschen bereits mit einem ganzen Berg von Wenns und Abers verknüpft. *Flüchtlinge* sind zwar seit Herbst 2015 (und wenigstens bis jetzt, April 2016) das nahezu alles beherrschende Thema in den Medien, aber der Gedanke, *wir selbst* könnten einmal zu Flüchtlingen werden, erscheint uns derzeit völlig abstrus. *Wir? Wir* Deutschen, Österreicher und Schweizer? *Flüchten? Wir?,* die wir unter dem sicheren Schutz der letzten verbliebenen Supermacht USA leben? *Wir,* die wir der wirtschaftliche Stabilitätsanker Europas sind, und die Fluchtburg für Gepeinigte aus aller Herren Länder?

Östlich des Rheins und nördlich der Donau

Damit Leser in den vermeintlich unsicheren Gebieten in grob (!) gesagt *östlich des Rheins und nördlich der Donau* nicht gleich an der ersten psychologischen Hürde hängen bleiben, folgender Hinweis:

Eine der Kernsäulen der traditionellen europäischen Prophetie besteht in der Voraussage des Kriegsausbruchs *zur Getreideernte* im Hochsommer (siehe Tabelle Seite 216). Die Getreideernte findet in Mitteleuropa nahezu überall in der Sommer-Urlaubszeit statt. Es wäre also Sommer und man würde ggf. „für ein paar Wochen“ die Heimat verlassen (müssen). So weit nichts Besonderes – zynisch formuliert.

Natürlich gibt es auch Bürger, die selbst in der Sommerurlaubszeit nicht so einfach weg können. Doch bei genauerer Betrachtung der jeweiligen potenziellen Hinderungsgründe zeigt sich meiner Beobachtung nach, dass diese Gründe so gut wie bedeutungslos werden, wenn sich die *Überzeugung* verfestigt hat, dass jetzt tatsächlich ein Krieg bevorsteht und man sich aller Wahrscheinlichkeit nach mitten im Kriegsgebiet befinden würde. Wer glaubt, sterben zu müssen, wenn er nicht rechtzeitig Fersengeld gibt, wird auch flüchten. Was einen ggf. an der Flucht hindert, sind oft nicht äußere Umstände, sondern mangelnde Klarsicht und fehlende Entschlusskraft. Man glaubt und hofft, dass es nicht zum Schlimmsten kommt. Man glaubt und hofft, und hofft und glaubt – und verschwendet auf diese Weise kostbare Zeit.

Verließe man seine gewohnte Umgebung, so bräuchte man – glaubt man der europäischen Prophetie – spätestens drei Monate nach Kriegsausbruch zur dreitägigen Finsternis wieder eine feste Behausung, ein festes Dach über dem Kopf, mit verschließbaren Fenstern und Türen.

Wenn Sie keine Familienangehörige, Freunde oder gute Bekannte in einer vermeintlich ratsamen Region haben, gäbe es in den betreffenden „sicheren Gebieten“ grob gesehen westlich des Rheins und südlich der Donau mehrere Möglichkeiten:

- der Kauf einer Immobilie
- das langfristige Mieten einer Immobilie
- das kurzfristige Mieten einer Immobilie (Ferienwohnung, Hotelzimmer)
- Massenflüchtlingsunterkünfte nach Kriegsausbruch; Turnhallen, Kirchen, private Notunterkünfte
- Camping-Bus (aber nicht während der dreitägigen Finsternis)
- wildes Kampieren (aber nicht während der dreitägigen Finsternis!)

Ein erheblicher Teil der Dramatik mit dem Dach über dem Kopf im „sicheren Gebiet“ insgesamt lässt sich weiter mit dem Hinweis entschärfen, dass in den letzten Monaten vor Kriegsausbruch Wirtschaftskrise wäre und folglich ein Großteil der touristischen Infrastruktur in den potenziell „sicheren Gebieten“ halbwegs brachliegen müsste. Es wäre also relativ einfach, sich in einem potenziell „sicheren Gebiet“ eine Ferienwohnung zu mieten.

Nach Kriegsausbruch käme es innerhalb Deutschlands, Österreichs und teilweise auch der Schweiz praktisch naturgesetzmäßig zu großen Flüchtlingsströmen, die dann in die erkennbar „sicheren Gebiete“ fluten, also dorthin, wo das russische Militär noch nicht ist. Aus dem Osten und der Mitte Deutschlands würde die Bevölkerung in wilder Panik vor der russischen Armee Reißaus nehmen und dabei versuchen, entweder im Westen über den Rhein oder im Süden über die Donau zu kommen. Dabei wären die Brücken an Rhein und Donau die Flaschenhälse für die Flüchtlingsströme. In bestimmten Gebieten würden die Brücken zudem schon in den ersten Kriegsstunden von NATO-Kräften gesprengt oder von russischen Luftlandetruppen besetzt. Ob diese Brücken noch passierbar wären oder nicht – die allergrößte Masse der Flüchtlinge würde so oder so schon weit entfernt vor den Brücken auf den dort hinführenden Straßen im Stau stecken bleiben. Autobahnen wären innerhalb kürzester Zeit verstopft.
Glaubt man der europäischen Prophetie, so hätten ab Angriffsbeginn – sagen wir ab Sonntags früh um 4:30 Uhr – bestenfalls jene Flüchtlinge eine realistische Chance, noch mit dem Pkw über Donau und Rhein zu kommen, die nur wenige Kilometer von den jeweiligen Brücken entfernt wohnen.
Eine Flucht auf den allerletzten Drücker, also *erst nachdem* der Angriff begonnen hat, wäre zwar grundsätzlich möglich, würde in den meisten Fällen aber *nicht mehr gelingen.* Deshalb muss immer wieder darauf hingewiesen werden: Das absolute A und O ist: *Informieren Sie sich frühzeitig!* Beobachten Sie die Vorzeichen-relevanten finanziellen, ökonomischen und politischen Entwicklungen in Europa und der Welt genau. Seien Sie wachsam!

Flüchten oder ausbüxen?

Wenn Sie im deutschsprachigen Raum bleiben wollen, sollte Ihnen klar sein, dass große Teile des jeweilig „sicheren Gebietes“ von Flüchtlingen überflutet würden. Wenn Sie also noch vor Kriegsausbruch in diese Gebiete ausweichen wollen, sollten Sie sich innerhalb dieser Gebiete auf die weniger dicht besiedelten, entlegeneren Bereiche konzentrieren.
Der Großteil der einheimischen Kriegsflüchtlinge käme vermutlich letztlich *ohne Auto* im „sicheren Gebiet“ an, da in einer panikartigen Massenflucht über Autobahnen, Bundesstraßen usw. relativ schnell der Verkehrsfluss zusammenbricht. Man würde im Auto losfahren, im Stau stecken bleiben, und müsste die Reststrecke zu den Brücken zu Fuß bewerkstelligen. Das hieße: Viele der Flüchtlinge würden innerhalb der potenziell „sicheren Gebiete“ dort hängen bleiben und stranden, wo sie notbedingt von den jeweiligen Behörden einquartiert werden und wo sie ihre Lebensmittelrationen zugewiesen bekommen. Wenn die Behörden das überhaupt noch geregelt bekommen.

Im Fall einer frühzeitigen Flucht *noch vor bzw. deutlich vor Kriegsausbruch,* sollte man der besseren Unterscheidung halber vielleicht den Begriff *ausbüxen* verwenden. *Ausbüxen* klingt nicht so dramatisch wie *Flucht* und bezeichnet eine Flucht, die im ersten Moment nicht als solche erkannt wird. Wenn Sie also *ausbüxen* und nicht *flüchten,* können Sie sich noch aussuchen, wo Sie untergebracht sind.
Was die Wahl eines Wohnobjektes betrifft, sollten Sie sich natürlich schon lange vorher umsehen und Kontakte aufbauen. Was das Kaufen und langfristig Mieten betrifft, gilt im Prinzip dasselbe, nur dass dort die Vorlaufzeiten wesentlich länger sind. Anders gesagt: Wer zu lange wartet, könnte am Ende zur Manövriermasse staatlicher Stellen und deren Mitarbeiter werden, die allzu oft überfordert sein dürften. Aber wem sage ich das?

Was eine Flucht ins Ausland bzw. in den nicht-deutschsprachigen Raum betrifft, so – vorausgesetzt, man kennt dort niemanden, dem man vertrauen kann – verlängern sich natürlich die Vorlauf- und Vorplanungszeiten, und es wäre davon abzuraten, sich in ein Gebiet zu begeben, dessen Sprache man nicht spricht. Auch sollte man bedenken, dass es in solchen Krisenzeiten riskant ist, als Fremder erkannt zu werden, der über kein lokales soziales Netzwerk verfügt, das ihn auffängt und ihn ggf. schützt.
Zu nicht-deutschsprachigen Gebieten in Europa und Gebieten außerhalb Europas finden Sie ab Seite 188 eine Fülle von Informationen zur Orientierung.

Grundsätzlich gilt: Je chaotischer und unübersichtlicher die Situation wird, desto hilfreicher wird es, dem eigenen Schicksal, Gott oder sonst einer wohlwollenden höheren Macht zu vertrauen.

Besser einfach schweigen?

Gar nicht so wenigen Menschen ist es lieber, wenn man über „all die schrecklichen Prophezeiungen" schweigt. Gäbe es gute Gründe für ein solches Schweigen? Bestimmt. Es finden sich aber auch ebenso gute Gründe *dafür, dass* man über diese Prophezeiungen offen spricht. Hier sind drei dieser guten Gründe:

1. Es ist das gute Recht einer Gesellschaft, sich mit seinen traditionellen Prophezeiungen zu befassen. Dieses Recht gab es jahrtausendelang *weltweit.* Prophetie ist Teil der weltweiten und somit auch Teil der mitteleuropäischen Kultur. Ohne Prophetie gäbe es kein Christentum. Und auch die alten Germanen und Kelten haben ihre Orakel befragt – auch und gerade zu Kriegszeiten.

   Prophetie ist Jahrtausende altes Volksrecht!

   Aber auch das muss gesagt sein: Im Metier Prophetie wimmelt es natürlich von Täuschung und Irrtum. Doch das macht nichts. Alles was es dann braucht, ist der Wille, das Brauchbare vom Unbrauchbaren zu trennen. Und wenn man bei bestimmten Prophezeiungen im Zweifel ist, hebt man sie einfach eine Zeit lang auf und studiert sie nach gewisser Zeit erneut. Dinge wandeln sich. Und was heute unglaubwürdig erscheint, erweist sich Jahre später als Wirklichkeit.
   Das *Wirklichwerden des Unglaublichen* ist gewissermaßen die Kernbotschaft jeglicher Prophetie, sozusagen der *prophetische Imperativ.*

2. Der zweite gute Grund *für* eine Kommunikation über europäische Prophezeiungen liegt in der Möglichkeit, dass diese Prophezeiungen Informationen enthalten, die Menschenleben retten können.
   Um herauszufinden, ob dieses Potenzial tatsächlich vorhanden ist, braucht es natürlich etwas parapsychologische, grenzwissenschaftliche Forschungen. Solche Forschungen werden im Falle der Prophetie schon seit Jahrzehnten von Einzelpersonen betrieben (auch wenn man zumeist nicht von „wissenschaftlicher" Forschung sprechen möchte). Diese Forschungen lassen den Schluss zu, dass wir uns dem vorausgesagten Szenario annähern. Das lässt sich ganz einfach an vorausgesagten Ereignissen der letzten Zeit belegen, wie z. B. die *Flüchtlingskrise* (siehe Seite 23).

3. Darüber hinaus findet sich gerade für uns Deutsche ein dritter guter Grund *für* die öffentliche Kommunikation über das Thema europäische Prophetie:
   Seit dem Ende der Nazizeit und dem Ende der DDR sollte jeder Deutsche wissen, dass untergehende Staaten und politische Systeme bis zum bitteren Ende das Lied vom „Endsieg" trällern, vom Erfolg der gerechten Sache, vom Erfolg des „wir schaffen das" und des „yes, we can". Eine Regierung ohne Glauben an ihre Zukunft verliert ihre Macht. Eine Regierung *muss* dafür sorgen, dass das Volk an die Zukunft der Regierung bzw. die Zukunft der politischen Klasse glaubt. Es ist egal, ob es ein stilistisch zugespitztes „Sieg Heil!" ist oder ein hausmütterliches

„Wir schaffen das!“ Den Deutschen wurde seit 1914 schon mehrfach der Sieg versprochen,

„Herrliche Zeiten“ und so ...

Aber dann kam es anders.

Als Autor dieses Buches bin ich selbstverständlich *für* eine Kommunikation über das Thema traditionelle europäische Prophetie. Und ich denke, dass es jetzt – im Jahre 2016 – die absolut richtige Zeit dafür ist. Die Flüchtlingskrise seit 2015 wurde um 1960 herum mehrfach vorausgesehen, und es wurde vorausgesehen, dass die Flüchtlingskrise im engen zeitlichen Zusammenhang mit dem nachfolgenden Krieg in Europa steht.

Die Flüchtlingskrise als Vorzeichen für den Krieg

Im August 2005 bekam ich einen Leserbrief aus München. Eine ältere Dame schrieb mir von den Voraussagen ihrer Bremer Großmutter:

Meine Großmutter verstarb 1960. Sie war eine sehr gute Seherin. Was ich von ihren Schauungen noch in Erinnerung habe, möchte ich gerne mitteilen: [...[1]]
Der Fall der Mauer und danach wird wieder die Grenze errichtet.
Aufstände zwischen Ausländern und Deutschen. *[...[2]]*
Die Menschen im Osten von Deutschland sind sehr hartnäckig.
Alle fremd aussehenden Menschen müssen bzw. werden wieder zurück geschickt, in ihre Heimat.
Es kommt zu einem wirtschaftlichen Zusammenbruch.

Die Öffnung und spätere Schließung der Grenze(n) erwähnt die Münchner Leserin noch einmal am Ende ihres Briefes. Die Sache ist also klar. Hier bleibt kein Deutungsspielraum mehr. Das ist der Flüchtlingskrisen-Kontext. Die Grenzschließung wird in einem Atemzug genannt mit »*Aufständen zwischen Ausländern und Deutschen*«, und kurz danach heißt es: »*Die Menschen im Osten von Deutschland sind sehr hartnäckig.*« Damit geraten wir ohne jeden Zweifel in die „gefühlte Nähe" von 2015/2016.
Leider ist es mir später nicht mehr gelungen, die Leserin zu kontaktieren. So bleibt unklar, ob die Bremer Großmutter die Grenzschließung im unmittelbaren kausalen Zusammenhang mit den »*Ausländern*« gesehen oder „zufälligerweise" nur zusammen erwähnt hat. So aber, wie die Zeilen des Briefes nun einmal sind, ist die Parallele zur Wirklichkeit frappierend: Die Grenzen wurden tatsächlich *wegen* der »*Ausländer*« geschlossen bzw. die Grenzkontrollen deshalb wieder eingeführt – in Ungarn, Mazedonien, Österreich, Deutschland, Schweden usw. Und die Ostdeutschen haben am lautesten gegen den Flüchtlingszustrom protestiert. Die bekannten PEGIDA-Demonstrationen fanden in der sächsischen Landeshauptstadt Dresden statt.
Das Zurückschicken in die Heimat (»*Alle fremd aussehenden Menschen werden wieder zurück geschickt*«) würde übrigens, orientiert man sich an anderen Prophezeiungen, erst *nach* dem Kriege erfolgen.

Im nächsten Abschnitt des Briefes lesen wir dann, was die Bremer Großmutter ihrer Enkelin in Sachen finanzielle Sicherheit riet:

Sie gab den Rat, dass man sich für eine Übergangszeit, bis es wieder neues Geld bzw. Zahlungsmittel gibt, nur ein Stück [im Original unterstrichen, Anm. B.] Goldbarren lagern soll, da ein nur kleines Stück so kostbar sein wird, dass man sich davon ein

---

[1] Aus dem laufenden Text des Briefes habe ich jene Voraussagen in die Fußnoten verschoben, die sich auf die Zeit *nach* dem „dritten Weltkrieg" beziehen, damit die Flüchtlingsthematik deutlicher hervortritt. Bei der 1 steht im Original: *Wenn sich im Kölner Dom alle hohen Würdenträger versammeln, dann soll man besser nicht hineingehen.*

[2] *Wir werden wieder eine Monarchie bekommen.*

Haus kaufen könne! Es muss Barren sein, kein Schmuck. Man darf nicht mehr haben, denn die Leute werden aufpassen zu der Zeit und Überfälle und dergleichen machen, wenn man zeigt, wenn man mehr hat. Man soll keine Geldanlagen machen, wie Aktien, Fonds u. a., usw., es geht alles verloren. [...[3]]

Auch die finanziellen Tipps der Großmutter passen gut in unsere Zeit. Und die Spatzen aus der Finanzindustrie pfeifen solche Tipps ja schon seit über zehn Jahren von den Dächern.

Man sollte als Vorrat Reis in einer Holzkiste lagern. Man sollte Baby-Nahrung als Vorrat haben.

Warum ausgerechnet Reis in Holz, ist mir nicht klar. Ansonsten machen Vorräte natürlich Sinn, wenn die Versorgung zusammenbricht. Aber man bräuchte natürlich noch etwas mehr als nur Reis in Kisten und Babynahrung.

Bezüglich der Grenzen kann es sich evtl. auch um alle Grenzen handeln, nicht nur um die deutsche zum Osten. Die Grenzen werden geöffnet und wieder geschlossen.
Die Ursache für einen neuen Krieg soll die Osterweiterung sein.
Die Nordsee macht haushohe Wellen. …

Den Begriff *Osterweiterung* hat die Großmutter sicherlich noch nicht gekannt. Vermutlich hat sie die NATO-Osterweiterung nach dem Zerfall der UdSSR mit anderen Worten umschrieben. Ihre „geopolitische Analyse" der Situation vor dem „dritten Weltkrieg" jedoch ist bemerkenswert klarsichtig, wenn man bedenkt, dass die Vorausschau etwa 80 Jahre alt ist bzw. sein soll.

Am Ende des Briefes schrieb die Enkelin noch:

Meine Großmutter war eine sehr gute Seherin, sie konnte die Feinstofflichkeit schauen, wie auch von den geistigen Ebenen. Als sie verstorben war, ich war damals 20 Jahre alt ...

Diesen Brief der Enkelin hatte ich 2008 in einem Internetforum veröffentlicht, und die Sache wurde seinerzeit von rund zehn Forumsteilnehmern debattiert.[1] Für die Veröffentlichung Anfang 2008 gibt es also genug Zeugen.

Genau genommen ist im Brief natürlich nicht von „Flüchtlingen" die Rede, aber das ganze Drumherum des Briefes deutet schon sehr in Richtung Flüchtlingskrise und die Jahre 2015/2016.

Die nächste Voraussage zur Flüchtlingskrise stammt von 1968 aus Norwegen von einer gewissen *Dame aus Valdres* (ein Ort in Südnorwegen), die Europa kurz vor Kriegsausbruch von Flüchtlingen überflutet sah. Ich selbst hatte den Text 2001 veröffentlicht, in Norwegen tauchte er schon in den 1990er Jahren auf.[2]

---

[3] *Es wird [offenbar nach dem Kriege und den Katastrophen, Anm. B] Goldvorkommen geben in Deutschland (od. Bayern, das weiß ich nicht mehr genau).*

Die Dame aus Valdres:

„Ich sah die Zeit, kurz bevor Jesus kommt und der dritte Weltkrieg bricht aus. Ich sah die Ereignisse mit meinen natürlichen Augen. Ich sah die Welt wie eine Art Globus. Ich sah Europa – ein Land nach dem anderen. Ich sah Skandinavien. Ich sah Norwegen. Ich sah gewisse Szenen, die stattfinden werden, unmittelbar, bevor Jesus wiederkommt – kurz bevor das letzte Unglück stattfindet. Ein Unglück, wie wir es noch nie zuvor erlebt haben!"

Mit der Rückkehr Jesu ist das so eine Sache. Seherische Quellen wie *Hildegard von Bingen* (gest. 1179), *Bartholomäus Holzhauser* (gest. 1658) und die *Botschaft von La Salette* (1864) beschreiben die Zeit nach dem Kriege und der Finsternis zwar auch als sehr positiv, stellen aber auch klar, dass es bis zur Rückkehr Jesu noch ein bisschen dauert. Diesen Quellen nach wäre die geistige Blüte nach dem Kriege und den Katastrophen noch nicht das „goldene Zeitalter" und das „tausendjährige Friedensreich".

Die Dame aus Valdres weiter:

„Bevor Jesus wiederkommt, und kurz bevor der dritte Weltkrieg ausbricht, wird es eine Art Entspannung geben, wie wir sie nie zuvor gehabt haben. Es wird Friede sein unter den Großmächten in Ost und West, und es wird ein langer Friede sein. In dieser Friedensperiode wird in vielen Ländern abgerüstet werden, auch in Norwegen, und ***wir werden nicht vorbereitet sein, wenn er losbricht.***
Der dritte Weltkrieg wird auf eine Weise beginnen, die niemand erwartet hat – von völlig unerwarteter Seite. [...] Dann kommt Jesus plötzlich wieder, und der dritte Weltkrieg bricht aus. Es wird ein kurzer Krieg sein. ...
Menschen aus armen Ländern werden nach Europa strömen. *Sie werden auch nach Skandinavien kommen – und Norwegen. Es werden so viele sein, dass die Leute negativ über sie denken und sie hart behandeln werden. Sie werden behandelt werden, wie die Juden vor dem Kriege [bis 1939, also noch ohne Holocaust, Anm. B.]. Dann wird das Maß unserer Sünden erreicht sein."*

Hier ist nicht nur allgemein von Flüchtlingen die Rede, sondern der Text beschreibt auch genauer, *woher* die Flüchtlinge kommen und wohin sie gehen: von außerhalb Europas nach Europa hinein – logischerweise aus Afrika und Asien heraus. Dann heißt es recht treffend: *»Es werden so viele sein, dass die Leute negativ über sie denken und sie hart behandeln werden.«* Damit ist die Flüchtlingssituation in Europa 2015/2016 gut umrissen. Was den Vergleich der schlechten Behandlung mit den Juden in der Nazizeit betrifft, so korrespondieren die vielen Fernsehbilder der Flüchtlingskrise mit Zäunen, Stacheldraht, Menschenschlangen und unglücklichen Gesichtern durchaus mit dem, was man aus der Nazizeit kennt, wobei es natürlich auch sehr deutliche Unterschiede gibt, Stichwort „Willkommenskultur".

So weit die Dame aus Valdres. Die dritte Quelle ist der bekannte bayerische Hellseher *Alois Irlmaier*, über dessen Leben und Prophezeiungen im Jahre 2009 ein Buch von mir erschienen ist: *»Alois Irlmaier – ein Mann sagt, was er sieht«.*

Der Fall Irlmaier ist in vielerlei Hinsicht einzigartig. Er ist hervorragend dokumentiert, es gibt zahllose glaubwürdige Zeugenaussagen und seine Voraussagen wurden noch zu seinen Lebzeiten in unterschiedlichen Quellen publiziert. Überregional bekannt wurde der Hellseher durch einen Prozess, in dem er wegen betrügerischer Hellseherei angeklagt und freigesprochen wurde. Von diesem Prozess existiert noch heute ein Teil der Gerichtsakten. Diesen Akten kann man die Verwunderung des Richters über Irlmaiers Fähigkeiten entnehmen, ebenso wie die Bestätigung der seherischen Fähigkeit Irlmaiers durch einen Polizisten, der eigentlich Belastungsmaterial gegen den Angeklagten sammeln sollte.
Alois Irlmaier spricht nachfolgend zwar nicht wörtlich von *Flüchtlingen,* wohl aber von *»einer großen Zahl Fremder«,* die ins Land kommt. Die entsprechende Voraussage entstammt den Erinnerungen einer Caritasschwester und wurde 1992 veröffentlicht. Erfasst und zu Papier gebracht hat die Voraussage ein Tiroler Pfarrer namens *Josef Stocker.* Besagte Caritasschwester hatte in den 1950er Jahren in Irlmaiers Nachbarschaft ihren Führerschein gemacht. Irlmaier sagte ihr:

„Mädchen, du erlebst die große Umwälzung, die kommen wird.
Zuerst kommt ein Wohlstand wie noch nie.
Dann folgt ein Glaubensabfall wie nie zuvor.
Darauf eine nie da gewesene Sittenverderbnis.
Alsdann kommt eine große Zahl Fremder ins Land.
Es herrscht eine hohe Inflation.
Das Geld verliert mehr und mehr an Wert.
Bald darauf folgt die Revolution.
Dann überfallen die Russen über Nacht den Westen.[3]

Man lehnt sich gewissermaßen entspannt zurück und sagt sich: „Vor dem Krieg muss dann ja erst einmal die Hyperinflation kommen. Das warten wir ab. Und dann sehen wir weiter."
Richtig so. Auch bei der Bremer Großmutter von 1960 schwirrt im Vorfeld des Krieges ja noch ein Wirtschaftscrash herum: *»Es kommt zu einem wirtschaftlichen Zusammenbruch.«* Und vor *»Geldanlagen wie Aktien, Fonds usw.«* hat die alte Dame ja auch gewarnt, denn *»es geht alles verloren«.* … Nur was macht man eigentlich, wenn man vom Wirtschaftscrash überrascht wird, plötzlich „alles" verliert und erkennt, dass es ausgerechnet jetzt Zeit wird, sich auch noch auf einen Krieg vorzubereiten?

Natürlich könnte sich Irlmaiers *»große Zahl Fremder«* auch auf die Gastarbeiter in den 1950er, 1960er Jahren beziehen oder auf die hohen Zuwanderungszahlen im Zusammenhang mit dem Zerfall der UdSSR, als viele Osteuropäer in den Westen kamen. Das hieße aber, diese drei Flüchtlingswellen (um 1960, um 1991 und (ab) 2015) als gleichwertig zu betrachten. Das jedoch sind sie nicht: Einen so explosiven Anstieg der Anzahl von Neuankömmlingen wie 2015 hat es seit Gründung der BRD nie gegeben. Führende Politiker haben 2015/2016 nicht ohne Grund öffentlich erklärt, dass Deutschland einen solchen Zustrom nicht mehrfach verkraftet: „2015 WAR eine Ausnahme und MUSS eine Ausnahme bleiben" – so der Tenor. Außerdem ist jedem klar, dass es deutlich schwieriger wird, gar nicht oder schlecht ausgebildete Muslime aus Afrika und Arabien zu integrieren als christliche Südeuropäer, Osteuropäer oder eher säkulare Türken.

Kurzum: Alle drei gerade zitierten Quellen decken sich dahingehend, dass es von der Flüchtlingskrise bis hin zum Krieg nicht mehr weit ist. Was noch fehlen würde, wäre eine große Wirtschaftskrise.

Kurzer Hinweis zu den nachfolgenden Zitaten

Die Aussagen der nachfolgenden Hellseher und Prophezeiungen sind nicht alle gleich glaubwürdig. Oft fehlen Informationen, um die Glaubwürdigkeit einer Quelle insgesamt zu beurteilen. Dann gibt es Hellseher, die widersprüchlich sind oder die ihre eigenen Visionen deuten, ohne die Deutung als solche kenntlich zu machen.

Um der unterschiedlichen Glaubwürdigkeit der Quellen wenigstens im Ansatz Rechnung zu tragen, habe ich an die Zitate der Quellen teils objektiv, teils subjektiv motiviert römische „Schulnoten" verteilt: Note I bedeutet sehr gut (z. B. Alois Irlmaier), was nachweislich erwiesene seherische Fähigkeit und gute Dokumentation bedeutet. Note II bedeutet gut genug, aber nicht so gut wie I. Note III bedeutet tendenziell glaubwürdig, nur fehlen hier meist Hintergrundinformationen zur Quelle. Es scheint bei Note III aber möglich oder wahrscheinlich, dass echte seherische Fähigkeiten Grundlage der Visionen waren. Note IV bedeutet: große Unsicherheit bei der Quelle selbst oder bei ihrer Überlieferung. Note V und VI finden in diesem Buch keine Berücksichtigung.

Es ist klar, dass jede einzelne Quelle eine noch eingehendere Betrachtung verdient. Aber in diesem Buch würde jeglicher Rahmen gesprengt, würde man eine solche Bewertung bei jeder erwähnten Quelle ausarbeiten. Im Fall des Hellsehers Alois Irlmaier habe ich versucht, praktisch alles zu recherchieren und zu analysieren, was für diesen Hellseher von Bedeutung ist. Die Ergebnisse dieser Arbeit habe ich 2009 im *Buch »Alois Irlmaier – ein Mann sagt, was er sieht«* veröffentlicht, alles in allem die Arbeit von einem Jahr.

Den jeweiligen Zitaten der Hellseher und Prophezeiungen vorangestellt finden Sie in der Regel immer den Namen der jeweiligen Quelle in Fettschrift, plus das Datum der jeweiligen Voraussage, der Vision oder das Todesjahr der Quelle, plus meine Glaubwürdigkeitsnote und plus einen Hinweis auf die geografische Herkunft der Quelle. Das kann dann so aussehen:

Alois Irlmaier (1950-I-Südostbayern): *hier folgt das Zitat ...*

Der Angriff auf Deutschland

Der plötzliche Angriff aus dem Osten

Der Angriff der russischen Armee auf Deutschland und Mitteleuropa wird immer wieder als sehr plötzlich und überraschend vorausgesagt.
Spätestens seit 2014, seit der Ukrainekrise, und seit den neuen Spannungen zwischen Russland und dem Westen kann man feststellen, dass dieses Überraschungsmoment eigentlich nur noch für solche Bürger gelten würde, die sich nicht für internationale Politik interessieren und die brav alles glauben, was ihnen Politik und Massenmedien auftischen, vorgaukeln und vorlügen. Wer hingegen die weltpolitische Lage aufmerksam beobachtet, kann seit geraumer Zeit beobachten, wie sich für diesen Krieg ein prophezeites Vorzeichen nach dem anderen entweder tatsächlich und real erfüllt oder sich doch wenigstens deutlich abzeichnet. Eine ausführliche Abhandlung zu den Vorzeichen aus den letzten acht Monaten vor Kriegsausbruch finden Sie – ich wiederhole mich – in meinem 2015er Buch *»Countdown Weltkrieg 3.0«*.

Kommen wir nun zu den konkreten Zitaten zum Krieg. Zunächst die Schilderung der Situation unmittelbar bei Kriegsausbruch von Alois Irlmaier:

Alois Irlmaier (1950-I-Südostbayern): *„Massierte [russische] Truppenverbände marschieren **in Belgrad von Osten her ein** und rücken nach Italien vor. Gleich darauf stoßen drei gepanzerte Keile nördlich der Donau **blitzartig** über Westdeutschland in **Richtung Rhein** vor – ohne Vorwarnung. Das wird so unvermutet passieren, dass die Bevölkerung in wilder Panik nach Westen flieht."*[4]

Irlmaiers Angaben zum Vorstoß der Russen habe ich auf der Karte auf Seite 30 eingezeichnet, siehe die etwas dickeren Pfeile mit der ① an der Basis. Auf dieser Karte sicht man, dass sich noch andere Seher recht detailliert zum Ablauf des russischen Vorstoßes geäußert haben.
»In wilder Panik« bedeutet: Verkehrsregeln werden ignoriert, es kommt zu Unfällen, unvorhergesehenen Staus, Chaos.
Zu Serbien: Dort dürfte noch kein Krieg sein bzw. noch keine Kämpfe stattfinden. Kämpfe schon in diesem weiter östlich liegenden Land stehen in Widerspruch zu dem urplötzlichen und anfangs erfolgreichen schnellen russischen Vorstoß. Zudem sind die Serben mit Russland verbündet. Und nicht zuletzt heiß es in der sogenannten *Kremna Prophezeiungen* des Serben **Mitar Tarabic** (1829–1899): *»Wir [Serben] aber werden nicht in diesem Krieg kämpfen.«*[5]

Hier weitere Aussagen Irlmaiers:

*„Es geht über Nacht los. Es geht in drei großen Linien westwärts. Der unterste Heerwurm kommt über den Wald [Bayrischer Wald, Anm. Berndt] daher, zieht dann aber **nordwestlich der Donau,** um in gleicher Richtung wie die zwei anderen Heeressäulen dem **Rhein** zuzustreben."*[6]

„Über die Donau geht der Feind nicht, sondern biegt nach ***Nordwesten*** *ab. “*[7]

Die Nichtüberschreitung der Donau beträfe mindestens den Donauabschnitt zwischen Passau und Regensburg, vermutlich aber noch eine Strecke westlich von Regensburg. Unklar wäre nur wie weit (siehe dazu Seite 84).

„... Der zweite Stoß kommt über Sachsen westwärts ***gegen das Ruhrgebiet*** *zu, genau wie der dritte Heerwurm, der von Nordosten westwärts geht über Berlin. “*[8]

An einem Tag, *so meinte er [Irlmaier], würden die Russen* ***bis in das Ruhrgebiet*** *vorstoßen.*[9]

Demnach würden nicht nur die flüchtenden deutschen Zivilisten Vollgas eben, sondern auch die russischen Truppen. Von der deutsch-polnischen Grenze bis zum Ruhrgebiet sind es rund 500 Kilometer. Nach Möglichkeit würden die Russen natürlich Autobahnen und Bundesstraßen nutzen, egal ob da nun zeitgleich Flüchtlinge unterwegs sind oder nicht. Autobahnen und teilweise auch Bundesstraßen könnten für die Flüchtlinge zur Falle werden, weil es, sobald der Verkehrsfluss zusammenbricht, mit dem Auto wegen der Leitplanken kein Entkommen mehr gäbe.

Die nächste Voraussage hat Alois Irlmaier gegenüber einer Frau gemacht, die vorhatte, nach Hamburg umzuziehen:

„Nach Hamburg kommt der Russ ***in einer halben Stunde.*** *“*[10]

Nur Luftlandetruppen könnten so schnell in Hamburg sein.

Irlmaier weiter zu der zukünftigen Hamburgerin:

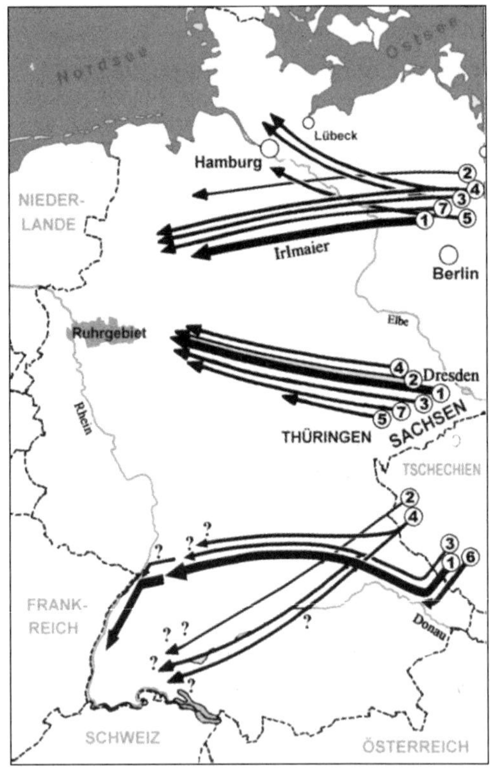

Abb. 2: Der Vorstoß in Deutschland

1 = Irlmaier, 2 = Stocker, 3 = De la Vega, 4 = Stieglitz, 5 = Paulussen, 6 = Mühlhiasl, 7 = Bruder Adam

„Bis der dritte ***Mord an einem Hochgestellten*** *geschieht [ein Attentat, siehe unten], musst laufen [flüchten]! Nicht auf den Autobahnen, sondern rückwärts auf den Bundesstraßen, die Autobahnen sind alle verstopft. Der Russ' kommt: Die Ostmarkstrasse –* ***Regensburg–Nürnberg–Stuttgart–Karlsruhe*** *ca. 5 Divisionen, die Autobahn* ***nach***

***Frankfurt von Sachsen her** ca. 15 Divisionen; **Berlin** – **Hannover** – Autobahn **Hamburg.**“*[11]

Mit dem *»dritten Mord an einem Hochgestellten«* meint der Seher das Attentat unmittelbar vor Kriegsausbruch, auf das er sich an mehreren Stellen bezieht.

Angriffskorridore, die auch die NATO kennt

Vergleichen wir die geografischen Angaben Alois Irlmaiers kurz mit dem, was inzwischen über die tatsächlichen Angriffspläne des Warschauer Paktes bekannt ist: Das *Focus-Magazin* berichtete am 25. Juli 1994, wenige Jahre nach dem Zerfall der UdSSR und des Warschauer Paktes, unter der Überschrift *»Schreckensszenario dritter Weltkrieg«* über Details, die zuvor aus *»Übungsplänen der Nationalen Volksarmee der DDR«* bekannt geworden waren:

*Der Hauptstoß kommt aus **Thüringen.** Er erreicht nach wenigen Stunden bereits **Schweinfurt** [über die A 71, Anm. B.] und zielt entlang des Mains direkt auf das nur 120 Kilometer Luftlinie entfernte **Frankfurt.** Auch die Operationen im Süden und im Norden haben die Aufgabe, **in drei bis sieben Tagen** zunächst **den Rhein** zu erreichen. [...] Während die polnischen Kräfte unmittelbar hinter der DDR-Grenze nach Norden Richtung Jütland [Richtung **Dänemark,** via Hamburg, Anm. B.] abdrehen, sich die baltische Flotte der Sowjets durchs Skagerrak kämpft und zwischen **Lübeck** und **Flensburg** starke Kräfte anlandet, konzentrieren sich die sowjetischen und DDR-Divisionen auf engstem Raum nördlich Helmstedt.*[12]

Glaubt man Alois Irlmaier, so würden die Russen den Rhein schon in *drei* Tagen erreichen, nicht erst in sieben. Heutzutage könnte es eben etwas schneller gehen, schließlich ist die Bundeswehr klein und kaputtgespart und darüber hinaus weltweit in Militäraktionen verzettelt. Thüringen, Schweinfurt und Frankfurt werden uns später erneut in anderen Prophezeiungstexten begegnen.

Hier eine andere Quelle, ein Münchner, der 1947 eine Vision gehabt haben will. Manche Autoren (z. B. *A. Gann*) halten ihn für unglaubwürdig, ich jedoch nicht.[13]

Joseph Stockert (1950-III-München) (Pfeile ② in Karte auf Seite 30): *Diese Panzer werden von Osten kommen und **mit großer Schnelligkeit** gegen Westen fahren. [...] In drei Zügen ziehen sie nach Westen, an der Nordsee, nach Mitteldeutschland und im Süden **entlang der Alpen, soweit ich mich noch erinnern kann.** [...] Die Panzerzüge der Russen werden **bis zum Rhein** kommen.*[14]

»Entlang der Alpen« klingt so, als würden russische Panzer in Bayern und Baden-Württemberg in Sichtweite der Alpen von – sagen wir – Salzburg bis zum Bodensee vorstoßen. Das aber wäre in Anbetracht anderer Quellen **vollkommen ausgeschlossen** (siehe unten). Das deutsche Alpenvorland soll im Kriegsfall sicher sein. Obiges Zitat muss in diesem Punkt wohl als ungenaue flüchtige Erinnerungswiedergabe gelesen werden, schließlich sagt Joseph Stockert dort ja auch *»soweit ich mich noch erin-*

nern kann«. »Entlang der Alpen« zögen die Russen erst ganz im Westen in Frankreich und an der Schweizer Grenze.

Bei der nächsten Quelle handelt es sich um eine Ordensschwester aus Augsburg, deren Visionen sozusagen an der katholischen Kirche mündlich vorbeigeschmuggelt werden mussten. Irgendwo in kirchlichen Archiven soll es aber noch detailliertere schriftliche Aufzeichnungen geben.[15]

Erna Stieglitz (auch Mutter Stieglitz) (1975-III-Augsburg) (Pfeile ④): *Gegen Ende Juli stoßen die sowjetischen Angriffskeile* ***blitzartig*** *gegen Westeuropa vor. [...] Der Mittelangriff gegen Westeuropa erfolgt in* ***drei gewaltigen Stoßkeilen.*** *Der erste wird aus dem Raum* ***Stettin–Berlin*** *nach* ***Lübeck, Hamburg*** *[der Weg nach Dänemark, siehe oben, Anm. B.] und in die* ***Niederlande*** *vorstoßen, der zweite aus dem* ***Raum Sachsen und Dresden*** *ins* ***Ruhrgebiet.*** *Der dritte* ***Stoßkeil*** *wird aus Böhmen nach Bayern hereinbrechen und* ***zum Oberrhein*** *streben.*[16]

Das Bild der *»Stoßkeile«* entspricht dem, was der Warschauer Pakt im Kalten Kriege geplant hatte. Das zeigt ein weiterer Zeitungsartikel, diesmal aus der *Welt* vom 9. Mai 2006, der sich auf *»streng geheime Akten«* bezieht, die seinerzeit von der polnischen Regierung freigegeben worden waren:

Dicke rote Pfeile [auf polnischen Militärkarten] aus dem Jahr 1970 strecken sich, den Armen einer Krake gleich, von Mecklenburg aus nach Schleswig-Holstein und Niedersachsen und von dort weiter nach ***Dänemark*** *und den* ***Niederlanden. Am*** *[...]* ***dritten Kriegstag*** *steht die 10. Panzerdivision der polnischen Armee bereits bei* ***Enschede*** *an der holländischen Grenze, andere Einheiten haben* ***Flensburg*** *erreicht. Am sechsten Tag ist* ***Dänemark*** *erobert. [...] Nördlich von Hannover schließlich [...] zieht sich* ***ein mächtiger Keil gen Westen bis nach Holland hinein:*** *Dies ist der Weg der [...] 2. Panzerarmee der Sowjetarmee.*[17]

Bei der nächsten Quelle *Garcilaso De la Vega,* handelt es sich um einen stigmatisierten (die Wundmale Christi tragenden) Pater aus Argentinien, der zwischen 1980 und 1982 in Maria Laach in der Eifel mehrere Visionen gehabt haben soll. Diese wurden von anderen Geistlichen aus Düsseldorf geprüft und in mehreren Geleitbriefen veröffentlicht.

Garcilaso de la Vega (1982-III-Eifel) (Pfeile ③ auf Seite 30): *Die drei Panzerspitzen – Der gespleißte und gespaltene Pfeil, der gerade durchstoßende Pfeil, der scheinbar gebrochene Pfeil.*[18]

Das entspricht den anderen Quellen:

1. Der **gespleißte Pfeil** ist der Angriffskeil über Nordostdeutschland, der sich aufspaltet und im Westen nach Holland und im Norden nach Dänemark vorstößt.
2. Der **gerade durchstoßene Pfeil** ist der gerade Ost-West-Durchstoß aus dem sächsischen Raum Richtung Ruhrgebiet.

3. Der **scheinbar gebrochene Pfeil** käme von Norden aus dem Raum Tschechien, würde zunächst nach Süden Richtung Donau vorstoßen, die Donau dann aber *nicht* überqueren, sondern nach Nordwesten abbiegen und ebenfalls dem Rhein zustreben. Dieser Pfeil wäre nur optisch gebrochen. Was seine Kampfkraft betrifft, wäre nichts gebrochen und alles liefe (so weit) nach Plan.

Die nächste Voraussage stammt von einem Mönch, der nach eigenen Angaben am 15. August 1949 in der Benediktinerkirche in Würzburg eine Vision vom Angriff Russlands hatte.

Bruder Adam (1949-III-Würzburg) (Pfeile ⑦ Seite 30): *„Gleichzeitig werden Teile des russischen Heeres durch **Westpreußen, Sachsen** und **Thüringen** zum **Niederrhein*** *vorstoßen, um schließlich von Calais aus die Kanalküste zu beherrschen.“*[19]

Die nächste Quelle ist ein Heiler aus Münster (Westfalen) und nach eigenem Bekunden ein Trance-Medium für *Nostradamus.* Da wird man natürlich skeptisch. Umso mehr, wenn dieser Nostradamus den Krieg für Ende des 20. Jahrhunderts voraussagt. Solche Deutungsfehler dürfen andere machen – nicht aber Nostradamus. Deshalb bekommt Herr Paulussen von mir auch nur die Note IV und wird nur auf dieser Seite zitiert.

Hans-Peter Paulussen (Juni 1989-IV-Münster) (Pfeile ⑤): *Es wird ein Gesamtdeutschland geben. Man geht praktisch durch das Land, das von Russen besetzt war, durch. Man marschiert durch **Erfurt** durch und besetzt den Teil Deutschlands, den man jetzt als BRD bezeichnet. [...] Die Russen kommen. Es gibt zwei Einmarschpunkte in Deutschland. Oben im hessischen und im **Kasseler** Raum. Einen weiteren Einmarschpunkt gibt es von der Tschechoslowakei. Die Punkte sind schon fixiert.*[20]

Den Einmarschpunkt im Kasseler Raum nennt die US-Army *„The Fulda-Gap“* (die Fulda-Lücke). Die strategische Bedeutung des Gebietes ist bekannt. Hans-Peter Paulussen weiter:

*Ein Heereszug kommt über **Berlin** und geht in nordwestlicher Richtung auf das Wasser [Nordsee, Anm. B.] zu und wird die Häfen mit großen Verlusten unter der Bevölkerung besetzen. Ein zweites Heer kommt über **Thüringen** und zieht durch dies Eisen- und Kohlegebiet weiter in südliche Richtung ...*[21]

Nach Aussagen anderer Quellen scheint es äußerst unwahrscheinlich, wenn nicht komplett ausgeschlossen, dass die russischen Truppen wirklich *»durch«* das sehr dicht bebaute Ruhrgebiet ziehen. Dicht bebaute Gebiete bieten Verteidigern jede Menge Verstecke und Schutz, und Eindringlinge kommen nur langsam und unter hohen Verlusten vorwärts. Das weiß jeder Soldat. Zu solch zeitraubenden Kämpfen hätten die Russen definitiv keine Zeit. Vermutlich hat sich Paulussen in diesem Punkt nur ungenau ausgedrückt, und gemeint, dass man am Ruhrgebiet *vorbei-* oder *entlang*zieht.

---

* Unter *Niederrhein* versteht man den Rhein von Bonn bis zur holländischen Grenze Der Rhein in Holland wird als *Delta-Rhein* bezeichnet.

Die Ursache für die Kriegstoten in den Hafenstädten erscheint mir unplausibel. Das Spekulieren über die Ursachen kann man sich allerdings sparen, da kurze Zeit später sämtliche Küstenstädte von Tsunamis überflutet werden sollen (siehe Seite 139).

Vor einigen Jahren schrieb mir ein Leser, ein Freund von ihm sei nach der Wende von Jena nach Berlin gezogen und habe dort öfter und „sehr real" davon geträumt, dass Jena bombardiert wird. Die Träume seien so intensiv gewesen, dass er bei seinem späteren Umzug zurück nach Jena wieder daran denken musste.
Jena liegt an der Ost-West-Autobahn Dresden–Frankfurt. Bei der Interpretation womöglich hellseherischer Träume ist natürlich Vorsicht geboten. Der seherische Charakter ist zunächst spekulativ, wobei sich präkognitive Träume durchaus durch Intensität und Wiederholungen auszeichnen können.

Wie könnten die Russen so schnell in Deutschland sein?

Aufmerksame Leser werden sich inzwischen längst gefragt haben, wie die russische Armee so urplötzlich an der deutschen Ostgrenze auftauchen können soll? Tatsächlich stoßen wir hier auf eine gravierende Schwachstelle in der europäischen Prophetie.
Polen ist inzwischen NATO-Mitglied, und von der weißrussisch-polnischen Grenze bis zur polnisch-deutschen sind es rund 600 Kilometer. Ein russischer Kampfpanzer T-90 hat eine Höchstgeschwindigkeit von 65 Stundenkilometern, bräuchte für obige Strecke also grob gerechnet 10 Stunden.
Störmaßnahmen der polnischen Armee auf polnischem Gebiet könnte der Kreml unterbinden, indem er der polnischen Regierung mit exzessiver Gewaltanwendung droht. Dabei wird sich die Warschauer Regierung an Polens Schicksal im Zweiten Weltkrieg erinnern und begreifen, dass selbst im für Russland ungünstigsten Kriegsverlauf Polen besonders lange unter der russischen Fuchtel verbliebe. Gut möglich also, dass die russischen Panzer Polen ungestört durchqueren könnten, weil der polnischen Regierung faktisch keine Wahl bleibt.
Dennoch wäre ein Großteil des Überraschungsmomentes dahin, würden die russischen Panzer erst Stunden nach dem eigentlichen Kriegsausbruch an der deutsch-polnischen bzw. deutsch-tschechischen Grenze auftauchen. Und das Zeitfenster von etwa 10 Stunden ließe sich auch kaum verkürzen, würde man die Panzer auf spezielle Transport-Lkw verladen. So liegt die Höchstgeschwindigkeit des russischen Panzertransporters *KZKT-7428* auch nur bei 65 km/h[22]. Was mögliche Eisenbahntransporte oder gar Lufttransporte betrifft, so kann man nur spekulieren. Wer weiß schon, über welche Möglichkeiten und Transportkapazitäten das russische Militär heutzutage verfügt?
Andererseits wäre das Überraschungsmoment aus russischer Sicht auch nicht sooo entscheidend, da die NATO mit ihren beschränkten Kräften den russischen Angriff vor dem Rhein eh nicht aufhalten könnte. Schon im zurückliegenden Kalten Krieg wollte die NATO die Russen *erst am Rhein* stoppen.
Manche Zeitgenossen spekulieren nun, Russland hätte in der DDR, Polen und Tschechien noch zu Zeiten des Kalten Krieges riesige geheime Waffendepots angelegt und

bezöge einen Teil seiner Waffen von dort, und viele Soldaten würden sich dort kurz vor Kriegsausbruch als Zivilisten aufhalten. Natürlich führen solche Spekulationen zu nichts. Fakt ist, dass es aus Sicht der mir bekannten Prophezeiungen keine belastbare Erklärung dafür gibt, dass an der deutschen Ostgrenze urplötzlich eine riesige Flut russischen Militärs auftaucht.
Man kann dieses Erklärungsdefizit als Beweis für die Unglaubwürdigkeit der europäischen Prophetie werten. Man kann die Sache aber auch so einordnen, dass man sagt: Seit jeher besteht ein entscheidender Teil der Kriegsführung darin, zu Dingen fähig zu sein, die der Gegner einem nicht zutraut oder die er sogar *per se für unmöglich* hält. Man sollte als Zivilist vorsichtig sein und nicht glauben, in wenigen Minuten einen strategischen Sachverhalt beurteilen zu können, über den Tausende russische Spezialisten jahrzehntelang nachgedacht haben.

Was als Erklärung in jedem Fall ausscheidet, ist die These, Hellseher wie Alois Irlmaier seien mit ihren Visionen irgendwo im Kalten Krieg „steckengeblieben". Zur Erinnerung: Die Flüchtlingswelle in Europa wurde mehrfach vorausgesehen, wie einiges andere auch, welches eindeutig erst nach der Jahrtausendwende Wirklichkeit geworden ist (z. B. auch *Kampfdrohnen,* siehe Alois Irlmaier, Seite 168).

Westgrenze Rhein

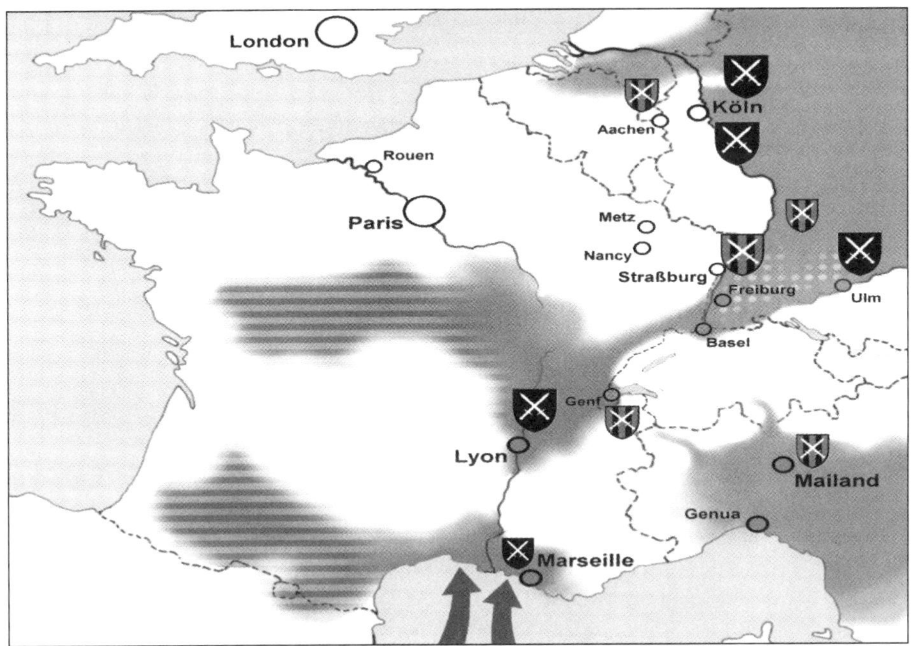

Abb. 3: Der russische Vorstoß im westlichen Mitteleuropa
(nach Irlmaier, Stieglitz, Jahenny, Lenormand u. a.)

Hinweis: Die schraffierten Flächen innerhalb Frankreichs gehen auf Julie Marie Jahenny (1850–1941) bzw. auf die Karte auf www.marie-julie-jahenny.fr/carte-d'invasion-de-la-france.htm zurück. Wer sich für Frankreich interessiert, sollte sich diese Karte unbedingt ansehen. Dieser Karte nach käme es an der französischen Mittelmeerküste auch zu einer »russisch-arabischen Invasion«, was vorsichtig formuliert gewissen Klärungsbedarf mit sich bringt. Auf einen östlichen Invasionsversuch im Raum Marseille deuten jedoch noch andere Quellen.

Die Russen sollen also bis an den Rhein kommen. Zum einen gibt es Quellen, die den Rhein ausdrücklich als Grenzlinie benennen, zum anderen gibt es Quellen, denen nach die Angreifer „bis zum Rhein" vorstoßen, es aber offen bleibt, ob sie es nicht doch hier oder dort *über* den Rhein schaffen.

Tatsächlich sagen mehrere Quellen, dass der Rhein eben *doch* überschritten wird, und zwar einmal ganz im Norden der Niederlande und dann ganz im Süden an der deutsch-schweizerischen Grenze.

Das würde bedeuten, dass der Rhein als Begrenzung innerhalb Deutschlands *weitestgehend zuträfe!* Für den Rhein-Abschnitt in Deutschland findet sich tatsächlich eine solide Quellenbasis, wonach der Rhein von etwa Freiburg bis wenigstens an den Nordrand des Ruhrgebietes von den Angreifern *nicht* überschritten würde (abgesehen höchstens von einer klitzekleinen Ausnahme nördlich von Bonn, siehe Seite 51).

In den Quellen findet sich also eine hohe Übereinstimmung dafür, dass in Deutschland der Rhein die Grenze für den Vorstoß der Russen nach Westen bildet. Hinzu kommt, dass der Rhein auch von der NATO im Kalten Krieg als Hauptverteidigungslinie in Mitteleuropa gedacht war. Insofern passt hier alles zusammen.

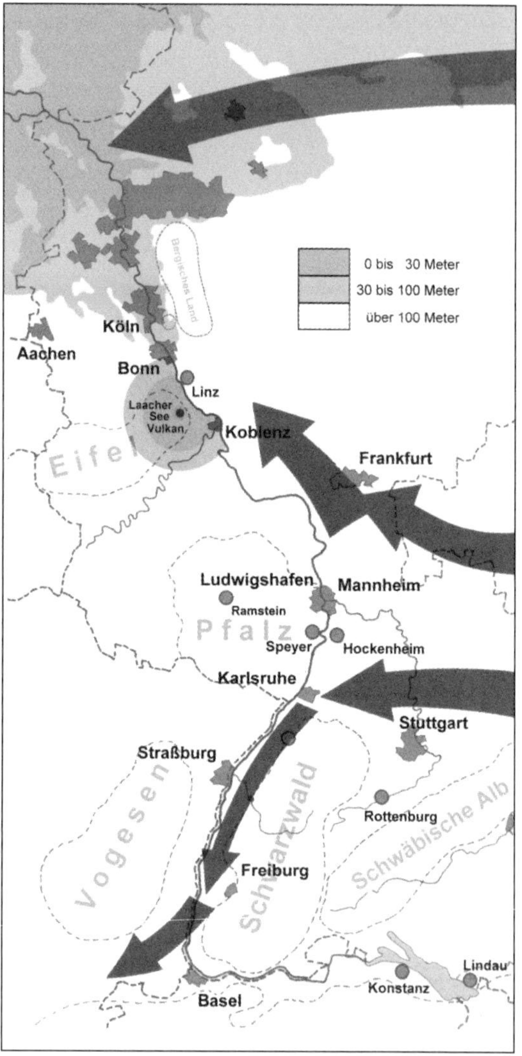

Abb. 4: Die Angriffssituation am Rhein nach Irlmaier

Hinweis: Die Graustufen in der Karte geben die unterschiedlichen Höhen über dem Meeresspiegel (= Normalnull = NN) an. Höhenangaben finden sie auf vielen Karten dieses Buches, weil viele Gebiete überflutet werden sollen.

Allerdings gibt es für die deutschen Gebiete westlich des Rheins ein paar Einschränkungen im Hinblick auf die Thematik *„sicheres Gebiet“:* Westlich des Rheins wären mit Kriegsbeginn alle Gebiete zu meiden, die *weniger als ca. 30 Meter* über dem Meeresspiegel liegen, später sogar *Gebiete bis ca. 150 Meter.*

Bereits während des Krieges wäre an den Nordseeküsten mit einem Tsunami zu rechnen, der bis ca. 30 Meter über Normalnull reicht. Mit Kriegsende käme dann noch eine bedeutend höhere Flutwelle.

Die bereits erwähnte Frau, die nach Hamburg umziehen wollte, erinnerte sich:

Alois Irlmaier (1956-I-Südostbayern): *Er nahm eine Landkarte von Deutschland, sah nicht dabei hin, als er sprach, – ich weiß heute noch, dass ich erschrak – denn er zog mit seinem Finger eine gerade Linie entlang des Rheins.* ***„Bis daher kommt er, aber nach Frankreich nicht mehr.“***[23]

Irlmaier riet der zukünftigen Hamburgerin im Jahre 1956 weiter:

„Du musst gleich nach dem Mord [das Attentat vor Kriegsausbruch, Anm. B.] ***schnellstens an den Rhein*** *kommen, am linksrheinischen Ufer entlang die Straße nach* ***Basel,*** *nach* ***Lindau*** *über den* ***Bodensee*** *kommen. Nach* ***Lindau*** *kommt der Russe nicht, aber bis* ***Freiburg,*** *nicht weiter. Das musst Du in drei Tagen schaffen. Am vierten ist es schon zu spät."*[24]

Zunächst ließe sich kritisch anmerken, dass die Dame rund 60 Jahre später mindestens 80 wäre und kaum noch in der Lage – und vielleicht auch gar nicht mehr Willens –, zu einer solch überhasteten Flucht. Wäre diese Unstimmigkeit ein Anlass, um an Irlmaiers Sehergabe zu zweifeln? Nein. Auch sehr gute Seher haben ihre Probleme mit exakten Zeitangaben, wenn es um die Frage geht: „In welchem Jahr?" Zudem könnte diese Fluchtempfehlung Irlmaiers nicht auf einer konkreten Vision der Zukunft dieser Frau beruhen, sondern auf dem, was der Hellseher bisher schon von den Stunden und Tagen unmittelbar nach Kriegsausbruch „gesehen" hatte.

Zur inneren Logik der Voraussage Irlmaiers: Würde die Frau auf dem üblichen Wege von Hamburg nach Bayern fahren, also über die Autobahn via Hannover, Kassel, Würzburg, würde sie infolge des allgemeinen Kriegschaos innerhalb kürzester Zeit auf der Autobahn im Stau stecken bleiben.
Dass die Frau aus Hamburg als allererstes sofort an und über den Rhein kommen soll, könnte bedeuten, dass die Rheinbrücken nördlich des Ruhrgebietes, die von Hamburg als Erstes erreichbar sind, schon nach wenigen Stunden nicht mehr passierbar sind. Rechnet man von Hamburg bis dorthin mit rund 400 Kilometern Bundesstraße, könnte das bedeuten, dass der Frau aus Hamburg nur ein Zeitfenster von vielleicht fünf Stunden bliebe, um es von Hamburg aus über den Rhein zu schaffen.
Interessant auch, dass Irlmaier sogar davon abrät, auf der Höhe von Karlsruhe die Richtung zu ändern und in südöstlicher Richtung den direkten Weg über Stuttgart und Ulm nach Bayern zu nehmen. Stattdessen rät er zu einem fast doppelt so langen Umweg, der zuletzt über Schweizer Gebiet verläuft. Demnach wäre schon am dritten oder bereits am zweiten Kriegstag das Gebiet südlich einer Linie Karlsruhe Ulm nicht mehr passierbar. Ob wegen der Flüchtlinge oder der russischen Eindringlinge, sei dahingestellt.

Nun wieder Alois Irlmaier zum Rhein:

Alois Irlmaier (1959-I-Südostbayern): *„Rechts vom Rhein ist alles kaputt."*[25]

Hier bleibt unklar, welches Gebiet genau? Die ersten zehn Kilometer östlich vom Rhein oder die ersten 50? Noch mehr?

Zwischen Rhein, Elbe und Donau

Die folgende Prophezeiung soll von einem Schweizer Mönch Ende des 11. Jahrhunderts niedergeschrieben worden sein. Die frühste nachweisbare Erwähnung der Prophezeiung ist von 1866.[26] Der älteste noch erhaltene komplette Text ist von 1951.

Hepidanus von St. Gallen (1081-I-Schweiz): ***Zwischen dem Rhein und der Elbe und dem morgenwärts*** *[nach Osten]* ***fließenden Strome Donau*** *wird ein weites Leichenfeld sich ausdehnen, eine Landschaft der Raben und Geier. Und wenn dereinst wieder der Landmann seinen Samen ausstreuen wird und dieser emporkeimt, Ähren tragend und Früchte, dann wird jeder Halm in einem Menschenherzen stehen und jede Ähre in eines Menschen Brust ihre Wurzel haben.*[27]

An diesem Zitat lässt sich ganz gut das Problem mit der Unschärfe der Quellen verdeutlichen: So fragt sich, ob mit *zwischen Rhein, Elbe und Donau* jeweils der ganze oder nur der größte Teil der Flussverläufe gemeint ist. Im Falle der Donau kann das schon einmal nicht sein, da diese auch weit östlich der Elbe verläuft.

Mögliche Auslegung des Gebietes zwischen Rhein, Elbe und Donau

Hepidanus von St. Gallen hat die Formel „Rhein-Elbe-Donau" sicher nicht im Sinne eines Landvermessers verwendet, wo alles genau bedacht ist. Vielmehr dürfte er eine einfache, naheliegende und verständliche Umschreibung des gemeinten Gebiets gesucht haben. Grob schematisch ist das rechts in Abbildung 6 veranschaulicht.

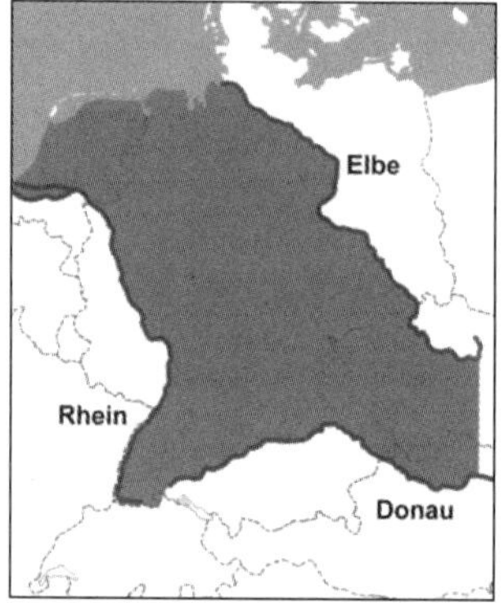

Abb. 5: zw. Rhein, Elbe und Donau

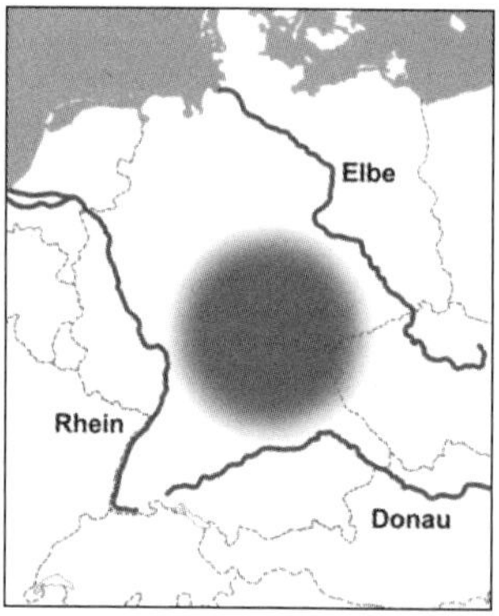

Abb. 6: zw. Rhein, Elbe und Donau

Hepidanus' Erwähnung der vielen nicht beerdigten Toten zwischen Rhein, Elbe und Donau wird vielen Lesern als zu grauenvoll erscheinen, als dass sie dies ernst nehmen oder an sich heranlassen wollen. Aber rein praktisch gesehen würde ein solches Massensterben nicht nur bedeuten, dass sehr viele Menschen sterben, sondern dass dieses auch *sehr schnell* passiert. Große Mengen an Todesopfern hat es in der Kriegsgeschichte schon oft gegeben. Doch hat man sie meistens rasch beerdigt, damit keine Seuchen ausbrechen. In Hepidanus' Szenario stürben also auch sehr viele von denen, *die üblicherweise die Toten begraben.*

Natürlich muss man Hepidanus' Angaben auch in Bezug setzen zu den sonstigen Prophezeiungen. Dort wird neben der Begrenzung Rhein auch die Begrenzung Donau bestätigt (siehe Seite 77). Was die Elbe betrifft, so dürfte dieser Fluss bei Hepidanus einerseits symbolisch für die überfluteten Regionen in Norddeutschland stehen, aber auch für einen großräumigen Chemiewaffeneinsatz in Deutschland nördlich der Tschechischen Republik (siehe *Der gelbe Strich,* Seite 163). Im Widerspruch zu Hepidanus' Formulierung müsste sich die *»Landschaft der Raben und Geier«* etlichen

anderen Quellen nach *auch noch nördlich der Elbe* weiter nach Norden erstrecken, da hier das Land ebenso flach ist und ebenso überflutet werden müsste.
Dann müsste sich im mittleren Bereich zwischen Elbe und Donau ein Bereich finden, der den anderen Quellen nach weder überflutet noch allzu sehr von Kampfhandlungen (und/oder von einem Impakt, siehe Seite 79) betroffen wäre – also kein Leichenfeld wäre –, da dieses Gebiet in der Angriffsphase in zwei bis drei Tagen durchstoßen würde und deshalb gar nicht die Zeit bliebe für langwierige Kampfhandlungen in diesem Gebiet.
Zu diesen unklaren Gebieten (etwa: Harz, Thüringer Wald, Rhön, Vogelsberg, Hessisches Bergland und Rothaargebirge, also die Mittelgebirge westlich des 12. Längengrades, nördlich des Main, die nicht an den Rhein grenzen) gibt es meines Wissens weder Quellen, die auf bedeutende Schlachten hinweisen, noch darauf, dass es hier oder dort sicher sei. Die einzige mir bekannte Ausnahme, die aber etwas südlich des Mains liegt, bezieht sich auf den Marienwallfahrtsort *Heroldsbach,* knapp 30 Kilometer nördlich von Nürnberg. Dieser Ort soll beschützt sein, was bei einem Marienwallfahrtsort nicht weiter verwundert. Nur läge der Ort eben *mitten im bedrohten Gebiet.*
Hier stellt sich am Ende einfach die Frage: Wem glaubt man? Irlmaier (bzw. dessen Deutung) und anderen Sehern? Oder dem, was über Heroldsbach gesagt wird? (Zu Heroldsbach siehe auch die Karte auf Seite 174 zum „gelben Strich").
Möglich, dass man in Stadtarchiven in der betreffenden unklaren Region noch ältere Prophezeiungen findet, die einem weiterhelfen. Aber erfahrungsgemäß müsste man ziemlich lange suchen, ohne Garantie, dass man überhaupt etwas findet. Aussichtsreicher wären da Visionen jüngeren Datums von lebenden Zeitgenossen. Aber wie will man dort gefälschte, fehlerhafte und echte Zukunftsvisionen unterscheiden? Im Internet kann man jeden Unsinn veröffentlichen. Wenn man die jeweilige neue zeitgenössische Quelle nicht persönlich kennt, sollte man besser die Finger von ihr lassen.

Wie also mit der Unklarheit im mittleren Bereich der Zone zwischen Rhein, Elbe und Donau umgehen? Meiner Meinung nach kann man unmöglich ausschließen, dass sich im mittleren Bereich zwischen Rhein, Elbe und Donau eben doch Gebiete finden, in denen man gute Überlebenschancen hätte. Nur – *wo sollen die sein?* Ich sehe derzeit nicht, dass man darauf angesichts der mir bekannten Quellenlage auch nur im Ansatz guten Gewissens eine Antwort geben kann. Natürlich wäre denkbar, dass jemand über eine gute Intuition verfügt und zu der Überzeugung gelangt, dort wo er wohnt, sei es sicher – trotz aller Unkenrufe. So etwas sollte man meiner Ansicht nach akzeptieren. Niemand sollte sich anmaßen, Menschen dazu zu verleiten, *gegen* ihre eigene Intuition zu handeln. Nur bisweilen ist es eben *keine* Intuition, sondern etwas anderes.

Das nächste Zitat bezieht sich auf die Phase des russischen Rückzugs.

Mönch von Werl (1701-III-Westfalen): *„Auf der einen Seite werden* ***alle Völker des Westens, auf der andern alle des Ostens*** *stehen. In fürchterlichen Scharen werden sie herankommen. Lange wird man mit unentschiedenem Glücke kämpfen, bis man endlich in die Gegend des Rheines kommt. Dort wird man kämpfen drei Tage lang, so,* *dass das Wasser des Rheines rot gefärbt sein wird, bis es bald nachher zur* ***Schlacht am Birkenbäumchen*** *[in Westfalen, Anm. B.] kommt."*[28]

»Lange wird man mit unentschiedenem Glücke kämpfen« ... hier bleibt unklar, *wie lange genau.* Aus der Perspektive des frühen 18. Jahrhunderts betrachtet, wären Kampfhandlungen, die sich kontinuierlich und ohne Feuerpause über mehrere Wochen hinziehen, sehr wohl als lang zu bezeichnen.
Der *»Birkenbaum«* bzw. das *»Birkenbäumchen«* dient in mehreren deutschen Prophezeiungen als Ortsangabe für eine große Schlacht bzw. eine Entscheidungsschlacht, „letzte" Schlacht oder Endschlacht. Den Quellen nach stünde dieser Birkenbaum am Nordrand des früheren Herzogtums Westfalen, etwa 15 Kilometer östlich von Dortmund.
Auch dass die Schlacht am Birkenbaum erst *nach* den Kämpfen am Rhein stattfindet, deckt sich mit anderen Quellen.

Kapuziner Pater (1762-III-Düsseldorf): *Ein schwerer Krieg wird im Süden [Naher Osten? Balkan?, Anm. B.] entbrennen, sich nach Osten und Norden verbreiten. Wilde Scharen werden Deutschland überschwemmen und* ***bis an den Rhein*** *kommen. [...] Da, wenn die Noth am größten ist, wird ein Retter kommen aus dem Süden her; er wird die Horden der Feinde schlagen, und Deutschland glücklich machen. Dann werden an manchen Orten die Menschen so selten sein, dass man auf einen Baum steigen muss, um Menschen in der Ferne zu suchen.*[29]

Joseph Stockert (1950-III-München): *Die Panzerzüge der Russen werden* ***bis zum Rhein*** *kommen.*[30]

Bei der nächsten Quelle *Elena Aiello* handelt es sich um eine stigmatisierte Nonne aus Sosenca in Süditalien, die dadurch berühmt geworden sein soll, dass sie *Benito Mussolini* den Verlauf des Zweiten Weltkrieges zutreffend voraussagte.

Elena Aiello (1959-II-Süditalien): *„Und wenn die Menschen ... nicht zu Gott zurückkehren wollen, wird ein weiterer Krieg kommen von Ost nach West, und Russland wird mit seinen Waffen gegen Amerika kämpfen und Europa überrollen, und vor allem der Rhein wird voll Leichen sein."*[31]

Siehe da – selbst eine Seherin aus Süditalien bezieht sich auf die Ereignisse am Rhein.

Anna (1990-III-Nordwestdeutschland): *„Wenn der Osten aufbricht, bleibt alle im Westen des großen Flusses, so ihr dies könnt. Dann aber* ***über Nacht*** *wird durch Urgewalt gestoppt das Heer der Eindringlinge."*[32]

Der Rat zur Flucht über den Rhein richtet sich hier an Menschen aus der Umgebung der Seherin. Anderen Menschen, die deutlich näher an der Donau leben als am Rhein, wäre natürlich eine Flucht über die Donau nach Süden zu empfehlen.

Die *»Urgewalt«* ist ein Hinweis auf die dreitägige Finsternis, womöglich auch auf einen Impakt (also ein größerer Kometen- oder Meteoriteneinschlag*) zeitnah zur Finsternis (siehe Seite 79). Das Motiv höherer Mächte, die in den Krieg eingreifen, wird uns noch öfter begegnen.

Testament des fliehenden Papstes (1701-II-Deutschland): *In Ost und West wird ein großes Ringen sein und viele Menschen vernichten. [...]* ***Hungersnot, Seuchen und Pest*** *werden mehr Opfer fordern als der Krieg. [...] Das* ***Volk des Siebengestirnes*** *wird in das Ringen eingreifen und dem* ***bärtigen Volke*** *in den Rücken fallen und sich von der Mitte abwenden. Der ganze Niederrhein wird erzittern und erbeben; er wird aber nicht untergehen.*[33]

Davon, dass im Rahmen des „dritten Weltkrieges" auch noch die *»Pest«* ausbricht, ist nicht auszugehen. Den sonstigen Prophezeiungen nach wäre klar, dass es *die dreitägige Finsternis* ist, die zu deutlich mehr Toten führt als der Krieg. Inwieweit es in obigem Text zur Fehldeutung geschauter Bilder gekommen ist, bleibt unklar. Interessant in dem Zusammenhang ist jedenfalls eine Aussage Alois Irlmaiers zum Chemiewaffeneinsatz in Nordostdeutschland (siehe Seite 163):

Alois Irlmaier (1950-I): *„Oa Jahr ko neamad hi mehr dort, dad'n alle sterb'n. [...]. Vui Mensch'n sterb'n no, ne an Cholera, na, na, mia nennen's halt den* ***schwarz'n Tod.*** *"*[34]

Mit *»schwarzer Tod«* bezeichnet man die Pestpandemie in Europa im 14. Jahrhundert, der etwa ein Drittel aller Europäer zum Opfer fiel. Mit *»mia nennen's halt«* meint Irlmaier vermutlich den allgemeinen Sprachgebrauch *nach* dem Kriege. An anderer Stelle äußert sich der Seher zur Giftwirkung: *„Wenn sie [die Giftstoffbehälter] explodieren, dann entsteht ein gelber und grüner Staub oder Rauch, was drunter kommt, ist dahin, obs Mensch, Tier oder Pflanze ist. Die Menschen werden ganz schwarz [...]."*[35]

Das *»bärtige Volk«* ist ein Hinweis auf Russland. Bis 1698 hatte jeder russische Mann einen langen Bart, was seinerzeit einzigartig in ganz Europa war. Dann kam *Zar Peter der Große* nach einer langen Reise aus Westeuropa zurück und ordnete an, die Bärte abzuschneiden. *Siebengestirn* ist ein anderer Name für die *Plejaden,* eine Ansammlung von sieben Sternen, die man mit bloßem Auge am Nachthimmel erkennen kann. Die Plejaden sind daher schon seit der Antike bekannt. Sie galten u. a. als Sterne, die dort stehen, *von wo der Ostwind kommt.*

Fällt das Volk des Siebengestirns den im Westen kämpfenden Russen in den Rücken, so greift es logischerweise aus dem Osten an. Und es muss sich dabei um ein militärisch starkes Volk handeln. Damit landen wir automatisch bei *China.* Ein weiterer Hinweis auf China findet sich in dem *»von der Mitte abwenden«:* China wird traditio-

* Vermutlich ein Meteoriteneinschlag, da Kometen infolge ihrer weicheren Substanz (teilweise aus Eis) oft nicht den Erdboden erreichen. Ein *Asteroid* wäre zu groß.

nell als *„Reich der Mitte"* bezeichnet, obwohl es sich geografisch gesehen natürlich alles andere als in der „Mitte der Welt" befindet.
Dass China zunächst auf russischer Seite an diesem Krieg teilnähme, wäre realpolitisch bzw. geostrategisch gesehen klar. Die Chinesen wissen, dass sie im Falle eines Sieges der NATO über Russland als Nächstes drankommen könnten. Aufgrund seiner Wirtschaftskraft und Bevölkerungsgröße ist China für die USA und die NATO ebenso eine langfristige strategische Bedrohung wie Russland. Als undemokratisches, Menschenrechte missachtendes System könnte China ebenso schnell in die Schusslinie geraten wie Russland und dessen Vorläufer Irak, Libyen und Syrien. Zudem könnten die USA ihre strategische Raketenabwehr natürlich später auch gegen chinesische Atomraketen einsetzen bzw. diese komplett neutralisieren. Außerdem ist China in Sachen Rohölimporte sehr viel verletzlicher als Russland. Und nicht zuletzt verfügt China über zahlenmäßig große nationale Minderheiten, über die sich hervorragend Aufstände im Reich der Mitte anzetteln ließen. China würde im „dritten Weltkrieg" also nie und nimmer neutral am Rande stehen und warten, bis Russland besiegt ist und dessen Trümmerteile zu NATO-Mitgliedern umgemodelt worden sind.
Das schließt aber nicht aus, dass China, sobald sich die Niederlage Russlands abzeichnet, sein eigenes Spiel beginnt und Teile Russlands erobert, um für eine *spätere mögliche Konfrontation mit dem Westen* eine bessere Ausgangsbasis zu haben. Daraus muss man nicht zwangsläufig eine Hinterhältigkeit Chinas herausdeuten, schließlich sind die Chinesen nicht dumm und wissen, dass man westlichen Versprechungen nicht unbedingt trauen kann. Chinesische Geostrategen wissen nur zu gut, dass der Westen im Zweiten Weltkrieg mit Russland verbündet war, um Nazi-Deutschland zu besiegen, und dass der Westen – kaum, dass *Adolf Hitler* sich eine Kugel durch den Kopf gejagt und SS-Chef Heinrich Himmler in eine *Gift-Kapsel* gebissen hatte – Russland zum Hauptfeind und Reich des Bösen erklärt hat.
Wohlgemerkt bezieht sich der (hier unterstellte) Verrat Chinas an Russland auf eine Situation *nur etwa sechs Wochen nach Kriegsausbruch,* wenn sich bereits die Niederlage Russlands abzuzeichnen beginnt.[36] Dass dann weitere rund sechs Wochen später die geopolitischen Spielkarten im Zuge der dreitägigen Finsternis und des geografischen Polsprungs komplett neu gemischt würden – *auch für China* –, dürften die Chinesen nicht wissen.

Im Mündungsbereich des Rheins

Westfälischer Volksglaube (18. Jh.-III): *Ein gewaltiger Völkerzug wird kommen von Osten nach Westen. Die Soldaten werden durch Westfalen nach Holland ziehen, von wo sie geschlagen wieder zurückkommen. Dagegen wird sich erheben der ganze* ***Westen und Süden.*** *Die Heere werden zusammentreffen in der* ***Mitte von Westfalen.***[37]

Auch hier: Die Schlacht in Westfalen findet erst beim *Rückzug* der Russen statt.

Alois Irlmaier (angeblich Oktober 1945-I-Südostbayern): *Bei* ***Aachen*** *ist die größte Schlacht der Weltgeschichte.*[38]

Kämpfe bei Aachen könnten Ausläufer der Kämpfe in den Niederlanden sein. Allerdings ist Irlmaier die einzige Quelle, die sich so weit konkret auf Aachen bezieht, und er wird nur von *einem einzigen* Zeugen so zitiert. Angesichts des so gut wie immer bestehenden Überlieferungsrisikos wäre es besser, wenn sich für die Schlacht bei Aachen in anderen Quellen eine Bestätigung findet. Derzeit ist mir da aber nichts bekannt. Auch ist unklar, was *»bei Aachen«* bedeuten soll? 10 Kilometer davor? 50?

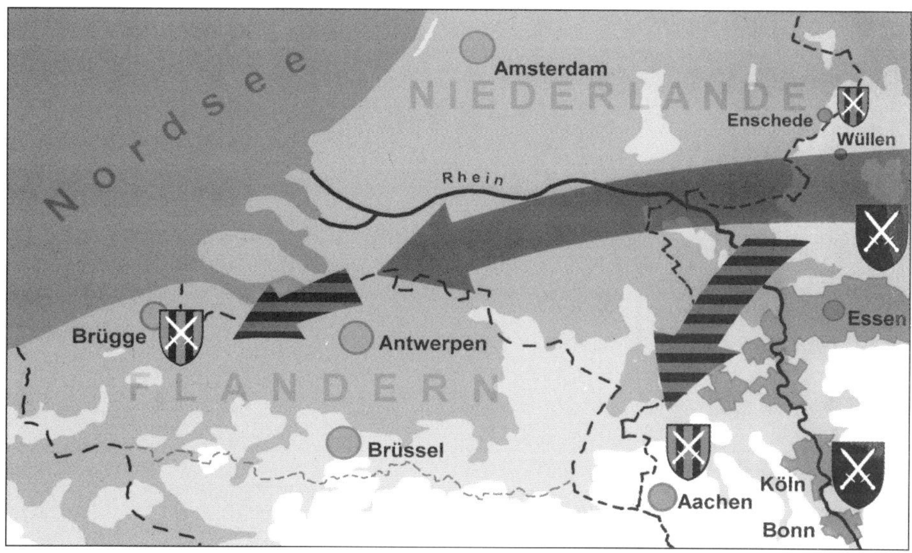

Abb. 7: Karte: Angriffssituation im Bereich der Rheinmündung/Deltarhein

Wie Sie hier sehen, sind die beiden kleineren Pfeile **horizontal schraffiert**. Damit wird darauf hingewiesen, dass das jeweilige Element auf der Karte sich nur auf eine einzige Prophezeiung bzw. eine einzige seherische Quelle zurückführen lässt und daher weniger gut abgesichert ist – im Gegensatz zu obigem ganz dunklen Pfeil, der durch mehrere Quellen abgesichert ist. Entsprechendes gilt für die Symbole für Schlachten (Wappen mit gekreuzten Schwertern), nur dass dort die Schraffur vertikal ist.

Leonie van den Dijck (1949-II-Belgien, Onkerzele, ca. zehn Kilometer westlich von Brüssel): Autor Schnyder schreibt: *„Größtes Elend" wird es, so jedenfalls laut Leonie van den Dijck aus Onkerzele auch in Flandern geben; mit Ausnahme von Brügge: „Dort wird es immer ruhig zugehen."*[39]

Diese Seherin hatte vorausgesagt, dass sich die Echtheit ihrer Voraussagen dadurch beweisen werde, dass man 20 Jahre nach ihrem Tod (1949) ihren Leichnam nahezu unversehrt vorfinden wird. Tatsächlich fand man 1972 bei der Öffnung ihres Grabes den Leichnam in erstaunlich gutem Zustand vor, und das obwohl Feuchtigkeit in den Zinksarg eingedrungen war. Bei der Sargöffnung war u. a. ein örtlicher Arzt als Zeuge anwesend, der für den Zustand des Leichnams keine wissenschaftliche Erklärung fand.

Volksglaube (18. Jh.). Autor Jules Silver schreibt: *Die große Schlacht soll auch ... auf dem* ***Sint Pietersvield***[40] *bei Brügge ... stattfinden.*[41]

Die Ortsbezeichnung *Sint Pietersveld* (Postleitzahl 8700) findet sich rund zehn Kilometer südöstlich von Brügge, etwa zwei Kilometer südlich der Autobahn A10 in freiem, kaum bebauten Gelände. Die A10 erreicht ca. 30 Kilometer weiter westlich die Nordsee und verlängert sich in der anderen Richtung nach Osten hin über andere Autobahnabschnitte direkt zum Ruhrgebiet (via Antwerpen, Eindhoven, Venlo und Duisburg). Vermutlich würden die Russen versuchen, auch diesen Weg Richtung Nordsee zu nehmen.

Bruder Adam (1949-III-Würzburg): *„Gleichzeitig werden Teile des russischen Heeres durch Westpreußen, Sachsen und Thüringen zum Niederrhein vorstoßen, um schließlich von Calais aus die Kanalküste zu beherrschen.“*[42]

Das klingt so, als ob die Russen tatsächlich einen Großteil des Weges nach Calais schaffen (siehe auch Erna Stieglitz). Oder meint Bruder Adam, dass sie es nur versuchen?

Erna Stieglitz (1975-III-Augsburg): *Der Mittelangriff gegen Westeuropa erfolgt in drei gewaltigen Stoßkeilen. Der erste wird aus dem Raum Stettin-Berlin nach Lübeck, Hamburg und in die* ***Niederlande*** *vorstoßen.*[43]

Ruhrgebiet – Westfalen

Glaubt man den Quellen, so müsste am Nordostrand des Ruhrgebietes jene „Endschlacht“ stattfinden, in der die russischen Truppen endgültig besiegt werden.

Einsiedler Antonius (gestorben 1820-III-Bistum Köln): *Nach einigen Tagen [nach einer Schlacht bei Siegburg] zogen sich die Preußen und Russen zurück [...]. Stets auf dem Rückzuge [aus dem Raum Köln, Anm. B.] retteten sich die Reste der preußischen Armee nach Westfalen. Dort war die letzte Schlacht, ebenfalls zu ihren Ungunsten.*[44]

Wie bitte? *Ostdeutsche* und Russen Verbündete im „dritten Weltkrieg“? Und das mindestens 25 Jahre nach der Wiedervereinigung? Gibt es heimliche ostdeutsche russlandtreue Einheiten in der Bundeswehr? Wir wundern uns – und lassen das erst einmal so stehen. Der Bezug dieser Quelle zum „dritten Weltkrieg“ jedenfalls ergibt sich u. a. aus der Wahl eines deutschen Kaisers nach dem Sieg in Westfalen.

Pfarrer von Baden (1923-III-Süddeutschland): *Der Norden Deutschlands wird bolschewistisch werden. Auch Westfalen wird in die Hände der Bolschewiki fallen. [...] Die letzte Schlacht [gegen die »Bolschewiken, Russen und Preußen«] wird zwischen Essen und Münster stattfinden.*[45]

Schon wieder eine fünfte Kolonne der Russen in Ostdeutschland? Dabei ist Putin ja gar kein Kommunist. Und das russische Volk glaubt auch nicht mehr an Marx und Lenin. Wie erklären wir diese abstrus erscheinende Aussage? Nun, auch katholische

Pfarrer sind nicht dagegen gefeit, den Verlockungen erster Eindrücke zu erliegen und dann vorschnell zu urteilen. Hellseher sind nicht allwissend. Und wenn sie schon nicht im normalen Leben ihre Wahrnehmung und Urteile hinterfragen, machen sie das auch nicht bei ihren Visionen. Möglich, dass hier russische Angreifer zu Bolschewisten bzw. Kommunisten umgedichtet wurden, weil das einem tief eingestanzten katholischen Feindbild entspricht. Aus heutiger Sicht ließe sich die Angelegenheit so deuten, dass die Ostdeutschen am ehesten mit der russischen bzw. Putin'schen Anti-Globalisierungsideologie sympathisieren, die eine Erhaltung der Nationalstaaten um jeden Preis will. ... Aber auch das ist keine wirklich befriedigende Erklärung.

Bei der nächsten Quelle handelt es sich um einen noch heute lebenden Österreicher aus dem sogenannten *Waldviertel,* welches an Tschechien grenzt. Seine Visionen hatte der Seher um 1959 herum etwa im Alter von 21. Veröffentlicht wurden sie 1980 von Wolfgang Johannes Bekh. Der Seher hat sich lange Zeit sehr bereitwillig gezeigt, zu seinen Visionen Stellung zu beziehen.

Seher aus dem Waldviertel (1959-II-Österreich): W. J. Bekh schreibt: *[Dann] breche der letzte Abschnitt der Apokalypse an. Das* ***Ruhrgebiet,*** *in dem noch mehr Menschen am Leben seien als in seiner eigenen Heimat [Nordösterreich], gleiche einer Ruinenlandschaft. Hier werden die Reste der russischen Armee aufgerieben.*[46]

Erreichten die Russen schon ein, zwei Tage nach Kriegsausbruch das Ruhrgebiet, würde dies bedeuten, dass das Ruhrgebiet etwa drei Monate lang mehr oder weniger komplett von der Außenwelt abgeschnitten ist. Was das für die Lebensmittelversorgung und den sozialen Frieden im größten Ballungsraum Europas bedeuten würde, kann sich jeder selbst ausmalen.

Erna Stieglitz (1975-III-Augsburg): *Die Verteidigungsräume heißen:* ***Ruhrgebiet*** *und* ***Niederlande,*** *sodann* ***Bayern,*** *die* ***Alpen*** *und die* ***Schweiz*** *sowie das* ***südfranzösische Rhonegebiet.***[47]

Zunächst: Das stimmt nur grob, und es bedeutet *nicht*, dass es in den genannten Gebieten wirklich überall sicher wäre. Diese Unklarheit hängt auch mit der Überlieferung dieser Quelle zusammen, was nur mündlich erfolgte. Dann ist diese Liste auch unvollständig. In Anlehnung an andere Quellen fehlen wenigstens die deutschen Gebiete westlich des Rheins, und die sich dort anschließenden französischen Gebiete und Teile Belgiens.
Das Ruhrgebiet wäre natürlich auch deshalb *»Verteidigungsraum«,* weil Häuserkämpfe langwierig sind. Wie schon erwähnt hätten die Russen in der Anfangszeit gar nicht die Zeit, sich durch das Ruhrgebiet hindurchzukämpfen. Besser, man riegelt solche urbanen Räume ab, kreist sie ein und wartet, bis der Gegner schwächer wird. So wurde das mit dem Ruhrgebiet im Zweiten Weltkrieg auch von der US-Army gemacht.

Mönch von Werl (1701-III-Westfalen): *„An einem Bache, der von Abend nach Morgen [von Osten nach Westen] fließt, wird das Hauptmorden sein. Wehe, wehe Budberg und Söndern in diesen Tagen!"*[48]

Mit *Söndern* dürfte das Dorf *Sönnern* gemeint sein. Budberg und Sönnern sind kleine Orte bei Werl.

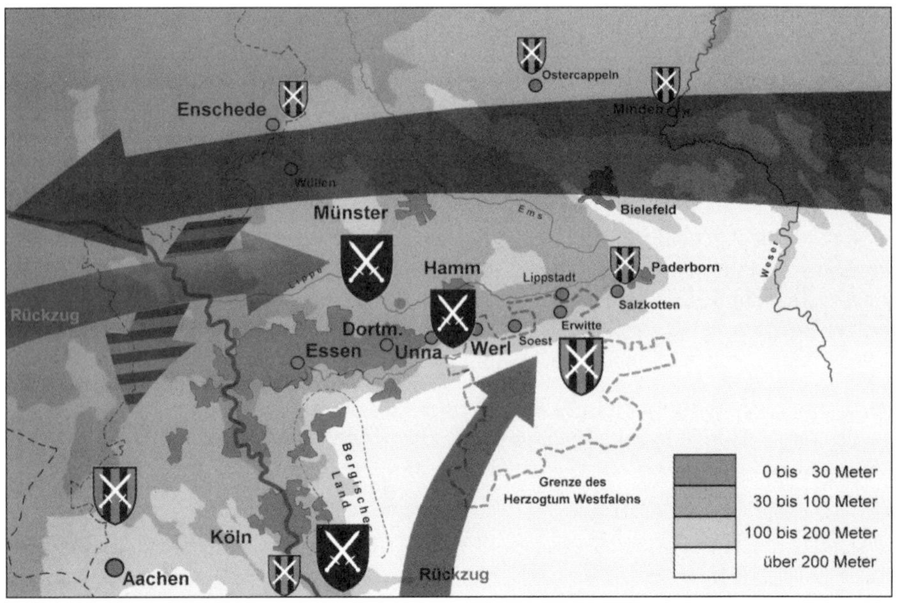

Abb. 8: Karte Ruhrgebiet Westfalen

Schraffierte Pfeile und Wappen kennzeichnen Elemente, die jeweils nur von einer Quelle erwähnt werden.

Prophezeiung vom Birkenbaum (Fassung von 1701-II-Westfalen): *Prophezeiung über den fürchterlichen Kampf des Südens und Nordens und über eine fürchterliche Schlacht an den* ***Grenzen des Herzogtums Westfalen*** *in der Nähe von* ***Bodberg*** *[heute Budberg, ein Stadtteil von Werl]. [...] Mitten in Deutschland werden sie aufeinandertreffen, [...] In den Gegenden Niederdeutschlands wird dieser schreckliche Kampf entschieden werden. Daselbst werden die Heere Lager schlagen, wie sie der Erdenkreis noch nicht gesehen hat. Am Birkenwäldchen nahe bei Bodberg wird dieses schreckliche Treffen beginnen.*[49]

Peter Schlinkert (1770-III-Möhnetal, etwa 20 Kilometer südöstlich von Werl): *„Am Birkenbaume werden die Armeen des Westens nach einer schrecklichen Schlacht einen blutigen Sieg über die des Ostens erringen ... welche völlig vernichtet werden."*[50]

Westfälischer Volksglaube (18. Jh.): Autor Jules Silver berichtet von einer Prophezeiung über eine *»Entscheidungsschlacht zwischen den Völkern des Westens und denen des Ostens auf dem Wüllner Esch bei* ***Wüllen*** *[20 km Südsüdost von Enschede, Anm. B.]. Dabei herrscht die Überzeugung vom Sieg des Westens vor.«*[51]

Weiter fasst Jules Silver dann eine Reihe von Einzelprophezeiungen zusammen, die er zum Teil aus *Theodor Beykirchs »Prophetenstimmen«* von 1849 hat. Die entsprechenden Fälle aus Beykirchs Buch sind nachfolgend jeweils mit einer Endnote markiert:

Die ganze Gegend zwischen ***Ems, Lippe*** *und* ***Ruhr,*** *vom* ***Rhein*** *bis an die* ***Weser,*** *wird der Schauplatz eines blutigen Kampfes werden, und fast keine Stadt, kein Dorf wird von den Schrecknissen des Krieges verschont bleiben.*
Paderborn[52]*, Soest,* ***Unna***[53]*, Hamm,* ***Dortmund***[54]*,* ***Rittberg***[55]*, Minden, Münster haben Sagen und Vorgesichte von großen Bränden und blutigen Kämpfen daselbst. Bei Lippstadt,* ***Erwitte***[56] *und* ***Salzkotten***[57] *wird eine große Schlacht geschlagen.* ***Unna*** *wird so in Brand geraten, dass die Soldaten um die Stadt herumziehen müssen*[58]*. Auch über Dortmund ist eine [...]* ***alte Sage,*** *den nordöstlichen Stadtteil betreffend, bekannt ... Der Stadt Iserlohn wurde ein schweres Unglück auf Himmelfahrt vorausgesagt.*[59]

Das Datum von Christi Himmelfahrt ist abhängig vom Osterfest und liegt z. B. von 2016 bis 2020 zwischen dem 5. und dem 30. Mai. Zu diesen Zeitpunkten wäre laut sonstiger europäischer Prophetie *definitiv* *kein* Krieg zu erwarten. Ansonsten: Eine *alte Sage* ist natürlich keine Prophezeiung, aber es kann sein, dass alte Prophezeiungen in Form von Sagen überliefert wurden. Jules Silver fasst die Volkssagen dann weiter zusammen:

Die große Schlacht soll auch bei ***Bornhöved*** *oder auf der* ***Kropper Heide*** *in Holstein, bei* ***Ostercappeln*** *in Hannover [bei Osnabrück, Anm. B.] ... stattfinden.*[60]

Elsischer Jüngling (18. Jh.-III-Elsen bei Paderborn): Dieser Seher beschrieb Kämpfe im Raum Paderborn und Salzkotten. Abschließend heißt es: *Das Kloster [Abdinghofkloster in Paderborn] wird wiederhergestellt, und es wird besser sein, hier im Lande Schweinehirt zu sein, als dahinten im Preußenlande Edelmann.*[61]

Das Wiederaufleben eines alten Klosters ist ein indirekter Hinweis auf den „dritten Weltkrieg“, denn nach diesem Krieg soll es in Europa – so der einhellige Tenor der Quellen – zu einer christlich-religiösen Rückbesinnung kommen. Das ehemalige Abdinghofkloster und die Abdinghofkirche befinden sich in der Paderborner Altstadt. Gegründet im 11. Jahrhundert, wurde das Kloster im Jahre 1803 von den Preußen zur Kaserne umfunktioniert. 1871 wurde die Klosterkirche wieder als Kirche geweiht. So wie in anderen Gegenden Deutschlands auch (siehe die *Lehninsche Weissagung;* Kloster Lehnin ca. 30 km westlich von Berlin) steht das Wiederaufblühen des christlichen Klosterlebens in Deutschland für die Beendigung einer gewissen verweltlichten Fehlentwicklung, die im Zuge der Französischen Revolution (ab 1789) in Europa um sich gegriffen hat.

Auch die nächste Quelle kommt aus Westfalen. Der Bezug zum „dritten Weltkrieg“ ergibt sich hier aus der anschließenden Vereinigung der christlichen Konfessionen und aus einer Landschaft, die nach dem Kriege *»sehr entvölkert«* ist.[62]

Wessel Dietrich Eilert, auch Bauer Jasper genannt (1830-III-Westfalen, 2. Fassung): *Die Schlacht wird am Birkenbaume zwischen Unna, Hamm und Werl stattfinden. Die*

Völker der halben Welt werden dort sich gegenüberstehen. […] von den Russen werden von da nur wenige nach Hause kommen, um ihre Niederlage zu verkünden.[63]

Hier hätten wir die genauste Ortsangabe für besagten Birkenbaum.

Kugelbeer (1922-III-Lochau/Bodensee): *Ebenso wird **Münster** [Westfalen] mitgenommen.*[64]

Bei der nächsten Quelle handelt es sich um die bekannte westfälische Mystikerin und Nonne *Anna Katharina Emmerick* (1774–1824). Diese hatte schon als Kind Visionen und wurde 2004 von Papst Johannes Paul II. seliggesprochen.

Anna Katharina Emmerick (1822-III-Münsterland): *„Es steigt ein Engel auf zwischen Morgen und Mittag* mit einem Schwert, und er hat am Griff des Schwertes wie eine Scheide voll Blut, die er hier und da ausgießt, und er kommt bis hierher, und gießt Blut aus in **Münster** auf dem Domplatz."*[65]

Pfarrer von Baden (1923-III-Baden, Süddeutschland): *Aus dem Süden wird ein aus Bayern und Österreichern gebildetes Ordnungsheer anrücken, das anfangs klein, immer mehr Zulauf bekommen wird. Im Verein mit den rheinischen und französischen Truppen wird es die Bolschewiken, Russen und Preußen vollständig niederwerfen. Die letzte Schlacht wird **zwischen Essen und Münster** stattfinden.*[66]

Das waren so weit drei Quellen zu Kampfhandlungen bei Münster …

Auch wenn der Begriff „letzte Schlacht" stellenweise etwas inflationär benutzt wird, so scheinen am Nordostrand des Ruhrgebietes und im Norden Westfalens tatsächlich die letzten Schlachten in diesem Krieg geschlagen zu werden.

---

* Gemeint ist zwischen Osten und Süden.

Frontstadt Köln

Soweit mir bekannt ist, gibt es *in ganz Europa keine Stadt,* auf die sich so viele Schlachtenvorhersagen beziehen wie Köln. Allerdings ergeben sich gewisse Unstimmigkeiten, was die Bezeichnung des dort angreifenden Feindes betrifft. Klar wäre, dass im Rahmen des „dritten Weltkrieges" nicht nur vor den Toren der Stadt eine Schlacht stattfindet, sondern auch, dass die Stadt selbst schwer getroffen wird. Ob andere Voraussagen, in denen *nicht* von Russen die Rede ist, sich auch auf diese Schlacht im „dritten Weltkrieg" beziehen, muss man sich im Einzelfall ansehen.
Die zunächst folgenden fünf Quellen zur großen Schlacht bei Köln beziehen sich eindeutig auf Russland als Aggressor. Die Vision der ersten Quelle enthält teilweise Bildsymbole, die ich aus dem Gesamttext der Quelle heraus erklären werde. Erstmals veröffentlicht wurde diese Quelle 1998 vom Arzt und Autor *Adalbert Schönhammer.*

Frau Landinger (1957-II-Oberpfalz): *„Das Tier [Russland, siehe unten] wollte mit der Zunge den Rhein lecken, konnte ihn aber nicht erreichen. Dann wollte es Köln umfangen, aber der Erzbischof segnete die Stadt mit einem Doppelkreuz. Da wurde die Zunge des Tieres wie lahm, es brüllte, dass die Erde bebte."*[67]

Das Tier wird im weiteren Text mit *»nicht Bär, nicht Wolf«* charakterisiert und kommt aus Richtung Moskau. Seine Hinterfüße sah die Seherin auf Prag und Moskau stehen, die Vorderfüße auf Würzburg und Schweinfurt. Damit ist klar: Das Tier steht für Russland – oder doch wenigstens für eine Kraft, die aus Russland heraus wirkt. Die Formulierung *»Köln umfangen«* lässt sich so deuten, dass die russische Armee (vergeblich) versucht, den Großraum Aachen–Köln–Ruhrgebiet einzukreisen. Es wäre naheliegend, dass die Russen versuchen, mit dem Ballungsraum Köln/Ruhrgebiet dasselbe zu machen wie die US-Army im April 1945: einkreisen und abriegeln.

Einsiedler Antonius (1820-III-Bistum Köln): *In einer abermaligen Schlacht bei Frankfurt wurden die Preußen wieder geschlagen. Sie zogen sich bis Siegburg [südöstlich von Köln am Fuße des Bergischen Landes] zurück, wo sie zum russischen Heere stießen. Die Schlacht bei Siegburg war etwas noch nie Dagewesenes an Schrecklichkeit. Ähnliches wird nie mehr gesehen werden. Nach einigen Tagen zogen sich die Preußen und Russen zurück und gingen* ***eineinhalb Meilen unterhalb Bonn auf das linke Rheinufer.*** *Stetig vom Feind bedrängt, zogen sie sich nach Köln zurück. Die Stadt wurde beschossen,* ***nur ein Viertel der Stadt bleibt unversehrt.*** *Die Reste der preußischen Armee retteten sich nach Westfalen. Dort war die letzte Schlacht, ebenfalls zu ihren Ungunsten.*[68]

Ein Übersetzen der Russen südlich von Köln auf das westliche Rheinufer erscheint zwar etwas unplausibel, dennoch haben wir hier dasselbe Grundelement wie oben bei Frau Landinger: Der Angreifer scheitert vor Köln. Dann geht es ab nach Westfalen.
Die nächste Quelle, die sogenannten *Feldpostbriefe,* sind eine der besten seherischen Quellen im deutschsprachigen Raum. Es handelt sich dabei um zwei Briefe, die ein bayerischer Soldat in den ersten Wochen des Ersten Weltkrieges von der Westfront (Elsass) nach Hause geschickt hat und in denen er von den Voraussagen eines franzö-

sischen Zivilisten berichtete. Diesen hatte er kurz zuvor kennengelernt, als seine Kompanie in einem Kloster in Colmar im Elsass einquartiert worden war.

Feldpostbriefe (1914-I-Elsass): *Dann sagte er [der hellsehende Zivilist], dass der regierende Papst dabei sei beim Friedensschluss, er muss aber zuvor aus Italien fliehen, da er als Verräter hingestellt wird. Er kommt nach Köln, wo er* ***nur einen Trümmerhaufen*** *findet.*[69]

Die Feldpostbriefe wurden, so weit das möglich war, vom bekannten deutschen Parapsychologen *Prof. Hans Bender* (gest. 1991) untersucht und für authentisch befunden.[70] An die Öffentlichkeit gelangten die Feldpostbriefe im Jahre 1955[71] durch den Benediktinerpater *Frumentius Renner* (1908–2000) aus dem bayerischen Kloster St. Ottilien am Ammersee. Dieser Pater Frumentius war interessanterweise auch der Beichtvater von Kardinal Ratzinger, dem späteren *Papst Benedikt XVI.*[72]

Pfarrer von Baden (1923-III-Süddeutschland): *Es werden dann schwere Kämpfe ... am Niederrhein stattfinden, wobei auch* ***Köln schwer heimgesucht*** *wird.*[73]

Irlmaier (1959-I): *„Durch* ***eine Naturkatastrophe oder etwas Ähnliches*** *ziehen die Russen plötzlich nach Norden. Um* ***Köln*** *entbrennt die letzte Schlacht."*[74]

»Naturkatastrophe oder etwas Ähnliches« klingt, als könne der Seher (oder der Protokollant *Adlmaier*) das gesehene Szenario nicht richtig einordnen, vielleicht, weil das Szenario in den 1950er Jahren noch völlig unbekannt war und man in Schule und Zeitungen noch nichts davon gehört und gelesen hatte. Ein *Impakt,* ein Kometen- oder ein größerer Meteoriteneinschlag könnte ein solches Ereignis sein. Tatsächlich wusste um 1950 kaum einer, wie ein Impakt konkret abläuft und welche Auswirkungen er hat. ... Und wenn es *kein* Impakt wäre – welches Naturereignis sonst könnte eine ganze russische Armee zum Rückzug zwingen? Bodentruppen kämpfen in der Regel unter freiem Himmel, da bereiten Erdbeben keine großen Probleme, und selbst stärkste Erdbeben dauern nur wenige Minuten, wobei schwere Erdbeben in Deutschland weitestgehend unbekannt sind.
Auch **Nostradamus** deutet aus Sicht einiger Interpreten auf Kämpfe bei Köln im Kontext eines russischen Angriffes. Zunächst einige Deutungen von Autor *Bernhard Bouvier,* der mehrere Vierzeiler Nostradamus' auf die Vorgänge bei Köln im Rahmen des „dritten Weltkriegs" bezieht.

Centurie VI/40:

> *Der* ***Große aus Magog*** *um seinen großen Durst zu löschen.*
> *Er wird seiner großen Würde enthoben,*
> *Die von* ***Köln*** *werden sich lauthals beklagen,*
> *Dass die große (Heeres)gruppe in den Rhein geworfen wird.*[75]

* Vergleiche oben Irlmaier: *»Bei* ***Aachen*** *ist die größte Schlacht der Weltgeschichte.«*

Centurie V/43:

Der große Untergang der Geweihten ist nicht mehr fern.
Provence, Neapel, Sizilien, Seez und Panza.
In Deutschland am Rhein und zu ***Köln,***
Zu Tode gequält von denen aus ***Magog.***[76]

Centurie V/94:

Übersetzen wird er in das ***große Deutschland,***
Nach Brabant und Flandern, Gent, Brügge und Boulogne.
Der Waffenstillstand geheuchelt,
der große Führer von Russland wird Wien und Köln angreifen.[77]

Nostradamus-Interpret *Bernhard Bouvier* unterscheidet sich von vielen anderen Nostradamus-Interpreten dadurch, dass er mit seiner Übersetzung so dicht wie möglich am französischen Originalwortlaut bleibt. Wenigstens die Fehlerquelle einer „zu freien" Übersetzung scheint damit ausgeschlossen.
In den ersten beiden Vierzeilern taucht Köln im Zusammenhang mit Kampfhandlungen auf, an denen eine Macht bzw. ein Mächtiger aus *Magog* beteiligt ist. *Magog* deutet auf *Gog und Magog* aus der Bibel (Offenbarung 20,8), also auf eine große Militärmacht, die in der Endzeit Israel aus dem äußersten Norden angreift – was Russland der europäischen Prophetie nach auch tatsächlichen machen soll.[78]
Der dritte Vierzeiler V/94 wurde – so Bouvier – in der Vergangenheit von so manchem Interpreten auf den Zweiten Weltkrieg bezogen: Aus *Coloigne* im Original wurde der Berliner Bezirk *Neukölln*. Der Hinweis auf *Flandern* und *Brügge* deutet aber eher auf den „dritten Weltkrieg". Dem entspricht auch der *geheuchelte Waffenstillstand* und auch das *große Deutschland* = das wiedervereinigte Deutschland.
So weit Nostradamus-Interpret Bernhard Bouvier. Was sagen andere Nostradamus-Kenner? *Kurt Allgeier,* ein recht bekannter deutscher Nostradamus-Interpret, spekulierte 1988, ob sich Vers VI/40 auf *Helmut Kohl* bezieht. ... Vers V/43 bezeichnet Kurt Allgeier als *»relativ unpräzise, unbedeutend«,* obwohl auch er den Text so versteht, dass *»am Rhein und in Köln«* irgendjemand *»zu Tode gequält«* wird. Vers V/94 bezieht Kurt Allgeier auf den Zweiten Weltkrieg und übersetzt *»Coloigne«* mit Berlin, wovon Bouvier 1996 eindringlich und, wie ich finde, auch überzeugend abrät.

Belassen wir es dabei. Der Vollständigkeit halber ist Nostradamus natürlich zu erwähnen, aber wehe, wehe, man fängt dann an, sich mit den Feinheiten zu befassen – wobei grundsätzlich durchaus damit zu rechnen wäre, dass Nostradamus die Schlacht vor Köln gesehen hat – wenn sie denn solche Ausmaße hätte.

Einschließlich Nostradamus (und wenn man Frau Landinger mitrechnet), waren das so weit sechs Quellen, denen nach es im Rahmen des „dritten Weltkrieges" bei Köln zu einer großen Schlacht käme. Das ist ein ziemlicher Batzen.
Zwei dieser Quellen – Alois Irlmaier und die Feldpostbriefe – gelten in Fachkreisen als besonders gut. Ich persönlich zähle auch Frau Landinger zu den sehr guten Quel-

len. Insgesamt ergibt sich so aus meiner Sicht eine ausreichende Basis für die Beurteilung der Situation von Köln.
In ein paar weiteren Quellen ist dann von einer Schlacht mit *»Türken«* oder *»Wüstensöhnen«* vor Köln die Rede. Einzelheiten erspare ich Ihnen. Auch hier dürfte in der Mehrzahl der Quellen die Schlacht im „dritten Weltkrieg" gemeint sein, nur dass die Angreifer nicht richtig identifiziert worden sind. Was man absolut klar sagen kann, ist in jedem Fall: Im Rahmen des „dritten Weltkriegs" würden in Mitteleuropa irgendwelche islamische Armeen *keinerlei* Rolle spielen. Das kann man komplett vergessen, auch, wenn unsere Massenmedien noch so sehr die Angst vor dem Islam schüren. Wenn sich in Mitteleuropa NATO-Militär und russisches Militär gegenseitig mit Hightechwaffen an die Gurgel gehen, werden mittendrin nicht irgendwelche eingesickerte islamische Terroristen mit Sprengstoffgürtel und 100 Schuss Munition herumspringen. Wenn überhaupt, dann gäbe es Probleme mit islamischen Terroristen in vom Krieg *nicht betroffenen Gebieten.*

Abschließend noch drei Quellen zu Köln, die kurz Beachtung verdienen: Zum einen erwähnt Jules Silver, dass es einem rheinisch-westfälischen Volksglauben nach auch noch eine Schlacht *»auf der* ***Wahner Heide*** *im Rheinland«* geben soll.[79] Die Wahner Heide liegt östlich des Rheins zwischen Köln und dem Flughafen Köln-Bonn! Ein erwähnenswertes Detail, aber nicht überzubewerten, da so weit nichts weiter über diese Quelle bekannt ist.
Bei **Spielbähn** (gest. 1783), der keine Russen erwähnt, ergibt sich der Bezug zum „dritten Weltkrieg" durch die Wahl eines deutschen Kaisers nach dem Kriege und einer anschließenden Friedenszeit ohne Krieg, abgesehen von in nicht genauer bezeichneten Überseegebieten.[80] Für die Sehergabe dieser Quelle spricht folgende Voraussage, die ich aus einem Buch von *1849* habe:

»Sie werden Gottes spotten, weil sie allmächtig zu sein wähnen, von wegen der ***Wagen,*** *so da durch alle Welt laufen, ohne von lebendigen Geschöpfen gezogen zu werden.«*[81]

Heutigem Sprachgebrauch nach würde man das eher auf Pkws als auf Eisenbahnen beziehen. Doch selbst, wenn Eisenbahnen gemeint sein sollten, so wäre zu bedenken, dass die erste Eisenbahnlinie in Deutschland erst *1835* eröffnet worden ist und lediglich von Fürth nach Nürnberg verlief. Das waren gerade einmal 6 Kilometer.

Spielbähn (1783-III, Rheinland, Siegburg, in Köln gestorben): *Die heilige Stadt Köln wird sodann eine fürchterliche Schlacht sehen. Viel fremdes Volk wird hier gemordet, und Männer und Weiber kämpfen für ihren Glauben. Und es wird von Köln, bis dahin noch eine Jungfrau, ein grausames Kriegswesen nicht abzuwenden sein.*[82]

Köln wurde zwar schon im Zweiten Weltkrieg schwer zerbombt, jedoch fand keine große Schlacht vor den Toren der Stadt statt, ganz zu schweigen, von Männern und Frauen (!), die dort *»für ihren Glauben«* kämpften.

Johann Peter Knopp (1794-III-Rheinland): *Dann wird es Krieg geben, wenn keiner es glaubt;* ***man wird fürchten, und es wird wieder ruhig und jeder sorglos sein.*** *Wenn die Brücke zu Köln fertig sein wird, wird Kriegsvolk gleich drüber gehen. [...] Kriegsvolk wird den Rhein besetzen, und alles Mannsvolk muss mit, was nur eine* ***Mistgabel*** *tragen kann. Und es wird ein Krieg sein, wie vordem nicht erlebt worden, aber er wird nicht lange dauern. Die zuletzt noch aufgefordert werden, kommen, wenn alles vorüber.*[83]

Der „Volkssturm" mit mittelalterlicher Bauernkriegsbewaffnung wirkt natürlich befremdlich. Ist das kompletter Unfug? Oder ist nur symbolisch gemeint? Wer besitzt heutzutage noch eine *Mistgabel?*
Der Bezug zum „dritten Weltkrieg" ergibt sich bei Johann Peter Knopp durch die Fülle identischer Details im Vergleich mit anderen Prophezeiungen. Darüber hinaus haben wir hier eine interessante Parallele zu Alois **Irlmaier**, der wiedergegeben wird:

In Deutschland, [...] muss noch alles zum Militär, die jungen Leute werden noch Soldaten. ***Sie werden aber nicht mehr kämpfen müssen, sondern als Besatzer da*** *[in Russland]* ***bleiben oder verwendet werden.***[84]

Die Quellenlage zu Köln ist insgesamt also ziemlich eindeutig. In unmittelbarer Nähe der Stadt gäbe es eine sehr große Schlacht, die weite Teile des Stadtgebietes in Mitleidenschaft zieht. Militärisch gesehen ist klar: Würde der Rhein zur Hauptkampflinie, würden städtische Ballungsräume am Ufer des Stromes automatisch zu Verteidigungsräumen, und damit härter umkämpft. Das ergibt sich aus der Logik des Krieges und aus der Logik der Geografie. Um das zu ahnen, muss man kein Hellseher sein.
Würden die Russen mit dem nordrhein-westfälischen Ballungsraum ähnlich verfahren wollen wie die US-Army 1945 – ihn einkreisen und abriegeln –, so ergäben sich für die von Osten kommenden Angreifer zur Schließung dieses Rings zwei Schlüsselpositionen: Zum einen die Überschreitung des Rheins nördlich des Ruhrgebietes (das müsste vier Quellen nach gelingen), und dann zum anderen die Überschreitung des Rheines *im Raum Köln.*

Hier noch einmal die Quellen zu Köln im Überblick:

Quelle	Datum	Q	Köln betreffende Formulierung
Irlmaier	1959	I	*Um Köln entbrennt die* ***letzte Schlacht***
Feldpostbriefe	1914	I	*nur ein* ***Trümmerhaufen***
Frau Landinger	1957	II	*[der Wolfbär] wollte die Stadt umfangen*
Einsiedler Antonius	1820	III	***nur ein Viertel der Stadt bleibt unversehrt***
Pfarrer von Baden	1923	III	*Köln* ***schwer heimgesucht***
Spielbähn	1783	III	*eine* ***fürchterliche Verheerung***
Q = Orientierungswert zur Glaubwürdigkeitsbeurteilung der Quelle nach deutschen Schulnoten			

Koblenz

Bewegen wir uns nun von Köln den Rhein stromaufwärts:

Abb. 9:
ein älterer Baschkire um 1900

Prophetische Sage über Koblenz (spätestens 1849-III): *Wehe! Wehe! Wo Rhein und Mosel zusammenfließen, wird gegen* ***Türken*** *und* ***Baschkiren*** *(Russen) eine Schlacht geschlagen, so blutig, dass der Rhein bis auf fünfundzwanzig Stunden Wegs rot gefärbt sein wird.*[85]

Die *Baschkiren* sind ein russisches Volk aus dem Südural, das von finnougrischen- und Türk-Stämmen abstammt. Ursprünglich waren es nomadisierende Viehzüchter, die etwa im 10. Jahrhundert islamisiert wurden. 0,9 Prozent der heutigen Bevölkerung Russlands sind Baschkiren. Sie leben rund 1.000 km östlich von Moskau.
Dass in den Armeen der Angreifer nicht nur Russen kämpfen, sagt auch Alois Irlmaier. Konkret spricht er von Soldaten, die aussehen wie Chinesen, die aber keine sind. Das könnten Kasachen sein.[86]

Johann Peter Knopp (1794-III-Rheinland): *Es wird hart hergehen,* ***besonders bei Koblenz.*** *Von Leutesdorf bis Unkel wird es noch leidlich sein, wiewo es auch hier hart hergeht. Die Linzer werden viel leiden und viele alles verlassen und im Gebüsch wohnen müssen, aber dabei noch Gott danken. Aber bei Unkel und vom Siebengebirge an wird das Blut in Strömen fließen.*[87]

Ein Vulkan am Rhein?

Alois Irlmaier (1959-I-Südostbayern): *„Wie lange es dauert mit dem Krieg? Ich sehe deutlich einen Dreier, aber ob es drei Tag, drei Wochen oder drei Monate sind, weiß ich nicht. Am Rhein sehe ich einen* ***Halbmond,*** *der alles verschlingen will.* ***Die Hörner der Sichel wollen sich schließen. Was das bedeutet, weiß ich nicht.***“[88]

Bei *»Halbmond«* werden viele Leser wieder an eine islamische Streitmacht denken. Das aber wäre der europäischen Prophetie nach ausgeschlossen, und gerade Alois Irlmaier lässt keinen Zweifel daran, dass uns wenn, dann Russland angreifen würde. Russland würde in Mitteleuropa nicht mit irgendwelchen „muslimischen Streitmächten“ zusammenkämpfen.
Ist also mit *»Halbmond«* Russland gemeint? Hat Irlmaier gesehen, wie russische Armeen irgendwo am Rhein versuchen, westliche Verbände einzukreisen, und sind die Hörner des Halbmondes russische Angriffsspitzen, die besagten Angriffskeile? Das Motiv einer Einkreisung des Großraums Köln-Ruhrgebiet ist in den Quellen durchaus erkennbar, nur würde sich das betroffene Gebiet weit über den Rhein hinaus erstre-

cken. Die Formulierung *»am Rhein«* würde dem nicht mehr gerecht, würde nicht mehr passen. Zudem hat Alois Irlmaier auch an anderen Orten Schlachten gesehen – beispielsweise bei Köln und Aachen. Diese Schlachten hat er aber nie in symbolischen Bildern verklausuliert gesehen. Warum also sollte er plötzlich in einer Vision in eine symbolische Bildsprache wechseln, die er zudem, wie er extra sagt, *selbst nicht versteht?* ... Wieder einmal kam ein interessanter Hinweis von einem meiner Leser:

Es könnte sich beim *»Halbmond«* um Lavaströme handeln, die sich vom Laacher-See-Vulkan nach einem Ausbruch im Zusammenhang mit der dreitägigen Finsternis in zwei Strömen in den Rhein ergießen. Wissenschaftliche Untersuchungen zeigen (siehe rechts), dass sich vor einigen Jahrtausenden vom Laacher-See-Vulkan zwei Lavaströme ins Rheintal ergossen haben, deren Verlauf einem Halbmond ähnelt bzw. in Zukunft einem Halbmond ähneln könnte. Zuletzt brach der Laacher-See-Vulkan vor 12.900 Jahren aus; geologisch gesehen praktisch gestern. Der Vulkan liegt rund sechs Kilometer Luftlinie vom Rhein entfernt.

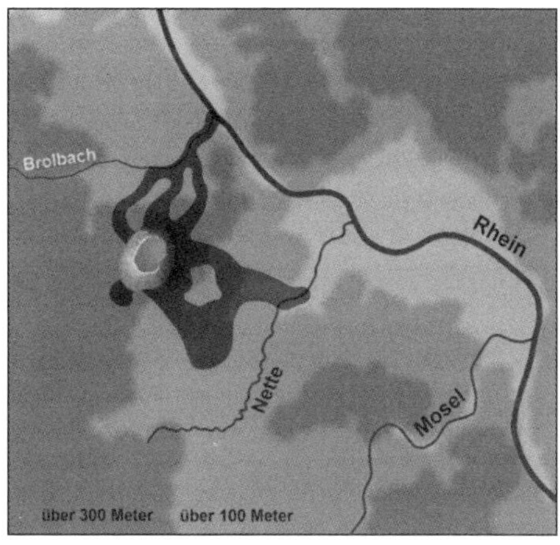

Abb. 10: Der Laacher-See-Vulkan

Man mag meine Deutung nicht teilen, doch ich denke, wenn eine militärische Erklärung für den *»Halbmond«* nicht in Betracht kommt – es keine drohende weiträumige militärische Einkreisung weit weg vom Rhein bis nach Westfalen sein kann –, ist die Erklärung mit dem Laacher-See-Vulkan durchaus in Betracht zu ziehen.

Ist Alois Irlmaiers *»Halbmond«* das einzige, zugegebenermaßen nicht besonders starke Indiz für einen Ausbruch des Eifelvulkans? Natürlich nicht. So sah auch eine mir persönlich bekannte Hellseherin einen Vulkanausbruch in der Eifel.[89]
Zu dieser Hellseherin aus dem Füssener Raum, nachfolgend **„die Frau aus dem Füssener Raum"** genannt, hatte in den Jahren um die Jahrtausendwende ein deutscher Kreis von Prophezeiungs-Interessierten Kontakt, dem ein weiterer Prophezeiungsforscher (B. Bouvier) und ich angehörten. Eigenen Angaben nach hat diese Frau seit 1969 hellseherische Fähigkeiten, und wird nachfolgend noch öfter zur Sprache kommen. Irgendwann fiel mir dann auch auf, dass sich eigentlich auch bei dem stigmatisierten Mönch Garcilaso de la Vega etwas finden müsste, schließlich hielt sich dieser von 1980 bis 1982 im Benediktinerkloster Maria Laach auf, das nur 400 Meter vom Laacher See entfernt liegt, jenem See, der sich *im Krater des erkalteten Vulkans* befindet. Tatsächlich erwähnt der Seher im Zusammenhang mit der dreitägigen Finsternis Vulkanausbrüche:

Garcilaso de la Vega (1982-III-Eifel): *Die große Erschütterung und die drei finsteren Tage. Die Erdachse verschiebt sich, und* ***die Sonne ändert ihren Himmelslauf.*** *Riesige Wasser bedrohen die Küste. [...]* ***Vulkane tun sich im Boden auf*** *und Asche bedeckt das zerschundene Land. Und blutrot schaut böse der Mond, und die Gestirne halten ihren Schein zurück.*[90]

Natürlich fehlt hier die Ortsangabe für den Vulkan. Aber der Laacher-See-Vulkan wäre in Mitteleuropa ein Spitzenkandidat für einen Neuausbruch. Geologisch betrachtet macht dieser Vulkan ja nur ein Nickerchen. Dass die Ortsangabe fehlt, mag damit zusammenhängen, dass der Seher seine Visionen nicht selbst veröffentlich hat. Die Erklärung für die geophysikalische Ursache des plötzlichen Ausbruchs liefert das Zitat oben gleich mit: Es ist der geografische Polsprung.
Was den Aspekt des „sicheren Gebietes" betrifft, so könnte man sich an historischen Vorbildern orientieren. Beim Ausbruch des Vesuvs im Jahre 79 hätte ein Sicherheitsabstand von 30 Kilometern ausgereicht, beim Ausbruch des Mount St. Helens in den USA 1980 ebenfalls. Außerhalb dieser Zone gab es keine Lavaströme, keine pyroklastischen Ströme, und die niedergehende Staubschicht war nicht mehr so groß, dass sie drohte, Dächer einzudrücken. Was die für die Staubverteilung entscheidende Windrichtung betrifft, so wäre für die Zeit des Polsprungs der Versuch einer Prognose allerdings ziemlich sinnlos. Der spätere Sonnenaufgang im Westen, die wohl unglaublichste Voraussage überhaupt, wird uns nachfolgend noch öfter begegnen.

Die drei zitierten Quellen zum Eifelvulkan mögen letztlich nicht viel hergeben. Doch käme es im Rahmen des geografischen Polsprungs weltweit zu einem sprunghaften Anstieg stärkster seismischer Aktivität, wäre der Laacher See-Vulkan definitiv ein heißer Ausbruchs-Kandidat.

Sonstiges Rheinland

Bruder Adam (1949-III-Würzburg): *„... während der von Gott bestimmte große Monarch, die im Norden am Niederrhein [der Rhein nördlich von Bonn] stehende Armee angreifen und mit modernsten Waffen, wie sie kein anderer Staat besitzt, niederkämpfen wird."*[91]

Sieg durch Technik ist nichts Neues. Das praktizieren die „Kriegskünstler" schon seit Jahrtausenden.
Es versteht sich von selbst, dass die Großmächte in den vielen kleinen Stellvertreterkriegen seit 1945 nicht alle Trümpfe ausgespielt haben. Technologische Überraschungen wären im „dritten Weltkrieg" so sicher wie das Amen in der Kirche.
Ein „großer Monarch" in der Nachkriegszeit taucht bei vielen Quellen auf. Dass sich dieser (spätere) Monarch als westlicher Heerführer zunächst die Sporen verdient und zum Volkshelden geworden ist, wäre historisch gesehen nichts Neues. Wir kennen es von Julius Caesar, Napoleon Bonaparte, Paul von Hindenburg und vielen anderen. Erfolgreiche Feldherren werden später gerne Staatschef.

Benediktiner von Maria Laach (16. Jh.-II-Eifel): *„**Das zwanzigste Jahrhundert** wird Tod und Verderben bringen. [...] Es wird das Jahrhundert von drei großen Kriegen, die in Abständen von Jahrzehnten immer verheerender und blutiger werden und nicht nur das **Rheinland,** sondern zum Schluss alle Grenzländer in Ost und West in Trümmern legen. Nach einer schrecklichen Niederlage Germaniens folgt bald der nächste große Krieg. [...] Giftige Wolken, von Menschenhand gemacht, senken sich, alles vernichtend, herab.“*[92]

Inzwischen befinden wir uns nicht mehr im 20., sondern 21. Jahrhundert. Die Zeitangabe ist also falsch. Fehlerhafte Zeit- bzw. Datumsangaben tauchen auch bei den besten Sehern auf.
Trotz aller Grausamkeiten im Zweiten Weltkrieg kamen damals keine *»giftigen Wolken, von Menschenhand gemacht«* zum Einsatz. Glaubt man den Quellen so wären im „dritten Weltkrieg“ jedoch nordöstliche Teile Deutschlands davon betroffen (siehe Seite 163, *Der gelbe Strich*).

Spielbähn (1783-III-Rheinland, Siegburg): *Es wird Gift regnen auf das Feld, wodurch ein großer Hunger ins Land kommt. Dass viele Tausende über dem Gewässer eine bessere Heimat suchen.*[93]

Mit *»das Feld«* dürften Gebiete nahe seiner Heimat gemeint sein. Was mit *»über dem Gewässer«* gemeint ist, ist unklar. Der Rhein? Westlich davon wäre jedenfalls in Deutschland kein Krieg, abgesehen evtl. von einem Zipfel nördlich von Aachen. Man könnte aber auch den Atlantik aus *»über dem Gewässer«* herauslesen. Eine Flucht nach Übersee widerspräche aber der nach dem Krieg einsetzenden positiven Wende in Europa. ... Noch einmal Spielbähn:

*Die Fremden haben den schwarzen Tod mit ins Land gebracht. Was das Schwert verschont, wird die Pest fressen. **Das Bergische Land wird menschenleer sein** und die Äcker herrenlos. Als dass man ungestört von der **Sieg** bis zu den Bergen wird pflügen können.*[94]

Siegburg liegt direkt am Flüsschen *Sieg,* das keine zehn Kilometer südwestlich flussabwärts gegenüber von Bonn in den Rhein mündet. Die Berge des Bergischen Landes erheben sich nur wenige Kilometer nördlich der Sieg. Vermutlich ist auch hier nur ein lokales Szenario gemeint. Die *»Pest«* ist uns schon oben im sogenannten Testament des fliehenden Papstes von 1701 begegnet. Vermutlich handelt es sich dabei um eine im 18. Jahrhundert nicht verwunderliche Fehldeutung chemischer Kampfstoffe, die auf Teilen des Kampffeldes eingesetzt werden.

Einsiedler Antonius (1820-III-Bistum Köln): *In einer abermaligen Schlacht bei Frankfurt wurden die Preußen wieder geschlagen. Sie zogen sich bis **Siegburg** zurück, wo sie zum russischen Heere stießen. **Die Schlacht bei Siegburg war etwas noch nie Dagewesenes an Schrecklichkeit. Ähnliches wird nie mehr gesehen werden.** Nach einigen Tagen zogen sich die Preußen und Russen zurück und gingen ein-*

einhalb Meilen unterhalb Bonn auf das linke Rheinufer. Stetig vom Feind bedrängt, zogen sie sich nach Köln zurück [...], nur ein Viertel der Stadt blieb unversehrt.[95]

»Die Schlacht bei Siegburg war etwas noch nie Dagewesenes an Schrecklichkeit. Ähnliches wird nie mehr gesehen werden.« erweckt erneut der Eindruck es würde sich um die „Endschlacht" handeln, eine Darstellungsweise, die sich bei vielen älteren Quellen findet und die sich möglicherweise aus den überwältigenden Eindrücken moderner Waffentechnik erklärt.
Dass die russischen Truppen auf ihrem *Rückzug* den Rhein von Ost nach West überqueren, erscheint mir wie schon erwähnt etwas unplausibel.
Zu den *»Preußen«* hatte ich mich schon geäußert. Wenn, dann wären die ostdeutschen Verbände nach heutigen Gegebenheiten nicht kommunistisch, sondern nationalistisch-anti-globalistisch. Tatsächlich wird Wladimir Putin unterstellt, er unterstütze nationalistische Gruppierungen in Westeuropa, und *Fakt* ist, dass viele Nationalisten in Westeuropa mit Putins konservativer anti-amerikanischer Politik sympathisieren.

Franz Kugelbeer (1922-III-Lochau/Bodensee): *Die Rheinlande werden zerstört, mehr durch Flugzeuge als durch Heere.*[96]

Hier liegt ein Widerspruch zu anderen Quellen vor, denen nach Bodenkämpfe zu den Verwüstungen führen.

Kurz: Es ist nicht nur so, dass der Rhein von einigen Quellen in einer Gesamtschau als Grenze des russischen Vorstoßes genannt wird, sondern es finden sich auch Voraussagen zu Kämpfen an konkreten Teilabschnitten direkt östlich des Rheins, die das Gesamtbild bestätigen und ergänzen.

Pfalz

Ein Leser schrieb mir im August 1998:

Irlmaier** war des öfteren in der **Vorderpfalz zu Gast, bei einem solchen Treffen teilte er den Fragenden Einzelheiten über den dritten Weltkrieg mit. Für den Raum **Speyer** wissen wir, dass es in der Nacht Freitag auf Samstag zwischen 0^{00} und 2^{00} losgehen soll. Einer Frau aus **Hockenheim** sagte er: „Du musst auf gepackten Koffern sitzen, **wenn du es hörst** (im Radio), **hast du noch 20 Minuten Zeit, um über die Brücke (Rheinbrücke bei Speyer) zu kommen, danach ist es zu spät.** [...] Die Aussage [Irlmaiers] war, dass man in der Pfalz sicher ist [Aber die Gegend um Ramstein (US-Stützpunkt) sollte man wohl vorsichtshalber besser meiden ..., Anm. B.].*

Mit *»wenn du **es** hörst«* könnte wieder das Attentat auf den (weltweit) bekannten Politiker gemeint sein oder der russische Angriff selbst. Der Unterschied betrüge nur wenige, aber entscheidende Stunden.
Von Hockenheim bis zur Rheinbrücke in Speyer *(Salierbrücke)* sind es ca. fünf Straßenkilometer. Warum wäre es schon nach den 20 Minuten zu spät? Antwort: Weil

* Das Gebiet zwischen Pfälzer Wald und Rhein und zwischen Worms uns Speyer.

russische Luftlandeeinheiten die Brücken besetzt hätten. Frage: Wie sähe es mit der Geschwindigkeit von Luftlandetruppen aus? Antwort: Das größte in der UdSSR entwickelte Transportflugzeug, die *Antonov-An-225,* im Jahre 2001 in der Ukraine in den Dienst gestellt, hat eine Höchstgeschwindigkeit von 850 km/h. Von der weißrussischen Grenze sind es rund 1.100 Kilometer bis an den Rhein. In 20 Minuten schafft das die An-225 nicht. Würde Russland über Überschall-Truppentransporter verfügen, dann könnte die Höchstgeschwindigkeit auch bei 1.200 km/h und darüber liegen. Man kann sich sicher sein, dass russische Militärs sehr genau überlegt haben, wie man möglichst schnell in ausreichender Truppenstärke am Rhein sein kann.
Eine andere Möglichkeit wäre, dass schon vor Ausbruch des Krieges russische Einheiten in Zivil mit leichter Bewaffnung nach Deutschland eingesickert sind und auf dem Luftwege nur die schweren Waffen kommen. Kurz: Ob nun 20 Minuten, 30 oder 40 Minuten, auch hier könnte Alois Irlmaier recht haben. Nur – so wie im Fall der zukünftigen Hamburgerin ließe sich auch hier anmerken, dass die Frau aus Hockenheim inzwischen etwas zu alt wäre für eine überhastete Flucht. Irlmaiers Rat könnte auch hier eine Schlussfolgerung aus zurückliegenden Visionen sein.

Brücken als wichtige militärische Ziele

Wovon man mit Sicherheit ausgehen könnte, wäre, dass nicht nur die Rheinbrücke in Speyer besetzt wird, sondern dass dies für einen Großteil der Rheinbrücken überhaupt gilt. Seit der Antike bzw. seit der Zeit, in der Kriege geführt werden, ist die strategische Bedeutung von Brücken bekannt. Brücken überwinden Hindernisse (Schluchten und Flüsse), die sonst entweder gar nicht oder nur mit großem Zeitverlust überwunden werden können. Also wird in Kriegen nicht selten um Brücken besonders verbissen gekämpft.
Das hat sich nach dem Zweiten Weltkrieg auch in international erfolgreichen Kinofilmen gezeigt, deren Thema Kämpfe um wichtige Rheinbrücken im Zweiten Weltkrieg war, siehe rechts dazu die Kinofilm-Werbeplakate. Arnheim liegt an einem holländischen Seitenarm des Rheins und Remagen etwa 15 Kilometer südlich von Bonn, ebenfalls am Rhein.

Abb. 12: Kinoplakat »Die Brücke von Arnheim« 1977

Abb. 11: Kinoplakat »Die Brücke von Remagen« 1969

Kurzer Hinweis: Träfe es wirklich zu, dass russisches Militär in der Nacht von *»Freitag auf Samstag zwischen* 0^{00} *und* 2^{00}*«* oder eben 20 Minuten später einen Großteil der Rheinbrücken unter Kontrolle bringt, würde dies natürlich auch bedeuten, dass es nur wenige deutsche Flüchtlinge auf die Westseite des Rheines schaffen. Dass das russische Militär allerdings so frühzeitig auch Brücken *innerhalb von Großstädten* besetzt – in Köln beispielsweise –, scheint doch sehr unwahrscheinlich.

Am Main

Alois Irlmaier (1956-I-Südostbayern): *„Der Russ' kommt: [...] Die Autobahn* ***nach Frankfurt von Sachsen her*** *ca. 15 Divisionen."*[97]

Dazu sei nochmals auf den 1994er Focus-Bericht über seinerzeit bekannt gewordene Angriffspläne des Warschauer Paktes verwiesen:

Der Hauptstoß kommt aus ***Thüringen.*** *Er erreicht nach wenigen Stunden bereits* ***Schweinfurt*** *und zielt entlang des Mains direkt auf das nur 120 Kilometer Luftlinie entfernte* ***Frankfurt.***[98]

Schweinfurt wird auch im nächsten Prophezeiungstext erwähnt:

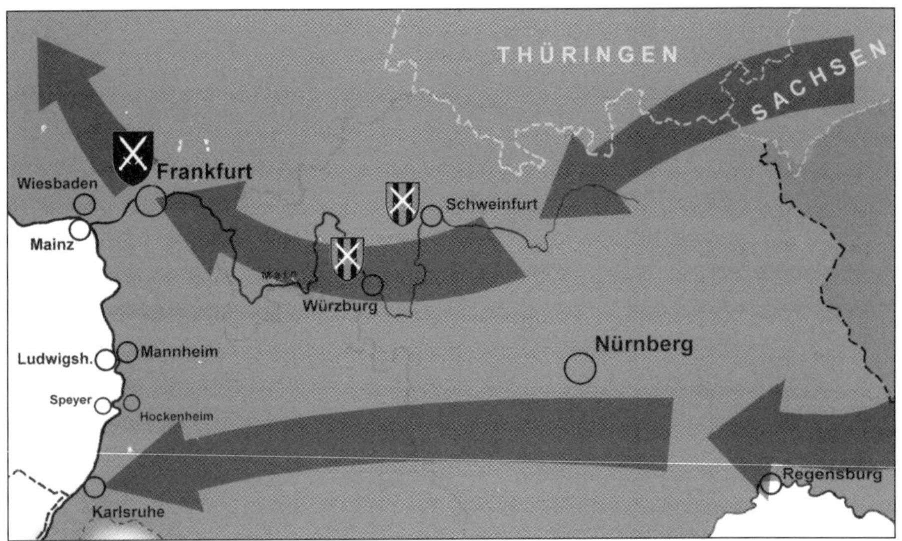

Abb. 13: Der Vorstoß in Mitteldeutschland

Frau Landinger (1957-II-Oberpfalz): *„Der rechte Hinterfuß [des Tieres, das »nicht Bär, nicht Wolf« ist] stand auf* ***Moskau,*** *der linke auf* ***Prag.*** *Diese Stadt wurde ganz vernichtet und schwamm in Blut. Der rechte Vorderfuß stand weit im Reich [Deutschland], der linke hatte* ***Würzburg*** *und* ***Schweinfurt*** *ganz zertreten. Überall Blut, viel Blut."*[99]

Von Schweinfurt führen die Autobahnen A70 und A7 nach Würzburg und von dort die A3 weiter nach Frankfurt. Würden Schweinfurt und Würzburg hart getroffen, liegt die Vermutung nahe, dass es mit Frankfurt ähnlich aussieht, wenn nicht noch schlimmer. Genau das scheint Alois Irlmaier gesehen zu haben:

Frankfurt am Main

Eine Schlacht bei Frankfurt wurde schon weiter oben erwähnt.

Irlmaier (1956-I-Südostbayern) wird von einer Zeugin wiedergegeben: *Im **Frankfurter Raum** sah er das Hauptgeschehen sich entwickeln.*[100]

»Hauptgeschehen« könnte eine Deutung der Zeugin sein, es widerspricht Irlmaiers Aussagen zu Köln und Aachen. An anderer Stelle wird Irlmaier zitiert: *„Vom großen **Frankfurt** bleibt kaum etwas übrig."*[101] Diese negative Prognose für Frankfurt wird noch durch eine andere Quelle gestützt:

Garcilaso de la Vega (1982-III-Eifel) spricht vom *„Zwillingsschicksal **Frankfurts** und Prags."*[102]

»Zwillingsschicksal Frankfurts und Prags« bedeutet *Totalvernichtung* Frankfurts, da eine ganze Reihe von Prophezeiungen über das Schicksal Prags keinerlei Zweifel lassen[103]. Prag, so das Bild der Quellen, würde entweder durch eine Atombombe zerstört (eine der ganz wenigen Ausnahmen in Europa) oder durch einen Impakt. In beiden möglichen Szenarien gäbe es als Erstes einen Lichtblitz, dann eine gigantische Detonation, eine gigantische Druckwelle usw., ein wahrhaft apokalyptisches Szenario. Um die Szenarien Impakt und Atomexplosion klar auseinanderhalten zu können, braucht man allerdings ziemlich genauere Beschreibungen, die es meines Wissens im Falle Prag und Böhmen aber nicht gibt.
Würden Frankfurt und Prag in derselben Zeit vollkommen zerstört, würde dies noch nicht zwingend bedeuten, dass auch die *Ursache* dieselbe ist. Das Wort *Zwilling* allerdings deutet auf eine identische, zeitgleiche Ursache.

Für die Deutungsvariante mit einer atomaren Vernichtung Frankfurts bekam ich im Jahre 1998 eine Bestätigung aus meinem privaten Umfeld: Die seinerzeit 19-jährige Freundin eines Freundes erzählte mir im Sommer 1998 eher beiläufig, sie habe einmal geträumt, dass „Deutschland von einer Atombombe zerstört" wird.
Zunächst ging ich nicht weiter darauf ein, weil ich wusste, dass es solch große Atombomben gar nicht gibt. (Die weltweit bisher größte Atomexplosion, die sogenannte russische *„Zar-Bombe"* hatte „nur" einen Zerstörungsradius von 20 Kilometern.) Doch dann fragte ich nach. Das Ergebnis: Von 1990 bis etwa 1994 hatte die Freundin meines Freundes im Schnitt einmal im Monat (also rund *60 mal!*) folgenden Traum:

Sie, ihre Familie und Freunde sitzen zuhause bei Frankfurt, ca. 15 km südöstlich des Frankfurter Zentrums im Keller, und „Jeder weiß, dass man nicht raus darf."

Das war der ganze Traum. *»Atombombe«* war die Interpretation des Gefühls einer dauerhaft lebensbedrohlichen Gefahr außerhalb des Kellers. Von Lichtblitz oder Druckwelle hatte sie nichts geträumt. Eine ganze Familie plus Freunde, die im Keller

hocken und sich nicht raustrauen, weil sie Todesangst haben, spricht natürlich Bände. *»Atombombe«* ist insofern eine naheliegende Deutung.
Man beachte: Ein zu Beginn der Traumserie 11-jähriges Mädchen hatte diesen Traum ab 1990 unmittelbar NACH dem Fall der Mauer fünf Jahre lang im frisch wiedervereinigten Deutschland, gerade in jenen Jahren der Euphorie und Hoffnung nach der Wende, einer Zeit, als man auf die „Friedensdividende" hoffte, Deutschland die Fußballweltmeisterschaft gewann (1990), Steffi Graf in Wimbledon siegte (1991, 1992, 1993*) und *Bobby McFerrin »Don't worry, be happy«* sang.
Natürlich habe ich die Träumerin auch gefragt, ob in ihrer Familie Prophezeiungen ein Thema waren. Fehlanzeige! Im Übrigen arbeitete sie als Sängerin in einem Musical, war recht lebenslustig und kümmert sich um alles Mögliche, nur nicht um irgendwelche Weltuntergangsszenarien.

Am Rhein zwischen Vogesen und Schwarzwald

Der mir bekannten Quellenlage nach wären entlegenere Teile des Schwarzwaldes im Kriegsfall wohl sicher. Das wäre auch relativ plausibel, da der Schwarzwald in dem Szenario keine besondere strategische Bedeutung hätte. Abgesehen von wenigen in Ostwestrichtung verlaufenden Straßen, dürfte der Schwarzwald für die Angreifer uninteressant sein. Unklar wäre, wie weit sich diese relativ sichere Zone östlich vom Schwarzwald weg erstreckt. Glaubt man den Voraussagen zu Ulm (siehe Seite 70), nicht allzu weit. Womit im Schwarzwald aber zu rechnen wäre, wäre eine russische Besatzung, wobei sich fragt, ob diese sich bis in den letzten Winkel auswirken würde.
Auf dem schmalen Streifen im Westen zwischen Rhein und Schwarzwald soll es zu Kampfhandlungen kommen. Auch wenn die Glaubwürdigkeit der Quellen hier nicht immer überzeugen mag, so wäre im Kriegsfall von einem Aufenthalt zwischen Schwarzwald und Rhein dringend abzuraten.

Einsiedler Antonius (1820-III-Bistum Köln): *Der Krieg wird einmal im **Elsass** von neuem ausbrechen [verkürzte lokale Perspektive?, Anm. B.]. Ich sah die Franzosen im Besitz des Elsass; sie hatten **Straßburg** im Rücken.*

Kurz zur Information: Das Elsass hat in den Jahrhunderten mehrfach den Besitzer gewechselt: zuvor französisch – war es von 1871 bis 1918 deutsch, von 1918 bis 1940 französisch, 1940 bis 1944 deutsch und seit 1945 ist es wieder französisch.
Den „Kriegsausbruch im Elsass" betrachte ich als eine lokale Fehldeutung. Natürlich bräche der Krieg in *Osteuropa* aus, dort wo die Russen die Grenzen ihre Gegner zuerst überrollen.

*Ich sah auch Italiener bereit, an ihrer Seite zu kämpfen. Plötzlich kamen von der französischen Seite aus **Metz** und **Nancy** große Truppentransporte, worauf eine Schlacht begann und zwei Tage dauerte und mit der Niederlage des preußischen Heeres endete. Die Franzosen verfolgten die Preußen über den Rhein nach vielen Rich-*

---

* ... und 1995, 1996

*tungen hin. In einer abermaligen Schlacht bei **Frankfurt** wurden die Preußen wieder geschlagen.*[104]

Die Vorstöße aus dem Raum Metz und Nancy nach Straßburg bedeuten, dass in diesem Teil Ostfrankreichs kein Krieg ist, und bestätigen noch einmal die Westgrenze Rhein.

Philipp Melanchthon (1538-III-Wittenberg): Arthur Hübscher schreibt: *Melanchthon erwähnte sie [eine »Endschlacht bei Straßburg«] in einem Tischgespräche mit Luther am 15. Januar 1538 – „es sei eine sehr alte Prophezeiung."*[105]

Philipp Melanchthon (1497-1560) war deutscher Philosoph, Theologe und Dichter.

Man beachte: Eine Prophezeiung, die schon 1538 sehr alt war! Was Schlachten vor den Toren Straßburgs in den drauffolgenden 400 Jahren betrifft, so zeigt die Geschichte: Nach 1538 tat sich erst einmal lange Zeit gar nichts. Dann wurde Straßburg 1681 von den Franzosen besetzt, als der deutsche Kaiser mit den Türken vor Wien beschäftigt war. Der Kaiser ging zunächst nicht gegen die Besetzung des Elsass vor, und 1697 fiel Straßburg dann im Rahmen eines Friedensvertrags auch offiziell an Frankreich. 1870 im deutsch-französischen Krieg wurde Straßburg zwar kurzzeitig von den Preußen belagert, aber in diesem Krieg siegten die Preußen bzw. Deutschen, und die Franzosen stießen auch nicht über den Rhein nach Frankfurt vor. Kurz: Die oben erwähnte Schlacht bei Straßburg hat es bisher noch nicht gegeben.

Sehen wir uns zum Schwarzwald zunächst die Visionen eines Sehers aus dem Schwarzwald an: *Adolf Schwär* aus Steinbach, 1968 gestorben.

Adolf Schwär (1968-III-Schwarzwald): *Wenn der Langbauer [offenbar ein Bauer aus seiner Nachbarschaft, Anm. B] den reichen **Winterroggen,** der am Weg nach dem **Zwerisberg** [etwa 10 Kilometer östlich von Freiburg, Anm. B.] [...] mäht (August**), *wird der russische Düsenjäger über uns hinwegbrausen.*[106]

Hier haben wir wieder einen der grundlegenden Eckwerte der europäischen Prophetie: *Den Kriegsausbruch zur Getreideernte.* Laut Wikipedia wird der Winterroggen in Deutschland ab Mitte Juli bis Ende August geerntet, jeweils abhängig von der allgemeinen und lokalen Wetterlage.
Die nachfolgenden Absätze stammen aus unterschiedlichen Visionen des A. Schwär:

*Ich sah, dass die Gerstenernte gut war. Roggen sah ich fast keinen, Hafer war gut. **Nach der Ernte** kamen wie toll die Flüchtlinge von Osten mit Wagen dahergefahren.*[107]

*Ich sah eine Menge Leute beieinander stehen, Deutsche und Franzosen, [...] in Gliedern zu Kompanien. [...] Nachher mussten die jungen Leute einrücken bei etwas Hochwasser. Auch sah ich Polen darunter. **Die Ähren standen noch hoch, so Ende Juni.***[108]

---

* Hier ist unklar, ob der Einschub vom Seher stammt oder von der *Esotera.* Möglich wäre wohl auch *Ende Juli.*

»So Ende Juni« sollte man nicht zu wörtlich nehmen; im Zweifelsfall besser nicht auf den Kalender schauen, sondern auf das Getreidefeld!

Ich sah, wie große Luftgeschwader ***aus dem Nebel*** *herauskamen. Darunter befanden sich riesige Flugzeuge.* ***Landetruppen*** *kamen auf uns zugesprungen.*[109]

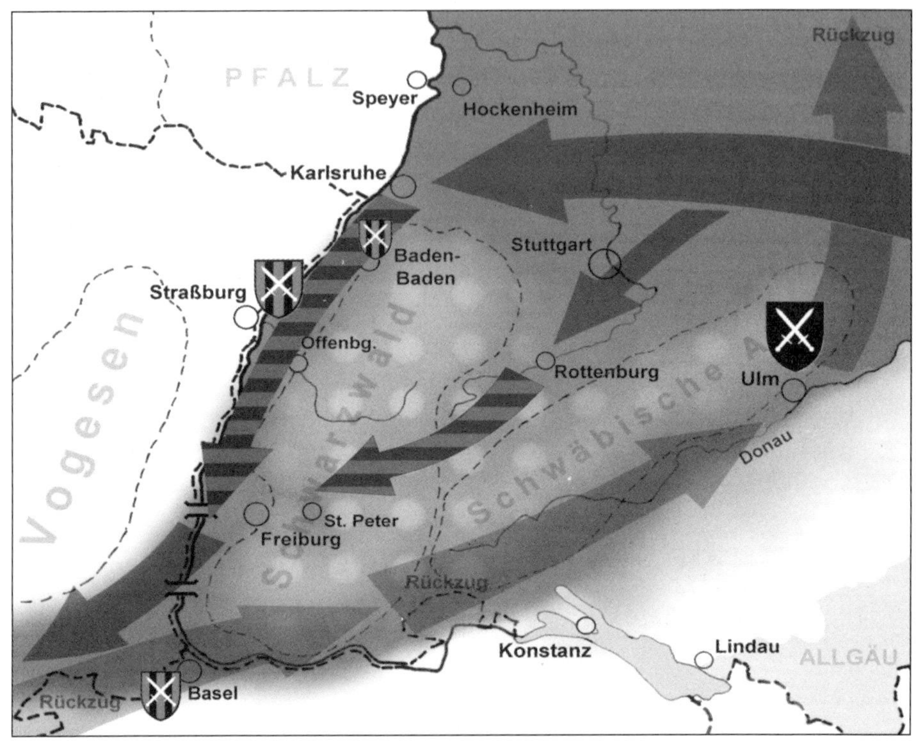

Abb. 14: Vor- und Rückmarsch der Russen in Südwestdeutschland

Schraffierte Pfeile und Wappen kennzeichnen Elemente, die jeweils nur von einer Quelle erwähnt werden. Die Punktstruktur im Schwarzwald und in der Schwäbischen Alb steht für „vermutlich verhältnismäßig geringe Besatzerdichte".

Liest man sich dann weiter hinein in die Visionen des Adolf Schwär, so erkennt man, dass die Szenen, die er sah, nicht immer 1:1 die „Zukunft" wiedergeben. Der Grund ist recht einfach: Der Seher hatte Traumvisionen. So tauchen bisweilen irreale, auch in Zukunft unmögliche Elemente auf. Beispielsweise beschreibt er eine Szene, in der ihm eine Bombe direkt vor die Füße fällt, was man normalerweise schon alleine wegen der Druckwelle nicht überleben könnte:

Zunächst stürzte eine schwere Bombe ***vor meine Füße.*** *Ich war furchtbar erschrocken und glaubte nicht, dass ich davonkommen würde. Dann war ich in einer Kaserne.* ***Es wurde mobil gemacht, aber es waren wenig Mannschaften da. – Dann sah ich große Massen von feindlichem Militär auf uns zukommen.*** *Auf die feindlichen Truppen wurde nicht geschossen. Nachher waren wir mitten unter ihnen. Männer mit langen*

Säbeln, in russischer Kleidung. ***Sie hatten nichts mit uns.*** *Sie kamen von Osten in drei bis vier Kolonnen. Ich reiße ein MG hoch, aber es fällt niemand um. Dann ruft es noch laut: „Somit besteht jetzt eine unabhängige Volksrepublik!"*[110]

Das *»Sie hatten nichts mit uns«* klingt, als gäbe es wenigstens zunächst keine Übergriffe auf die Zivilbevölkerung im Schwarzwald. Ähnlich harmlos erscheinen die Russen in den nächsten beiden Szenen:

Ich war in der Kirche zu St. Märgen in der Josefskapelle, mit zwei oder drei Buben. Es war Gottesdienst. Da kam der Vikar Müller ***(seit 1950 verstorben)*** *in die Kapelle und sagte, es hätte keinen Zweck mehr, Gottesdienst zu halten, es sei ja niemand mehr in der Kirche. Ich schaute auf und sah, dass die Männerseite leer war, und auf der Frauenseite sah ich etwa zwei Frauen. Nun ging ich zur Haupttüre hinaus. Hinter derselben stand im Kreis ein Haufen Männer, in der Mitte* ***ein russischer Soldat, der einen Vortrag hielt.*** *Ich ging etwas weiter und sah in der gleichen Weise einen Haufen Frauen, in der Mitte ein russischer Soldat.*[111]

Die Russen waren hier. *Zuerst standen sie auf der Einfahrt in Reih und Glied. Dann musste ich die Wagen zum Schuppen schnell hinauslassen. Die Soldaten halfen mir. Ich ging zum Kommandanten und meldete es. Dieser sagte: „Darüber wir künftig verfügen."*[112]

So weit – so glimpflich. Die Frage wäre nur, wie sich das russische Militär gegenüber der Zivilbevölkerung verhielte, wenn sie nach ein paar Wochen erkennen, dass sie den Krieg verlieren. Dann könnte sich das Blatt wenden. Allerdings dürfte das Zeitfenster zwischen Wut und Rückzug relativ klein sein.

Ich befand mich im Kriege im Westen. Als ich weiter zurück kam ins Dreisamtal [östlich von Freiburg], sah ich nach ***St. Peter*** *[10 km östlich von Freiburg] hinauf, sah aber keine Häuser mehr, sondern* ***Ruinen.*** *Nachher gab es noch schwere Kämpfe in* ***hiesiger Gegend,*** *auch viele Frauen befanden sich im Kampf.*[113]

Was ist mit Kämpfen in *»hiesiger Gegend«* gemeint? Vermutlich städtische Gebiete und wichtige Straßen.

Wir fuhren zu dritt auf einem leichten Motorrad nach Hinterzarten [~10 km südöstlich von Freiburg]. Als wir auf der Bundesstraße fuhren, war kein Verkehr. Dann rief es laut: „Sie zerstören Baden-Baden!" Wir fuhren zu einem Sägewerk. [...] Als ich etwas weiterging, kam mir ein Eisenbahnbeamter entgegen und rief laut: ***„Baden-Baden wird total zerstört."***[114]

Zunächst ist fraglich, ob das *»total zerstört«* wirklich den Tatsachen entspräche oder nur eines der vielen Gerüchte ist, die sich naturbedingt in solchen Chaos- und Schreckensstunden verbreiten. Baden-Baden liegt allerdings an der Autobahn A5, die nach Süden zur Schweiz und zur *Burgundischen Pforte* führt, eine etwa 30 Kilometer breite flache Zone zwischen dem französischen Mittelgebirge *Vogesen* im Norden und dem *Schweizer Jura* im Süden.

Und erinnern wir uns: Die Russen wollen hinter der Burgundischen Pforte noch weiter bis ganz zum Atlantik. Rechnet man grob *mit weiteren 800 Kilometern* Vormarschweg von Baden-Baden bis zur Atlantikküste, ist klar, dass sich am Schwarzwald entlang ein gigantischer Heerwurm entlangwälzen müsste, dessen Schlagkraft darauf abgestimmt ist, es noch rund 800 Kilometer weiter durch feindliches Gebiet zu schaffen. Grundvoraussetzung für den Vorstoß einer so großen Armee wäre nebenbei bemerkt die russische Lufthoheit über dem deutsch-französischen Luftraum. Dies wiederum würde massive Luftschläge gegen deutsche und französische Flugplätze bedeuten.
Adolf Schwär beschreibt dann noch eine Szene *nach* dem Kriege:

Ich befand mich in der Kirche zu ***St. Peter*** *[rund 10 km östlich von Freiburg, Anm. B.]. Dort war alles verwüstet, und Schweine liefen herum. Dann rief es laut, in* ***St. Märgen*** *wäre eine Frau zum Bürgermeister* gewählt worden.*[115]

So weit der Schwarzwälder Adolf Schwär. Nun wieder eine Aussage **Alois Irlmaiers**:
Im Jahre 1997 schrieb mir eine ältere Dame:

Ich kann nur darauf bauen, was mir Irlmaier einmal selbst gesagt hat im Peterskeller in Salzburg: „Dein Elternhaus steht an einem Hang und unten fließt ein Bach durch, da geschieht e mol nichts.“

Das bezog sich auf das *Kinzigtal* im Schwarzwald, südöstlich von Offenburg.
Die nächste Quelle zu dieser Region, das sogenannte *Marienthaler Klosterbuch*, stammt aus Marienthal in Luxemburg.

Marienthaler Klosterbuch (1749-II-Luxemburg): *Es werden nicht nur sterben viele Krieger auf und unter den Wällen, sondern auch viele Kinder und Greise und Frauen überall, wo* ***der Atem des großen Krieges*** *weht. Der Atem wird unrein sein und die Nacht bedeuten, aber auch wieder den Tag nach einer langen Nacht.* [116]

Die *»lange Nacht«* klingt wie eine Anspielung auf die dreitägige Finsternis. Der Staub der Finsternis und der Staub des „gelben Strichs“ werden öfter durcheinandergebracht. Hier sind sie nicht auseinanderzuhalten.

Viele Städte und Dörfer links und rechts [westlich u. östlich] des strömenden Wassers [des Rheins, siehe unten] werden jedoch verschont bleiben, wie sie schon öfters verschonet geblieben sind in schweren Zeiten und Schrecken des Krieges. ...[117]

Die verschonten Städte und Dörfer dürften in den Vogesen und im Schwarzwald liegen, bergige, bewaldete Gebiete eben, die angreifende Militärs nach Möglichkeit meiden. Dass diese Gebiete von Kampfhandlungen verschont werden, bedeutet auch, dass dort nicht *»der Atem des großen Krieges«* wehen kann. Anders gesagt: Dieser Atem müsste wenn, dann irgendwo *östlich* des Schwarzwaldes (und nördlich der Donau) wehen. Entsprechend geht es im Klosterbuch weiter:

---

* Der aktuelle Bürgermeister von St. Märgen ist ein Mann, *Manfred Kreutz,* seit 2013 im Amt, parteilos, mit 79 % der Stimmen gewählt.

Den Hauptschlag werden Städte und Dörfer und ganze Länder jenseits des fließenden Wassers [Rhein] treffen, und alle Hauptstädte werden dort versinken in Nebel und Trümmern und Asche ...[118]

Östlich des Rheins liegen jede Menge Hauptstädte: Berlin, Prag, Moskau ... natürlich müssten *nicht alle* betroffen sein (Wien siehe Seite 110).

Die Schrecken des großen Krieges werden nicht mehr in Gallia sein, sondern über dem großen Strom ...[119]

Ein großer Strom, der „Gallien" von vielen Ländern trennt, – damit ist klar, dass der *Rhein* gemeint sein muss. Die Aussage „kein Krieg in Frankreich" wäre im Hinblick auf die sonstige europäische Prophetie natürlich nicht korrekt, jedoch aus einer eher lokalen Perspektive aus Luxemburg, noch dazu aus dem Jahre 1749 tolerierbar. Zudem ist das Original dieser Prophezeiung womöglich noch etwas älter. Die 1749er Version ist in *»nachmittelalterlicher Versform«* verfasst, so dass das Original leicht aus der Zeit stammen könnte, als das Elsass und Straßburg noch nicht zu Frankreich gehörten.[120]

Glücklich werden diejenigen sein, welche den großen Wald [wohl die Vogesen, Anm. B.] erreichen, denn hinter ihm ist der Friede, vor ihm aber der Krieg bei Tag und bei Nacht. Es werden Kämpfe sein hüben und drüben ***und in der Luft*** *und in der Erde und ganze Städte jenseits und diesseits des fließenden Wassers werden ohne Menschen sein, die da fortziehen aus der Zone des Todes.*[121]

Krieg bei Nacht deutet wieder auf einen modernen Krieg.

Nun drei Quellen zu dem Gebiet zwischen Schwarzwald und Donau:

Erna Brandt (1961-III): *„Ich sah russische Panzer in* ***Rottenburg*** *(Neckar) einmarschieren. Es war an einem trüben Tag, die Straßen waren feucht, Nebel lag über der Landschaft, aber es gab weder Regen noch Schnee. [...] Auch hörte ich das Donnern herannahender Flugzeuge."*[122]

Trübes Wetter und feuchte Straßen deckt sich mit einer Aussage Alois Irlmaiers: *„Dann geht es in einer regnerischen Nacht los."*[123] Ansonsten klingt der Text so, als gäbe es in Rottenburg zu diesem Zeitpunkt keine Kämpfe.
Laut Irlmaier nähert sich die Hauptmasse des russischen Militärs der Schweizer Grenze ab Karlsruhe *über das Rheintal.* Das Gebiet zwischen Schwarzwald und Schwäbische Alp/Donau ist nicht geeignet für massive und schnelle Vorstöße. Selbst deutsche Infrastrukturplaner haben dieses Gebiet gemieden. Eine direkte Autobahn Stuttgart–Basel gibt es bis heute nicht. Und wenn man den ICE oder IC von Ulm nach Basel nimmt, so fährt auch dieser über Karlsruhe oder Mannheim, was fast die doppelte Strecke des Interregio-Zuges ist, je nach Verbindung aber sogar schneller sein kann als der direkte Weg des Interregio-Zuges.
Der Hauptstoß der Russen Richtung Schweiz könnte also, wie von Alois Irlmaier vorausgesagt, so erfolgen, dass der Angreifer mit der Hauptmasse der Kräfte erst nörd-

lich des Schwarzwaldes den Rhein Richtung Basel hinunterziehen. Womit allerdings zu rechnen wäre, ist, dass die Russen im Rahmen der Flankensicherung sporadisch in den Raum südlich der Autobahn A8 und westlich der Donau vorstoßen, um potenziellen Störangriffen aus diesem Raum heraus frühzeitig begegnen zu können.
Wie schon erwähnt, empfahl Alois Irlmaier der Zeugin, die nach Hamburg umziehen wollte, nicht, von Karlruhe aus den viel kürzeren Weg über Stuttgart und Ulm nach Bayern zu nehmen. Der Seher kann hier so verstanden werden, dass dieses Gebiet unpassierbar wird, weil hier schon im Verlauf des zweiten/dritten Kriegstages russische Einheiten einsickern.

Eine große Schlacht bei Ulm?

Obige Überlegungen zum Gebiet zwischen Schwarzwald und Donau beziehen sich wohlgemerkt auf die *Angriffsphase* des Krieges. Käme es beim Rückzug der Russen aus Frankreich im Raum Ulm, so wie z. B. in der Stieglitz-Überlieferung vorhergesagt, zu einer großen Schlacht, wäre mit Kampfhandlungen entlang aller größeren Straßen zu rechnen, die von südlich des Schwarzwaldes nach Ulm verlaufen.
Erna Stieglitz wird überliefert, sie habe *»fürchterliche Zerstörungen am Oberlauf der Donau«* gesehen.[124] Mit *Oberlauf der Donau* wird allerdings nicht nur die Donau in Nähe des Schwarzwaldes oder in Baden-Württemberg bezeichnet, sondern die *gesamte Donau von der Quelle bis nach Wien!* Wie wir weiter unten noch sehen werden, dürfte Erna Stieglitz sich schwerpunktmäßig auf die Donau *östlich von Passau im Raum Linz* beziehen. Das *»am Oberlauf der Donau«* hätte meiner Einschätzung nach also nicht zwingend etwas mit dem Raum Schwarzwald-Ulm zu tun. Weiter wird Erna Stieglitz wiedergegeben:

Erna Stieglitz (1975-III-Augsburg): *Bayrische und österreichische, schweizerische und französische Truppen werden nach den* ***Vernichtungsschlachten bei Lyon*** *und [später bei]* ***Ulm*** *nach Norden vorstoßen, um sich an der Schlacht gegen die dort eingekreisten russischen und preußischen [...] Verbände zu beteiligen.*[125] *Bei* ***Ulm*** *gibt es eine gigantische Kesselschlacht gegen die Ostarmee, die ihren Südkeil der* ***Donaulinie entlang zur Schweiz und nach Mittelfrankreich vorgetrieben hatte.***[126]

Leider wird bei Autor W. J. Bekh hier nicht ganz klar, ob jedes Detail wirklich von Erna Stieglitz stammt. Für die Schlacht bei Ulm grundsätzlich dürfte dies zutreffen, nicht aber dafür, dass die Russen von Regensburg aus direkt zur Schweizer Grenze vorstoßen. Das wäre letztlich aber auch egal, da die östlichen Angreifer auf ihrem Rückzug aus Frankreich an der Donau wenigstens bis Ulm entlangziehen würden.
Fraglich wäre bei der Ulmer Schlacht weiter, wie groß genau sie wäre. Orientiert man sich an der Panzerschlacht zwischen der Deutschen Wehrmacht und der Roten Armee im sogenannten *Kursker Bogen* im Jahre 1943, so könnte davon ein Gebiet von *mehreren 100 Quadratkilometern* betroffen sein, wobei sich dann fragen würde, ob sich das nicht doch auf die Donausüdseite auswirken könnte? Gegen eine Ausdehnung der Kampfhandlungen auf die Donausüdseite spräche, dass die Russen, sobald sie auf die Südseite der Donau wechseln würden, sich gleich überlegen könnten, wo sie wieder

auf die Nordseite der Donau zurückkommen können. Denn das eigentliche Ziel ihrer Flucht wäre klar: Norddeutschland. Der Weg nach Osteuropa wäre wegen des „gelben Strichs“ vollkommen unpassierbar.
Dann finden sich noch bei manchen Nostradamus-Interpreten Hinweise auf eine Schlacht bei Ulm. *N. Alexander Centurio* (1977) beispielsweise deutet Nostradamus so, dass es bei Ulm eine sehr große Schlacht gibt. Er schreibt:

»Am Fuße des fränkisch-schwäbischen Jura [= Fränkische und Schwäbische Alb] findet die ***größte Schlacht aller Zeiten bei Ulm*** *statt, das biblische* ***Harmagedon*** *von dem die Offenbarung Kap. 16 spricht. Nostradamus beschreibt diese apokalyptische Schlacht in V/68 und VIII/34.«*[127]

Das scheint mir deutlich zu dick aufgetragen, doch auch Bernhard Bouvier sieht Centurie V/68 und VIII/34 in ähnlichem Zusammenhang. Aus VIII/34 liest er heraus, dass **Lyon** und **Ulm** gemeinsam atomar zerstört werden, und stellt fest: *»Ein Vers zum Dritten Weltkrieg«.*[128] Und Kurt Allgeier? Der schreibt zu VIII/34:

»Nach einem Sieg der Engländer bei Lyon beginnt ein fürchterlicher Kampf im Jura, an dem insgesamt 7 Millionen Soldaten beteiligt sind. Ob der Löwe, also der englische Befehlshaber, in Ulm stirbt, oder ob ein anderer (Ulme) in Lyon stirbt, muss offen bleiben.«

Was den Zeitpunkt betrifft, legt sich Kurt Allgeier nicht fest. Aber *sieben Millionen* Soldaten klingen schon irgendwie nach Weltkrieg ...[129]
Ich rate bei Nostradamus zu großer Vorsicht. In der Regel geht es nicht um das, was Nostradamus vorausgesagt hat, sondern um dessen *Deutung*. Und diese Deutungen weichen oft erheblich voneinander ab.
Zu guter – oder besser schlechter Letzt hat dann auch die Frau aus dem Füssener Raum eine Schlacht bei Ulm gesehen.

Die Situation am Rhein in Nähe der Schweizer Grenze

Einigen Quellen nach soll den russischen Armeen im deutsch-schweizerisch-französischen Grenzgebiet der Durchbruch über den Rhein nach Frankreich gelingen. Allerdings widerspricht dem die bereits zitierte Aussage Alois Irlmaiers:

Irlmaier (1959-I-Südostbayern): *„Nach Lindau [am Bodensee] kommt der Russe nicht, aber* ***bis Freiburg, nicht weiter*** *[...].“ [...] Er nahm eine Landkarte von Deutschland, sah nicht dabei hin, als er sprach, – ich weiß heute noch, dass ich erschrak – denn er zog mit seinem Finger eine gerade Linie entlang des Rheins. „Bis daher kommt er,* ***aber nach Frankreich nicht mehr.*** *“*[130]

»Bis Freiburg, nicht weiter« und *»nach Frankreich nicht mehr«* ist eindeutig und erlaubt eigentlich kein weiteres Herumdeuteln. Wie also lässt sich der Widerspruch zu den anderen Quellen auflösen?
Sehen wir uns dazu auf der Karte an, wo im Raum Freiburg die Russen über den Rhein kommen könnten bzw. wo sich dort Rheinbrücken befinden, die die Russen

zuvor mit Luftlandetruppen gesichert haben könnten. Eine Rheinbrücke liegt direkt gegenüber von Freiburg bei *Breisach am Rhein.* Zwei weitere Brücken befinden sich ca. 30 Kilometer südwestlich von Freiburg bei *Neuenburg am Rhein,* etwa auf halbem Wege zwischen Freiburg und Basel. Dort bei Neuenburg beginnt auch die A36, die über Mülhausen und Belfort durch die Burgundische Pforte weiter nach Frankreich hinein führt. Diese Rheinbrücken müssten infolge ihrer großen strategischen Bedeutung vermutlich so wie im Falle Hamburgs und Hockenheims in weniger als 60 Minuten nach Kriegsausbruch von russischen Luftlandetruppen besetzt werden.
Die nächste Rheinbrücke weiter südwärts findet sich erst innerhalb des Baseler Stadtgebietes. Bis sich die Russen da durchgekämpft haben, verginge wohl viel zu viel Zeit. Das bedeutet insgesamt: Das Naheliegendste ist: Die Angreifer überschreiten den Rhein ca. 30 Kilometer südwestlich von Freiburg.

Wenn es dann heißt, Irlmaier habe, als er dies sagte und auf der Karte zeigte, ohne dabei hinzusehen, mit dem Finger eine Begrenzungslinie auf der Landkarte gezogen, erlaubt sich die Vermutung, dass er Freiburg nicht als wirklich *exakte,* sondern nur als *ungefähre* Orientierung angegeben hat. *»Bis Freiburg, nicht weiter«* würde demnach für Deutschland stimmen, *nicht aber für Frankreich.*
Ich selbst tendiere bei diesem unklaren Punkt des russischen Vorstoßes nach Frankreich dazu, *nicht* auf die Irlmaier-Version zu setzen, sondern jenen Quellen zu glauben, denen nach der russische Vorstoß durch die Burgundische Pforte tief nach Frankreich hinein gelingt. Dies ist soweit der einzige Punkt, wo ich denke, dass Irlmaier sich gravierend geirrt hat oder dass sich ein grober Fehler in die Überlieferung eingeschlichen hat. Wie gesagt: Ziel der Russen wäre, *bis an den Atlantik* vorzustoßen. Das würde bedeuten, dass sie im Raum Freiburg noch über eine gewaltige Schlagkraft verfügen. Würden sie trotz ihrer geballten Schlagkraft tatsächlich nur bis Freiburg kommen, würde sich fragen, warum sie dort so plötzlich halt machen? Werden sie von westlichen Kräften gestoppt? Wenn ja, müsste es dort eine ziemlich heftige Schlacht geben. Schließlich ginge es den Russen nicht nur darum, den Atlantik zu erreichen, sondern ihn *auch möglichst schnell* zu erreichen. Auf gar keinen Fall könnte das russische Militär es hinnehmen, schon im Raum Freiburg seinen ganzen Schwung zu verlieren. Zudem würde sich fragen, wo NATO und Schweiz in der Kürze der Zeit – in nur drei Tagen – und angesichts des russischen Überraschungsmoments entsprechende Kräfte mobilisieren und rechtzeitig in Stellung bringen könnten? Ebenso würde sich fragen, warum weder Irlmaier noch andere Quellen für den Raum Freiburg eine Schlacht vorausgesehen haben?

Der russische Vorstoß nach Frankreich hinein

Hinter der Burgundischen Pforte öffnet sich ein weites, ziemlich ebenes Gebiet, das bis über Lyon hinaus reicht und das die Franzosen heutzutage für wichtige, schnelle Verkehrsverbindungen nutzen (Eisenbahn und Autobahn). Offenbar nähmen auch die Russen diesen Weg:

Erna Stieglitz (1975-III-Augsburg): *Eine unvorstellbare Masse von Panzern rollt an den Bergketten der Schweiz vorbei bis hinunter nach **Lyon.***[131]

Das ist der Durchbruch durch die Burgundische Pforte.

Einen Vorstoß nach Frankreich hinein finden wir auch bei der französischen Seherin **Marie Julie Jahenny** (1850–1941), von der es eine Reihe detaillierter Voraussagen zum russischen Vorstoß in Frankreich gibt, die in ihrer Fülle aber bisher nicht ins Deutsche übersetzt worden sind. In Frankreich hat man Marie Julie Jahennys Voraussagen jedoch zusammengefasst und daraus eine *»Carte d'invasion de la France«*[*] erstellt, die einige wichtige Eckpunkte der deutschsprachigen bzw. in Deutschland bekannten Prophezeiungen hinsichtlich des (vermeintlichen) Schicksal Frankreichs bestätigt. Die sich auf den Karten auf Seite 37 und 75 in Frankreich ausbreitenden Schatten des russischen Vormarsches in Frankreich gehen größtenteils auf M. J. Jahenny zurück, korrespondieren aber in wichtigen Punkten (Paris und Lyon) mit anderen Quellen.

Laut **Marie Julie Jahenny** bzw. der entsprechenden Karte

1. würden die Russen den Rhein an der deutsch-französischen Grenze tatsächlich *nicht* überschreiten – in diesem Punkt eine wertvolle Bestätigung der deutschen Quellen.
2. würden die Russen etwa aus dem Raum Bern nach Frankreich vorstoßen, und zwar über das Französische (!) Juragebirge.
   Hier ergeben sich ganz erhebliche Zweifel, da die östlichen Truppen dazu etwa von Basel aus südlich des Schweizer Juras tief in die Schweiz vordingen müssten. Das bestätigt sich so weit *definitiv nicht* durch andere Quellen (siehe dazu die Abhandlung zur Schweiz auf Seite 116). Des Weiteren ist auf der Jahenny-Karte auch kein Vorstoß durch die Burgundische Pforte zu erkennen. Ein Vorstoß, der militärisch sehr viel einfacher und sinnvoller wäre. Bei einem Vorstoß *über* das Französische Juragebirge blieben den Russen zudem nur wenige schmale und verletzliche Routen.
   Fraglich ist, wie man Marie Julie Jahennys Verlagerung des russischen Vorstoßes von nördlich des Schweizer Jura auf dessen Südseite bewertet. Hat Jahenny „recht" und die anderen nicht? Ist es nur ein Detailfehler und der Rest der Karte stimmt? Oder sollten Marie Julie Jahenny und die Karte als unbrauchbar aussortiert werden? Um hier eine Entscheidung zu fällen, bräuchte man eine Übersetzung der Originaltexte (die mir derzeit auch aus Zeitgründen fehlt). Vorerst entscheide *ich* mich dazu, es für einen Detailfehler zu halten. Denn Marie Julie Jahenny deckt sich in etlichen anderen Punkten mit

[*] www.marie-julie-jahenny.fr/carte-d'invasion-de-la-france.htm
Wohlgemerkt steht hier eine Überprüfung der Karte anhand der entsprechenden Texte bzw. ihrer Übersetzung ins Deutsche noch aus.

anderen Quellen. Konkret betrifft dies 1. eine russische Truppenpräsenz bzw. Kämpfe im Raum Genf, 2. Kämpfe bei Lyon, 3. in der Nähe von Paris, 4. am Fuß der Pyrenäen, 5. an der Mittelmeerküste im Raum Marseille (Seelandung), 6. dass der Atlantik von den Russen nicht erreicht und 7. der Rhein nicht überschritten wird.

3. würden der Jahenny-Karte nach die Russen bis auf wenige 10 Kilometer an Paris herankommen. Diese Voraussage beseitigt wiederum eine bisherige Unklarheit in den Prophezeiungen der bekanntesten Wahrsagerin Frankreichs aller Zeiten, nämlich ***Marie-Anne Lenormand*** (gest. 1843). Marie-Anne Lenormand sagt ein Dritter-Weltkrieg-Szenario voraus mit einem Paris, das von den eigenen Bürgern angesteckt *und zeitgleich von einem äußeren Feind bedroht wird.* Jedoch sagte die Wahrsagerin nichts Genaues über die Nationalität der Angreifer:

   Der Pariser selbst wird mit der Wut und der Verzweiflung im Herzen und erfüllt von der Lehre, welche der ***Moskowite*** *[siehe unten] uns gab, mit wütender Hand die Anstrengungen unterstützen, womit die* ***Barbaren*** *[die fremden Angreifer] die Könige der Städte vernichten wollen. Brennende Fackeln werden auf die Dächer der Häuser geworfen. Ganz Paris wird nun mehr eine ungeheure Brandstätte.*[132]

   »Moskowite« ist zwar ein Hinweis auf die russische Hauptstadt Moskau, doch wenn im selben Zusammenhang von einer *»Lehre«* des Moskauers [Putin??] die Rede ist, denkt man eher an den Kommunismus. Dadurch verwischt zwar etwas der Bezug zum „dritten Weltkrieg", doch mit der *»Lehre des Moskowiters«* könnte auch eine antiglobalistische, anti-amerikanische, anti-kapitalistische, nationalstaatliche Ideologie aus Moskau gemeint sein.
   Wie auch immer: Der Brand von Paris jedenfalls, verursacht *von den eigenen Bürgern,* wäre anderen Quellen nach absolut eindeutig ein Teilszenario des „dritten Weltkrieges". Der Brand von Paris wäre eine Art Symbol für den gescheiterten „Bewusstseinswandel", der in der Französischen Revolution seinen Ausgangspunkt hatte.

Glaubt man Marie Julie Jahenny, würden die Russen es im Süden Frankreichs sogar etwas über Lyon hinaus – und südlich der Bretagne und nördlich der Pyrenäen fast bis an den Atlantik schaffen. Spätestens dort im Westen Frankreichs noch vor der Atlantikküste ginge den russischen Angreifern dann aber die Puste aus und sie müssten sich zurückziehen, wobei ein Teil der Truppen wieder den Weg zurück durch die Burgundische Pforte nehmen müsste.

Marie Julie Jahenny sagt dann laut obiger Karte auch noch eine großflächige Landung russischer Truppen an der französischen Mittelmeerküste voraus, was sich wiederum mit anderen Quellen deckt, denen nach auch der Stadt *Marseille* ein ziemlich übles Schicksal droht.

Erna Stieglitz wird bezüglich des russischen Rückzugs aus Frankreich zitiert:

Erna Stieglitz (1975-III-Augsburg): *Bayrische und österreichische, schweizerische und französische Truppen werden nach den* ***Vernichtungsschlachten bei Lyon*** *und [nachfolgend bei]* ***Ulm*** *nach Norden vorstoßen, um sich an der Schlacht gegen die dort eingekreisten russischen und preußischen [...] Verbände zu beteiligen.*[133]

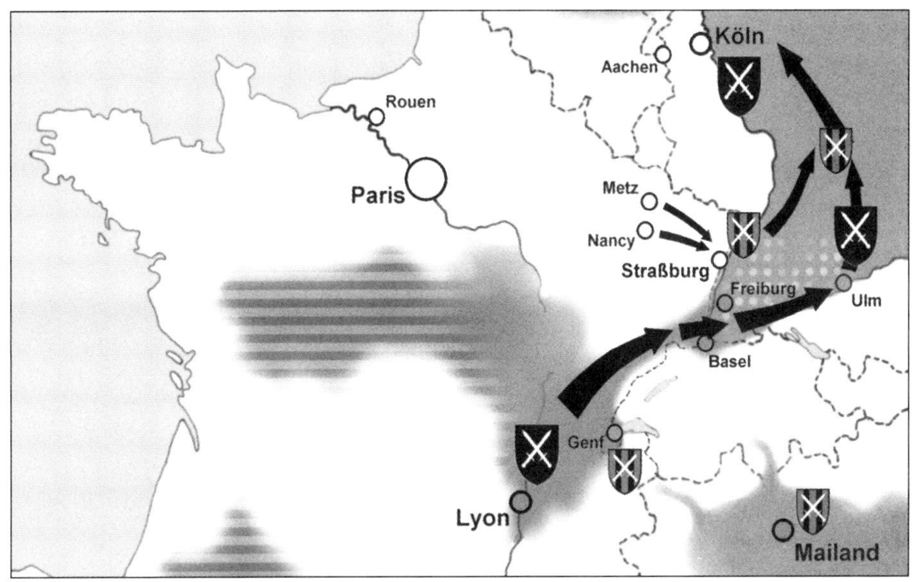

Abb. 15: Der russische Vorstoß nach Frankreich und Rückzug

Eine Schlacht bei Lyon, ebenso wie einen Durchbruch der Russen durch die Burgundische Pforte, sah auch die **Frau aus dem Füssener Raum.** Im Zusammenhang mit dieser Schlacht sah sie auch, dass *Genf* von Süden aus angegriffen wird (siehe Seite 116).
Darüber hinaus wird auch Nostradamus gelegentlich so interpretiert, dass er im Rahmen des „dritten Weltkrieges“ eine Schlacht bei Lyon gesehen hat. Im Zusammenhang mit Ulm wurde dies schon angesprochen (siehe Seite 71).

Kurzum: Beim russischen Vorstoß nach Frankreich könnte die mir bekannte Quellenlage zwar reichhaltiger sein, doch letztlich ergibt sich ein einigermaßen klares Bild. Neben dem Krieg soll es in Frankreich auch noch einen Bürgerkrieg geben, und zwar einen Bürgerkrieg, der sich gewaschen hat und wesentlich massiver ausfallen würde als der in Deutschland! Siehe dazu auch die entsprechenden Details auf der Jahenny-Karte.

Südgrenze Donau

Die Donau taucht in mehreren Quellen als südliche Begrenzung des Krieges in Deutschland auf. Beginnen wird mit dem bereits behandelten Zitat von Hepidanus von St. Gallen:

Hepidanus von St. Gallen (1081-I-Schweiz): *„... Zwischen dem Rhein und der Elbe und dem morgenwärts fließenden Strome Donau wird ein weites Leichenfeld sich ausdehnen, eine Landschaft der Raben und Geier. Und wenn dereinst wieder der Landmann seinen Samen ausstreuen wird und dieser emporkeimt, Ähren tragend und Früchte, dann wird jeder Halm in einem Menschenherzen stehen und jede Ähre in eines Menschen Brust ihre Wurzel haben.“*[134]

Während des gesamten Ersten Weltkrieges fanden innerhalb Deutschlands keinerlei Kämpfe statt, und im Zweiten Weltkrieg gab es in dem Gebiet zwischen Rhein, Elbe und Donau bei Weitem nicht so viele Tote. Als die Alliierten im März 1945, zwei Monate vor Kriegsende, den Rhein überschritten, war die deutsche Wehrmacht schon so weit geschwächt, dass sie sich mehr oder weniger nur noch auf dem Rückzug befand. Zur Verdeutlichung: In der Nacht vom 22. auf den 23. März 1945 überschritt die US-Army südwestlich von Frankfurt erstmals den Rhein, und schon am 25. April trafen sich amerikanische und russische Truppen in Sachsen bei Torgau an der Elbe. Das waren rund 400 Kilometer in knapp fünf Wochen, im Schnitt über zehn Kilometer pro Tag.
Natürlich gab es in den deutschen Städten in diesem Gebiet viele Bombenopfer, doch bei Hepidanus ist von Leichenfeldern *auf dem Lande* die Rede, dort, wo die Bauern ernten und säen.

Alois Irlmaier (1959-I-Südostbayern, Zeuge Ferdinand Felber): *Besonders ein Rat und eine* ***eindringliche Warnung*** *von ihm blieb mir unvergessen. Er sagte: „Geh mir nicht über die Donau [nach Norden, Anm. B.], um dich dort sesshaft zu machen.“ Dies bezieht sich auf das zu erwartende Weltgeschehen.*[135]

Die Erinnerungen des Irlmaier-Freundes *Ferdinand Felbers* (gest. 1995) umfassen elf handgeschriebene DIN-A4-Seiten. Ferdinand Felber ist schon ein paar Jahre tot, und 2008 habe ich seine Witwe besucht, die mir die handschriftlichen Notizen ihres Gatten zeigte. Auch sie war mit Irlmaier befreundet. Der Rat, sich nicht nördlich der Donau niederzulassen, war Irlmaiers einziger „weltpolitischer“ Rat an seinen Freund, den dieser der Nachwelt hinterlassen hat.
Natürlich haben wir hier das Problem, dass Irlmaier nicht ausdrücklich sagt, welchen *genauen* Abschnitt der Donau er meint. Es ist aber ziemlich sicher, dass Irlmaier wenigstens die Donau auf bayerischem Gebiet gemeint hat, also von Neu-Ulm bis Passau, und dann auf jeden Fall auch noch die Donau in Österreich bis Linz und wohl noch etwas darüber hinaus. Ob bis Wien, ist so weit leider unklar, ebenso wie westlich von Ulm.

Ein weiterer unklarer Punkt bei „nördlich der Donau“ ist die Frage, wie weit sich diese Zone nach Norden erstrecken soll? Wahrscheinlich scheint, dass sich die Zone nicht nur auf wenige zehn Kilometer nördlich der Donau beschränkt. Somit schält sich irgendwann auch die Frage heraus, *wie viele hundert Kilometer* nördlich der Donau es nach Irlmaiers Visionen sein sollten, und ob diese Zone letztlich sogar bis an die Nord- und Ostsee heranreicht?

Irlmaier zum Gebiet nördlich der Donau

Versucht man die Frage nach der Größe der Zone nördlich der Donau auf Basis Irlmaiers sonstiger Vorhersagen zu beantworten, so ergibt sich folgendes Bild: Ganz im Norden Deutschlands wären Fluten zu erwarten, und wenigstens im Osten Ostdeutschlands, offenbar bis ins Berliner Stadtgebiet (siehe Seite 176), wäre mit dem „gelben Strich“, dem großflächigen Giftstaubeinsatz zu rechnen. Darüber hinaus bliebe grob gesehen ein etwa 400 Kilometer breiter Streifen nördlich der Donau, der bis an den Rand der Mittelgebirge heranreicht und dessen Nordrand grob durch den Harz begrenzt wäre. Dieses Gebiet würde zu Beginn des Krieges innerhalb weniger Tage von den Russen durchstoßen, ohne dass sie dort auch nur ansatzweise auf nennenswerten Widerstand stoßen. Es gäbe dort keine großen Schlachten und folglich auch keine großen Opferzahlen und „Leichenfelder“, schon gar nicht in den der Donau näher liegenden Gebieten.

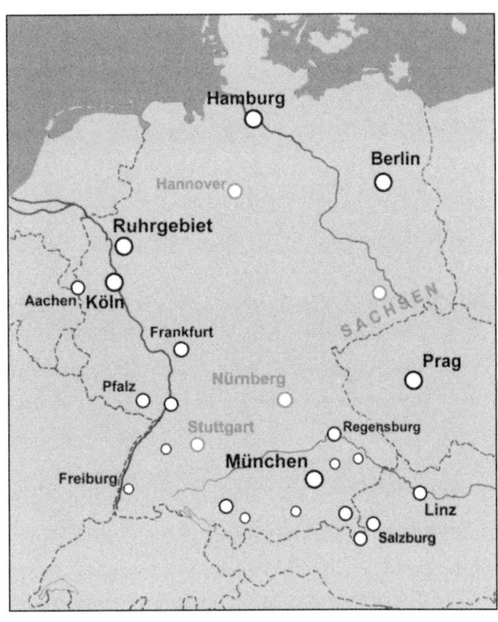

Abb. 16: Orte im deutschsprachigen Raum, die Irlmaier laut Überlieferung erwähnt hat.

Sachsen, **Hannover**, **Nürnberg** und **Stuttgart** sind nur als Orientierungspunkte für den russischen Vormarsch überliefert.

Mir sind von Irlmaier keine Voraussagen zu Schlachten in diesem Gebiet bekannt, wenn man einmal von Frankfurt am Main absieht.

Im Klartext: Irlmaier warnt vor dem Gebiet nördlich der Donau, lässt uns aber im Unklaren, vor welcher *konkreten* Gefahr er eigentlich warnt. Warum macht er das?

Nun, dafür gäbe es eine einfache Erklärung. Es könnte sich um eine Ursache handeln, von der der Hellseher wusste, dass sie ihm keiner glauben kann oder will. Bestimmte Dinge werden den Hellsehern irgendwann einfach nicht mehr geglaubt, wenn sie das

Maß des Für-möglich-Haltens des „normalen" Bürgers zu weit überschreiten. Irgendwann kommt ein Hellseher an den Punkt, wo er sich entscheiden muss: Verschweigt er bestimmte Visionen komplett, um seine Glaubwürdigkeit nicht aufs Spiel zu setzen? Verklausuliert er Dinge, „orakelt" er rum? Oder verkürzt er Dinge, verschweigt also nur einen Teil, beispielsweise die eigentliche Ursache einer Gefahr?
Wenn Sie auf die Karte auf Seite 78 schauen, sehen Sie, dass von Alois Irlmaier für eine sehr große Zone innerhalb Deutschlands keine Aussagen mit konkreten Ortsangaben überliefert sind. Zwar werden innerhalb dieser Zone Hannover, Sachsen, Nürnberg und Stuttgart kurz von Irlmaier erwähnt, jedoch nur als Orientierungspunkte für den russischen Vorstoß. Was dort im Detail passieren soll, ist von Alois Irlmaier nicht überliefert. Hat er da wirklich nichts gesehen? Oder hat er geschwiegen?

Ein Impakt in Süddeutschland?

Eine mögliche Erklärung der von Irlmaier nicht genannten Ursache nördlich der Donau könnte sich in folgender Quelle finden:

Feldpostbriefe (1914-I-Elsass): *Am Schluss kommt noch Russland und fällt über Deutschland her, wird aber zurückgeschlagen, weil die Natur eingreift*[*], *und da wird in* ***Süddeutschland*** *ein* ***Platz*** *sein, wo* ***<u>das Ereignis</u>*** *sein sollte,* ***wo die Leute*** *[nach dem Kriege]* ***von der ganzen Welt hinreisen,*** *um zu schauen.*[136]

Zunächst: Was ist hier mit *»Süddeutschland«* gemeint? Auch wenn der Begriff nicht von jedermann in exakt derselben Bedeutung verwendet wird, so ist doch klar: *Bayern* und *Baden-Württemberg* sind in jedem Fall Teil Süddeutschlands. Manche zählen noch *Südhessen,* die *Pfalz* und das *Saarland* hinzu, doch die letzten beiden liegen schon zu weit im Westen, um deren geografische Lage noch treffend mit *Süddeutschland* zu bezeichnen. Also Bayern und Baden-Württemberg und evtl. noch Südhessen. Dort in Süddeutschland – und sicherlich nördlich der Donau käme es während des Krieges an einem bestimmten *»Platz«,* also eindeutig eher an einem begrenzten Ort und nicht in einem weiten Gebiet, zu einem Naturereignis, das so gewaltig ist, dass es die russischen Bodentruppen in die Flucht schlägt!
Und von diesem *»Ereignis«* soll eine dauerhafte Spur bleiben, die so selten ist, dass sie in späteren Jahren zum Anziehungspunkt für Reisende aus der ganzen Welt wird. Ein solches Ereignis könnte durchaus der Einschlag eines größeren Meteoriten sein.
Bei Alois Irlmaier findet sich eine Formulierung, die gewisse Ähnlichkeiten mit der aus den Feldpostbriefen hat:

Alois Irlmaier (1959-I-Südostbayern): *In Deutschland, berichtete Irlmaier, muss noch alles zum Militär, die jungen Leute werden noch Soldaten. Sie werden aber nicht mehr kämpfen müssen, sondern als Besatzer da [in Russland, Anm. B.] bleiben oder*

---

[*] Hier wäre auch die Deutung möglich, dass sich unmittelbar nach dem hier unterstellten Impakt zwar die endgültige Niederlage Russlands abzeichnet, diese Niederlage im Wesentlichen aber durch militärische Faktoren bedingt ist und *nicht* durch den „Eingriff der Natur".

verwendet werden. Durch ***eine Naturkatastrophe oder etwas ähnlichem*** *ziehen die Russen plötzlich nach Norden. Um* ***Köln*** *entbrennt die letzte Schlacht.*"[137]

Die Formulierung *»Naturkatastrophe oder etwas Ähnliches«* liest sich so, als wären seinerzeit weder Alois Irlmaier noch der Protokollant *Conrad Adlmaier* in der Lage gewesen, zu erkennen, um was für ein Ereignis es sich handelt.
Eine große Atombombe oder viele kleinere scheiden als Erklärung schon einmal aus, denn diese Atombomben würden von der NATO natürlich so eingesetzt, dass sie die russische Armee *weitestgehend vernichten* und sie nicht nur in die Flucht schlagen. Die Atombomben würden den Russen – bildlich gesprochen – nicht vor die Füße geworfen, sondern *auf den Kopf!*
Nebenbei bemerkt: Irlmaiers Rückzug der Russen *nach Norden* passt auch zusammen mit dem Ort des Ereignisses *in Süddeutschland* in den Feldpostbriefen.
Ansonsten: Tatsächlich wurde die Wissenschaft erst im Zuge der Weltraumforschung, der Monderkundung und dessen zahllosen Krater auf das Phänomen der Meteoriten-, Asteroiden- (~ sehr große Meteoriten) und Kometeneinschläge wirklich aufmerksam. Anfangs dachte man, die Mondkrater seien vulkanischen Ursprungs. Irlmaier und Adlmaier hatten seinerzeit in den 1950er Jahren von den Folgen eines möglichen Impaktes also sehr wahrscheinlich noch nichts aus Zeitungen oder Rundfunk erfahren.
An anderer Stelle findet sich bei Alois Irlmaier ein Indiz für eine *kosmische Ursache* der unklaren Naturkatastrophe: Um 1952 herum wurde der Seher von einem Privatmann interviewt, der Irlmaiers Aussagen später in einem Heftchen veröffentlicht hat. Dort wird Irlmaier zitiert:

„Lang wird der Krieg nicht dauern, aber es wird trotzdem reichen. In eineinhalb Mondlängen werden die Leut' den ersten Schrecken hinter sich haben. […] ***Dann wird ein höheres Wesen die Bahn streichen und uns im Kriege helfen.***"[138]

Auch hier wieder die Kriegswende durch „besondere Umstände". Nach eineinhalb Mondlängen, also nach sechs Wochen, müsste die russische Armee schon geschlagen aus Frankreich nach Süddeutschland zurückgekehrt sein.
Ein *»höheres Wesen«* alleine, ohne weitere erklärende Anmerkungen, könnte man noch in einem abstrakten, rein religiösen Kontext deuten. Nicht jedoch, wenn dieses höhere Wesen *»die Bahn streicht«,* womit eigentlich nur die *Erdumlaufbahn* gemeint sein kann. Sollte Alois Irlmaier mit *»Bahn«* tatsächlich die *Erdumlaufbahn* um die Sonne gemeint haben, so befinden wir uns von der Begrifflichkeit her außerhalb der Erde, und damit im Weltall. Das *»höhere Wesen«* lässt sich dann aus diesem astronomischen Kontext heraus als *Meteorit* oder *Komet* deuten (oder gar etwas Größeres, siehe Seite 82).

Die plausibelste Erklärung für das Szenario bzw. das *»Ereignis«* in Süddeutschland nördlich der Donau wäre meiner Ansicht nach ein größerer Meteoriteneinschlag (einige Dutzend Meter Durchmesser). Bei einem solchen Impakt würde sich das Initialereignis auf einen ziemlich kleinen Punkt konzentrieren, und es bliebe ein Krater, der jahrtausendelang an diese Katastrophe erinnert.

Das *»Ereignis«* fände zu einem ganz bestimmten Zeitpunkt, ja zu einer ganz bestimmten *Sekunde* an einem ganz bestimmten Ort statt. Und die Mitte des Einschlagpunktes könnte auf wenige Meter genau bestimmt werden. Derzeit gibt es auf dem gesamten Planeten Erde nur einen einzigen Einschlagskrater, den man auf Anhieb als solchen erkennt und der noch nicht durch die Erosion eingeebnet worden ist: den *Barringer-Krater* in Arizona/USA (siehe Bild rechts).

Abb. 17: Der Barringer-Krater in Arizona

Durchmesser 1.200 Meter, Tiefe 180 Meter, verursacht vor rund 50.000 Jahren durch einen Eisenmeteoriten mit einem Durchmesser von 45 Metern. Das durch den Einschlag ausgelöste Erdbeben hatte interessanterweise nur eine Magnitude von 5,5 – und der Radius der totalen Verwüstung betrug nur 22 Kilometer. Durch den Einschlag wurden 175 Millionen Tonnen Gestein weggeschleudert.

Das Motiv einer kosmischen oder göttlichen Intervention findet sich dann auch in den Feldpostbriefen in noch deutlicherer Form. Im zweiten Brief vom 30. August 1914 heißt es:

Feldpostbriefe (1914-I-Elsass): *... und das Unheil des dritten Weltgeschehens [Weltkrieg] bricht herein. Russland überfällt den Süden Deutschlands [der Norden hier wohl nur zufällig nicht erwähnt, Anm. B.], aber kurze Zeit, und den verfluchten Menschen wird gezeigt,* ***dass ein Gott besteht, der diesem Geschehen ein Ende macht.***[139]

Oben in den Feldpostbriefen müssen die Russen in Süddeutschland Reißaus nehmen, weil *»die Natur eingreift«*, hier heißt, dass *»Gott diesem Geschehen ein Ende macht«*. Das passt in das bestehende Deutungsmuster: Der Impakt kennzeichnet die Kriegs*wende,* die dreitägige Finsternis den finalen „Eingriff Gottes“ und das Kriegs*ende.*

Der mögliche Gesamtkontext

Dem Gesamtkontext der mir bekannten Prophezeiungen nach wäre das Szenario am Himmel aber noch etwas komplexer als so weit erkennbar: Zum einen wäre da der Meteorit bzw. Impakt. Dieser würde aber nur ein lokales, nur Mitteleuropa betreffendes Szenario auslösen. Die dreitägige Finsternis etwa sechs Wochen nach dem vermeintlichen Impakt würde ausgelöst durch eine kosmische Staubwolke, die zwar die Sonne verdunkelt, sich also zwischen Sonne und Erde befindet, aber im Wesentlichen nicht in die Erdatmosphäre eindringt. Das ist wichtig: Diese Wolke verdunkelt und

kühlt damit die Erde ab, mehr aber macht sie nicht. Kurz: Die Wolke, die die dreitägige Finsternis verursacht, wäre noch relativ harmlos.
Faktor drei neben dem Impakt und der kosmischen Wolke wäre ein leuchtender Himmelskörper, der deutlich größer ist als der Meteorit oder Komet und der der Erde sehr nahe kommen soll. Dieser Himmelskörper bzw. dessen Gravitation könnte auch den Initialimpuls für den Polsprung liefern. Faktor vier wäre dann die Staubwolke, die schwerpunktmäßig über der westlichen Nordhalbkugel die Atemluft in Bodennähe verpestet, vermutlich ausgelöst durch obigen Himmelskörper, bzw. dessen Staubschweif, den die Erde kreuzt. Der vermutete Impakt in Süddeutschland nördlich der Donau selbst scheint nicht die eigentliche Ursache für die Staubwolke in Europa zu sein (siehe Seite 180: *Die dreitägige Finsternis*).
Zuletzt wäre – wie schon angedeutet – natürlich auch daran zu denken, dass alle vier Faktoren – der vermutete Impakt in Süddeutschland, die Staubwolke über Europa, die dreitägige Finsternis und der Himmelskörper – auf eine gemeinsame Ursache zurückgeführt werden können: Der Himmelskörper könnte einen Staubschweif hinter sich herziehen, der die Sonne drei Tage verdeckt. Der Impakt könnte eine Art Sternenschrott sein, der den Himmelskörper begleitet, und die Wolke über der Nordhalbkugel ließe sich so erklären, dass die Erde den Staubschweif kurz etwas schrammt. Der Himmelskörper wäre für alles die zentrale Ursache.

Ein „Stern Gottes“?

Interessanterweise taucht die Verquickung des Astronomischen mit dem Spirituellen und Religiösen nicht nur auf in Irlmaiers *»Dann wird ein höheres Wesen die Bahn streichen und uns im Kriege helfen«.* So findet sich u. a. eine Entsprechung aus dem fernen Ostasien: In Budapest in der Bibliothek der Ungarischen Akademie der Wissenschaften befindet sich ein Büchlein, das in der Mongolei um 1700 herum in mongolischer Sprache verfasst worden ist. Dieses Buch hat eine Prophezeiung zum Inhalt. Dort heißt es:

Im jenem Zeitalter der Katastrophe[*] wird ein Stern aufsteigen, genannt der Stern Gottes. Er wird im Osten aufgehen und im Westen untergehen. Er wird so groß sein wie ein Hühnerei [am ausgestreckten Arm, Anm. B.] und er wird wundervoll hell sein. Man wird ihn in der ganzen Welt sehen.[140]

In der ungarischen Quelle aus der ich obiges Zitat habe, heißt es an anderer Stelle über mongolische Prophezeiungen:

Lang anhaltende Finsternis[**], oder gerade das Gegenteil, das Erscheinen mehrerer Sonnen können eine ***globale Katastrophe*** *ankündigen.*

Das klingt den europäischen Prophezeiungen nicht unähnlich. Ob aber tatsächlich dasselbe Ereignis gemeint ist, ist noch zu prüfen.

---

[*] im englischen Original: calametry (auch Unglück)

[**] darkness (auch Dunkelheit)

Ein Impaktkrater als Fußabdruck Gottes?

Der vermutete Impaktkrater wäre am Ende natürlich weit mehr als nur die Spur einer großen, außergewöhnlichen Naturkatastrophe. Überlebende würden den Impakt nicht als ein rein geophysikalisches, wissenschaftliches Phänomen wahrnehmen.

Sollte der Impakt tatsächlich ausgerechnet dann erfolgen, wenn in Europa die Kriegswende eintritt, wird man ihn in einem sehr viel umfassenderen Sinn deuten. Wenn nach 50.000 Jahren das erste Mal mit großem Rumms wieder ein „ordentlicher" Impakt mit „schönem" Krater entsteht, ausgerechnet zu diesem Zeitpunkt und an diesem Ort – *das* soll dann Zufall sein? Wer würde das so sehen wollen? Wer würde den Mut aufbringen zu so viel nervtötender Kleingeistigkeit und Fantasielosigkeit? Es scheint doch äußerst naheliegend und extrem wahrscheinlich, dass man dieses Ereignis in Europa instinktiv und augenblicklich in einem weit größeren Kontext wird deuten wollen, nämlich als „Zeichen Gottes", ja als „Eingriff Gottes", wie es gelegentlich in den Quellen heißt (z. B. bei *Bertha Dudde*[141]), oder wie es oben schon bei Irlmaier anklang *(»höheres Wesen hilft uns«)*. Der Einschlag des Himmelsbrockens in das kollektive Bewusstsein der Europäer, der Christen und natürlich auch der Deutschen dürfte gigantisch sein.

Das Zerstörungspotenzial des Impaktes

Was das physische Zerstörungspotenzial des hier unterstellten Impaktes in Süddeutschland nördlich der Donau betrifft, müsste dies letztlich relativ klein sein im Vergleich zu anderen Impakten, bei denen ganze Kontinente oder gar der ganze Planet verwüstet würde. Geht man rein hypothetisch von einem Einschlag etwa im Raum Nürnberg aus, dann betrüge der Zerstörungsradius maximal etwa 80 Kilometer, da sich das Ereignis nach allem, was von den betreffenden Sehern bekannt ist, nicht über die Donau hinaus nach Süden auswirken dürfte. Südlich der Donau dürften also keine Trümmerteile des Kraterauswurfes niedergehen. Für einen Einschlag im weiteren Großraum Nürnberg bzw. im mittleren Nordbayern spräche, dass der Schwarzwald der Quellenlage nach davon unberührt bleiben müsste und im Fall eines Impaktes weiter nördlich wohl nicht mehr von „Süddeutschland" gesprochen worden wäre.

Ich muss aber zugeben, dass das alles etwas spekulativ ist. Quellenmäßig halbwegs sicher ist nur der Impakt in Süddeutschland nördlich der Donau, so dass das Gebiet südlich der Donau weitestgehend nicht betroffen wäre, einschließlich des Schwarzwaldgebietes.

Die Stoßkeile nördlich der Donau

So weit Alois Irlmaier und die Feldpostbriefe zum *»Ereignis«* bzw. dem vermuteten Impakt nördlich der Donau. Jetzt weitere Aussagen Irlmaiers zu Ereignissen nördlich der Donau bei Kriegsbeginn:

Irlmaier (1959-I-Südostbayern): ***Alles, was sich nördlich der Donau befände, komme ums Leben*** *und nur, wer ein schnelles Fahrzeug besitze, könne sich noch über den Fluss retten, so unerwartet würde der Krieg hereinbrechen.*[142]

Die Sache mit dem schnellen Auto ist natürlich wieder etwas naiv gedacht (oder falsch übermittelt), denn ein schnelles Auto nützt nichts, wenn man im Stau steckt. Weit wichtiger als *schnell fahren* wäre *frühzeitig losfahren*. Dazu jedoch müsste man erstens die prophezeiten Zeichen[*] der Zeit kennen und man müsste die weltpolitische Lage genauer im Auge behalten.

Alois Irlmaier (1959-I): *„Der Russ kommt: Die Ostmarkstrasse – Regensburg–* ***Nürnberg–Stuttgart****–Karlsruhe ca. 5 Divisionen [ca. 10.000 bis 30.000 Soldaten].*[143]

*„**Über die Donau geht der Feind nicht,** sondern biegt [hinter Regensburg, Anm. B.] nach **Nordwesten** ab ...“*[144]

Damit bestätigt Irlmaier gegenüber einem anderen Zeugen ein weiteres Mal die Donau als Grenze.[145]

*„Der unterste Heerwurm [der Russen] kommt über den [Bayerischen] Wald daher, zieht sich dann aber **nordwestlich** der Donau, um in gleicher Richtung wie die zwei anderen Heeressäulen dem Rhein zuzustreben. Es geht sehr rasch.“*[146]

Laut Irlmaier würde der erste „Heerwurm“ aus dem Bayerischen Wald Richtung Donau herausstoßen und dann nördlich der Donau bis Regensburg ziehen. Bei Regensburg würde sich die Masse der Angriffswalze von der Donau lösen und nach Nordwesten zum Rhein bei Karlsruhe vorstoßen.[**]

Der erste Stoßkeil ziehe »vom blauen Wasser« [Donau, s. u., Anm. B.] ***nordwestlich*** *[!]* ***bis zur Grenze der Schweiz.*** *Südlich des »blauen Wassers« stießen sie nicht vor, »bis Regensburg« steht keine Donaubrücke mehr.*[147]

Das Vorstoßen des ersten Keils von Regensburg bzw. von der Donau aus *»**nordwestlich** bis zur Grenze der Schweiz«* kann geografisch gesehen natürlich nicht funktionieren. Die Schweiz liegt *süd*westlich von Regensburg, nicht *nord*westlich. Wie erklären wir die Unstimmigkeit? Etwa so: Es fehlt in obigem Zitat einfach die Zusatzinformation, dass die Russen *erst ab Karlsruhe* Richtung Süden ziehen, nämlich durch den Rheingraben.

Irlmaier (1959-I-Südostbayern): *Wer* ***südlich*** *und* ***westlich*** *der Donau lebt, braucht keine Angst zu haben.*[148]

Dieses Zitat ist wieder einmal etwas verwirrend. Denn die Donau beschreibt in Deutschland einen Bogen (an dessen Spitze sich Regensburg befindet). Folglich gibt es in Deutschland *zwei* Gebiete *westlich* (links) der Donau, allerdings nur eines davon

---

[*] siehe Stephan Berndt *»Countdown Weltkrieg 3.0«*

[**] Anderen Quellen nach müsste es aber auch zu sporadischen Vorstößen südlich einer Linie Karlsruhe–Regensburg kommen.

südlich des großen Flusses. Ist hier also das Gebiet im Westen südlich der Donau oder das ganze Gebiet südlich der Donau *plus* das Gebiet westlich der Donau gemeint, das dann zu großen Teilen in Baden-Württemberg liegt?
Sieht man sich die Sache im Kontext mit den anderen Vorhersagen an, müsste das westliche Teilgebiet in Deutschland südlich der Donau gemeint sein. Aber wohlgemerkt in Deutschland, *nicht in Österreich* …! Es ist schon verblüffend, wie ungenau bis schlampig gelegentlich wichtigste Informationen überliefert worden sind.*

Erna Stieglitz (1975-III-Augsburg): *Die Hauptgefahr für das Gebiet, das ungefähr von den Städten* ***Mindelheim*** *und* ***Altötting, Pfaffenhofen*** *und* ***Weilheim*** *begrenzt wird, also für den mittelbayrischen Raum, besteht in Zerstörungen, die Terrorismus, Plünderung [...] anrichten. [...]* ***Hungernde Großstädter*** *werden zu Räubern an den Bauern! ... Es ist ein nie vorher, außer vielleicht im Dreißigjährigen Krieg, da gewesener Schrecken!*[149]

Bestünde die Hauptgefahr für den *»mittelbayrischen Raum«* „nur" im Bürgerkrieg, fände dort der eigentliche Krieg *nicht* statt. Wenn vom *mittelbayrischen Raum* und *hungernden Großstädtern* die Rede ist, kommt einem unweigerlich München in den Sinn (siehe Irlmaier zu München auf Seite 95).

Garcilaso de la Vega (1982-III-Eifel): *Die 3 Panzerspitzen – Der gespleißte und gespaltene Pfeil, der gerade durchstoßende Pfeil, der scheinbar gebrochene Pfeil.*[150]

»Scheinbar gebrochen« entspricht dem russischen Angriffskeil, der aus Böhmen nach Süden bis zur Donau vorstößt, dann aber nicht die Donau überschreitet, sondern nach Westen Richtung Rhein abbiegt. … Abschließend zur Donau noch eine Quelle aus dem 17. Jahrhundert:

Mönch von Jasna Gora (17. Jh.-III-Polen): *Im Nordosten werden die Völker in großen Haufen ausziehen und bis an das mittägliche Meer [Mittelmeer] viele Reiche überschwemmen. Sie werden* ***aufwärts des Stromes*** *wandern, welcher sich in sechs Armen in den Pontus Euxinus ergießt [die Donau ins Schwarze Meer], sowie niederwärts des Stromes von Rom, der sich in das mittägliche (mittelländische) Meer wendet.*[151]

---

* Womöglich handelt es sich hier um die Verzerrung einer Irlmaier-Aussage aus dem Münchner Merkur vom 18. Oktober 1949, die sich auf das Gebiet südlich der Donau und westlich des Inns bezieht: *„Das ganze Gebiet östlich von Linz wird eine einzige Wüste werden, aber hier [Südostbayern, Anm. B.] im* ***Süden und Westen*** *ist nichts zu befürchten."*

Bayern

In Bayern gab es in der Vergangenheit auffallend viele Hellseher, und so gibt es für Bayern relativ viele Voraussagen mit konkreten Ortsangaben. Das Land wäre praktisch zweigeteilt: in Kriegsgebiete nördlich der Donau und das weitgehend kriegsfreie Gebiet südlich des Stromes. Südlich der Donau würde es – so die Quellen – viele Kriegsflüchtlinge geben. Zum einen deutsche Flüchtlinge, die größtenteils aus den Gebieten westlich von Regensburg und nördlich der Donau kommen (die Donaubrücken *östlich* von Regensburg sollen alle zerstört sein), und zum anderen Österreicher aus den Gebieten südlich der Donau in Nähe der deutschen Grenze. Diese Flüchtlingsströme dürften innerhalb weniger Tage (in ein bis drei Tagen) zum Erliegen kommen, da die russischen Angriffsspitzen die Fluchtwege abschneiden, entsprechende Brücken und Übergänge gesprengt oder besetzt würden. Die Flüchtlinge, die es noch auf die Südseite der Donau schaffen, würden sich dann vermutlich weiter Richtung Alpen bewegen, da in den ersten Kriegstagen niemand wüsste, ob die russische Armee nicht doch noch zum großen Sprung auf das Südufer der Donau ansetzt.*

Bruder Adam (1949-III-Würzburg): *„**Bayern wird als Kriegsschauplatz verschont bleiben.** Aber wenn Bayern sich nicht bekehrt, wird es von gewaltigen Naturkatastrophen heimgesucht werden.“*[152]

Hier wieder eine ungenaue Formulierung. Ist mit *»Bayern«* das heutige Bundesland Bayern gemeint oder eher das bayerische Stammland ohne Franken und Schwaben? Doch selbst wenn nur das bayerische Stammland gemeint wäre, würde die Aussage nicht stimmen, weil schon im 8. Jahrhundert einige Gebiete nördlich der Donau zu Bayern gehörten (das Gebiet zwischen Donau und Naab).

Bayern nördlich der Donau

Also gut – wir hatten bereits deutliche Warnungen vor dem Gebiet nördlich der Donau. Was wir nicht genau wissen, ist, ob es nördlich der Donau nicht doch hier und dort Flecken geben könnte, die verschont bleiben. Die von Irlmaier überlieferten Aussagen sprechen allerdings dagegen, dasselbe gilt für Hepidanus von St. Gallen.
Sehen wir uns trotzdem ein paar Quellen an, die sagen, irgendwo nördlich der Donau sei *eben doch* „sicher“. Bei der ersten Quelle, *Sepp Wudy,* handelt es sich um einen Bauernknecht aus dem Böhmerwald, nördlich vom Bayerischen Wald.

Sepp Wudy (~1912-II-Böhmerwald): *„Das ist nicht der letzte Krieg [der Erste Weltkrieg, Anm. B.], denn dann wird bald wieder einer sein, und dann kommt **der letzte** [?, Anm. B.] Einer wird schrecklicher als der andere. [...] Der Böhmerwald wird einmal versengt werden wie ein Strohschübel. **Rennt nicht davon,** wenn die grauen Vögel [Kampfjets] fliegen, woanders wird es noch schlechter sein.“*[153]

---

* ... was in einem Ausnahmefall westlich von München auch geschehen soll (siehe Seite 86).

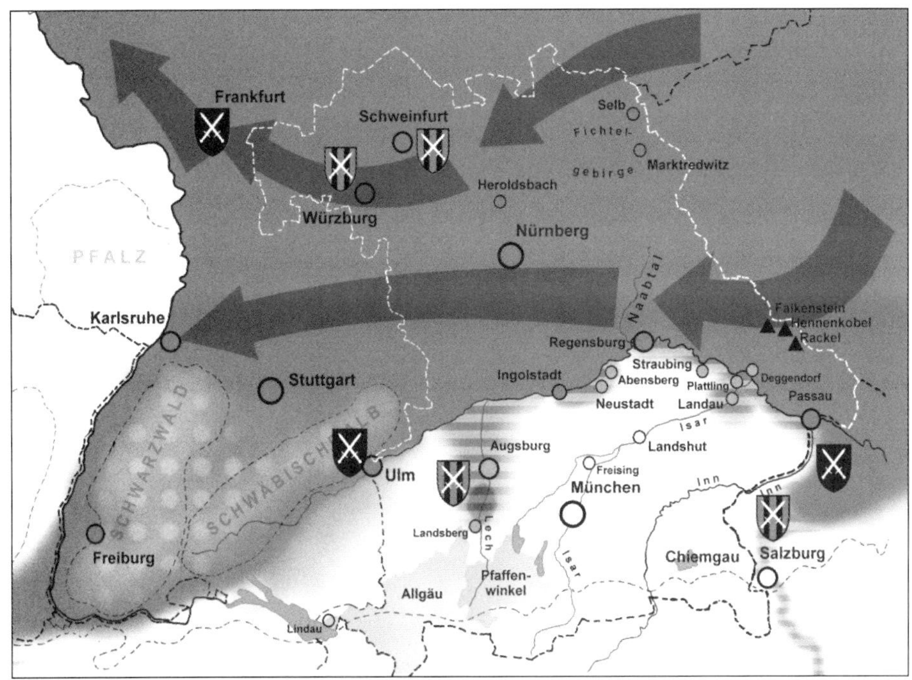

Abb. 18: Übersichtskarte Vorhersagen zu Kampfhandlungen und Kriegseinwirkungen in Bayern

Schraffierte Flächen und Wappen kennzeichnen Elemente, die jeweils nur von einer Quelle erwähnt werden.

Hier also wird dazu geraten, *nicht zu fliehen.* … Der Böhmerwald schließt sich direkt an den Bayerischen Wald an, und im Raum Böhmen soll es mit zu den schlimmsten Katastrophen in dieser Zeit kommen. Die Vorkommnisse in Böhmen werden von genug glaubwürdigen Quellen vorausgesagt.[154]

Also gut. Nicht flüchten. Und warum? Etwa, weil man in dem ganzen Kriegsgetümmel vom Regen in die Traufe käme, wenn man als Flüchtling sozusagen zwischen den russischen Panzern herumturnt? Mag sein. Aber warum kann man nicht einfach ein paar Tage vor Kriegsausbruch einen Kurzurlaub südlich der Donau einlegen? Im Ernst: Heutzutage fährt man doch sowieso ein, zwei, drei Mal im Jahr in den Urlaub? Und die europäische Prophetie erlaubt, den Kriegsausbruchszeitpunkt, wenn denn alles so kommt wie prophezeit, auf wenige Wochen genau zu terminieren, nämlich auf die Getreide- bzw. noch genauer die *Weizenernte.*
Sepp Wudys Rat muss wohl aus seinem zeithistorischen Kontext heraus begriffen werden: als der Rat eines Bauerknechtes aus dem Geist seiner Zeit und seiner Heimat heraus. Dort, wo Sepp Wudy lebte, waren die Leute meist arm. An Reisen war nicht zu denken. Sepp Wudy weiter:

*„Es steht gegen Norden **ein Schein** [Richtung **Prag,** Anm. B.], wie ihn noch niemand gesehen hat, dann wird ringsum das Feuer aufgehen [Lichtblitz und Hitzestrahlung*

eines Impaktes oder einer Atomexplosion, Anm. B.]. ***Geh nach Bayern*** *[südlich der Donau],* ***da hält die Muttergottes ihren Mantel über die Leut,*** *aber auch dort wird alles drunter und drüber gehen. [...] Bauer, sag es deinen Kindern, sie sollen dem Berge zurennen, wenn es kracht.*"[155]

Sieh' da: Sepp Wudy widerspricht sich. Einerseits rät er *»geh nach Bayern«,* dann gibt er Überlebenstipps für die heimische Region: Die Kinder sollen *»dem Berge zurennen«,* oder er rät: *»Rennt nicht davon, woanders wird es noch schlechter.«*
Wie löst man den Widerspruch auf? Nun, Sepp Wudy hat wohl die Überlebenstipps der jeweiligen Finanzlage seiner Zuhörer angepasst. Aus heutiger, rein praktischer Sicht lässt sich anfügen: Ein Zugticket von Cham (Oberpfalz) nach Landshut kostet 30 Euro.
Das anschließend überall ausbrechende Feuer deutet auf eine Atomexplosion oder einen Impakt in Böhmen, vermutlich in der Nähe zu Prag.
Passend zu diesem hochexplosiven Szenario im Raum Böhmen/Prag heißt es bei Alois Irlmaier:

Alois Irlmaier (1959-I-Südostbayern): ***Östlich von Linz*** *und* ***nördlich der Donau*** *ist das Land ausgebrannt wie eine Wüste.*[156]

Im Münchner Merkur vom 18. Oktober 1949 wurde Irlmaier wiedergegeben:

Das ganze Gebiet östlich von Linz wird eine einzige Wüste werden, aber hier im Süden und Westen ist nichts zu befürchten.[157]

Zurück zu Sepp Wudy: Der *»letzte Krieg«* könnte eine Interpretation des Sehers sein, vorausgesetzt, es gäbe irgendwann einen Vierten Weltkrieg, und der Seher hatte hierüber keine Visionen. Tatsächlich gibt es einige Seher, die so etwas wie einen vierten Weltkrieg vorausgesehen haben. Aber der käme wenn, dann erst deutlich nach Mitte des 21. Jahrhunderts, und über diesen vierten Krieg weiter nachzudenken, wäre hier und heute reine Zeit- und Energieverschwendung.
Bei der nächsten Quelle handelt es sich um einen Bauern aus dem Fichtelgebirge, welches an den äußersten Westen Tschechiens grenzt. Diesen Bauern kenne ich seit Jahren persönlich und wir telefonieren alle paar Wochen. Einen Teil seiner Visionen hatte er in den 1970er Jahren.

Bauer aus Selb (~1970-II-Fichtelgebirge): *„Im Fichtelgebirge – etwa vier km entfernt von Selb – sieht es aus wie in der ‚Sahara', keinerlei Vegetation, kein Zeichen von Leben, feiner Sand, Dünen.* ***Die Sonne geht im Westen auf*** *[siehe oben bei De la Vega]. Es ist wärmer geworden,* ***ca. 35 bis 40 Grad!*** *Am Bergfuß ragen aus dem Sand drei bis vier Meter hohe verkohlte schwarze Baumstümpfe. Man sieht keinerlei Ruinen.* ***Zwei bis drei Jahre*** *nach der Katastrophe wird das Land wieder [von Bauern] bewirtschaftet.*"[158]

In späteren Befragungen (2007 und 2015) ergänzte der Bauer, er habe auch gesehen, wie man nach den Katastrophen im Fichtelgebirge sogar *Bananen* anbaut *(»Später wachsen bei uns auch Bananen.«)!* Eines der nördlichsten Anbaugebiete für Bananen

liegt derzeit im *Süden Mexikos*. Generell werden Bananen in äquatornahen Tropenländern angebaut. Im Prinzip passt das zu der Aussage Irlmaiers, man werde später in Bayern zweimal pro Jahr ernten können.[159]
Wenn die Bauern im Fichtelgebirge bereits zwei bis drei Jahre nach den Katastrophen wieder in die zuvor restlos verwüstete Region zurückkehren, muss zu diesem Zeitpunkt die Landwirtschaft wenigstens schon wieder auf Selbstversorger-Niveau funktionieren. Dies ist insofern gar nicht so unwichtig, als dass mehrere Quellen einen technologischen Rückfall auf das Niveau des 19. Jahrhunderts voraussagen. Das Problem hierbei wäre: Man kann nicht so einfach technologisch vom 21. Jahrhundert ins 19. „zurückschalten", denn heutzutage fehlen die Maschinen aus dem 19. Jahrhundert *und* es fehlt auch die nötige Anzahl von Pferden, um diese fehlenden Maschinen aus dem 19. Jahrhundert zu ersetzen. Glaubt man dem Bauern aus Selb, scheinen wir also keinesfalls ins technologische Niemandsland abzustürzen, sondern Mittel und Wege zu finden, so dass die Landwirtschaft relativ bald wieder halbwegs funktioniert, trotz Fehlen von Traktoren, Diesel, Zugtieren, Kunstdünger, industriell gefertigtem Saatgut usw.

Die nächste Quelle, *Mühlhiasl,* gestorben im Jahre 1809, ist neben Alois Irlmaier die bekanntste bayerische Quelle.

Mühlhiasl (1809-II-Bayerischer Wald): *Über den **Hühnerkobel** [auch Hennenkobel], über den **Falkenstein** und über den **Rachel** [alles Berge im Bayrischen Wald an der tschechischen Grenze, Anm. B.] werden sie kommen und rote Jankerl anhaben [siehe unten]. [...] Die Rotjankerl werden auf den neuen Straßen hereinkommen. **Aber über die Donau kommen sie nicht.***[160]
*In einem Wirtshaus in **Zwiesel** werden viele Leut beisammen sein, und draußen werden die Soldaten über die Brücke reiten [siehe unten] [...]. Die Berge werden ganz schwarz werden von Leuten. Die Leut' werden aus dem Wald rennen. Wer zwei Laib Brot unterm Arm hat und verliert einen, der soll ihn liegen lassen und laufen, denn er wird mit dem einen Laib auch reichen.*[161]

Da die Russen nach dem Durchbruch aus Tschechien zunächst auf keinerlei Widerstand der Bundeswehr stießen, gäbe es dort keine Kämpfe, und der Großteil der russischen Truppen – abgesehen von Logistikeinheiten und Besatzungstruppen – wäre nach wenigen Tagen durch dieses Gebiet gezogen. So weit – so gut. Das Problem wäre nur, was einige Zeit *nach* dem Durchzug der Russen in der Region geschehen soll: die Explosionen in Böhmen, die über die deutsch-tschechische Grenze hinausreichen.
Was die roten Jacken der Angreifer betrifft, und dass sie über die Brücke *»reiten«,* so entspricht das seit bald 100 Jahren nicht mehr der militärischen Wirklichkeit. Man trägt heutzutage Tarnkleidung und hat einen fahrbaren Untersatz. Schwer zu sagen, ob schon Mühlhiasls Visionen durch eine Art Zeitgeist-Filter gegangen sind oder ob der Seher das Geschaute für seine Zeitgenossen „übersetzt" hat, wohlwissentlich, dass man ihm um 1800 herum seine Visionen 1:1 nicht abkaufen würde. Trotz gewisser Fehlermöglichkeiten im Rahmen der Überlieferung gilt Mühlhiasl jedenfalls noch heute vielen Bayern als glaubwürdige Quelle. Mühlhiasl an anderer Stelle:

Die Leut, die sich am Fuchsriegel verstecken oder am Falkenstein, werden verschont bleiben. Die Leut werden soweit verschont bleiben als die schwarzen Bäche gehen und bis zur verkehrten Kirche. […] Der Hirte wird [nachher] seinen Stock in den Boden stoßen und sagen: „Hier ist Rabenstein gewesen; hier ist ***die Straubinger Stadt*** *gewesen.“*[162]

Auch Mühlhiasl gibt also Tipps, wie man nördlich der Donau überleben kann. 200 Jahre später fragt sich natürlich: Muss es denn unbedingt sein, dass man *ausgerechnet* in der Region Bayerischer Wald bleibt, wenn der Krieg ausbricht, obwohl man doch sonst – ich übertreibe etwas – dauernd in alle Herren Länder in den Urlaub fährt?
Auf Straubing kommen wir gleich zurück. Der Autor Jules Silver erwähnt noch eine Reihe anderer Städte, auf die sich Mühlhiasl bezogen hat – und denen es ziemlich übel ergehen soll, u. a. Passau, Vilshofen, Deggendorf, Plattling und Regensburg.[163] Ich wäre da aber vorsichtig. Denn keiner weiß, ob und wo sich auf dem Wege der Überlieferung der Mühlhiasl-Prophezeiungen etwas eingeschlichen hat. Dafür hätte es schließlich 200 Jahre Zeit gegeben.
Andererseits wäre grundsätzlich in Betracht zu ziehen, dass sich die russischen Truppen fast über die volle Dauer des Krieges in dem Gebiet nördlich der Donau zwischen Regensburg und Passau aufhalten. Dadurch würden Übergriffe auf die Zivilbevölkerung wahrscheinlicher, und auch ein Beschuss des Donausüdufers läge nahe, weil die Russen etwaigen Gegenstößen von dort aus zuvorkommen wollen würden. Also auch Orte am oder in der Nähe des Donausüdufers wären vorsichtshalber zu meiden.

Bayern südlich der Donau

Mehrfach wird von den Quellen betont, die Russen kämen in Deutschland nicht auf die Südseite der Donau, man solle das Gebiet nördlich der Donau meiden und dort geschähen fürchterliche Dinge. So entsteht der Eindruck, in Deutschland südlich der Donau sei man vor dem Kriege sicher. Im Großen und Ganzen scheint das auch zu stimmen. Allerdings finden sich ein paar Ausnahmen.
So wird Mühlhiasl, wie wir gerade gesehen haben, dahingehend überliefert, dass die Stadt Straubing nach dem Kriege praktisch nicht mehr existiert. Straubing grenzt von Süden her direkt an die Donau und aus dem Stadtgebiet heraus führen drei Brücken über den Fluss. Nur fünf Kilometer nördlich der Stadt verläuft die Autobahn A3 Richtung Regensburg. Käme alles so wie prophezeit, dann würden die meisten Bürger Straubings ihre Stadt wohl sicherheitshalber verlassen. Die sich praktisch in Sichtweite entlangwälzende russische Angriffsarmada böte ein eindrucksvolles Bild machtvoll drohenden Unheils. Da sucht der normale Bürger schon rein instinktiv das Weite. Unter dem Aspekt des „sicheren Gebietes“ wäre es somit fast schon nebensächlich, ob die Stadt restlos zerstört würde. Wer in solchen Stunden noch in der Stadt verharrt, hätte auf Deutsch gesagt eh nicht mehr alle Tassen im Schrank. Entsprechendes gälte natürlich für sämtliche Städte am Südufer der Donau mindestens zwischen Passau und Regensburg. Es wäre in Betracht zu ziehen, dass diese Gebiete von der russischen Artillerie beschossen werden. Bis wie weit ins Hinterland hinein wäre fraglich. 10 Ki-

lometer? Mit anderen Worten: Um zu wissen, dass man sich im Kriegsfall besser nicht in Nähe des Donausüdufers aufhält, braucht es eigentlich keinen Hellseher.

Anders sähe es bei den nachfolgenden drei Gebieten südlich der Donau aus.

Alles gelb um Landau

Beim ersten Fall handelt es sich um die Stadt Landau an der Isar und das umliegende Gebiet. Bis ich aber zum eigentlichen Punkt komme, muss ich noch ein, zwei Dinge erklären. Zunächst dieses Zitat:

Alois Irlmaier (1950-I-Südostbayern) sagte einem Einwohner Landshuts: *„Konnst scho in **Landshut** bleib'n ...“*[164]

Landshut liegt an der Isar etwa 60 Kilometer nordöstlich von München. Wäre in Landshut kein Krieg, kann man davon ausgehen, dass dies weiter südlich auch für München gilt. Das bestätigt sich auch durch andere Aussagen Irlmaiers zu München (siehe unten). Im Gegensatz dazu scheint die gute Nachricht für Landshut, aber nicht für das ganze Gebiet *nördlich* von Landshut Isar flussabwärts zu gelten: Der inzwischen verstorbene bayerische Heimatautor W. J. Bekh zitiert Alois Irlmaier:

*... im Naabtal in der Oberpfalz sieht Irlmaier sein [des Angreifers] Hauptquartier. Die Stadt **Landau** an der Isar leidet schwer durch eine verirrte Bombe.*[165]

Landau liegt etwa 40 Kilometer nordöstlich von Landshut und 30 Kilometer von dem Punkt entfernt, wo die Isar in die Donau mündet. Denkt man etwas über dieses Zitat nach, so fällt einem auf, dass Landau nicht einfach so *»durch eine [einzige] verirrte Bombe leiden«* kann. Durch eine einzelne Bombe leidet vielleicht eine Brücke oder ein Häuserblock, aber *keine ganze Stadt,* vorausgesetzt natürlich, es ist keine Atombombe, was hier aber nicht der Fall wäre (siehe unten). Landau hat 13.000 Einwohner und bedeckt eine Fläche von etwa acht Quadratkilometern. Also stimmt hier etwas nicht.

W. J. Bekh bringt dann noch ein anderes Irlmaier-Zitat die Stadt Landau betreffend:

*Um **Landau** ist angeblich „weitum alles **gelb und vernichtet.**“*[166]

Im Zusammenhang mit anderen Irlmaier-Aussagen gibt es bei *»weitum alles gelb und vernichtet«* eigentlich nur eine Deutungsmöglichkeit: Es handelt sich um denselben gelben chemischen Kampfstoff, der Irlmaier nach zwischen Prag und der Küste im Norden eingesetzt werden soll. Allerdings spricht Irlmaier dabei nie von *»Bomben«,* sondern bestenfalls von *»Kästen«* oder *»Kästchen«,* die den Kampfstoff aber ohne Explosion freigeben.

Die Sache mit dem Problem im Raum Landau geht dann noch weiter: Bei der Quelle *Frau Landinger* von 1957, die ich zu den besonders guten Quellen zähle und bei der ich keine Beeinflussung durch die Voraussagen Alois Irlmaiers erkennen kann, heißt es mit Blick auf die Ereignisse in Mitteleuropa:

Frau Landinger (1957-II-Oberpfalz): *„Der **gelbgefärbte** Himmel vermischte sich mit blutrotem Schein. [...] Da traf mich ein kalter Hauch: Vor mir mähte der Tod in Thüringen und Sachsen, er mähte in Preußen, er mähte in der nördlichen Oberpfalz, in meiner Heimat, in meinem Vaterhaus, o Schrecken, **im Osten in Bayern bis vor München.**"*[167]

Der „mähende Tod" kommt also aus Ostdeutschland, dringt in Bayern nördlich der Donau ein und – so klingt der Text – überschreitet von Osten her kommend die Donau, erreicht aber nicht mehr die Stadt München. Übernimmt man nun das Bild der einzelnen Bombe in Landau bzw. einer etwa kreisrunden Ausbreitung von dort ausgehend, dann fragt sich, wie groß der „Vernichtungsradius" um Landau herum wäre? Relativ klar wäre nur, dass – so Irlmaier – er nicht bis Landshut reicht. Also 10, 15 Kilometer? Hier stoßen wir wieder an eine Grenze, die durch die Unschärfe der Quellenlage bedingt ist.

Angriff auf die Ölraffinerien bei Ingolstadt?

Zum zweiten Fall: Nach Adalbert Schönhammer (1998), meinem Eindruck nach ein gewissenhafter Rechercheur (inzwischen verstorben), soll Irlmaier einer Frau geraten haben, *Neustadt an der Donau* zu verlassen, da es *»in Flammen aufgehen würde«.* Die Frau solle zu Verwandten nach *Freising* flüchten (ca. 20 km nördlich von München). Weiter heißt es bei Schönhammer*: Damit im Zusammenhang steht eine andere Vorhersage: Aus dem Osten würde ein Marschflugkörper [sicherlich nicht Irlmaiers Worte, Anm. B.] ankommen, der die Ölraffinerie an der Donau zum Ziel habe; im Raum zwischen Ingolstadt und Abensberg gäbe es kein Überleben.*[168]

Abensberg liegt 4 Kilometer nordöstlich von Neustadt an der Donau, und dieses etwa 15 Kilometer nordöstlich von Ingolstadt. Die dortige *Bayernoil Raffineriegesellschaft mbH* verfügt über Werke in Ingolstadt, in Vohburg (zwischen Ingolstadt und Neustadt) und in Neustadt an der Donau. Wie verlässlich obige mündliche Irlmaier-Überlieferung ist, kann ich nicht sagen. In der Karte auf Seite 94 behandle ich den Rat an die Frau und die *»andere Quelle«* als ein und dieselbe Quelle (schraffierte Fläche). Positiver Aspekt am Rande: Ölraffinerien sind im Kriegsfall von großer strategischer Bedeutung. Würden diese Anlagen also tatsächlich von den Russen zerstört, würde das bedeuten, dass sie vorerst *nicht* vorhaben, dieses Gebiet zu erobern!

Allgäu sicher, aber Vorstoß bis Landsberg am Lech?

Alois Irlmaier (~1952-I-Südostbayern): *„Na, da brauchts Euch da drüben im **Allgäu** und **am Lech** keine Sorgen machen. Euch tut's auch nicht viel, bloß **große Mengen Flüchtlinge** werden kommen und die eigenen Leut' werden stehlen und plündern, dass es eine Schand' sein wird."*
*Auch auf unsere zweite Frage, ob er glaubt, dass religiöse Gnadenstätten im nächsten Krieg allgemein schützend wirken werden, wusste Irlmaier gleich eine Antwort: „Das kann ich genau sagen: Alle Leut', die um einen heiligen Ort herum wohnen, bleiben verschont, denen wird kein Haar gekrümmt, da sorgt der Himmel dafür. Sie haben mir erzählt, dass es da drüben im **Pfaffenwinkel** zwischen Lech und Ammer auch eine große Wallfahrtskirche* gibt, wo die Leut' zum Gegeißelten Herrn beten. Dort geschieht g'wiß nichts. Nur Flüchtlinge werden kommen ..."*[169]

Ergänzend dazu muss ich leider eine Aussage der Frau aus dem Füssener Raum wiedergeben, zu der andere und ich um die Jahrtausendwende herum Kontakt hatten. Diese Seherin hat 1995 im Knaur-Verlag ein Buch über Aura-Diagnose veröffentlicht[170], und verfügte schon von daher über weit mehr als etwa nur sporadische seherische Fähigkeiten. Einzelheiten die sie voraussagte, beispielsweise Kämpfe bei Genf (siehe Seite 116), die auch mir um 1999 herum zunächst unwahrscheinlich erschienen, fanden später eine Bestätigung durch andere Quellen.

Die **Frau aus dem Füssener Raum** (Visionen um 1980-II) wird von *Bernhard Bouvier* alias *Rolf Renner* wiedergegeben: *Umgestürzte, brennende Panzerfahrzeuge mit abgerissenen Türmen **auf dem Lechfeld, südlich von Augsburg.** Flüchtlingskolonnen, die zu Fuß und mit Fahrrädern schwer bepackt von **Augsburg aus nach Süden in Richtung Alpen** flüchteten. Kein Auto. Auf den Verschiebegleisen des Augsburger Bahngeländes stehen Transportzüge, die Panzer geladen haben. „Merkwürdig", sagt sie, „die Soldaten tragen alle Taucheranzüge". Das konnte sie nicht verstehen, Uns [Bouvier war Militär] ist die Sache klar: die Soldaten tragen schwere ABC-Schutzbekleidung aus Gummi [...]. „Bis Regensburg [offenbar ist auch hier östlich von Regensburg gemeint] steht keine Brücke mehr über die Donau."*[171]

Das Lechfeld beginnt am südlichen Stadtrand von Augsburg und zieht sich entlang des Flusses Lech nach Süden hin bis Landsberg. Kurz vor der Drucklegung meines 2001er Buches bat mich die Seherin, noch Folgendes mit aufzunehmen:

*Seit 1968 sieht sie weltweit Schlachtfelder u. a. eine große Schlacht bei **Kaufering** und **Landsberg am Lech.***

Kaufering (10.000 Einwohner) ist ein Vorort von Landsberg, nur einen Kilometer nördlich davon. Jetzt fragt sich natürlich, ob und wie man die Aussage, südlich der Donau sei es (angeblich) sicher, mit der (angeblichen) Schlacht südlich von Augsburg in Einklang bringen kann? Hat sich die Frau aus dem Füssener Raum geirrt? Das

* die Wallfahrtskirche *Wieskirche*, auch *„Wallfahrtskirche zum gegeißelten Heiland auf der Wies"*

glaube ich nicht. Ich denke, die Panzerkämpfe bei Landsberg sind als Ausnahmefall zu behandeln, ebenso wie die Sache im Raum Landau an der Isar.
Wenn Irlmaier sagt: *»Dort [im Pfaffenwinkel, wo die Wallfahrtskirche steht] geschieht g'wiß nichts«*, und die Fragenden sollten sich keine Sorgen machen, lässt sich der Widerspruch dahingehend auflösen, dass der Lech südlich von Landsberg noch 50 Kilometer weiter nach Süden reicht. Der Pfaffenwinkel wiederum beginnt erst zehn Kilometer südlich bzw. südöstlich von Landsberg!
Ansonsten fragt sich natürlich, was die russischen Truppen im Raum Landsberg überhaupt wollen? Das Gebiet liegt rund sechzig Kilometer südlich der Donau tief in Feindesland. Hätte es strategische Bedeutung, würden die Russen bestimmt auf sehr viel breiterer Front über die Donau kommen. Das aber wird nirgends vorhergesagt. Oder hätte der Vorstoß bis Kaufering etwas mit der Schlacht bei Ulm zu tun? ... Wieder einmal haben wir eine Stelle, wo die Quellenlage unklar ist.
Die Frau aus dem Füssener Raum ist meines Wissens die einzige Quelle, die russische Truppen südlich der Donau gesehen hat. Etwas irritierend ist, dass andere Quellen Entsprechendes nicht sahen und es bei mehreren Quellen heißt, niemand käme über die Donau. Die Nichtüberschreitung der Donau zwischen Passau und Regensburg scheint der Quellenlage nach aber sicher, vermutlich auch weiter bis etwa Ingolstadt.

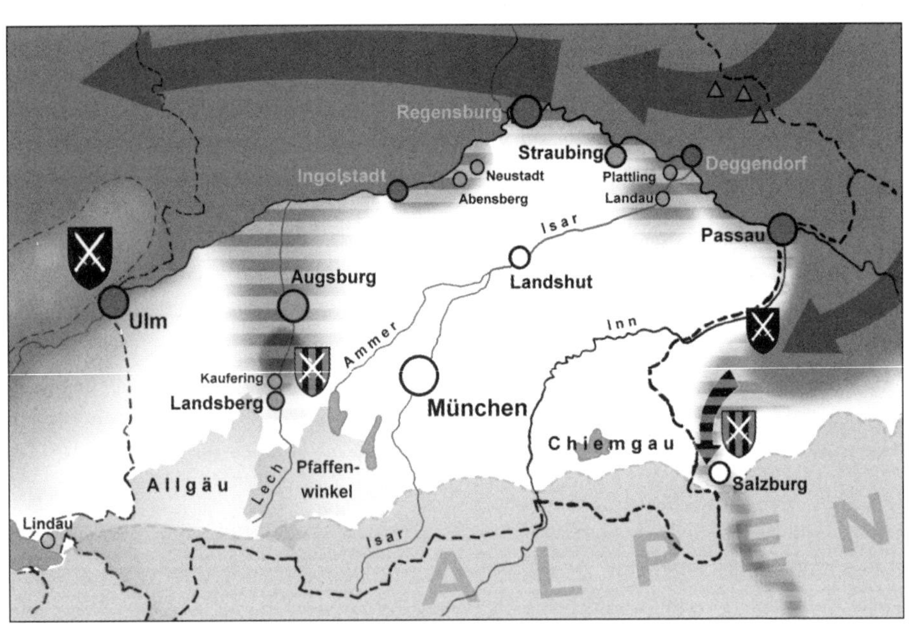

Abb. 19: Bayern südlich der Donau

Schraffierte Wappen, Flüchen und Pfeil kennzeichnen Elemente, die jeweils nur von einer Quelle (bzw. nur von einem Irlmaier-Zeugen) erwähnt werden.

München

Kommen wir nun zu München, der einzigen deutschen Millionenmetropole, die den bekannten Quellen nach weitestgehend vom Krieg verschont bleiben soll.

Joseph Stockert (1950-III-München): *Von Osten her kommend floss Blut in Strömen bis an die Grenzen* unseres lieben Bayernlandes.*[172]
Die Patrona Bavariae schwebte eine Zeitlang über München. *Sie hatte den Tod abgelöst, der durch Bayern nach Norden schwebte. Auch über Bayern sah ich sie mit dem Jesukind schweben.*[173]

Alois Irlmaier (1950-I-Südostbayern): *„Die Münchener brauchen auch keine Angst haben, unruhig wird's schon sein, aber es passiert nicht viel. Und schnell geht's vorüber."*[174]

Abendzeitung

UNABHÄNGIGES NACHRICHTENBLATT

GRÖSSEN

S-Meldung:

Rummel um Alois Irlmaier

Manöver in Grafenwöhr

Gefängnis für Spionage

Abb. 20: Münchner *Abendzeitung*, 5. Mai 1950

Das klingt gut. Das hören alle Münchner gerne, auch die zugereisten „Preußen", Schwaben, Österreicher usw.
Nur leider hat die Sache einen Schönheitsfehler: Möglicherweise hat derjenige, der diese frohe Botschaft für die Münchner unters Volk gebracht hat, der Verleger *Conrad Adlmaier* nämlich, hier das getan, was Verleger oft und gerne tun, und wofür wir sie lieben und bisweilen auch verfluchen: Dinge etwas hinbiegen, so dass sie besser klingen und sich besser verkaufen.
Conrad Adlmaier jedenfalls wollte seinerzeit (1950) Irlmaiers Prophezeiungen nicht nur im eher dünn besiedelten Südosten Bayerns verkaufen, sondern auch in München. Und das ist ihm nachweislich auch sehr gut gelungen (siehe das Titelblatt der *Abendzeitung* oben), schließlich hatte er die gute Nachricht für die bayerische Landeshauptstadt.

Abb. 21: Die Statue der Patrona Bavariae auf dem Münchner Marienplatz

* *„von Osten"* = bis zum Unteren Inn, siehe Seite 103

Im Rahmen meiner Recherchen hat sich für München allerdings ein etwas anderes Bild ergeben: Im Mai 2014 habe ich einen einstigen Irlmaier-Freund ausgiebig interviewt – nennen wir ihn *Alfred Pollinger* –, der etwa 20 Kilometer südlich von München wohnt und den Irlmaier seinerzeit auch dort besucht hatte. Das heißt: Herr Pollinger wohnte dort *seit den 50ern!* Auch diesem Freund gegenüber machte Alois Irlmaier klar, dass in München kein Krieg wäre. So weit – so gut. Nur was der Hellseher seinem Freund dann erzählte, passt nicht mehr so ganz zu der entspannten Formulierung *»Es passiert nicht viel«:*

Alois Irlmaier zu Alfred Pollinger (~1955): *„München kriagt a Bisserl was ab, ... ihr [ca. 20 km südlich von München] kriagt narrisch viel Leut' her. Flüchtlinge. ... Für drei Wochen müssts' Lebensmittel und Wasser bei'nander haben [Hinweis: Lebensmittel für mind. drei Monate scheint ratsamer! Anm. B.].*
Drei Wochen dauert der Saustall *[Anarchie im Großraum München ab Kriegsbeginn]. ... Wenns los geht, lasst die Badewanne glei' mit Wasser voll laufen, nehmts' Eimer ... alles mit Wasser voll. Weil da habts' drei Wochen keine Gelegenheit mehr, dass ihr Wasser bekommt, weil der Strom ausfällt. Gibt's koa Wasser mehr. ... Tu ja nit 'naus gehn, wenn's losgeht [Kriegsausbruch].* ***Die drei Wochen dearfst nit 'naus gehen' aus dem Haus.*** *... die [Plünderer] holens' Viech vom Stall raus, und wenn sich der Bauer wehrt, dann erschlagen sie ihn. Die Städter [die Münchener!] kemman raus, die san rücksichtslos."*[175]

Damit nicht genug. Alois Irlmaier empfahl seinem Freund für den Fall, dass jemand versucht, gewaltsam in sein Haus einzudringen, *ihn zu erschießen!* Dabei ist Pollingers Haus für oberbayrische Verhältnisse eher ärmlich und für Diebe und Räuber nicht besonders vielversprechend. Verwundert bis entsetzt will dann der Irlmaier-Freund sicherheitshalber nachgefragt haben, ob das denn wirklich notwendig sei. Irlmaier soll darauf bestanden haben, dies müsse in diesen drei Wochen so sein. Dabei war der Hellseher gläubiger Katholik. ... Nun mag jeder selbst entscheiden, ob diese Voraussage zu München noch Kategorie *»es passiert nicht viel«* ist. Gemessen an dem, was im Zweiten Weltkrieg in München geschah, mag sein. Bei den Bombenangriffen damals starben etwa 6.000 Einwohner der Stadt.
Was den dreiwöchigen Ausfall der Wasserversorgung betrifft, so kann man über die Ursache nur spekulieren. Marschflugkörper auf das E-Werk? Würden südlich der Donau doch hier und dort Infrastrukturknotenpunkte aus der Luft angegriffen? Gäbe es nach drei Wochen wieder Wasser, dürften die Probleme aber nicht allzu groß sein.

Das *»und schnell geht's vorüber«* von Adlmaier deckt sich dann aber wieder mit den drei Wochen, von denen Alfred Pollinger sprach.

Die Löcher im Netz – oder wohin mit der Polizei?

Eine spannende Frage für München in diesen drei Wochen – wie für andere Städte natürlich auch – würde lauten: Wohin mit der Polizei? Wohin mit den Sicherheitskräften?
Schon gegenwärtig ist die deutsche Polizei nicht mehr in der Lage, sämtliche Gebiete angemessen zu kontrollieren. Dem Sparzwang sei Dank. Im Krisenfall kämen zwar sicherlich noch ein paar Bundeswehrkräfte als Verstärkung hinzu, aber kurzfristig würde selbst das die grundsätzliche Lage kaum ändern.
Fasst man die Polizei und andere staatliche Sicherheitskräfte nun in einem Bild zusammen, so kann man von einem *Sicherheitsnetz* sprechen. Dieses Netz ist in den Jahren, als der „schlanke Staat" der letzte Schrei war, immer löchriger geworden. Die Polizei hat sich aus bestimmten Gebieten mehr oder weniger zurückgezogen. Käme es zu einer innenpolitischen Großkatastrophe, die die Kapazitäten des Sicherheitsapparates überschreitet, müsste das Sicherheitsnetz zusätzliche Bereiche aufgeben, sich weiter zurückziehen. Das Sicherheitsnetz bekäme noch mehr Löcher und die bestehenden würden noch größer.
Der weitere Prozess der Schwächung und des Rückzugs der staatlichen Sicherheitskräfte lässt sich dann gut an einem Menschen veranschaulichen, der in einen zugefrorenen See gefallen ist und nicht wieder rauskommt: Infolge des eiskalten Wassers schaltet der Körper nach und nach einzelne Körperteile ab und zieht dort die Energie ab, die er für andere wichtigere Körperteile (Herz und Hirn) braucht. Motto: Ich kann zwar mit sieben Fingern, vier Zehen oder einem Fuß weiterleben, aber nicht mit null Herz und null Hirn.
Übertragen auf den Rückzug der Sicherheitskräfte bedeutet das: Wenn es dem Ende zugeht – oder es auch nur danach aussieht –, scharen sich die letzten staatlichen Sicherheitskräfte um das „Hirn": Politiker, leitende Regierungsbeamte und deren Anhang. Reichen die Kapazitäten der Sicherheitsorgane noch für mehr als nur den Schutz von Einzelpersonen, wird man den Regierungsapparat als solchen sichern. Dazu gehört auch, dass wichtige Regierungs-Immobilien geschützt werden. Stehen diese dicht beieinander, entsteht automatisch eine Art *grüne Zone* unter Regierungskontrolle. Mit den noch zur Verfügung stehenden Polizei- und Militärkräften würde dann um diese grüne Zone herum ein Ring gesichert, der durch leicht kontrollierbare Bereiche *mit freiem Schussfeld* gekennzeichnet ist.
Im Fall der bayerischen Landeshauptstadt wären das östlich der Münchner Altstadt die Isar, nördlich davon der Englische Garten und im Westen und Süden wären es wohl die breiten Ringstraßen um die Altstadt herum.

Bei einer Chaosdauer im Großraum München von den Angaben nach nur drei Wochen könnte man davon ausgehen, dass die bayerischen Behörden bereits wenige Tage nach Kriegsausbruch erkennen, dass sie die Sicherheitslage in den nicht besetzten Gebieten wieder unter Kontrolle bekommen werden. Natürlich kann man Irlmaiers Dreiwochenfrist nicht automatisch auf andere Gebiete übertragen, doch diese recht kurze Dauer von nur wenigen Wochen findet interessanterweise eine Entsprechung bei einer Seherin aus Tirol, *Katharina aus dem Ötztal.* Diese sah – allerdings für Teile *Tirols* – so wie Irlmaier mit Kriegsbeginn zur Getreideernte gewalttätige Unruhen ausbrechen, die jedoch vorüber wären, wenn es noch Sinn hat, das wegen der Unruhen stehen gebliebene Getreide zu ernten. Auch hierbei kann es sich nur um wenige Wochen handeln, da das Getreide mit Einsetzen der nasskalten herbstlichen Witterung verderben würde.

Südostbayern

Oberscharam bei Siegsdorf im Chiemgau und das Grenzstädtchen Freilassing waren Irlmaiers Heimatorte in Südostbayern. Dort hat er sein ganzes Leben verbracht. Für Südostbayern gibt es keinen besseren Seher als ihn. Alois Irlmaier hat sich oft genug zu diesem Gebiet geäußert, und die entsprechenden Aussagen sind gut dokumentiert. Was den Krieg betrifft, so lautet Irlmaiers Kernaussage für Südostbayern: „Hier ist es sicher!"

Irlmaier (1959-I-Südostbayern): *„Südostbayern wird beschützt, da breitet die ›Liebe Frau von Altötting‹ ihren Mantel darüber."*[176]

Ein gewisses Problem wären allerdings auch in Südostbayern die bürgerkriegsähnlichen Unruhen, die nach Aussagen Erna Stieglitz' den *»mittelbayerischen Raum«* betreffen. Inwieweit sich diese Unruhen auch nach Südostbayern auswirken, ist nicht ganz klar. Visionen von bürgerkriegsähnlichen Unruhen in Südostbayern sind von Alois Irlmaier nicht überliefert, was ein gar nicht so schwaches Indiz dafür wäre, dass es diese dort kaum gibt. Denn vermutlich hätte Irlmaier auch das vorausgesagt.
In jedem Fall wären entsprechende Unruhen und Ausschreitungen besonders dort wahrscheinlich, wo viele Menschen auf engem Raum zusammenleben und zu wenig zu beißen haben. Von daher wäre damit zu rechnen, dass das Münchner Chaos in das weitere Umland ausstrahlt, genauso wie es Erna Stieglitz mit den Unruhen im *»mittelbayrischen Raum«* vorausgesehen hat.
Zwei unabhängig voneinander überlieferten Irlmaier-Aussagen nach sollen bei Kriegsausbruch aus Österreich viele Flüchtlinge über die Autobahn A8 Salzburg–München nach Südostbayern kommen. Wie viele, bleibt wieder unklar. Das hinge in erster Linie davon ab, wie lange die östlichen Angreifer bräuchten, um die Donau in Österreich zu überschreiten, um dann an den Unteren Inn und womöglich in den Raum Salzburg vorzustoßen (siehe Seite 106). Grundsätzlich deuten die nach Bayern flüchtenden Österreicher darauf hin, dass es den Russen entweder irgendwo in Österreich gelungen ist, über die Donau zu kommen (was auch der Fall sein soll, siehe Seite 104), oder aber es machen sich unter den verängstigten Österreichern Gerüchte breit, dass dies bald der Fall sein *könnte.*

Im Zusammenhang mit dem „sicheren" Gebiet in Südostbayern hat Irlmaier dann immer wieder den Begriff *»Saurüssel«* verwendet:

„Aber", er sah uns an, lächelnd und eben wie ein Mann, der eine gute Botschaft zu verkünden hat, „da bei uns im ***Saurüssel,*** *da passiert nix. Mir ham Glück."*[177]

Geht man der Sache mit dem *»Saurüssel«* auf den Grund, so zeigt sich, dass niemand wirklich genau weiß, was damit gemeint ist. Selbst bei Ur-Bayern aus der Region gehen die Ansichten auseinander. Ein gemeinsamer Nenner läuft aber darauf hinaus, dass der Saurüssel das ganze bayerische Gebiet südöstlich des Inns umfasst. Diesen Nenner halte ich auch für verlässlich. Wer sich bezüglich des Begriffs *Saurüssel* für die letzten Feinheiten interessiert, schlage in meinem Irlmaier-Buch nach.[178]

Chiemgau

Irlmaier (1959-I-Südostbayern): *Irlmaier hat bei uns daheim [im südlichen Chiemgau] immer gesagt, dass viele Österreicher zu uns hereinflüchten werden und die Salzburger Autobahn total verstopft sei.*[179]

Die folgenden beiden Irlmaier-Zitate beziehen sich auf die Situation im Chiemgau unmittelbar nach Kriegsende:

Irlmaier (1950-I): *„Plötzlich stirbt ein großer Mann, und der Krieg hört auf. Lange Kolonnen von Soldaten ziehen* ***durch den Chiemgau nach Salzburg.*** *Sie haben gelbe Gesichter, dass man glaubt, es seien Chinesen, sind aber keine. Sie bringen niemand mehr um, nur plündern tun sie, dass es so eine Art ist.“*[180]

Der *»große Mann«* könnte wenigstens aus der heutigen Perspektive *Wladimir Putin* sein. Hier könnte sich ein Muster wiederholen, das die Deutschen aus dem Jahre 1944 kennen: Wenn die Niederlage immer unabwendbarer wird, könnten sich Teile des russischen Militärs zum Putsch gegen die Regierung entscheiden, um weitere sinnlose Opfer zu verhindern. Die Attentäter wären dann aus westlicher Sicht ggf. auch vertrauenswürdige Verhandlungspartner für einen Waffenstillstand.
Die Soldaten, die da von West nach Ost durch den Chiemgau ziehen, müssten, wie wir noch sehen werden, aus dem Oberen Inntal und ursprünglich aus Italien kommen.

1950 zitierte die *Landshuter Zeitung* den Seher:

Irlmaier (1950-I): *„I siach [sehe] an Hauf'n Soldat'n ziag'n vom* ***Chiemgau*** *her da rei nach Salzburg. De Mensch'n san ganz gelb, ma glaubt, es san Chinesen und doch sans koa. De bringan neamand mehr no um, nur stehl'n, ja, stehl'n deans scho, was sie halt brauch'n für ihr Leb'n ...“*[181]

Die flüchtenden, zurückflutenden östlichen Truppen – womöglich Kasachen – brauchen schlichtweg etwas zu essen. Von den Plünderungen wären natürlich schwerpunktmäßig die Orte in unmittelbarer Nähe der Autobahn betroffen.

Feldpostbriefe (1914-I-Elsass): *Beim dritten Geschehen [= „dritter Weltkrieg“] soll Russland in Deutschland einfallen und zwar* ***im Süden bis Chiemgau*** *[...].* ***Bis zur Donau und Inn*** *wird alles dem Erdboden gleichgemacht und vernichtet. [...]* ***Von der Isar an*** *wird den Leuten kein Leid mehr geschehen, es wird nur Not und Elend hausen.*[182]

Dieses Zitat hat bei einigen Leuten verständlicherweise für Verwirrung gesorgt, weil es Irlmaiers Aussagen zu Südostbayern zu widersprechen scheint. Also bringen wir wieder Ordnung in das Durcheinander. Nach den überlieferten Aussagen Irlmaiers würden die Russen beim Angriff *definitiv nicht* im Chiemgau einfallen. In meinem Buch *»Alois Irlmaier – ein Mann sagt, was er sieht«* habe ich die Aussagen des Sehers zu Südostbayern eingehend untersucht. Irlmaier selbst war Chiemgauer und ist für Südostbayern eindeutig diejenige Quelle mit der größten Glaubwürdigkeit.
Bei den Feldpostbriefen ist die Fehlerwahrscheinlichkeit etwas größer. Der Briefschreiber *Andreas Rill* war kein Seher und konnte nur aus dem Gehörten bzw. aus seiner Erinnerung schöpfen. Übersetzungsschwierigkeiten scheint es allerdings nicht gegeben zu haben, offenbar sprach der hellsehende Franzose, auf den die Briefe zurückgehen, gut Deutsch. Doch sind bei der Fülle dessen, was der Franzose erzählte – dies umfasst den ersten Weltkrieg, die Weimarer Zeit, die Nazizeit, den Zweiten Weltkrieg, die Zeit bis zum „dritten Weltkrieg", den dritten Krieg selbst und die Zeit danach –, ein paar Dinge chronologisch durcheinandergeraten. Weiter ist denkbar, dass angesichts der Fülle der Informationen Einzelheiten ungenau oder verzerrt wiedergegeben worden sind. Von daher macht es wenig Sinn, an einzelnen Wörtern oder Formulierungen aus den Feldpostbriefen zu sehr herumzudeuten.
Beim Einfall der Russen *bis zum* Chiemgau decken sich die Feldpostbriefe noch grob mit anderen Quellen (Stieglitz, Irlmaier), denen nach die östlichen Truppen über Österreich bis an die bayerische Grenze bzw. bis an den Inn *nördlich der Salzach* vorstoßen, aber nicht weiter. Allerdings liegt zwischen der deutsch-österreichischen Grenze und dem Chiemgau noch der *Rupertiwinkel,* ein Streifen Landes von etwas weniger als 20 Kilometern Breite.
Dass bis zu Donau und Inn alles *»dem Erdboden gleichgemacht und vernichtet«* werden soll, entspräche ebenso den anderen betreffenden Quellen, aber wie gesagt nur, wenn der Inn dort gemeint ist, wo er die Grenze zu Bayern bildet.
Deutlich mehr aus dem Rahmen des ansonsten Bekannten fällt die Feldpostbrief-Aussage *»**Von der Isar an** wird den Leuten kein Leid mehr geschehen«*. Hierbei ist zunächst zu beachten, dass Andreas Rill aus *Untermühlhausen* kam, einer kleinen Ortschaft etwa 30 Kilometer westlich von München, und damit etwa 40 Kilometer westlich der *Isar*. Folglich hätte er sich fragen müssen, ob seine Familie (seine Nachkommen) in dieser noch ferneren Zukunft auf der „richtigen Seite" der Donau wohnen würden. Dazu findet sich aber nichts in den Briefen.
Wäre die Isar die grobe Begrenzungslinie für das Gebiet südlich der Donau, müssten die Russen entweder von Westen Richtung Isar vorstoßen oder von Osten. Ein Vorstoß von Osten wäre laut Irlmaier – auch wenn die Feldpostbriefe danach klingen mögen – aber vollkommen ausgeschlossen. Südostbayern war sozusagen Irlmaiers Westentasche. Dort hat er sein ganzes Leben verbracht, dort lebend hat er rund 30 Jahre lang „gesehen" und dort sah er selbstverständlich voraus, was *dort* geschehen würde! Ausgerechnet dort wird er sich nicht geirrt haben.
Demnach könnte man die Feldpostbrief-Aussage zur Isar dahingehend verstehen, dass „der Russe" wenigstens sporadisch auch in das Gebiet südlich der Donau und nördlich bzw. westlich der Isar vorstößt. Das wiederum korrespondiert mit den schon be-

handelten zwei (drei) überlieferten Irlmaier-Aussagen (siehe Südbayernkarte auf Seite 94). Orientiert man sich an Irlmaiers sonstigen überlieferten Aussagen zu kriegssicheren Orten und Gebieten, wie **Landshut**, **Freising**, **München**, dem **Pfaffenwinkel**, dem **Allgäu**, **Lindau** am Bodensee, dem **Chiemgau** und dem **„Saurüssel"**, könnte man das potenziell kritische oder der Quellenlage nach unklare Gebiet vielleicht eingrenzen auf einen 40–50 Kilometer breiten Streifen südlich der Donau von Ulm bis Regensburg.

Zum Alpenraum allgemein

Gebirge und hohe Berge sind seit jeher ein Hindernis für angreifende Armeen und ein beliebter Rückzugsraum für Verteidiger.
Da die angreifenden Russen alles daransetzen würden, möglichst schnell an die Nordsee und an den Atlantik zu kommen, um Europa vom amerikanischen Nachschub abzuschneiden, würden sie in der ersten Angriffsphase den größten Teil des Alpenlandes umgehen, sowohl im Norden (Schweiz, Deutschland, Österreich) als auch im Süden (Frankreich, Italien, Österreich). Und im Prinzip würde die russische Armee im prophezeiten Szenario nicht über die erste Angriffsphase hinauskommen. Dass die Alpenregion in großen Teilen vor dem Kriege „sicher" wäre, hätte also zwei Gründe: einmal das schwierige Gelände und dann die kurze Dauer des Krieges, die verhindert, dass die Eindringlinge nach und nach jeden Winkel aufsuchen können. Das schließt aber nicht aus, dass es über größere Straßenverbindungen auch Vorstöße der Russen in die Alpen hinein geben kann.
Innerhalb der Alpen bestünde im Zusammenhang mit der dreitägigen Finsternis und dem geografischen Polsprung die Gefahr von Bergstürzen. Die Nähe hoher Felswände wäre also zu meiden. Wo das Gestein labil ist und wo es in zurückliegenden Jahrtausenden Bergstürze gab, wissen die Geologen (und Google). Ein weiteres Problem wären berstende Stauseen. Orte unterhalb von Stauseen wären also zu meiden. Wie weit, hinge von der Größe der Stauseen ab. Nachfolgend wird ein entsprechender Fall in Tirol zur Sprache kommen.

Österreich

Ebenso wie Deutschland wäre Österreich teilweise Kriegsgebiet und teilweise nicht. Würde Österreich so wie von Alois Irlmaier vorausgesagt, nach dem Krieg und dem Zusammenbruch des demokratischen Systems wieder Monarchie, müsste es in jedem Fall mit mehr als nur in seiner Kernsubstanz überleben.

Gräfin Bianca von Beck-Rzikowski (auch **Madame Sylvia**) (1934-III-Österreich):
In ganz Europa wird die Verständigung eintreten ..., sobald man allgemein erkennen wird, dass der Deutsche als Siegfried gegen den Drachen mit dem Schwert in der Hand, gegen den Bolschewismus [Kommunismus], zu Felde ziehen soll.[183]

Auch hier wieder eine Deutung des russischen Angriffs aus der zeittypischen Begriffswelt der Quelle heraus (1934). Der Autor *Marcus Varena* ergänzt:

In Österreich sieht sie ein Haupt als Führer der südöstlichen Mächte, die das zukünftige Byzanz verkörpern sollen, sich ebenfalls gegen Russland wenden.[184]

Abb. 22: Übersichtskarte: Kriegsvoraussagen zu Österreich

Dass die meisten Bergregionen Österreichs mit einem blauen Auge davonkämen, scheint sicher. Dies erklärt sich wie schon gesagt durch die Kürze des Krieges und dadurch, dass bergiges Gelände seit jeher schwieriges Gelände für eindringende Bodentruppen ist. Zu meiden wären in Österreich die Gebiete nördlich der Donau und auch flachere Landesteile südlich der Donau, östlich des Inns. Die Lage Wiens ist angesichts der mir bekannten Quellen unklar.

Österreich nördlich der Donau

Leser aus Österreich sind inzwischen ja schon etwas mit der Idee vertraut, dass es nördlich der Donau „schwierig“ werden soll. Sehen wir uns dazu einige Zitate an:

Irlmaier (1949-I-Südostbayern): *Das ganze Gebiet östlich von Linz wird eine einzige Wüste werden, aber hier [vermutlich Südostbayern, Anm. B.] im* ***Süden und Westen*** *ist nichts zu befürchten.*[185]

Die nächste Irlmaier-Aussage wurde etwa 1988 überliefert: ***Östlich von Linz*** *und* ***nördlich der Donau*** *ist das Land ausgebrannt wie eine Wüste.*[186]

Eine wichtige Ergänzung: Östlich von Linz, aber *nördlich der Donau!* Ansonsten bleibt unklar, wie weit nach Osten sich diese Zone erstrecken soll. Ich vermute, dass die Zone nicht ganz bis Wien reicht, weil sich derlei nicht erkennbar in den wenigen

so weit bekannten Voraussagen zu Wien niederschlägt (siehe Seite 110). Mir ist nichts davon bekannt, dass Wien im Zusammenhang mit einer Wüste erwähnt wird. Möglicherweise handelt es sich bei der *»Wüste«* östlich von Linz und nördlich der Donau um eine Kombination zweier Szenarien: Zum einen um Ausläufer des Chemiewaffeneinsatzes, der Irlmaier-Aussagen nach über Prag beginnen soll und sich dann bis zu der Küste im Norden hinzieht. Die zweite Ursache für die Wüste östlich von Linz dürften die prophezeiten gewaltigen Explosionen sein, die sich in Böhmen ereignen und sich bis über die tschechische Grenze weiter nach Süden auswirken sollen. Die Quellenlage hinsichtlich der Ursache ist wie schon erwähnt etwas diffus. Als Erklärung für die Explosion(en) käme ein Impakt (plus initiiertem Vulkanismus?[*]) in Frage oder geophysikalische Kriegsführung, bei der Berge regelrecht in die Luft gesprengt werden. So oder so – der entscheidende Punkt wäre, dass diese Wüste keine Folge einer großen Trockenheit oder auch nur weiträumiger Brände wäre, sondern die Wüste entstünde in weiten Bereichen dadurch, dass gigantische Sand- und Gesteinsmassen in die Luft geschleudert werden und beim Herunterprasseln die bisherige Vegetation *zudecken und ersticken.* Ob nun meterhoch, nur dezimeter- oder zentimeterhoch hinge dann vom Abstand zum Explosionsort ab.
So wie Irlmaier oben sprach auch der Bauer aus Selb von einer Wüste, allerdings hatte er dabei das Fichtelgebirge im Blickfeld, das im Osten an Tschechien grenzt. Dort, so der Bauer aus Selb, sehe es *»aus wie in der ‚Sahara', keinerlei Vegetation, kein Zeichen von Leben, feiner Sand, Dünen«* (siehe Seite 88). Da bekommt man eine leise Ahnung von dem, was da in Tschechien passieren soll bzw. müsste.

Mir ist natürlich klar, wie ungeheuerlich all das klingt. Aber die Vorhersagen zu Böhmen und Prag sind wirklich extrem. Und ich publiziere sie schon seit 1993. Unter dem Gesichtspunkt „sicheres Gebiet" ist zu Tschechien und Böhmen nichts mehr zu sagen. Falls von Interesse, finden Sie Genaueres zu Böhmen in meinem Buch *»Prophezeiungen - alte Nachricht in neuer Zeit«* von 2001.

Seher aus dem Waldviertel (1959-II-Österreich). Autor W. J. Bekh schreibt: *Auf dem Höhepunkt der italienischen Wirren [der Bürgerkrieg in Italien unmittelbar vor Angriff der Russen] marschiere der Russe durch **Kärnten** nach **Italien.** Der Amerikaner mische sich wider Erwarten nicht ein. [...] Bei ihrem Durchmarsch nach Jugoslawien durchquerten die Russen auch das **Waldviertel.***[187]

Das Waldviertel liegt zwischen tschechischer Grenze und Donau. Von dort aus würden die Russen sicher auch über die Autobahn A1 Richtung Salzburg und dann weiter über die A10 nach Kärnten/Italien vorstoßen. Parallel dazu gäbe es einen Vorstoß von Serbien, bzw. aus dem früheren Jugoslawien nach Italien hinein.

Seher aus dem Waldviertel (1959-II-Österreich): *„Es tobte eine riesige Panzerschlacht vom Raum **Wien-Krems** in Richtung **Schrems-Gmünd.**"*[188]
„Später ging ich mühevoll in Richtung SSW [vom Waldviertel aus = Richtung Linz! Anm. B.] Die Orientierung fiel mir schwer; es gab kein Haus, keinen Baum, weder

---

[*] Im Vogtland schläft ein Vulkan, allerdings schläft er „tief", der letzte Ausbruch ist 300.000 Jahre her.

einen Strauch oder Halm. ***Alles war mit Trümmern und Felsbrocken übersät.*** *Nicht einmal Ruinen fand ich ...* "[189]

»Felsbrocken« ist sozusagen das Schlüsselwort. Hier gab es einen Impakt, einen Vulkanausbruch, oder eine unterirdische Atomexplosion. So oder so – eine gewaltige Explosion muss stattgefunden haben, die obere Boden- und Gesteinsschichten in die Luft geschleudert hat. Eine oberirdische Atomexplosion scheidet als Ursache *aus,* da diese keine Gesteinsmassen aus der Erdoberfläche herausreißt.
Eine Beeinflussung des Sehers aus dem Waldviertel durch Alois Irlmaier lässt sich meiner Ansicht nach ausschließen. Der Seher hat seit Jahren Kontakt zu Leuten, die sich für Prophezeiungen interessieren, und machte nicht den Eindruck leichter Beeinflussbarkeit. So bestand er um das Jahr 2000 darauf, dass es noch mindestens zehn Jahre braucht, bis sich die Ereignisse erfüllen.

Östlich des Unteren Inns

Östlich des Unteren Inns stoßen wir auf ein seltsames Phänomen: Von Alois Irlmaier, der in Freilassing nur *einen Kilometer* von der österreichischen Grenze entfernt wohnte und der sich im Rahmen seiner privaten und beruflichen Aktivitäten auch in Österreich aufhielt, sind keine Aussagen zum Gebiet östlich des Inns in Österreich zwischen Salzburg und Donau überliefert. Im krassen Gegensatz dazu hat Irlmaier immer wieder gesagt, Südostbayern bzw. der „Saurüssel" (zwischen Inn, Salzach und Alpen) bzw. der *Rupertiwinkel,* wo Freilassing liegt, sei „sicher".
Man kann wohl davon ausgehen, dass Alois Irlmaier, wenn er den Teil Österreichs östlich des Saurüssels als „sicher" gesehen hätte, dies auch seinen österreichischen Freunden, Bekannten und Auftraggebern gesagt hätte. Jeder Österreicher hätte das gern gehört. Man wäre dankbar und zufrieden gewesen, Irlmaier hätte Sympathiepunkte gesammelt und irgendwann hätte es auch ein österreichischer Journalist aufgeschnappt und veröffentlicht, eben *weil* die Leute so etwas lesen *wollen!* – und *weil* Journalisten wissen, *dass* die Leute so etwas gerne lesen. Genau so lief es im Frühling 1950 ja auch in München. Aber so lief es eben nicht im österreichischen Gebiet östlich der bayerischen Grenze*. Nur warum?
Entweder liegt für das österreichische Gebiet östlich des Inns und östlich der Salzach eine höchst mysteriöse Überlieferungslücke vor, oder aber es ist so, dass Alois Irlmaier auf der anderen Seite des Saurüssels Dinge sah, die er lieber verschwiegen hat, vermutlich weil ihn Vertreter der US-Besatzungsmacht vor entsprechenden Voraussagen gewarnt haben. Die Bundesländer *Salzburg* und *Oberösterreich* (aber ohne die Gebiete nördlich der Donau!) standen seinerzeit unter amerikanischer Verwaltung, und der russische Sektor begann *erst etwa 30 Kilometer östlich von Linz.*
Als die Besatzungsmächte 1955 aus Österreich abzogen, hatte sich Irlmaier schon lange aus der Öffentlichkeit zurückgezogen, teilweise wegen der Presse, die ihn 1950 verheizt hatte, aber auch weil andere Stellen Druck auf ihn ausgeübt hatten.

---

* Wenn man von einer einzigen positiven Aussage zu Salzburg absieht, siehe unten.

Da es zwischen der deutsch-österreichischen Grenze bei Passau und dem etwa 60 Kilometer entfernten Großraum Linz erstaunlicherweise, von einer kleinen Ausnahme abgesehen (bei *Nieder Ranna*), keine einzige Donaubrücke gibt, würden die Russen wohl im Großraum Linz die Donau überschreiten. Ein Teil der Truppen würde sich dann nach Westen zur bayerisch-österreichischen Grenze wenden:

Erna Stieglitz (1975-III-Augsburg): ***...*** *hinter der Grenze am* ***Unteren Inn*** *fürchterliche Zerstörungen, ebenso am* ***Oberlauf der Donau.*** *Teilweise bis in die* ***oberbayrisch-salzburger Alpen*** *herein kommen die Osttruppen über Österreich und Jugoslawien.*[190] (Falls Sie das im Original nachlesen, lesen Sie auch das hier:[191])

Der *Oberlauf* der Donau umfasst die gesamte Donau von Wien bis zur Quelle am Schwarzwald. Sicherlich ist hier nicht der komplette Donauoberlauf gemeint, sondern entsprechend anderer Quellen die Donau im Raum Linz.
»Teilweise bis in die oberbayrisch-salzburger Alpen herein« klingt so, als käme „der Russe“ auch in die Berchtesgadener Alpen. Laut Irlmaier wäre das jedoch *vollkommen ausgeschlossen.* Wie gesagt: Zu Südostbayern hat sich Irlmaier oft genug geäußert, zudem war dies seine Heimat. Erna Stieglitz hingegen lebte in Augsburg, und ihre Aussagen wurden nie im Original, sondern nur mündlich überliefert. W. J. Bekh, der ihre Aussagen erstmals veröffentlichte, schrieb, dass ihn die Aussagen von Erna Stieglitz nur *»auf dem Umweg über mehrere Mittelspersonen, welche namentlich auf keinen Fall genannt werden dürfen [...] in Andeutungen und begreiflicherweise nicht im originalen Wortlaut«* erreichten[192]. Im Zweifelsfall ist also auch hier Alois Irlmaier eindeutig vorzuziehen.
Nicht ganz auszuschließen wäre wie schon angesprochen, dass „der Russe“ an Salzburg vorbei über die Alpen nach Italien zieht. Insofern könnte Mutter Stieglitz zum Teil doch recht haben, jedoch nur, was die *Salzburger Alpen* betrifft, und *nicht,* was das Berchtesgadener Land betrifft.
Da Erna Stieglitz aus Augsburg stammt, müsste das Gebiet *»hinter der Grenze«* am Unteren Inn* in Österreich liegen. Im Zusammenhang mit *»fürchterlichen Zerstörungen am Unteren Inn«* auf österreichischem Gebiet ist dann natürlich auch an das bereits behandelte Zitat aus den Feldpostbriefen zu erinnern:

Feldpostbriefe (1914-I-Elsass): ***Bis zur Donau und Inn*** *wird alles dem Erdboden gleichgemacht und vernichtet.*[193]

Die Feldpostbriefe sind hier wie gesagt etwas deutungsbedürftig. Im Gesamtkontext denke ich, dass genug darauf hindeutet, dass „der Russe“ – wenn er denn jemals käme –, sich dem Inn von Nordosten her nähert und zwar nördlich der Salzachmündung.
Erna Stieglitz und die Feldpostbriefe passen bezüglich der Situation östlich des Unteren Inns gut zusammen. Erna Stieglitz wird mit *»fürchterliche Zerstörungen«* überliefert, in den Feldpostbriefen heißt es: *»dem Erdboden gleichgemacht und vernichtet«.* Und Alois Irlmaier? Seltsamerweise schweigt dieser zum österreichischen Gebiet östlich des Inns. Einfach so aus Zufall?

---

* Der Untere Inn reicht von der Salzachmündung bis nach Passau.

Indirekt bestätigt sich Erna Stieglitz' Aussage zum Unteren Inn und meine Deutung der Feldpostbriefe und Alois Irlmaiers durch folgende objektive Tatsache:
Schon die NATO im zurückliegenden Kalten Krieg rechnete damit, dass die Warschauer Pakt-Staaten zwischen Regensburg und Passau **nicht über die Donau** kommen, sondern erst auf der österreichischen Seite. Von dort aus – so die Erwartung der NATO-Militärs – würden die russischen Armeen versuchen, über den Unteren Inn nach Bayern einzudringen (siehe Karte rechts).

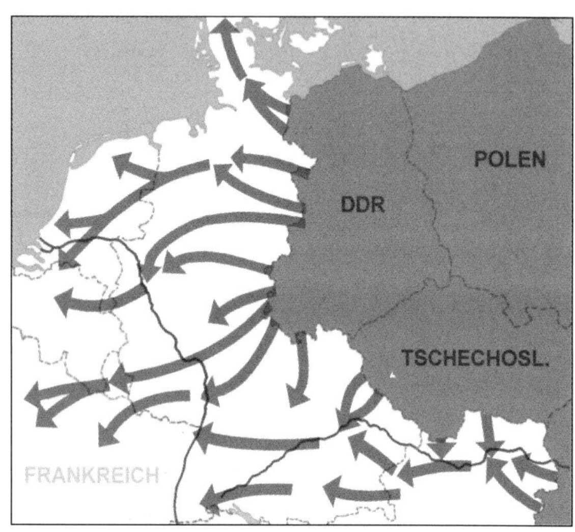

Abb. 23: Der Spiegel, #14, 2010

Diese Karte basiert auf einer Karte aus dem SPIEGEL, #14 von 2010. Natürlich sähen die Pläne für ganz Mitteleuropa heute anders aus als damals. Viele osteuropäische Staaten sind inzwischen NATO-Mitglieder. Andererseits hat sich die Geografie Westeuropas seit 1960 nicht geändert. Und das oberste strategische Ziel Russlands wäre nach wie vor, schnell den Atlantik zu erreichen, bevor die USA Verstärkung in Europa anlanden können.

Salzburg

Erna Stieglitz oben wird so überliefert, dass die Angreifer *»teilweise bis in die oberbayrisch-salzburger Alpen herein kommen«*. Da wäre es ziemlich naheliegend, dass sie in die Nähe Salzburgs gelangen, zumal von hier ein wichtiger Verkehrsweg weiter nach Italien führt (Autobahn A10). Der Seher aus dem Waldviertel sprach davon, dass die Russen über Kärnten nach Italien vorstoßen. Der Weg nach Kärnten führt *über Salzburg.*
Dann gibt es eine alte Sage, wonach es wenige Kilometer vor den Toren der Stadt Salzburg zur „Endschlacht" kommt, und zwar auf dem *Walser Feld.* Diese Sage wurde erstmals 1564 urkundlich erwähnt, und es heißt darin, *Kaiser Karl der Große* (gest. 814!) schliefe mit einer Schar Getreuen im Untersberg, und wenn *»des Reiches Not am höchsten gewachsen und die Raben nicht mehr um den Gipfel [des Untersbergs] fliegen. Dann [...] erscheint der Kaiser und reitet mit seinem Gefolge zum Birnbaum im Walserfeld. Dort findet dann die letzte Schlacht statt zwischen Gut und Böse«.*[194]

Diese Sage ist in der Region recht bekannt, und tatsächlich steht seit Jahrhunderten auf dem Walserfeld ein Birnbaum, der ersetzt wird, sobald der alte sein Lebensende erreicht hat, so geschehen im Jahre 2015. Aus eigener Beobachtung kann ich hinzufügen, dass es den Untersberger Raben offenbar ganz gut geht, nur vertragen sie sich nicht so gut mit den Gänsegeiern, die seit wenigen Jahren am Untersberg ihre Kreise ziehen.

Abb. 24: Der Birnenbaum auf dem Walser Feld, Ende 2015 gefällt

Natürlich ist es riskant, einer alten Volkssage einen hellseherischen Kern zu unterstellen. Derlei mag man glauben oder nicht. In einem Buch wie diesem sollte die Sache jedoch kurz erwähnt werden.

Salzburg jedenfalls hat gewisse strategische Bedeutung. Bei Salzburg kreuzen sich wichtige Verkehrsverbindungen: Hier verläuft die Autobahn A8 München–Wien, und die A10 führt weiter nach Kärnten/Italien. Um solche Verkehrsknotenpunkte wird gerne verbissen gekämpft. Glaubt man Erna Stieglitz (und meiner Feldpostbrief-Deutung), würde 60 Kilometer nördlich von Salzburg am Unteren Inn in jedem Fall hart gekämpft. Das Walser Feld mit seinem Birnenbaum stößt direkt an das Autobahndreieck südwestlich von Salzburg. Hinzu kommt, dass sich zwei Kilometer nordwestlich des Autobahndreiecks der Flughafen Salzburg befindet.

Doch selbst, wenn vor den Toren Salzburgs gekämpft würde, so würde das nicht zwingend bedeuten, dass über der Stadt gleichzeitig auch Bomben fallen. Die Bomber, Panzer usw. würden seitens der Russen wohl zunächst dringend benötigt, um die NATO-Kräfte auf dem Walser Feld zu besiegen!

Was nun sagt Alois Irlmaier zu Salzburg? Irlmaier wohnte ja 30 Jahre in Freilassing, das nur durch einen 500 Meter breiten Grünstreifen und die Salzach von Salzburg getrennt liegt. Folgende Aussage ist überliefert:

Alois Irlmaier (1959-I-Südostbayern): *„‚So furchtbar, was kommt', hat er immer gesagt.* ***‚Salzburger'***, *hat er gesagt, ‚so furchtbar! Weißt Du, ich sehe ja alles. Ich habe ja alles gesehen, wie es zugeht. Wahnsinnig!', hat er gesagt.*[195]

Und? Was bedeutet das jetzt? Hat Alois Irlmaier gesehen, dass auch Salzburg von diesem furchtbaren Wahnsinn betroffen ist? Nein. Offenbar nicht. Denn: Im April 2014 erhielt ich aus Salzburg die E-Mail eines dortigen, nicht ganz unbekannten Juristen, was uns als Anhaltspunkt für die Glaubwürdigkeit der nachfolgenden Irlmaier-Aussage genügen muss. Der Jurist schrieb mir:

Der tiefgläubige Irlmaier kam oft in Salzburg an die Pforte des Anbetungsklosters St. Maria Loreto, um nach innigem Gebet in der Klosterkirche den Segen mit dem „Salzburger Gnadenkind" zu empfangen. Dabei sprach er mit der damaligen Oberin des

Klosters in den 50er Jahren, die ihn besorgt wegen der Sicherheit des Klosters und der Stadt Salzburg fragte. Die Loreto-Klosterkirche erlitt ja in den letzten Kriegstagen 1945 einen schweren Bombentreffer. Wie durch ein Wunder blieben die Klausurräume, wo sich die Schwestern betend mit dem wundertätigen Gnadenkind aufhielten, verschont. Sinngemäß sagte er den Schwestern für die künftigen Geschehnisse ab den 50er Jahren: „Ihr braucht keine Angst zu haben, das Kloster und die Stadt Salzburg stehen unter himmlischem Schutz. Ihr seid in der Zukunft in Sicherheit.“
Mir teilte dies die damalige Pförtnerin vor ca. zehn Jahren mit, denn die Schwestern gedenken ***bis heute*** *des frommen und hilfsbereiten Sehers Alois Irlmaier.*

Fraglich wäre, inwieweit sich die Aussage zur Stadt Salzburg auf die strategisch wichtige Infrastruktur im Umland übertragen ließe.

Tirol

Tirol dürfte ähnlich begünstigt sein wie Südostbayern.

Simon Maas (1846-II-Tirol): *„Mit Tirol wird dabei wegen des Rosenkranzgebetes milder verfahren werden.“*[196]

Alois Irlmaier (1959-I-Südostbayern): *„Plötzlich stirbt ein großer Mann, und der Krieg hört auf. Lange Kolonnen von Soldaten ziehen* ***durch den Chiemgau nach Salzburg.*** *Sie haben gelbe Gesichter, dass man glaubt, es seien Chinesen, sind aber keine. Sie bringen niemand mehr um, nur plündern tun sie ...“*[197]

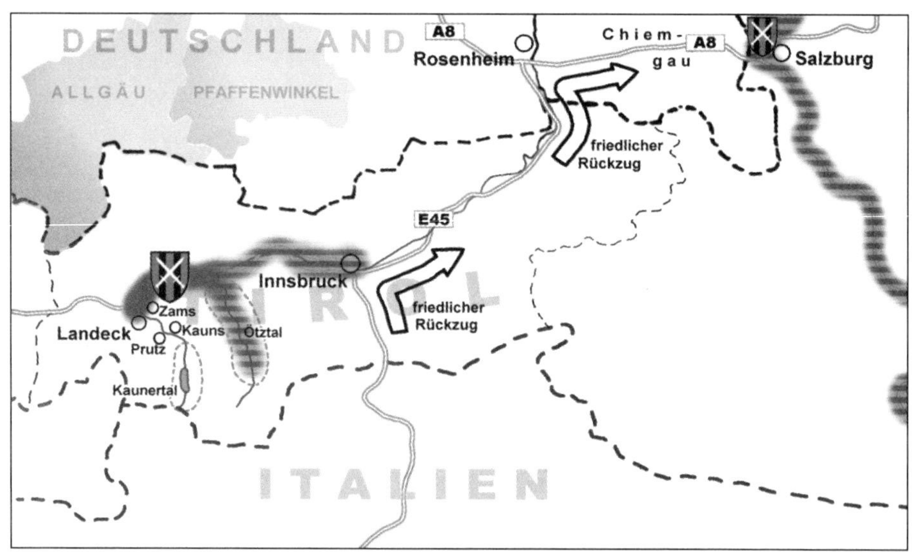

Abb. 25: Voraussagen zu Tirol

Woher sollen diese östlichen Truppen kommen? Dafür, dass sie aus Westen kommen, also zuvor schon plündernd durch das deutsche Alpenvorland gezogen sind, finden sich in den Quellen keine Anhaltspunkte. Kommen sie nicht aus Westen, müssen sie aus Süden kommen, aus *Italien.* Dazu findet sich die nächste Voraussage von einer weiteren Tiroler Quelle:

Onit (1948-IV-Tirol): Autor *Marcus Varena* schreibt: *Eine der Entscheidungsschlachten jedoch sieht er für Österreich interessanterweise* ***zwischen Landeck und Innsbruck.*** *[...] Von Landeck aus erfolgt erst der Gegenstoß der USA.*[198]

Autor Marcus Varena, der Irlmaiers Vorhersagen sehr wohl kannte, stieß nur bei Onit auf diese Vorhersagen zur Schlacht im oberen Inntal. Onit ist zwar insgesamt eine durchaus auch zweifelhafte Quelle, doch da sie selbst aus Tirol stammt, kann man sie der Vollständigkeit halber ruhig einmal zitieren. Ob es wirklich die *»USA«* wären, die die Russen durch das Inntal treiben, lassen wir einmal dahingestellt, einigen wir uns auf *westliche Truppen.*
Über einen Bekannten aus dem Chiemgau habe ich erfahren, dass dort vor einigen Jahren (angebliche) Voraussagen Irlmaiers kursierten, denen nach der Osten auf seinem Rückzug von Italien, entlang des *Unteren Inntals* durch Österreich nach Deutschland etwa bis **Rosenheim** kommt. Dort soll es zu schweren Kämpfen kommen. Über die Qualität dieser angeblichen Irlmaier-Aussage lässt sich ansonsten wenig sagen. Da Irlmaier öfter in Rosenheim war und dort Bekannte hatte, hätte er sich eigentlich öfter zum langfristigen Schicksal Rosenheims äußern müssen. Hier ist die Datenbasis also wieder einmal ziemlich dünn.
Auch soll dieser reichlich unklaren Irlmaier-Quelle nach in dieser Zeit ein Stausee bersten und das obere Inntal dadurch verwüstet werden.

Onits Aussage zu den Kämpfen bei Landeck *und* die vermeintliche Irlmaier-Aussage zum berstenden Stausee findet dann in folgender Quelle eine Ergänzung:

Simon Maas (1846-II-Tirol): *„**Prutz** verrinnt, **Kauns** verbrinnt und **Zams** wird eine Ochsenalm."*[199]

Prutz, Kauns und Zams sind Orte im Umkreis von etwa zehn Kilometern am Oberlauf des Inns in der Nähe von Landeck. Die Voraussage lässt sich ins Hochdeutsche übertragen mit: Prutz wird überflutet und fortgespült, Kauns verbrennt und Zams wird verschüttet (Bergsturz?) oder dem Erdboden gleichgemacht (Krieg). Zams ist ein Vorort von Landeck. Inwieweit bei Zams Kriegseinwirkungen oder Naturkatastrophen gemeint sein könnten, bleibt unklar.
Prutz liegt etwa 15 Kilometer unterhalb des *Gepatsch-Stausees* (6 Kilometer lang) im hinteren *Kaunertal.* Dessen Stauseemauer ist stolze 153 Meter hoch und der Stausee fasst maximal 140.000.000 Kubikmeter. Das sind 140 Würfel mit einer Kantenlänge von 100 Metern. Allerdings wäre der Stausee im Sommer/Frühherbst nicht so voll. Mehrere Quellen deuten zudem auf eine größere Trockenheit im Kriegsjahr.[200] Kauns (500 Einwohner!) liegt keine zwei Kilometer von Prutz entfernt Richtung Stausee. Allerdings liegt Kauns auf etwas über 1.000 Meter und Prutz auf unter 900 Meter.

Damit haben wir die Erklärung dafür, warum Prutz überspült bzw. von den Wassermassen weggerissen werden soll und Kauns nicht, obwohl beide Orte keine zwei Kilometer auseinanderliegen: Das Wasser würde in sicherem Abstand unterhalb von Kauns vorbeirauschen.

Wien

Die mir so weit bekannte Quellenlage für Wien ist mager, allerdings ist ein hoffnungsvolles Element erkennbar: Im bekannten *Lied der Linde,* das erstmals 1921 veröffentlicht – und angeblich im Stamm einer alten Linde auf dem Friedhof in Staffelstein (nördlich von Nürnberg) gefunden wurde, findet sich die weiter unten folgende Sequenz.

Auch wenn in der Einleitung des Lieds der Linde- Hinzudichtungen des Autors *Hingerl* auftauchen mögen, so ist dennoch ein echter hellseherischer Kern erkennbar: So wird in der Prophezeiung die Hyperinflation in Deutschland in den Jahren 1922/1923 vorausgesagt (siehe Seite 131). Über eine gewisse Vermengung hellseherischer und künstlerischer Inspiration mag man unglücklich sein, aber letztlich tritt im Lied der Linde – so wenigstens mein Eindruck – das Hellseherische eindeutig in den Vordergrund.

Die für die (mögliche) Zukunft Wiens interessante Stelle beschreibt die dortige Situation kurz nach dem Kriegsende:

Lied der Linde (1921-II-Staffelstein):

Alle Städte werden totenstill,
Auf dem Wiener Stephansplatz wächst Dill.

Zählst Du alle Menschen in der Welt,
Wirst Du finden, dass ein Drittel fehlt, – [...]

Wie im Sturm ein steuerloses Schiff
Preisgegeben einem jeden Riff,
Schwankt herum der Eintagsherrscherschwarm,
Macht die Bürger ärmer noch als arm. [...]

„Alles ist verloren!“ – hier noch klingt.
„Alles ist gerettet!“ – Wien schon singt.
Ja von Osten kommt der starke Held,
Ordnung bringend der verwirrten Welt.[201]

Wenn Wien schon wieder singt, während sonst alle noch am Klagen sind, kann die Stadt nicht restlos entvölkert sein. Wien könnte auch nicht im Bereich des „gelben Strichs“ gelegen haben (siehe Seite 163). Nach Alois Irlmaier würde die Giftwirkung zudem ein Jahr andauern[202] bzw. wäre sie ein Jahr lang tödlich, so dass man sich erst sehr langsam, vorsichtig und nur nach und nach in die verseuchte Zone zurück trauen

würde. Wien wäre da sicherlich kein Ort, an dem besonders früh wieder gejubelt wird. Völlig ausgeschlossen.
Die Sache mit dem Helden aus dem Osten wird dann etwas kompliziert. Dass es der von vielen Quellen vorausgesagte „große Monarch“ sein müsste, ist halbwegs klar. Doch erinnern wir uns: Die letzten großen Schlachten sollen alle in Norddeutschland geschlagen werden. Was also hätte dieser Held östlich von Wien zu suchen? Was gäbe es dort für ihn zu tun?
Folgende zugegebenermaßen etwas verwirrende Erklärung bietet sich an: Im Rahmen der dreitägigen Finsternis wird von einer Reihe von Quellen ein *anschließender Sonnenaufgang im Westen vorausgesagt!* (Auf Seite 58 hatten wir schon den Benediktiner De La Vega und auf Seite 88 den Bauern aus Selb.)
Rein physikalisch lässt sich das folgendermaßen erklären: Der Globus hat sich im Rahmen der geophysikalischen Großkatastrophe während der dreitägigen Finsternis um etwa 180 Grad gedreht, auf den Kopf gestellt (geografischer Polsprung), seine Drehbewegung aber beibehalten, so dass jetzt die Sonne *im Westen* aufgeht. Die Initialenergie für den verursachenden Impuls ließe sich zusammentheoretisieren aus einer Wechselwirkung zwischen dem auftauchenden Himmelskörper, einem zeitgleich destabilisierten Erdmagnetfeld und von mir aus auch noch einem Impakt. In dem Zusammenhang nehmen wir das Wort „wissenschaftlich“ natürlich nicht in den Mund. Die Prophezeiungen deuten aber klar in Richtung auf einen kosmischen Impulsgeber für den geografischen Polsprung.
Demnach hätte der Seher vom Lied der Linde die (zukünftige) Himmelsrichtung des Sonnenaufganges mit „Osten“ gleichgesetzt.
Das mit dem geografischen Polsprung im Detail zu erklären, würde hier zu weit führen (Literatur dazu siehe hier: [203]). Mir ist auch klar, wie unglaubwürdig all das klingt, ja klingen *muss* – die Vorstellung eines geografischen Polsprungs ist im wahrsten Sinne weltbilderschütternd.
Das Lied der Linde setzt dann den *»großen Helden«* nicht so sehr in Bezug zu militärischen Siegen gegen die östlichen Eindringlinge, sondern lässt ihn erst gewisse Zeit nach Kriegsende auftauchen, wenn viele Regionen noch im Chaos verharren (Versorgungsnotstand, Bandenkriminalität, Faustrecht).

Und – fast vergessen: Im Lied der Linde heißt es unmittelbar vor *»Alle Städte werden totenstill«:*

Nimmt die ***Erde plötzlich einen andern Lauf?***
Steigt ein ***neuer Sonnenstern*** *herauf?*[204]

Das klingt wie ein Hinweis auf den durch den Himmelkörper ausgelösten Polsprung.

Der Vollständigkeit halber sei noch folgende Quelle zu Wien zitiert:

Ludovico Rocco (1840-III-Palästina): ***Wien wird veröden*** *und die großen Paläste leer dastehen. Am Stephansplatz wird Gras wachsen und aller Adel aufhören.*[205]

Dem textlichen Zusammenhang nach ist fraglich, ob sich diese Aussage Ludovico Roccos überhaupt auf das Szenario „dritter Weltkrieg" bezieht. Andererseits ist Wien nach 1840 noch nie *»verödet«*. Im Jahre 1840 hatte die Stadt eine Bevölkerung von 460.000. Danach stieg die Bevölkerung kontinuierlich an, bis sie zum Ersten Weltkrieg *über 2 Millionen* betrug. Seitdem liegt sie trotz gewisser Schwankungen stets über 1,5 Millionen.

Wiens große Paläste stehen natürlich schon heute leer, jedenfalls wenn die Öffnungszeit beendet und die letzten Touristen vor die Tür gebeten worden sind. Das *»veröden«* passt dann wieder zum *Dill,* der dem Lied der Linde nach auf dem Stephansplatz wachsen soll, wobei sich das *Dill* vermutlich in erster Linie auf das *»totenstill«* reimen soll. *Dill* ist jedenfalls eine Gewürzpflanze, und damit ziemlich untauglich als Sinnbild für eine Hungersnot oder für Bürger Wiens, die mit knurrendem Magen die Gehsteige aufbrechen, um dort Gemüse anzupflanzen.

Da auch Ludovico Rocco (1840) vom Wiener *Stephansplatz* spricht, liegt der Verdacht nahe, dies sei vom Autor des Lindenlieds (1921) abgeschrieben worden. Ich jedoch tendiere dazu, dies für Zufall zu halten, da im Fall der Hyperinflation im Lied der Linde eine echte hellseherische Inspiration durchaus erkennbar wird.[206]

Wo wir schon dabei sind: Nimmt man *»alle Städte werden totenstill«* wortwörtlich, so beträfe dies natürlich auch all jene Städte, *die vom Krieg verschont wurden* – beispielsweise München. Demnach wäre das *»totenstill«* kein Hinweis darauf, dass alle Stadtbewohner *umgekommen* sind, sondern ein Hinweis auf die Versorgungslage in den Städten: In der ersten Zeit nach dem Kriege würde Benzin für Autos fehlen, ebenso wie Strom für Straßenbahnen, Musikanlagen usw. Nicht die Menschen wären tot, *sondern die Maschinen.* Und natürlich lebten in der ersten Zeit auch weniger Menschen in der Stadt, weil die dortige Versorgungslage viel schwieriger wäre.

Die Flüchtlingssituation am Ostufer des Bodensees

Zum Ostufer des Bodensees und dem äußersten Westen Österreichs ergibt sich aus mehreren Quellen heraus ein sehr interessantes Gesamtbild hinsichtlich der dortigen Flüchtlingsströme:

Aus Baden-Württemberg von nördlich der Donau würden die Flüchtlingsströme wesentlich länger nach Süden fließen, weil die aus Osten kommende Armee naturbedingt länger bräuchte, um in Baden-Württemberg einzutreffen. Daraus folgt zum einen, dass im Westen südlich der Donau besonders viele Flüchtlinge ankommen könnten, zum anderen folgt daraus, dass es einen erhöhten Flüchtlingsdruck weiter südlich auf das Alpenvorland geben könnte: Ein Teil derjenigen Flüchtlinge, die sich über die Donau nach Süden gerettet haben, würden weiter nach Süden flüchten wollen, weil zunächst keiner wüsste, ob die Truppen des Angreifers auch noch nach Süden über die Donau vorstoßen.

Folgende bereits zitierten Worte richtete Alois Irlmaier an einen Fragenden aus dem Allgäu:

Alois Irlmaier (~1952-I-Südostbayern): *„Na, da brauchts Euch da drüben im **Allgäu** und **am Lech** keine Sorgen machen. Euch tut's auch nicht viel, bloß **große Mengen Flüchtlinge** werden kommen und die eigenen Leut' werden stehlen und plündern, dass es eine Schand' sein wird. [...] Sie haben mir erzählt, dass es da drüben im Pfaffenwinkel zwischen Lech und Ammer auch eine große Wallfahrtskirche [Wieskirche] gibt, wo die Leut' zum Gegeißelten Herrn beten. Dort geschieht g'wiß nichts. **Nur Flüchtlinge werden kommen.**"*[207]

Das Allgäu liegt vor den Alpen, südlich davon kommen die Berge, der weitere Weg nach Süden ist lang und beschwerlich. Anders ist die Situation am Ostufer des Bodensees. Von dort aus kann man über breite Alpentäler tief nach Österreich hinein vordringen. Wer sich im Süden Baden-Württembergs noch nicht sicher fühlt, der könnte am Ufer des Bodensees entlang weiter in die Alpen hinein flüchten. Das Nadelöhr für diesen Fluchtweg findet sich am Ostufer des Bodensees. Dazu der folgende Seher, der 1922 direkt am Ostufer des Bodensees lebte:

Franz Kugelbeer (1922-III-Lochau/Bodensee): *Die Menschen wollen es zuerst nicht glauben, so überraschend tritt es [Kriegsausbruch, Anm. B.] ein. [...] Alles flieht in die Berge, der **Pfänder** ist ganz voller Menschen.*[208]

Der Berg *Pfänder* liegt direkt am Ostufer des Bodensees, schon auf österreichischem Gebiet, keine fünf Kilometer hinter der deutsch-österreichischen Grenze. Der Berg erhebt sich rund 600 Meter über den Bodensee. Franz Kugelbeer selbst stammt aus *Lochau* am Fuße des Pfänders. Folglich sollte er gewusst haben, was er da sah.
Für den weiteren Weg nach Süden müssten die Flüchtlinge zwischen Bodensee und Pfänder eine extrem enge Passage von weniger als 100 Meter durchqueren, eine Passage, die sich sehr leicht von österreichischen Ordnungskräften abriegeln ließe.
Wegen der Verkehrs-Kapazitäts-Beschränkung an diesem Engpass gibt es seit 1980 den *Pfänder-Autobahntunnel.* Dieser knapp sieben Kilometer lange Tunnel wäre ab Kriegsbeginn aber vermutlich aus Sicherheitsgründen für zu Fuß Flüchtende gesperrt. Denn bräche im mit Flüchtlingen überfüllten Tunnel eine Massenpanik aus, hätte die Polizei keinerlei Chance, etwas auszurichten. Würde am Ostufer des Bodensees allerdings die Zahl der Flüchtlinge eine gewisse Höhe überschreiten, droht auch hier die Lage zu eskalieren. Irgendwann müssten die österreichischen Behörden dem Druck der Menschenmassen einfach nachgeben und sie weiterziehen lassen. Es sei denn, man will die Menschen mit Gewalt aufhalten. Genau dazu, zur Anwendung von Gewalt, soll es an der Schweizer Grenze kommen, die nur wenige Kilometer von obigem Engpass entfernt liegt. *Berta Zängeler*, eine Quelle aus der Schweiz, sagt voraus:

Berta Zängeler (1950-II-St. Gallen): *Mobilmachung [in der Schweiz] wegen der Flüchtlingsströme aus Deutschland. Da die Deutschen in so großer Zahl fliehen und in die Schweiz eindringen, muss der Schießbefehl an der Grenze erteilt werden.*[209]

Berta Zängeler lebte in St. Gallen, nur etwa 15 Kilometer vom Ostufer des Bodensees entfernt. Man kann also davon ausgehen, dass sich *»Schiessbefehl an der Grenze«* konkret auch auf die Situation am Ostufer des Bodensees bezieht.

Der Weg in die Schweiz wäre also versperrt, und offenbar ergießen sich dann die Flüchtlinge aus Deutschland über die deutsch-österreichische Grenze entlang der E60 bzw. der Autobahn A14 tiefer nach Österreich hinein. Einen anderen Fluchtweg gäbe es nicht mehr. Die Schweiz wäre abgeriegelt.
Auf dem Weg tiefer nach Österreich hinein, nach etwa 120 Kilometern – sagen wir nach vier Tagesmärschen – könnte die Vorhut dieses Flüchtlingstrecks am *Ötztal* ankommen*. Zur Situation im Ötztal wenige Tage nach Kriegsausbruch gibt es nun eine weitere Quelle, *Emilia Auer,* besser bekannt als *Katharina aus dem Ötztal,* deren Visionen zu den so weit beschriebenen Szenen passen. Veröffentlicht wurden ihre Voraussagen 1988 von W. J. Bekh.[210]
Katharina aus dem Ötztal sah, wie kurz nach Kriegsausbruch wilde Horden – wohlgemerkt keine russischen oder sonstigen regulären Militärs! – mordend und plündernd im Ötztal einfallen. Die beschriebene Brutalität könnte man im ersten Moment damit erklären, dass sich die Flüchtlinge inzwischen seit über einer Woche zu Fuß auf der Flucht befinden und faktisch plündern *müssen,* weil sie kein Geld mehr haben, und die lokale Bevölkerung mit dem Ansturm der Flüchtlinge völlig überfordert ist.
Aus den Beschreibungen der Tiroler Seherin geht klar hervor, dass es sich um keine russischen Soldaten handeln kann. Die Einheimischen aus dem Ötztal sollen sich mit Hieb- und Stichwaffel gegen die Eindringlinge zur Wehr setzen. Das wäre völlig sinnlos, hätten die Angreifer Distanzwaffen wie Maschinenpistolen oder Gewehre. Es wären also keine Soldaten, die ins Ötztal eindringen, sondern Menschenmassen, die sich, ausgelöst durch den russischen Angriff, in Bewegung gesetzt haben.

Katharina aus dem Ötztal (1951-II-Tirol): ... *es ist* ***Spätsommer,*** *das* ***Korn schon reif,*** *da kommen sie, ganze Horden schiacher [wild aussehender] Leute, und überfallen alles. [...] Sie bringen um, was sie erwischen – es ist furchtbar. Die Haustüren werden eingeschlagen und alles kaputt gemacht. Sie morden und rauben, und sogar Einheimische aus dem Dorf laufen mit jenen und plündern genauso [was nicht heißt, dass sie auch morden. Anm. B.]. [...]* ***Es geht auch hauptsächlich um den Glauben.*** *Es gibt nur mehr zwei Parteien: Für den Herrgott und gegen den Herrgott!*[211]

Geht es *»um den Glauben«,* ist einem sofort klar: Die *»schiachen Leute«* könnten unmöglich Österreicher sein und auch keine Deutschen, schließlich glaubt der durchschnittliche Mitteleuropäer heutzutage salopp formuliert an so gut wie gar nichts mehr. Die katholische und evangelische Kirche ist den meisten Menschen in Mitteleuropa inzwischen ziemlich egal. Und selbst wenn nicht, werden die letzten braven Gläubigen kaum für ihren Glauben kämpfen.

* Allerdings müsste der Flüchtlingsstrom auf dem Wege zum Ötztal zuvor durch den *Arlberg-Straßentunnel* (Länge ca. 14 Kilometer!) und etliche andere kürzere Tunnel, wo man die Flüchtlinge natürlich leicht aufhalten könnte. Nur – wären es zu viele Flüchtlinge und neigen diese (inzwischen) auch zu Gewalttätigkeiten, würde sich überall dieselbe Frage stellen: Lässt man sie weiterziehen oder riskiert man das totale Chaos dort, wo man sie aufhält und wo man sie natürlich auch versorgen müsste?

Im Text der Katharina wird jedoch eindeutig ein intoleranter, kirchenfeindlicher und extrem gewalttätiger Mob beschrieben (siehe unten), der einfach nicht in das heutige mitteleuropäische Kultur- und Gesellschaftsbild passt. Der Text geht weiter:

***Die Verfolger der Kirche** haben eine Zeitlang eine große Macht. Aber diese kurze Zeit dürft ihr im Glauben nicht umfallen. Bleibt mir um Gottes willen katholisch! Ihr müsst stark bleiben, auch wenn es euch das Leben kostet, denn die Gottlosen werden zum Schluß vom Herrgott furchtbar gestraft […].*[212]

Mit *»Verfolger der Kirche«* betont Katharina eine ideologische Ausrichtung der Eindringlinge. Nur welchen Reim will man sich auf diese ideologisch-religiösen Gewalttäter machen? Ist die Seherin mit ihrem geistigen Auge in einem anderen Jahrhundert hängen geblieben, in einer anderen Zeit und anderen Kultur? Oder sind es *die Eindringlinge,* die geistig und kulturell aus einer anderen Zeit kommen? Mehr Klarheit bringt Katharinas nächste Aussage.

*Die Glocken wollen sie noch von den Türmen holen, um sie einzuschmelzen, aber sie kommen nicht mehr dazu, **es geht zu schnell.***[213]

Wozu in aller Welt wollen die Flüchtlinge die Glocken einschmelzen? Kirchenglocken kann man nicht so einfach einschmelzen. Dafür braucht man einen quasi industriellen Schmelzofen. Den werden die wilden Eindringlinge kaum mit sich herumschleppen.
Nichtsdestotrotz scheint Katharina aus dem Ötztal gesehen zu haben, wie sich die Eindringlinge an den Kirchentürmen zu schaffen machen und irgendetwas mit den Glocken vorhaben. Das muss man sich bildlich vorstellen: Die Eindringlinge hasten die Kirchtürme hoch, um sich dann irgendwie schweißtreibend an den extrem schweren Glocken und deren massiven Aufhängungen zu schaffen zu machen. Für gewöhnlichen Vandalismus ist das viel zu aufwändig, zu anstrengend und langwierig. Also wozu all das?

Noch einmal: Der Krieg bricht aus. Wenige Tage später tauchen im Ötztal wilde Horden auf und es sind keine regulären Soldaten. Das erkennt man an ihren Waffen. Sie morden und plündern im Ötztal und es geht um den Glauben. Aber Mitteleuropäer sind die Eindringlinge offenbar nicht. Wer könnte es sein?
Glocken sind ein Symbol für die Herrschaft des Christentums, für seinen Deutungshoheitsanspruch. An christlichen Feiertagen werden die Glocken geläutet. Mit den Glocken ruft man das Volk zur Kirche. Glocken sind Stimme des Christentums und Klang der Kirche. Von daher scheint es, dass die Glocken aus den Türmen entfernt werden sollen, um symbolisch einen Sieg über das Christentum zum Ausdruck zu bringen. Das Herausschlagen der Glocken aus den Kirchtürmen scheint ein symbolischer Akt zu sein. Will man den Christen die „Stimme“ nehmen? Hat man eine spätere bessere Verwendung für die glockenlosen Kirchtürme? Wer könnte das sein? Sind es Buddhisten? Oder Juden? Hindus? Glaubt da jemand, der russische Angriff sei das Fanal zum lang herbeigesehnten Untergang des Abendlandes?

Dann findet sich bei Katharina aus dem Ötztal noch eine wichtige Information:

Auf den Feldern bleibt noch Heu und Getreide stehen, es bringt [nach den Exzessen] fast niemand mehr ein, es bleiben so wenig Leute übrig.[214]

Die letzten Worte klingen zwar schrecklich, lassen sich aber nicht automatisch auf andere Regionen übertragen. Was die Feldarbeit und das Getreide betrifft, so hieß es zum Beginn der Vision: *»Es ist Spätsommer, das Korn schon reif.«* Demnach wären die Gewaltexzesse im Ötztal bereits wieder vorüber, wenn das Getreide noch auf dem Feld steht und es noch Sinn hat, es zu ernten, da es noch nicht verdorben ist. Auch spricht die Seherin im Zusammenhang mit den Gewaltexzessen von *»kurze Zeit«* und dass die Eindringlinge es nicht mehr schaffen, die Glocken aus den Türmen zu holen, weil: *»Es geht zu schnell«*. Und an anderer Stelle gibt Katharina aus dem Ötztal Tipps, wie man dem Unheil entgehen kann:

Kinder, ihr müsst auf den Berg fliehen [...]. Dort müsst ihr euch vorher etwas zum Essen verstecken und etwas zum Schlafen herrichten. Auf den Berg gehen diese plündernden Horden nicht hinauf! Springt (lauft) ja nicht ins Dorf.[215]

Auch das klingt nicht so, als müsste man mehrere Monate auf den Bergen ausharren. Die Dauer von vielleicht drei/vier Wochen passt dann wie schon erwähnt auch zu dem, was Alois Irlmaier seinem Freund Alfred Pollinger im Großraum München gesagt hatte: Dort sollen die anarchischen Zustände *»drei Wochen«* andauern.

Schweiz

Zur Situation in der Schweiz sind mir nicht viele, oder besser gesagt, nicht genug Quellen bekannt. Die magere Quellenlage deutet so weit darauf hin, dass die Schweiz im Westen von den russischen Truppen in Mitleidenschaft gezogen wird, offenbar von Norden im Raum Basel und im Süden im Raum Genf. Möglicherweise gäbe es auch Vorstöße aus der Poebene in südliche Täler der Schweiz.
Ebenso wie in Deutschland und vielen anderen Gebieten wäre an vielen Orten der Schweiz mit Plünderungen zu rechnen. „Sicher" wären hauptsächlich die östlichen Landesteile und natürlich wieder die entlegeneren Gebiete. Für die bergigen Teile gilt wie immer das potenzielle Risiko von Bergstürzen und berstenden Stauseen.

Erna Stieglitz (1975-III-Augsburg): *Eine unvorstellbare Masse von Panzern rollt an den Bergketten der Schweiz vorbei bis hinunter nach* ***Lyon****. Die Truppen der NATO sind auf wenige Verteidigungsräume zusammengedrängt.*[216]

Nach Erna Stieglitz soll auch die Schweiz *»Verteidigungsraum«* sein.[217] Glaubt man dieser Quelle (deren Überlieferungsgeschichte wahrlich nicht die beste ist), so würde die russische Angriffswalze im Norden der Schweiz nur am Raum Basel entlangschrammen. Kämpfe im Raum Basel sah auch die Frau aus dem Füssener Raum. In den Jahren 1998/1999 hat sie mir immer wieder Notizen zugeschickt, die sich u. a. auch auf die Schweiz bezogen:

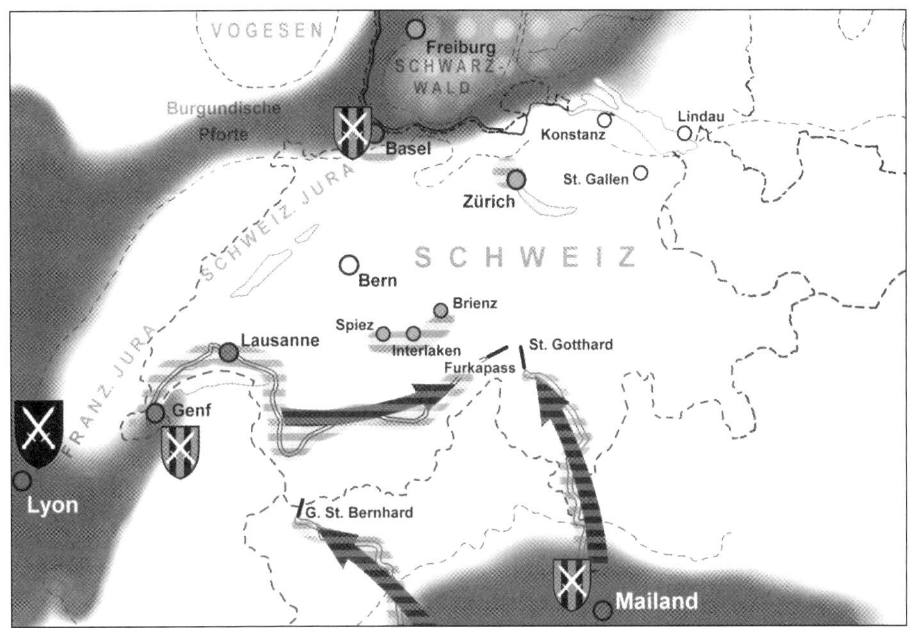

Abb. 26: Voraussagen zur Schweiz im „dritten Weltkrieg“

Frau aus dem Füssener Raum (Visionen ab 1969-II): *Die Schweiz sehe ich von vielen Seiten angegriffen.*[218]

Dazu bekam ich von ihr eines Tages eine kopierte DIN-A2-Karte der Schweiz, in die sie eingezeichnet hatte, was sie wo gesehen hatte, wobei sie auch schrieb, dass sie vielleicht nicht alles gesehen hat.
Dieser Karte nach würden die Russen bei ihrem Vorstoß nach Frankreich auch nach **Basel** vorstoßen und von dort weiter Richtung Südosten, allerdings nur wenige Kilometer, vielleicht zehn. **Genf** würde von Süden her angegriffen. Das könnten Ausläufer der Kämpfe bei **Lyon** sein und korrespondiert mit der Jahenny-Karte.
Im Zusammenhang mit Lyon und Genf ist interessant, was Nostradamus-Interpret Kurt Allgeier zu Centurie VIII/6 schreibt:

Lyon und Genf – diese Kombination ist wiederholt bei der Ankündigung der künftigen Wirren in Südfrankreich und in der Schweiz gegeben. Hier erfahren wir, dass Lyon und Malta beschossen, ja vernichtet werden, dass Genf vergeblich nach der Hilfe Englands und Frankreichs ruft.[219]

Dann gäbe es nach obiger Schweiz-Karte noch zwei russische Vorstöße aus Italien aus der Poebene heraus, einmal entlang der SS27 etwa bis zum **St. Bernhard-Tunnel** und einmal aus dem Raum Mailand bis kurz vor den **St. Gotthard-Tunnel.** Dann hat die Frau aus dem Füssener Raum auf der Karte noch einen Angriff eingezeichnet, der sich vom **Ostufer des Genfer Sees** entlang der E21 bis **Reckingen-Gluringen** hin-

zieht, und ein umkämpftes Gebiet von **Spiez, Interlaken, Brienz.** In Lausanne hob sie Plünderungen hervor – die sah sie aber an vielen Orten.
Ebenfalls findet sich auf dieser Karte ein Hinweis darauf, dass (angeblich) der *Verzasca Staudamm* am Lago di Vogorno oberhalb vom Lago Maggiore gesprengt wird.

Die Fülle der Ortsangaben der Frau aus dem Füssener Raum haben natürlich ein gewisses suggestives Gewicht, und man mag denken, wenn diese Hellseherin so viele Details sah, kann man ihr auch glauben. Man sollte aber auch diese Visionen im Zusammenhang sehen mit den Visionen anderer Seher. Weiter unten bei der Schweizer Seherin *Berta Zängeler* beispielsweise ist Krieg innerhalb der Schweiz *kein* Thema – was nicht heißt, dass es dort *überhaupt kein* Thema wäre.
Was die Glaubwürdigkeit der Frau aus dem Füssener Raum betrifft, so sprechen nicht nur Erfahrungen aus meinem persönlichen Umfeld und ihr Buch über Aura-Diagnose für ihre Glaubwürdigkeit, sondern auch ihr Engagement in Sachen Warnung der Öffentlichkeit. So hat sie, so wie sie mir schrieb, *»anonym Tausende von Briefen an ärztliche Zentralen, an Zeitungsredaktionen«* verschickt sowie ein *»Infoblatt an alle Vereine wie Zivilschutz, Rotes Kreuz, Kirchen, Unfallkrankenhäuser, Kinder-, Flüchtlingshilfen, Zivilschutz, Binnenschifffahrt, Flugzeugverkehr, Bauernverbände, Handwerkskammern«*. Ihr Infoblatt hat sie alle paar Monate aktualisiert und auch an mich verschickt. Davon will sie alleine in Ulm 2.500 bis 3.000 verbreitet haben.
Nur hat sich die Seherin wie viele, viele andere auch mit dem Datum 1998/1999 vertan. Kurz danach ist sie in die Pyrenäen umgezogen. Seit etwa 2006 haben wir keinen Kontakt mehr.

Kommen wir nun zu der Schweizer Seherin *Berta Zängeler* aus St. Gallen, die ihre Visionen im Zeitraum 1940–1950 gehabt haben soll. Leider gibt es auch von ihr nur eine Art Zusammenfassung. Schauen wir uns daraus alles an, was sich auf den konkreten Ablauf des Krieges bezieht. Den nachfolgenden Text habe ich 2009 aus dem Internet kopiert:

Berta Zängeler (~1950-II-Schweiz): *Im Nahen Osten geht der Krieg los.* ***Dort werden ganze Staaten von der Landkarte verschwinden.***

Das ist im Prinzip seit dem sogenannten Arabischen Frühling erfüllt (ab 2011). Der Irak, Libyen und Syrien sind in Einzelteile zerfallen. Anders gesagt: Selbst wenn diese Quelle erst von 2009 wäre, hätten wir hier ein erstes Indiz für echte seherische Fähigkeiten. Und: Der sogenannte Arabische Frühling und die Flüchtlingskrise wären bereits Teil des „dritten Weltkrieges“! Die Seherin weiter:

Der Russe wird in Westeuropa einfallen, als Rache dafür, dass sich die Satellitenstaaten verselbständigt haben. [Das ist nicht das Problem. Das Problem ist, dass sie zur Operationsbasis einer US-Politik geworden sind, die auf eine Einschnürung Russlands abzielt, Anm. B.] ***Man sieht nichts kommen, alles geschieht ganz plötzlich.***
Eine Hungersnot ist die Hauptgeißel für dieses Land *[die Schweiz]. Es nützt nichts, wenn wir [staatliche Stellen?, Anm. B.] Vorräte anlegen, alles wird geraubt werden.*

Die Ausländer, die in großer Zahl hier sind, werden wegen der Hungersnot nach Hause gehen.

Dieses Nach-Hause-Gehen würde in vollem Umfang sicher erst nach dem Kriege erfolgen. Darauf deutet auch das Lied der Linde und die Lehninische Weissagung.
Dass wirklich alle Vorräte geraubt werden, dürfte nicht zutreffen. Wer in abgelegeneren Regionen private Vorsorge trifft und es nicht überall rumerzählt, sollte keine Probleme haben.
Wäre in der Schweiz die Hungersnot die *»Hauptgeißel«,* könnte es mit dem Kriege in der Schweiz logischerweise „nicht allzu schlimm" sein. Auch in den nachfolgenden, hier relevanten Textstellen der Berta Zängeler wird nichts zu Kampfhandlungen in der Schweiz gesagt:

Mobilmachung wegen Flüchtlingsströmen aus Deutschland. Da die Deutschen in so großer Zahl fliehen und in die Schweiz eindringen, muss der Schiessbefehl an der Grenze erteilt werden. [...] Der Russe fällt in Deutschland ein. [...] Die russischen Panzer überrollen alles, was ihnen in den Weg kommt. Autokolonnen auf den Autobahnen werden einfach überrollt.

Auch hier wieder nichts zum Krieg in der Schweiz. Bedeutet das nun, *dass es überhaupt keinen* Krieg in der Schweiz gäbe, oder wären die Kampfhandlungen noch vergleichsweise glimpflich, regional begrenzt und nur kurzzeitig? Ich persönlich denke, dass sich Berta Zängeler und die Frau aus dem Füssener Raum durchaus in einem Bild zusammenfügen lassen, sofern in der Schweiz letztlich das zivile Chaos überwiegt. Und das könnte bei einer Hungersnot durchaus der Fall sein.

Zu Genf sei der Vollständigkeit halber diese Quelle erwähnt:

Frater Giorgio Maria da Terni (1971-III-Italien/Todi): *Schweiz: Genf, vom Erdboden verschluckt.*[220]

Da mir über die Glaubwürdigkeit dieser Quelle kaum etwas bekannt ist, ist diese Aussage bestenfalls eine Orientierung für weitere Recherchen. Autor *A. Voldben* schreibt lediglich, dass es sich um einen Kapuzinermönch handelt.

Zuletzt sei noch eine Quelle aus der Nordostschweiz aus dem Appenzell zitiert. Dabei handelt es sich um *Maria Graf* (1906–1964), eine hellseherische Familienmutter, die, wie sie schrieb, die Stimme Jesu Christi vernahm.

Maria Graf (auch Mutter Graf) (1956-III-Appenzell): *„[...] Dein Dorf und* ***dein Volk*** *werde ich um deinetwillen schonen. Doch der Einzelne, der gegen Mich ist, wird gerichtet werden. Die Städte der Sünde werden vernichtet werden."*[221]

»Dein Volk werde ich schonen« kann man so interpretieren, dass die Schweiz im Kriegsfall zwar nicht gänzlich ver-schont wird, insgesamt aber ge-schont.

Bürgerkrieg und bürgerkriegsähnliche Unruhen

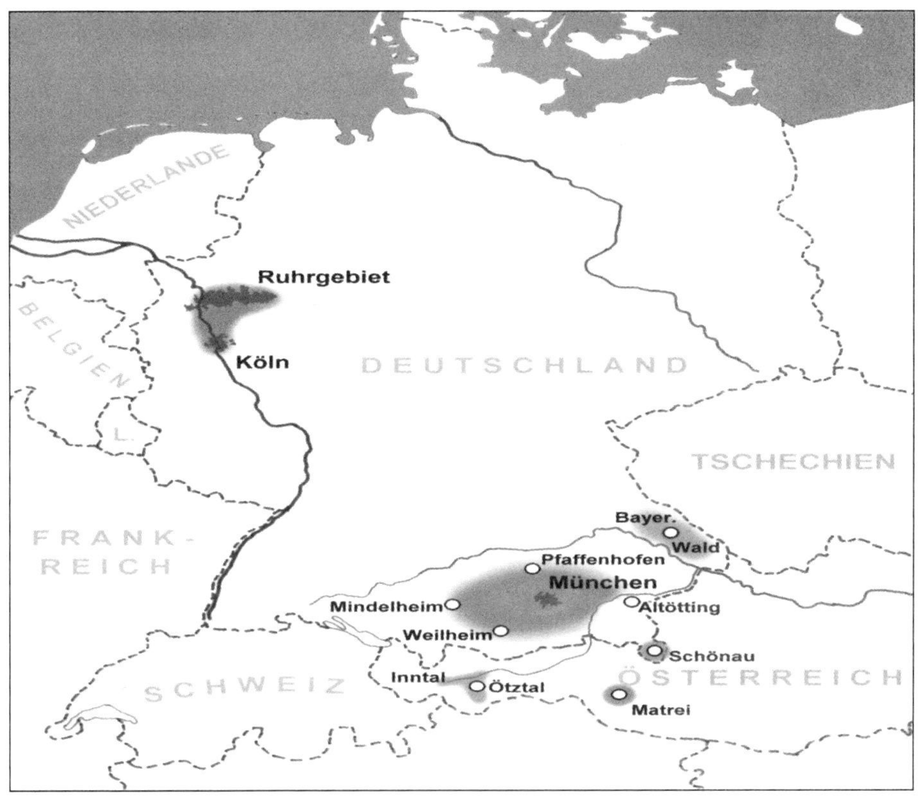

Abb. 27: Bürgerkriegsvoraussagen für den deutschsprachigen Raum

Voraussagen aus der Literatur zu bürgerkriegsähnlichen Unruhen, Anarchie und Selbstjustiz. „Normale" Plünderungen infolge der Versorgungsnotstände sind nicht im Bild berücksichtigt.

Beginnt man sich in die europäische Prophetie hineinzuarbeiten, so stößt man bald auf eine Fülle von Bürgerkriegsvorhersagen, Prophezeiungen zu bürgerkriegsähnlichen Unruhen oder Szenen von totalem Chaos und Anarchie in Europa.

Den entsprechenden Vorhersagen nach müssten diese Bürgerkriege *praktisch zeitgleich* in mehreren Staaten Europas (u. a. Frankreich, Italien und Deutschland) ausbrechen, und zwar unmittelbar vor dem Angriff Russlands, eher Wochen und Tage als Monate zuvor.

Der gleichzeitige Ausbruch schwerer Unruhen in traditionell wirtschaftlich starken Staaten Europas deutet natürlich auf eine gesamteuropäische Ursache, und wer dächte da nicht an die Überschuldungskrise, den Euro und einen möglichen Eurocrash.

Dennoch bleibt den Quellen nach unklar, wer da in Deutschland gegen wen kämpfen soll und worum es überhaupt geht. Ein paar ältere Quellen deuten diese Unruhen aus dem Geist ihrer eigenen Zeit heraus, und so ist – wie wir schon gesehen haben – gelegentlich von *»Kommunisten«* die Rede. Bei christlich geprägten Quellen erscheinen die Unruhen und Exzesse als Aufstand gegen eine gottgewollte Ordnung oder plakativ formuliert als Zeichen für die Schlechtigkeit der Menschen in dieser Zeit überhaupt.
Was im Zusammenhang mit den Bürgerkriegen den Aspekt des „sicheren Gebietes" betrifft, so sind Unruhen das geografisch bzw. lokal am schwierigsten einzugrenzende Risiko, theoretisch könnte es überall zu Unruhen kommen. Hauptrisikogebiete wären natürlich Ballungsräume, Groß- und Kleinstädte und umliegende Gebiete, in die irgendwann die hungernde Stadtbevölkerung ausschwärmt. Empfehlenswert wären folglich dünn besiedelte Regionen mit gewissem Abstand zur nächsten Stadt, wobei etliche von diesen Gebieten später wohl auch von Kriegsflüchtlingen überflutet wären.
Was den zeitlichen Ablauf dieser Unruhen betrifft, so lassen sich zwei Phasen unterscheiden: Eine erste Phase noch vor Kriegsausbruch, die eher politisch motiviert ist und in der sich die Gewalt gegen die bestehende Ordnung richtet. Diese Phase wäre relativ kurz. Glaubt man den Quellen, kann es sich nur um wenige Wochen handeln. Vielleicht nimmt man diese Ereignisse auch erst wenige Tage vor Kriegsausbruch wirklich bewusst wahr, weil man zuvor durch andere Themen abgelenkt ist und die Massenmedien nur sehr ungenügend darüber berichten.
Die zweite Phase der Unruhen ab Kriegsbeginn wäre dann geprägt von Überlebenskampf und allgemeinem Faustrecht, natürlich wieder mit großen regionalen Unterschieden, abhängig von der jeweiligen Bevölkerungsdichte, der Sozialstruktur und Versorgungslage.

Alois Irlmaier (1959-I-Südostbayern): *„Es herrscht eine hohe Inflation. Das Geld verliert mehr und mehr an Wert. Bald darauf folgt die Revolution. Dann überfallen die Russen über Nacht den Westen."*[222]

Hier bleibt unklar, wo genau die *»Revolution«* stattfinden soll. Sicherlich in Deutschland. Der Begriff *»Revolution«* ist vermutlich etwas verfehlt, weil es wohl weder eine Organisation der *»Revolution«* gäbe noch eine klare Ideologie und ein klares Ziel. Orientiert man sich an den bürgerkriegsähnlichen Ausbrüchen in Deutschland in den Weimarer Wirrejahren (bis Ende 1923), so könnten die Unruhen abwechselnd hier und dort aufflackern und müssten keinesfalls ganz Deutschland zeitgleich betreffen.
Seinem Freund aus dem Münchner Umland sagte Alois Irlmaier – das Zitat sei wiederholt:

Alois Irlmaier (~1955): *„München kriagt a Bisserl was ab, ... ihr (ca. 20 km südl. v. München) kriagt narrisch viel Leut' her. Flüchtlinge. [...] Tu ja nit 'naus gehn, wenn's losgeht [Kriegsausbruch]. Die drei Wochen dearfst nit 'naus gehn aus dem Haus. ... die [Plünderer] holens Viech vom Stall raus, und wenn sich der Bauer wehrt, dann erschlagen sie ihn. Die Städter kemman raus, die san rücksichtslos."*[223]

Dauert diese Phase im Großraum München nur drei Wochen, würde es in der Praxis bedeuten, dass Polizei- und Militärkräfte bis dahin mit Waffengewalt „für Ordnung" gesorgt haben, so wie man es seit Jahrhunderten überall auf der Welt aus Kriegs- und Katastrophenzeiten kennt.
Ein Großteil der Flüchtlinge wäre – wie gesagt – natürlich weder kriminell noch von sich aus gewalttätig, sondern hätte ganz einfach Hunger. Nur: Wie will man aus sicherer Distanz einen eher harmlosen Plünderer von einem wirklich gefährlichen unterscheiden? Dass der Hunger die Städter aufs Land treiben würde, ist klar. Die Frage wäre *wie weit.* Dazu folgende, ebenfalls schon zitierte Quelle:

Erna Stieglitz (1975-III-Augsburg): *Die Hauptgefahr für das Gebiet, das* ***ungefähr*** *von den Städten* ***Mindelheim*** *und* ***Altötting, Pfaffenhofen*** *und* ***Weilheim*** *begrenzt wird, also für den mittelbayrischen Raum [rund um München], besteht in Zerstörungen, die Terrorismus, Plünderung, Brandstiftung, Mord und Totschlag anrichten. Das Faustrecht kehrt wieder, die Gesetzlosigkeit! Hungernde Großstädter werden zu Räubern an den Bauern! [...] Es ist ein nie vorher,* ***außer vielleicht*** *im Dreißigjährigen Krieg, da gewesener Schrecken!*[224]

Das »*außer vielleicht im Dreißigjährigen Krieg*« sollte man wohl nicht zu wörtlich nehmen. Im Dreißigjährigen Krieg starben in manchen Landesteilen Deutschlands bis zu zwei Dritteln der Bevölkerung, allerdings auch wegen Krankheiten und Hunger. Wie wir oben bei Irlmaier und bei Katharina aus dem Ötztal gelesen haben, ginge es hier eher um *drei Wochen* als um *dreißig Jahre.* Der Vergleich hinkt also erheblich. Mein Eindruck: Die Seherin oder die Überlieferer waren einfach auf der Suche nach einer griffigen Formel, um das Ausmaß der Gewalt irgendwie einzuordnen.
Erna Stieglitz' ungefähre Südwestbegrenzung des dreiwöchigen „Dreißigjährigen Krieges" mit Weilheim deckt sich dann wieder mit Irlmaiers Angabe zum *Pfaffenwinkel,* der im Nordosten nur wenige Kilometer über Weilheim hinausreicht.

Alois Irlmaier (~1952-I-Südostbayern): *„Na, da brauchts Euch da drüben im* ***Allgäu*** *und* ***um Lech*** *keine Sorgen machen. Euch tut's auch nicht viel, bloß* ***große Mengen Flüchtlinge*** *werden kommen und die eigenen Leut' werden stehlen und plündern, dass es eine Schand' sein wird. [...] Alle Leut', die um einen heiligen Ort herum wohnen, bleiben verschont, denen wird kein Haar gekrümmt, da sorgt der Himmel dafür. Sie haben mir erzählt, dass es da drüben im* ***Pfaffenwinkel*** *zwischen Lech und Ammer auch eine große Wallfahrtskirche gibt, wo die Leut' zum Gegeißelten Herrn beten. Dort geschieht g'wiß nichts.* ***Nur Flüchtlinge werden kommen*** *...*"[225]

Außerhalb der von Erna Stieglitz beschriebenen Zone gäbe es auch Irlmaier zufolge zwar Flüchtlinge, und diese würden auch plündern, aber es gäbe keine Toten mehr.
Was Südostbayern östlich des Inns betrifft, sind mir für außerhalb der „Stieglitz-Zone" keine Vorhersagen zu Plünderungen oder Bürgerkriegsunruhen bekannt. Doch auch hier wäre mit Flüchtlingen zu rechnen, vor allem aus Österreich.

Hier eine andere Quelle:

Seher aus dem Waldviertel (1959-II): W. J. Bekh schreibt: *Er sah einen Bürgerkrieg in Italien und in der Bundesrepublik, östlich vom Rhein.*[226]

Leider wird nicht gesagt, *wo* östlich des Rheins, aber der Ballungsraum Ruhrgebiet grenzt natürlich im Westen an den Rhein. Zum *»Bürgerkrieg«* östlich des Rheins gleich die nächste Quelle, die diesmal aus der Kölner Gegend kommt:

Edward Korkowski (1985-III-Pulheim/Köln): *Ich sah auf den Straßen kämpfende Menschen, turbulente Zustände; wo sie mit Waffen und allen möglichen Gegenständen aufeinander einschlugen und rücksichtslos mordeten. Mit dem geistigen Auge sah ich, dass dies Geschehen vom **Ruhrgebiet** ausgehend sich **bis zur Stadt Köln** hin ausdehnte. Da rief eine Stimme über mir: „Wenn du dies siehst, dann fliehe so schnell du kannst. Solltest du mit dem Auto nicht durchkommen, so lass es stehen und laufe mit den Deinen, so schnell ihr könnt, bis **fast zur belgischen Grenze in bergige Gegend.** Denn in diesem Gebiet wird etwas geschehen, wobei alle sterben werden."*[227]

Edward Korkowski (geb. 1931) lebt in Pulheim, einem Vorort von Köln, westlich des Rheins. 1982 und 1989 hat er zwei Bücher über seine Visionen veröffentlicht.[228] Und wie ich kürzlich von einem Verleger erfahren habe, will er jetzt – offenbar wegen der aktuellen Entwicklung der Weltlage – ein drittes Buch herausbringen. Mit 85 Jahren macht man so etwas nur, wenn es einem wirklich wichtig ist. Das spricht für den inneren Antrieb Edward Korkowskis.
Fährt man von Köln aus Richtung belgische Grenze, gelangt man nach und nach in immer höheres Terrain. Gegen welche Gefahr schützen höhere Gebiete? Gegen Fluten! Die Warnung der Stimme könnte sich auf den bald auf die Unruhen folgenden Krieg und die russische Tsunami-Bombe beziehen.
Ansonsten ergibt sich hier eine seltsame Parallele zu Alois Irlmaier: Auch Edward Korkowski dürfte mit seinen inzwischen 85 Jahren etwas zu alt sein für ein Rennen, so schnell er kann. Andererseits deutet der Rat, das Auto notfalls stehen zu lassen, darauf hin, dass er beileibe nicht der Einzige wäre, der in diesen Stunden das Weite sucht. Ist das also so zu verstehen, dass den Ausschreitungen in kürzester Zeit der Krieg folgt und dass es ab Kriegsbeginn nicht mehr möglich ist, in höhere Gebiete zu flüchten?

Hartnäckige Ostdeutsche

Ein anderer interessanter Aspekt bei den Prophezeiungen zum Bürgerkrieg sind die *Ostdeutschen*. Dazu finden sich u. a. zwei Quellen, die nichts voneinander gewusst haben können, sich an einer Stelle aber punktgenau treffen:

Seher aus dem Waldviertel (1959-II-Österreich): *Die Hartnäckigsten und Verschlagensten sind die Ostdeutschen.*[229]

Die Visionen des Sehers aus dem Waldviertel wurden erstmals 1980 veröffentlicht. Mit obigem Zitat ist wohlgemerkt eine *militärische* Konfrontation zwischen Ost- und

Westdeutschen gemeint! Sprachlich passend dazu schrieb mir im Jahre 2005 besagte Leserin von den 1960er Voraussagen ihrer Bremer Großmutter:

Bremer Großmutter (1960-II): ... *Der Fall der Mauer und danach wird wieder die Grenze errichtet. Aufstände zwischen Ausländern und Deutschen. [...] Die Menschen im Osten von Deutschland sind sehr hartnäckig.*

Tatsächlich haben sich die Ostdeutschen bei der Flüchtlingsthematik als *»hartnäckig«* erwiesen. Trotz medialen Sperrfeuers beharr(t)en viele Ostdeutsche auf ihrer Anti-Einwanderungshaltung und demonstrierten dies immer wieder auf PEGIDA-Demonstrationen in Dresden. Hier ergibt sich also unbestreitbar ein gewisser Zusammenhang zwischen Wirklichkeit und hellseherischer Vorausschau. Allerdings fragt sich, bis wohin diese Hartnäckigkeit die Ostdeutschen noch treiben könnte?
Ich persönlich glaube nicht, dass es im Rahmen eines deutschen „Bürgerkriegs" zu einer regelrechten territorialen Spaltung Deutschlands kommt, so wie man aus manchen Prophezeiungen herauslesen könnte und – ja – im Einzelfall eigentlich auch *muss*.
Eine echte territoriale Spaltung Deutschlands noch zu Friedenszeiten könnte die NATO nie und nimmer zulassen, schließlich ist Deutschland der zentrale Stabilitätskern Europas. Würde Deutschland innenpolitisch tatsächlich auf so dramatische Weise geschwächt – was ohne eine schwere Wirtschaftskrise völlig ausgeschlossen scheint –, dann wären die Zentrifugalkräfte anderswo in Europa zu diesem Zeitpunkt schon längst so stark, dass dort bereits offener Bürgerkrieg herrscht (Italien, Frankreich, Spanien). Damit findet sich eine recht simple Faustregel: Staaten wie Italien, Spanien und Frankreich hätten auf dem Wege in den wirtschaftlichen und innenpolitischen Abgrund mit Sicherheit einen deutlichen Vorsprung vor Deutschland.
Abgesehen von dieser eher ökonomischen Überlegung lautet hier die geostrategische Faustregel: Eine territoriale Spaltung Deutschlands ist nur dann möglich, wenn die NATO schon zerfallen ist. Das aber wäre meiner Einschätzung nach ein geostrategisches Hirngespinst. Einen territorialen Zerfall Deutschlands würden die USA mit aller Macht und mit all ihren Vasallen und Interessenvertretern in der europäischen Politik und in den Massenmedien zu verhindern suchen.
Dennoch gibt es – wie wir gesehen haben – ein paar ältere Quellen, denen nach im „dritten Weltkriege" Preußen (bzw. Ostdeutsche) auf Seiten der Russen gegen Westdeutsche kämpfen sollen. Sogar eine Quelle von 1975 zeichnet dieses Bild:

Erna Stieglitz (1975-III-Augsburg): *Bayrische und österreichische, schweizerische und französische Truppen werden [...] nach Norden vorstoßen, um sich an der Schlacht gegen die dort eingekreisten* ***russischen und preußischen Verbände*** *zu beteiligen.*[230]

Nochmals: Die hier erwähnten *»preußischen Verbände«* widersprechen vollkommen dem immer wieder prophezeiten Überraschungsangriff. Die NATO wird nicht tatenlos zusehen, wenn in Ostdeutschland russland-freundliche Kampfverbände ausgehoben werden. Und unmittelbar nach dem Angriff hätten die Russen auch kaum Zeit, diese Verbände aufzustellen. Wenn, dann müsste es sich meiner Ansicht nach um

Hilfstruppen handeln, die erst im Laufe des kurzen Krieges ausgehoben werden. Diese wären dann aber naturbedingt zahlenmäßig klein. Somit bleibt schleierhaft, wo die *»preußischen Verbände«* herkommen sollen. Möglich, dass sich die „Preußen" bei Erna Stieglitz im Laufe der Überlieferung der Vorhersagen eingeschlichen haben. Aber das Thema taucht eben auch beim Einsiedler Antonius (1820), beim Pfarrer von Baden (1923) und oben beim Waldviertler auf.
Ich persönlich kann mir das mit den ostdeutschen Verbänden nicht so recht vorstellen. Das gewichtigste Gegenargument ist wie gesagt, dass ein vorheriger Zerfall Deutschlands dem immer wieder prophezeiten völlig überraschenden Angriff aus dem Osten widerspricht. Und dieser Überraschungsangriff wird von sehr viel mehr und auch von sehr guten Quellen vorausgesagt (siehe Seite 215).

Jagd auf die „Herren"

Abschließend zum Thema Bürgerkrieg ist noch ein anderer Typ von Bürgerkriegs-Prophezeiung zu beleuchten, wo es um *gezielte, selektive Gewaltakte* gegen Repräsentanten der bisherigen Gesellschaftsordnung geht, um Gewalt gegen tatsächliche oder vermeintliche Profiteure und Gewinner des bisherigen „Systems".
Bevor wir uns dazu die Aussagen von fünf Hellsehern ansehen, noch ein paar einleitende Anmerkungen: Ähnlich wie im Fall der Wilden, die ins Ötztal einfallen sollen, scheint derzeit jegliche psychologische und soziale Grundlage für eine „Jagd auf die Herren" oder eine „Jagd auf Reiche" zu fehlen. Derzeit haben wir keine ideologisch untermauerte Neiddebatte. Folglich müsste in Zukunft noch etwas geschehen, dass eine regelrechte Feindschaft, ja einen echten Hass breiter Bevölkerungsschichten auf „die da oben" und deren „Gesinnungsgenossen" provoziert.
Was könnte das sein? Orientiert man sich an *Niccolò Machiavelli,* dem bekannten Staatstheoretiker aus der Renaissance, so ist dem Herrscher mehr oder weniger alles erlaubt. Nur zwei Dinge darf er auf gar keinen Fall: Sich an den Frauen seiner Untertanen zu vergreifen – *und an deren Gelde!*
Käme es zu einem Euro-Crash XXL und ein Großteil der Bankguthaben, Verbriefungen, Sparverträge, private Rentenansprüche usw. würde über Nacht durch den Schornstein gejagt (was z. B. auch die bekannte Berliner Wahrsagerin *Gabriele Hoffmann* vorsagt, siehe hier[231]), dürfte die Wut im Volke grenzenlos sein. Schließlich wurde dem Volk der Euro jahrelang als Heilsbringer, als großer Segen, Stein der Weisen und was weiß ich nicht alles angepriesen.

Mit dem Euro würde der Glaube an Regierung, Massenmedien und Finanzbranche vollkommen zusammenbrechen. Um eine Ahnung davon zu vermitteln, welches emotional und weltanschaulich komplette Neuland der „normale" Bürger infolge eines totalen Euro-Crashs betreten könnte, will ich einen Vergleich herstellen zu dem Kollaps der Maya-Kultur im zentralen mexikanischen Tiefland (Metropole *Teotihuacán*) im 9. Jahrhundert. Damals ist eine Zivilisation komplett zerfallen, und selbst blutige Menschenopfer auf der Spitze der höchsten Pyramide konnten eine dauerhafte Verschlechterung des Klimas nicht verhindern, konnten nicht verhindern, dass immer

weniger Regen fiel, die Ernten immer schlechter wurden und zuletzt ein ganzer Staat zerbrach.
Massenpsychologisch gesehen könnte sich die (nicht nur) für Europa prophezeite Zerfallskatastrophe durchaus auf einem ähnlichen Niveau bewegen: Wenn der „Gott-König“ das Ritual nicht mehr beherrscht, zerbricht der Glaube an die bestehende Ordnung, und damit das System selbst. Wenn die Software erlischt, stoppt die Maschinerie. Massenpsychologisch gesehen käme ein Euro-Crash XXL einer Götterdämmerung gleich und könnte sich anfühlen wie der 9. November 1989 in Ostberlin hoch zehn oder wie der Weltbildzusammenbruch, den die Kelten vor 2.400 Jahren im Chiemgau erlebten, als ein Impakt ihr bis dahin halbwegs gemütliches Weltbild für immer zertrümmerte.
Ein zertrümmertes Weltbild tut in der ersten Zeit natürlich höllisch weh. Aber die gute Nachricht ist: *Danach* eröffnen sich große geistige Freiräume!

Nur – je größer der Crash-Schaden wäre, umso größer wäre die Wut und umso verbissener wäre die Suche nach den Schuldigen. Natürlich würde man dann der Päpste und Kardinäle des Finanzsystems nicht mehr habhaft werden (die kennen schließlich die Tücken ihres Systems), wohl aber der kleinen Priester vor Ort. Und bald würde es auch nicht mehr interessieren, ob sich dieser kleine Priester oder jener wirklich etwas hat zuschulden kommen lassen.

Wie Sie vielleicht gleich sehen werden, werden Sie Mühe haben, für die nachfolgenden Voraussagen eine schlüssigere Erklärung zu finden, abgesehen von der Erklärung, all das sei nur Quatsch. Dieser intellektuelle Reservefallschirm funktioniert beim Thema Prophetie natürlich immer. Wenn Prophezeiungen zu sehr nerven, sind sie einfach Quatsch. Nicht allzu raffiniert argumentiert. Aber es erfüllt seinen Zweck.
Nichtsdestotrotz fragt sich, wie es sein kann, dass so viele Reiche in diesem Lande so unglaublich dumm sein können und nicht erkennen, dass sie im Falle eines Systemzusammenbruchs absolut prädestiniert wären für die Rolle des Ersatzschuldigen.

Im *Berchtesgadener Anzeiger* tauchte im Jahre 1932 in einer Beilage eine Prophezeiung auf, die zurückgeht auf einen gewissen *Thalerer,* einen Hellseher um etwa 1800, der im Berchtesgadener Land lebte. Der Thalerer war in den 1930er Jahren in der Gegend noch recht bekannt und galt wenigstens insoweit glaubwürdig, als man ihn noch öffentlich zur Kenntnis nahm. Seine Prophezeiung deckt sich in etlichen Punkten mit anderen Quellen. Im Berchtesgadener Anzeiger war zu lesen:

Der Thalerer (um 1800-III-Berchtesgadener Land): *Wenn der Bauer „anbaut“ (ackert) und er sieht einen Herrn [Amtsträger, sehr Wohlhabenden, Anm. B.] gehen, lasst er den Pflug stehen, erschlägt zuerst den Herrn mit der Pflugreidl, dann fahrt er erst wieder weiter.*
Recht viele Gesetze werden gemacht, werden aber nicht mehr ausgeführt [Das wäre die Situation in Deutschland unmittelbar vor Kriegsausbruch.]. Die Leute werden bloß noch bei den Händen angeschaut; diejenigen, welche feine Arbeitshände haben, werden alle erschlagen. Wer noch etwas hat, dem wird es genommen.[232]

Was am Prophezeiungstext des Thalerers irritiert, ist u. a. die beschriebene völlig gesetzlose Situation und die scheinbare Überzeugung des Bauern, dass der „Herr" den Tod verdient hat. Dieses Motiv der Selbstjustiz setzt sich fort mit dem Erschlagen jener mit *»feinen Arbeitshänden«*. Natürlich muss man dazu anzumerken, dass heutzutage kaum noch einer körperlich so hart arbeitet, dass man es an seinen Händen sieht. Rein praktisch gesehen würde das bedeuten, dass sich im „Thalerer-Szenario" jene mit feinen Händen zusammenschließen und verteidigen, und damit natürlich Erfolg haben, weil sie in der Überzahl sind.
Von einen Osttiroler Seher namens *Egger Gilge* (1735 gest.), aus Matrei, etwa 40 Kilometer Luftlinie südlich von Berchtesgaden wurde folgende Vorhersage überliefert:

Egger Gilge (1735-III-Tirol): *Die [hohen] Herren werden alle erschlagen werden, und wenn es dazu kommt, dann werden sie sich verkleiden und in die Wälder fliehen und Holz hacken. Es wird ihnen aber nichts nützen. Man wird nicht weiter schauen als auf die Hände;* ***wer kluge (feine*) Hände hat, wird halt erschlagen.***[233]

Hat der Thalerer (~1800) vom Egger Gilge (1735) abgeschrieben? Das lässt sich nicht ausschließen. … Eine ähnliche Vorhersage findet sich bei Alois Irlmaier:

Alois Irlmaier (~1955-I-Südostbayern): *„Es kimd a schlimme Zeit. Hehere [Höhere] wern auf da Stroß totschoßn oder higricht."*[234]

Wo genau und in welchen Fallzahlen bleibt unklar. Sind nur aufsehenerregende Einzelfälle gemeint? Oder soll Reichtum und Bekanntheit allgemein zum Fluch werden? Es fällt auf, dass die letzten drei Quellen aus einer ländlichen, bestenfalls kleinstädtischen Region stammen: aus dem Berchtesgadener Land (Thalerer und Irlmaier) und Osttirol (Egger Gilge). Das weckt Ahnungen hinsichtlich der Situation in anonymen Großstädten.
Eine vierte Quelle, die im Zusammenhang mit selektiver Gewalt in Deutschland unbedingt auch zu erwähnen ist, sind wieder die *Feldpostbriefe* aus dem Elsass 1914. Allerdings muss ich in diesem Fall zunächst etwas Gerümpel beiseiteschieben, um den Blick auf den eigentlichen Punkt freizulegen:

Im ersten Feldpostbrief vom 24. August 1914 findet sich eine Sequenz, die sich auf die Zeit unmittelbar nach dem Zweiten Weltkrieg zu beziehen scheint:

1. Feldpostbrief (24. August 1914-I-Elsass): *Der Krieg selbst endet schlecht für den Mann [Adolf Hitler, Anm. B.] und seinen Anhang. Das Volk steht auf mit den Soldaten. Denn* ***es kommt die ganze Lumperei auf*** *und es geht wild zu in den Städten. Er [der französische Seher] sagt, man soll in dieser Zeit kein Amt oder sonst dergleichen annehmen,* ***alles kommt an den Galgen*** *oder wird* ***unter der Haustüre aufgehängt,***

* Egger Gilge spricht wiederholt von *»Herren«*, einmal ausdrücklich von *»hohen Herren«*, einmal von *»Herren von der Obrigkeit«*, davon, dass *»die Herren die Bauern alle in ein Bohrloch treiben wollen« (?)*, dass sich *»die Bürger wie die Herren«* kleiden usw. – *»feine«* ist offenbar die Deutung/Erklärung des Autors Gottfried Melzer.

wenn nicht ***am Fensterblocke hingenagelt,*** *denn die Wut unter den Leuten sei* ***entsetzlich,*** *denn da kommen Sachen auf,* ***unmenschlich.***[235]

Im ersten Moment mag man denken: „Aha, Adolf Hitler! Alles klar! Das Ende der Nazizeit. Die Sache mit dem Holocaust kam raus. Jeder war entsetzt."
Das Problem ist nur, dass es nach Ende des Zweiten Weltkrieges in Deutschland so gut wie überhaupt keine Auswüchse von Selbstjustiz gab. Die Deutschen haben 1945 „artig" bis ganz zum Schluss für den „Führer" gekämpft, und in Westdeutschland (~Elsass) haben sich die Deutschen „artig" und nahtlos den alliierten Besatzungstruppen und Besatzungsbehörden ergeben und gebeugt. Die „herrschaftslose" Zwischenphase zwischen Nazi-Herrschaft und Alliierten-Herrschaft betrug *oft nur Stunden.* Es gab praktisch keinerlei Machtvakuum. Im Prinzip war es so, dass die letzten Wehrmachtseinheiten vormittags aus der jeweiligen Ortschaft in Westdeutschland abgezogen sind, und am Nachmittag kamen dann die Amerikaner, Briten und Franzosen.
Überdies hatten die Nazis in den zwölf Jahren ihrer Herrschaft mit GeStaPo und KZ jegliche Opposition ausgeschaltet und oft genug umgebracht. Auch gab es bei Kriegsende in der deutschen Bevölkerung immerhin noch viele Nazis, dass an illegale öffentliche Hinrichtungen irgendwelcher NSDAP-Parteibonzen nicht zu denken war. Es gab seinerzeit zu viele aussagebereite Zeugen, die sich Tage später an die alliierten Besatzungsmächte hätten wenden können.

Das muss man ganz klar sehen: Beim Aufhängen unter *»Haustüren«* und unter dem *»Fensterblocke«* (sicherlich nicht im Erdgeschoss!) geht es um einen symbolischen Akt, um eine Zurschaustellung. Die eigentliche Rache, den Mord könnte man auch innerhalb der Wohnung begehen, im Keller oder sonst irgendwo, wo keine Zeugen sind. Zudem ist es auch nicht so einfach, jemanden aufzuhängen. Dazu braucht man Gehilfen. Das dauert seine Zeit. Der Strick will gut verankert und geknüpft sein. Übertrüge man eine solche Szene in jene ersten Stunden nach der Flucht der Wehrmacht, würden die Henker zudem Gefahr laufen, von den plötzlich eintreffenden Alliierten *standrechtlich* erschossen zu werden, das heißt nur wenige Minuten nachdem sie ertappt worden sind. Es wäre noch Krieg und es gälte das Kriegsrecht. Außerdem könnte man ja auch ein paar Wochen warten, bis die NSDAP-Bonzen von den Alliierten geschnappt und angeklagt worden sind.

Noch schlechter passt die Voraussage aufgeknüpfter Bürgermeister in die Zeit nach dem *Ersten Weltkrieg* schon alleine wegen der Dinge, die plötzlich bekannt werden und die die große Wut auslösen. Nach Ende des Ersten Weltkrieges sind in Deutschland keine außergewöhnlichen Verbrechen bekannt geworden.
Mit anderen Worten: Hier scheinen im Zuge der Überlieferung der Feldpostbriefe ein paar Dinge chronologisch durcheinandergeraten zu sein.

Kommen wir zur fünften Quelle in dieser Reihe:

Mühlhiasl (1809-II-Bayerischer Wald): *Die Bauern werden sich hohe Zäune ums Haus machen und aus dem Fenster auf die Leut' schießen. Wer feine Hände hat, wird aufg'hängt werden. Das dauert aber nur ein oder zwei Mondlängen [Monate].*[236]

Halten wir fest, dass so weit fünf Quellen erhebliche „Probleme" in Sachen Selbstjustiz voraussagen und darin übereinstimmen, dass im Mittelpunkt dieser Selbstjustiz bisherige vermeintliche Gewinner des Systems stehen: Die Feldpostbriefe beziehen sich auf politische Amtsträger oder Repräsentanten des Staates, Irlmaier spricht von *»Höheren«*, Egger Gilge von *»hohen Herren«*, bzw. Personen mit *»klugen Händen«*, der Thalerer von *»Herren«*, und bei Mühlhiasl sind es die mit den *»feinen Händen«*.

Es findet sich aber noch eine sechste Quelle zu dem Thema, und zwar die bekannte, 1986 verstorbene niederrheinische Wahrsagerin *Buchela,* mit bürgerlichem Namen *Margarethe Goussanthier.* Mit ihren hellseherischen Fähigkeiten stand Buchela den Bonner Politikern rund 30 Jahre lang zur Verfügung. Das ist inzwischen zwar etwas in Vergessenheit geraten, und schlampige Rechercheure (z. B. auf Wikipedia) versuchen den Eindruck zu erwecken, Buchela hätte nie Zugang zu Bonner Politiker-Kreisen gehabt, doch glücklicherweise gibt es u. a. Fotos, auf denen man die Wahrsagerin zusammen mit *Helmut Kohl* und *US-Senator Edward Kennedy* sieht, und wie sie dem Senator etwas zu einem Foto erklärt, das man ihr überreicht hat.[237]
Glaubt man Buchelas Memoiren, so war ihr bekanntester Kunde Kanzler *Konrad Adenauer.* Der hat das natürlich nie zugegeben. Jedoch hat er sich am 6. September 1953, dem Tag der 1953er Bundestagswahl, ohne Not und ohne von Journalisten gedrängt worden zu sein, vor der Presse verplappert und verraten, dass er sich ein paar Tage zuvor von einer Wahrsagerin das Wahlergebnis habe voraussagen lassen.[238]
Als sich Buchelas Voraussage – der Bundestagswahl-Sieg der CDU/CSU – entgegen aller damaligen Meinungsumfragen bewahrheitete, öffneten sich für die Wahrsagerin die Türen zu den Bonner Politikerkreisen. Buchela hatte demnach auf Deutsch gesagt einiges auf dem Kasten und hat nicht umsonst ganze „Politikergenerationen" beraten.

Buchela (1983-II-Rheinland): *Ich aber sage euch: Die Angst macht alle gleich. Beneidet nicht die, **die reich sind und ganz oben.** Sie fürchten sich genauso vor dem Leben und vor der Zukunft wie ihr. Und sie müssen sich mehr fürchten. Denn eine Zeit wird auf euch zukommen, da wird das Unterste zuoberst gekehrt und **Reichtum und Ruhm werden ein Fluch sein und das Leben gefährden.** Und die Furcht vor dem Morgen wird in allen sein.*[239]

Auch noch im Lied der Linde findet sich ein Hinweis darauf, dass sich für gewisse Zeit *»Reich und Arm würgt«* (siehe Seite 135).
Um ein Gefühl dafür zu vermitteln, wie unterschiedlich nuanciert die Seher bestimmte Ereignisse beschreiben, hier noch eine Voraussage des Franz Kugelbeer:

Franz Kugelbeer (1922-III-Lochau/Bodensee): *Aufstand in Österreich. Kein Geld mehr, Abfall der Beamten, Polizei, Gendarmerie. Kein Gericht. Gefängnis voll Bürger und Priester. Erschießungen im Hof zu Bregenz. Dann schaffen die Bauern aus dem Gebirge Ordnung. Jene Bürger, die den Nächsten lieben, werden wunderbar verschont; wer ihn hart behandelte, wird hart bestraft.*[240]

Die immer wieder beschriebenen Morde an den „Herren" könnte man versuchen kleinzureden, und behaupten, ein Seher habe vom anderen „abgeschrieben". Dagegen spricht jedoch der Umstand, dass es sich bei den acht zitierten Quellen zur „Jagd auf die Herren“ um einen Großteil der besonders guten Quellen aus dem deutschen Sprachraum handelt – oder jedenfalls um Quellen, die gemeinhin als besonders glaubwürdig gelten: Alois Irlmaier, die Feldpostbriefe, Mühlhiasl, das Lied der Linde und Buchela.

Zwischendurch etwas Positives

Um nach den Voraussagen zu bürgerkriegsähnlichen Unruhen einen doch einigermaßen hoffnungsvollen Ausklang zu finden, möchte ich aus dem *Lied der Linde* zitieren. Diese Prophezeiung wurde wie schon erwähnt im Jahre 1921 vom *Martin Hingerl*[241] veröffentlicht, und in dem betreffenden Büchlein findet sich ein Vorwort vom **Oktober 1920.** Das Datum Oktober 1920 ist wichtig zur Beurteilung der Glaubwürdigkeit des Lieds der Linde bzw. der Möglichkeit einer echten übersinnlichen Inspiration.
Ob der Autor Hingerl selbst seherische Kräfte hatte, lässt sich nicht sagen. Wahrscheinlicher scheint, dass er einen Hellseher kannte, dem er half, seine Visionen für die Nachwelt zu Papier zu bringen. Oder Hingerl verfügte tatsächlich über einen Prophezeiungstext aus dem 19. Jahrhundert. In der Fachwelt jedenfalls wird kritisiert, dass sich am Anfang des Lieds der Linde – der sich mit der Zeit deutlich vor 1920 befasst – Hinzudichtungen befinden, offenbar, um die suggestive Kraft der nachfolgenden Voraussagen zu erhöhen. Aus solchen Hinzudichtungen erwächst natürlich der Verdacht, *alles* sei Dichtung. Dem widerspricht jedoch eine Voraussage des Lindenlieds, die sich nur wenige Jahre nach der Veröffentlichung erfüllt hat. Sie lautet:[242]

Arme werden reich des Geldes rasch,
Doch der rasche Reichtum wird zu Asch.

Allem Anschein nach beziehen sich diese zwei Zeilen auf die Hyperinflation in Deutschland Anfang der 1920er Jahre. Die Inflation war seinerzeit so aberwitzig hoch, dass man immer wieder neue Geldscheine mit immer höherem Nennwert drucken musste. Irgendwann hatten *einzelne Geldscheine* einen Nennwert von Millionen und *Milliarden* Reichsmark. Von den wertlosen Geldscheinen brauchte man auf dem Höhepunkt der Hyperinflation ganze Kofferladungen!
Auf der nächsten Seite kann man sehen, was nach der Hyperinflation und der Währungsreform mit dem alten wertlosen Geld geschah. Es wanderte in den Ofen.

Im Hinblick auf die Qualität und die Glaubwürdigkeit des Lindenliedes stellt sich natürlich die Frage, ob schon im Oktober 1920 eine solch gigantische Inflation absehbar war. Die Antwort lautet: *Definitiv nein.* Ein historisches Vorbild für eine Hyperinflation diesen Ausmaßes gab es 1921 nicht, und zwar weltweit.

Sehen wir uns zu der Frage, ob schon im Oktober 1920 eine Hyperinflation nie gekannten Ausmaßes absehbar war, die Preisentwicklung des Inlandbrief-Portos in Reichsmark in dieser Zeit an. Siehe die Tabelle unten rechts.[243]

Datum		Porto in Reichsmark
31. Januar	1918	0,15
31. Januar	1919	0,15
31. Januar	1920	0,20
31. Januar	1921	0,40
3. Oktober	1921	0,60
31. Januar	1922	2,00
21. Oktober	1922	6,00
31. Januar	1923	50,00
26. Juni	1923	100,00
8. August	1923	1.000,00
7. September	1923	75.000,00
3. Oktober	1923	2.000.000,00
11. Oktober	1923	5.000.000,00
22. Oktober	1923	10.000.000,00
3. November	1923	100.000.000,00
9. November	1923	1.000.000.000,00

Abb. 28: Nach dem Ende der Hyperinflation und nach der Währungsreform in Deutschland wurde das Inflationsgeld verbrannt.

Wie man in der Tabelle erkennt, betrug die Inflation zum Zeitpunkt, als das Lied der Linde veröffentlicht wurde (Vorwort Oktober 1920 / Druck 1921[244]), etwa 100 % im Jahr, was auf jeden Fall schon eine dramatische Teuerung war, keine Frage. Dennoch bewegte sich diese Inflation noch insofern im Rahmen, als dass zu diesem Zeitpunkt noch keine komplett neuen Geldscheine mit neuem Nennwert gedruckt werden mussten. Nach dem Erscheinen des Büchleins mit dem Lied der Linde dauerte es noch rund zwei Jahre, bevor die eigentliche Hyperinflation begann. Lag der Portopreis Anfang 1923 gegenüber Anfang 1922 „nur" um den Faktor 25 höher, war es im November 1923 der Faktor **2 Millionen!**

Natürlich ist der Treffer des Lieds der Linde bei der Hyperinflation keine Garantie dafür, dass auch alle anderen Voraussagen der Prophezeiung stimmen. Möglicherweise hat diese Quelle aber auch die im Jahre 2015 begonnene Flüchtlingswelle vorausgesehen. Sehen wir uns dazu an, wie das Lied der Linde zunächst die Zeit nach Ende des „dritten Weltkrieges" und nach der dreitägigen Finsternis beschreibt:

Lied der Linde (1921-II-Staffelstein)

Wie im Sturm ein steuerloses Schiff
Preisgegeben einem jeden Riff,
Schwankt herum der Eintagsherrscherschwarm,

Macht die Bürger ärmer noch als arm.[245]

So in etwa müsste es in vielen Landesteilen aussehen, wenn die allgemeine Versorgung zusammenbricht.

Denn des Elends einz'ger Hoffnungsstern –
Eines bessern Tags – ist endlos fern.
„Heiland, sende, den Du senden musst“,
Tönt es angstvoll aus der Menschenbrust.[246]

Zur Erinnerung: In Norddeutschland, in Westfalen und am Rhein müsste sich zeitgleich eine große westeuropäische Armee befinden. Sobald diese Armee in Norddeutschland den östlichen Gegner besiegt hat, kann sie Einheiten zur Wiederherstellung der öffentlichen Ordnung in südlicheren Landesteilen freistellen. Diese Ordnungskräfte dürften dabei auf keinen größeren Widerstand stoßen, weil sie potenziellen Rebellen und Chaoten waffentechnisch deutlich überlegen sind. Das *»Eines bessern Tags ist endlos fern«* klingt natürlich so, als würde dieses Übergangschaos mehrere Jahre andauern. Das glaube ich jedoch nicht. Sicherlich wird man das Militär, das man im eigentlichen Krieg nicht mehr braucht, sofort zur Wiederherstellung der öffentlichen Ordnung einsetzen. Dabei wäre auch daran zu denken, dass schon kurz nach dem endgültigen militärischen Sieg über die russische Armee in der westlichen Elite das Gerangel um die Poolpositionen für die politische Nachkriegsordnung beginnt. Das heißt, potenziell neue politische Führungskräfte würden sich umgehend auf die nächsten Aufgaben stürzen, um sich zu profilieren. Eine der allerersten Aufgaben wäre die Wiederherstellung der öffentlichen Ordnung. Nach dem Sieg über die Russen gäbe es für neue politische Führungskräfte praktisch keinerlei Ruhepause.
Geht man von einem Ausbruch des Bürgerkriegs unmittelbar vor Kriegsausbruch aus, käme man auf mindestens drei Monate Unruhen, plus ein paar Wochen mehr. So meine Einschätzung. Der „endlos ferne Hoffnungstag“ könnte somit ein eher subjektives Empfinden sein.

Im Lied der Linde geht es weiter:

Nimmt die Erde plötzlich einen andern Lauf?

Das könnte bedeuten, dass der Polsprung in mehreren Etappen abläuft.

Steigt ein neuer Sonnenstern herauf?
„Alles ist verloren!“ – hier noch klingt.
„Alles ist gerettet!“ – Wien schon singt.[247]

Mit dem Jubel in Wien hatten wir uns schon befasst. Der „andere Lauf der Erde“ ist aus dem Gesamtkontext der europäischen Prophetie eindeutig *nicht* symbolisch zu verstehen, sondern es müsste sich um die unnatürliche Drehbewegung des gesamten Erdballs handeln (hier allerdings noch einmal *nach* dem Kriege), die sich im Zusammenhang mit dem neuen Himmelskörper ereignet. Dazu passt auch der *»neue Son-*

nenstern«. Dies könnte wie schon erwähnt ein absichtlich etwas undeutlicher Hinweis auf den Himmelskörper sein.

Ja, von ***Osten*** *kommt der starke Held,*
Ordnung bringend der verwirrten Welt,
– Weiße Blumen um das Herz des Herrn –
Seinem Rufe folgt der Wackre gern.[248]

Die Sache mit dem Helden aus dem Osten hatte ich schon zu erklären versucht. Der Held käme der heutigen Geografie nach wohl aus dem Westen (Nordwestdeutschland), nur dass das dann der zukünftige Osten wäre.
Das Lied der Linde beschreibt weiter, wie der „große Held" innenpolitisch vorgeht:

Alle Störer er ***zum Barren treibt*** *[~ zur Ruhe bringen, bändigen*[249]*],*
Deutschem Reiche deutsche Rechte schreibt.
Bunter Fremdling, unwillkomm'ner Gast,
Flieh die Flur, die nicht gepflügt du hast![250]

Für eine Quelle von 1920 (wenn nicht früher) eine sehr interessante Stelle. Viele Leser werden seit dem Anschwellen der Flüchtlingsströme im Jahre 2015 nicht anders können, als *»bunter Fremdling, unwillkommener Gast«* auf die Flüchtlinge und Einwanderer aus der überwiegend islamischen, arabischen und afrikanischen Welt zu beziehen.
Frage: Ist dieses Einwanderervölkergemisch *bunt?* Menschen vom Balkan, dunkelhäutigere Araber, Pakistanis, Menschen aus Schwarzafrika? Ist das bunt? Oh ja. Und wie! Und „bunt" ist ja auch das Lieblingsattribut der Willkommenskulturschaffenden. Das passt. *»Bunter Fremdling«* ist ein sehr treffender Terminus, der auch politisch durchaus „korrekt" rüberkommt. Fast möchte man glauben, der Seher des Lindenlieds habe auch die Un-Kultur der selbstzensierenden „politischen Korrektheit" vorausgesehen.
»Deutschem Reiche deutsche Rechte schreibt« liegt dann aber tatsächlich irgendwo zwischen antiquarisch und politisch inkorrekt. Muss man jetzt mit politisch korrektem Schaum vor dem Mund messerscharf schlussfolgern, das Lied der Linde sei eine Nazi-Quelle? Aber nein. Nicht doch. Diese Kritik läuft ins Leere. Denn das Lied der Linde hat eindeutig einen *katholischen* Schwerpunkt. Die Nazis aber mochten die katholische Kirche ganz und gar nicht. Den eigentlichen Kampf gegen die katholische Kirche hatten sich Hitler, Himmler & Co nur für die Zeit nach dem „Endsieg" aufgehoben. Für NS-Ideologen wie Hitler und Himmler war das Christentum eine Erfindung der Juden, mit dem die europäische Kultur zerstört werden sollte, und zwar indem man die menschliche Schwäche oder allgemein gesprochen die Schwachen ins Zentrum der Aufmerksamkeit rückt und nicht die Starken.

Das Lied der Linde geht sehr katholisch weiter:

Gottesheld, ein unzertrennlich Band
Schmiedest du um alles deutsche Land!

Den Verbannten führest du nach Rom, [der aus Rom geflüchtete Papst, Anm. B.]
Große Kaiserweihe schaut ein Dom.

*Preis dem einundzwanzigsten Konzil**,
Das den Völkern weist ihr höchstes Ziel
Und durch strengen Lebenssatz verbürgt,
Dass nun Reich und Arm sich nicht mehr würgt.[251]

So weit könnte man noch von einer allgemeinen Wiederherstellung der alten christlich-europäischen Werte sprechen. Doch dann folgt eine betont deutsch-nationale Note:

Deutscher Name, der Du littest schwer,
Wieder glänzt um dich die alte Ehr,
Wächst um den verschlung'nen Doppelast,
Dessen Schatten sucht gar mancher Gast.

Dantes und Cervantes' weicher Laut
Schon dem deutschen Kinde ist vertraut,
Und am Tiber- wie am Ebrostrand
Singt der braune Freund vom Herrmanns Land.[252]

Hier nun wird ein zukünftiges Deutschland als kultureller Magnet in Europa beschrieben. Es ist die Rede von der Ehre, von Gästen und von Freunden Deutschlands – von Dominanz und Vorherrschaft nicht eine Silbe.
Interessant dabei ist auch die 1920 hervorgehobene Freundschaft Deutschlands zu *Italien* und *Spanien.* Zwar korrespondiert diese Dreiergruppe mit den späteren faschistischen Diktaturen in Italien, Deutschland und Spanien, doch war dieser ideologische Dreiklang im Oktober 1920 noch gar nicht abzusehen. Selbst *Benito Mussolini,* der sehr viel früher Erfolg hatte als Hitler, wurde erst im Oktober 1922 italienischer Ministerpräsident, war aber noch kein Diktator, sondern musste noch Rücksicht nehmen auf seine Koalitionspartner.

Das Besondere am Lied der Linde ist, dass es im Gegensatz zu vielen anderen Prophezeiungen wenigstens im Ansatz ein positives europäisches Zukunftsbild entwirft, das auch kulturelle Aspekte umfasst. Dass in Europa die Monarchie wieder eingeführt wird und es eine christlich-religiöse Rückbesinnung gibt – wohl auch mit einer grundlegenden Reform der Kirche –, das sagen viele Seher und Prophezeiungen voraus. In der Wiedereinführung der Monarchie und einer Renaissance des Christentums schwingt aber – ob beabsichtigt oder nicht – ein *Zurück in die Vergangenheit* mit. Das mag gewisse romantische Sehnsüchte befriedigen, aber letztlich kann ein Zurück in

---

* Das *20. Ökumenische Konzil* der römisch-katholischen Kirche (auch *2. Vatikanische Konzil*) fand 1869–1870 statt, und wurde dann auf unbestimmte Zeit vertagt. Das *21. Ökumenische Konzil* folgte von 1962 bis 1965. Es ist durchaus möglich, dass der Seher des Liedes eine große Kirchenkonferenz sah, und *»21. Konzil«* einfach seine Deutung war – oder eine Hinzufügung von Martin Hingerl. Nach Conrad Adlmaier soll die Prophezeiung angeblich sogar von Mitte des 19. Jahrhunderts stammen, was nach meinem Dafürhalten aber zweifelhaft ist.

die Vergangenheit nicht wirklich inspirieren. Schließlich liegt der eigentliche Reiz der Zukunft im *wirklich Neuen.* Das Lied der Linde nun scheint in einzelnen Momenten tatsächlich den Blick freizugeben auf ein neues Europa, ein Europa, das ohne die USA fantastisch zurechtzukommen scheint.

Vergegenwärtigt man sich die prophezeite zukünftige geopolitische Lage Europas: ein Europa ohne jeden Einfluss aus den USA und England, mit einem befriedeten und neu geordneten Nahen Osten, so liegt auf der Hand, dass Deutschland in diesem neuen Europa eine zentrale Rolle spielen *muss.* Schwindet der amerikanische Einfluss in Europa, wird der deutsche Einfluss automatisch und naturgegeben *zunehmen.* Das ergibt sich u. a. ganz automatisch aus der proportionalen Größe des deutschen Volkes, seiner Produktivität und natürlich auch aus der zentralen Lage Deutschlands in Europa.
Mit der Funktion Deutschlands als Stabilitätsanker Europas sind wir Deutschen seit der Wiedervereinigung, dem Euro-Desaster und der Flüchtlingskrise inzwischen ja gut vertraut. Was uns gegenwärtig noch abwegig vorkommt, ist die Vorstellung eines Deutschlands *als Quelle der Inspiration für Europa.* Bisher wird gewissermaßen jegliche „deutsche Inspiration“ blockiert und verpfropft durch die Geschichte des „Dritten Reiches“. Dort, wo der Deutsche substanziell inspirieren könnte, *fühlt er sich schuldig,* ist er zutiefst gehemmt und macht vorsichtshalber keinen Mucks. Wir Deutschen haben große Inspiration durch große Schuld ersetzt. Wir frönen einer *dunklen* Inspiration. Anders ausgedrückt: Ein zukünftiges Deutschland, das Europa inspiriert, muss die Geschichte des „Dritten Reiches“ irgendwie komplett hinter sich gelassen haben.

Um den Gedanken eines Sichwiederfindens jenseits aller schuld- und verpflichtungsinfizierten Sphären etwas weiter zu unterfüttern, noch folgende Quelle, die von dem im Jahre 2000 verstorbenen bayrischen *Pater Frumentius* erfasst worden ist. Pater Frumentius war wie schon erwähnt auch der Beichtvater von *Kardinal Ratzinger,* dem späteren Papst Benedikt XVI. Der Name des Sehers, über den Pater Frumentius berichtet, ist **Johann Kristl,** auch bekannt als „spinnerter Schuster“. Pater Frumentius schrieb:

Herr Kristl erzählte mir noch zahlreiche Geschichten über Krieg und Umsturz, die alle sehr zutreffend waren. Hier sei nur erwähnt, dass wir wieder einen Kaiser bekommen, dass die Gold- und Silberwährung abgeschafft wird [?], dass alle Menschen, die durch Zinsleihe, dem eigentlichen Kapitalismus zu Schaden kommen, ihre Güter zurückerhalten [siehe oben im Lied der Linde: »Dass nun Reich und Arm sich nicht mehr würgt.«], und dass es nach mancherlei Kämpfen ***bei uns*** *[in Deutschland, Anm. B.]* ***schöner und besser wird, als es jemals war, so dass alle Völker unsere Freundschaft suchen*** *[siehe Lied der Linde]* ***und uns nacheifern werden.*** *Sollte die Welt also doch am deutschen Wesen genesen? An dem Deutschtum, das mit dem wahren Christentum wesensgleich ist?*[253]

„Dank“ der deutschen Geschichte und der öffentlichen Darstellung dieser Geschichte, der sogenannten „Erinnerungskultur“, hat sich in vielen Deutschen eine kulturelle Au-

toallergie, ein tiefer Selbstzweifel und ein tiefes Selbstmisstrauen verfestigt. Die von dieser Störung befallenen Deutschen hoffen, von ihrem Leid erlöst zu werden, wenn sie sich irgendwelchen internationalen Organisationen oder Mächten anvertrauen, sei es die EU, die NATO, die „Freundschaft“ zu den USA, die „westliche Wertgemeinschaft“ oder die Vereinten Nationen. Aus „Am deutschen Wesen soll die Welt genesen.“ ist nach dem moralischen Supergau mit Adolf Hitler ein „Rettet uns Deutsche vor uns selbst.“ geworden.
Mit solchen Sehnsüchten nach externer Heilung gibt man sich der naiven Vorstellung hin, Deutschland könne nur dann eine gute Zukunft haben, wenn die Entscheidungen über sein Schicksal möglichst weit weg von Deutschland getroffen werden. Nach dem verlorenen Zweiten Weltkrieg scheint ein Teil des deutschen Volkes regelrecht eine neurotische Sehnsucht nach politisch-weltanschaulicher Fernsteuerung entwickelt zu haben.
Den meisten Deutschen fehlt derzeitig ganz einfach die Fantasie, um sich vorzustellen, dass ein un-deutscher Weg oder gar ein anti-deutscher Weg in einem noch viel größeren Totalschaden enden könnte als damals unter unser aller Oberteufel Adolf H. aus B.

Sollten wir uns tatsächlich immer mehr den prophezeiten Zuständen nähern, würden für jeden Einzelnen von uns psychische Ressourcen immer wichtiger. Zu diesen psychischen Ressourcen gehört auf jeden Fall auch der Glaube an ein gutes Ende der Menschheit. Doch der Glaube an die Menschheit ist eine ziemlich abstrakte Sache und hat mit dem konkreten Leben herzlich wenig zu tun. Was das *konkrete Leben* braucht, ist der Glaube an die Gemeinschaft, *in der man lebt,* die man mit seinen Sinnen spürt, mit der man sich identifiziert, zu der man gehört, der man vertraut und deren Empfinden man teilt. Man braucht ein konkretes spürbares Wir.
In diesem Sinne kann es nicht schaden, wenn es in der Krisen- und Übergangszeit in Deutschland Menschen gibt, die an *dieses* Land glauben, und zwar nicht abstrakt, sondern konkret im Sinne einer Vision, dahingehend, dass Deutschland der Welt noch etwas zu geben hat, das mehr wert ist, als Geld es jemals sein kann, und das mehr einbringt als „Vorsprung durch Technik“.
Das ist die Kernfrage für die Deutschen: Haben sie der Welt noch etwas Substanzielles zu geben, oder ist es Zeit, uns in der Welt aufzulösen wie ein Toter, der seine Atome und Moleküle in den ewigen Kreislauf zurückschickt?

Wir leben in einer Welt, die es langfristig nicht toleriert, wenn man vor dem wegläuft, was man in Wahrheit ist. *Drei* Weltkriege mit Deutschland im Zentrum? *Das* hat keinen Sinn? Wie blind kann man sein?

Die Fluten im Norden

Eine ganze Reihe von Hellsehern und Prophezeiungen sagen im Zusammenhang mit dem „dritten Weltkrieg" extrem hohe, bisher nicht bekannte Überflutungen der Nord- und Ostseeküsten voraus. Wie bei einem Tsunami sollen urplötzlich haushohe Wellen auftauchen, und ins Landesinnere eindringen, allerdings sehr viel tiefer als man dies von Tsunamis her kennt.

Diese gigantischen Überflutungen werden von herausragend guten Quellen wie *Alois Irlmaier* (Bayern, 1959 gest.) und *Anton Johansson* (Norwegen, 1929 gest.) vorhergesagt und in zahlreichen Einzelheiten beschrieben. Und auch heute noch gibt es immer wieder Menschen, die entsprechende Überflutungsszenarien „gesehen" haben wollen. Meeresfluten sind eines der großen Katastrophen-Themen in der europäischen Prophetie, gleich nach der dreitägigen Finsternis und dem Krieg.

Zwei Überflutungsszenarien lassen sich dabei klar voneinander unterscheiden: Die erste Überflutung fände während des Krieges statt, vermutlich bald nach dessen Ausbruch. Wie bald danach ist schwer zu sagen, vielleicht nur wenige Tage danach. Der überflutete Bereich würde an der Nordseeküste den Angaben nach in Extremen bis auf etwa 30 Meter ü. NN reichen (NN = Normalnull = Meeresspiegel). Betroffen wären Norwegen, die schwedische Westküste, Dänemark, Norddeutschland, die Niederlande, Belgien, die Nordküste Frankreichs, England, Schottland und Teile der isländischen Küste.

Ursache wäre eine *russische Atombombe,* die unterseeisch gezündet wird und eine gigantische Flutwelle in Bewegung setzt.

Abb. 29: Unterseeischer Atomtest der USA in Enewetak Lagune, Südpazifik, 1958

Das zweite Überflutungsszenario fände am Ende des Krieges im Zusammenhang mit der dreitägigen Finsternis und dem geografischen Polsprung statt. Die Überflutungshöhe wäre deutlich höher als bei der ersten Flut, offenbar um die 150 Meter über dem Meeresspiegel. Ursache wäre ein komplettes Kippen des Erdballs, womöglich ausgelöst durch einen „Infarkt" des Erdmagnetfeldes. Dabei würde der ganze Erdball einen Ruck machen und die Wassermaßen reagierten auf diesen Ruck mit Verzögerung. Das Ergebnis wären Mega-Tsunamis.

Die etablierte Wissenschaft bestreitet die Möglichkeit eines geografischen Polsprungs entweder komplett oder bewertet das mögliche Risiko als vernachlässigbar gering – nur die Prophezeiungen sagen eben etwas anderes.

Die Bomben-Flut

Zur einfachen Unterscheidung bezeichne ich die Überflutungsszenarien nachfolgend als *Bomben-Flut* und als *Polsprungs-Flut.*

Das erste, noch kleinere Überflutungsszenario – die Bomben-Flut – soll wie gesagt durch eine russische Atombombe ausgelöst werden. Tatsächlich wird seit einiger Zeit von russischen Politikern (z. B. *Wladimir Schirinowski*[254]) und russischen Massenmedien der Eindruck erweckt, das russische Militär verfüge bereits tatsächlich über solche Bomben.

Dass die Öffentlichkeit im Westen von der Möglichkeit atombombenverursachter Flutwellen kaum weiß, liegt wohl auch daran, dass man diesen Waffentyp nicht oder so gut wie gar nicht testen kann. Man kann eben keine Atombombe unterseeisch zünden und dann zusehen, wie eine gigantische Flutwelle Hunderte Kilometer über den Ozean fegt.

Abb. 30: US-Atombombentest, Juli 1946

Dass diese Anwendungsmöglichkeit von Atombomben existiert, ist aber grundsätzlich kein Geheimnis. So haben die USA schon am 24. Juli 1946 – vor über 70 Jahren (!) – im Südpazifik im *Bikini-Atoll* unterseeisch eine Atombombe („Baker-Test“) mit 23.000 Tonnen TNT-Äquivalent Sprengkraft gezündet (zum Vergleich: Hiroshima 13.000 Tonnen). Beim Baker-Test erfolgte die Explosion in 30 Metern Meerestiefe, es wurde eine Gischtfontäne von 1.500 (!) Metern Höhe erzeugt (siehe Bild Seite 139) und eine Flutwelle von fast 300 Metern Höhe, die aber sehr schnell wieder abflachte. Entsprechende Tests haben die USA seinerzeit immer nur mit kleinen Atombomben durchgeführt.

Abb. 31: US-Atombombentest, Juli 1946

Heute könnte man Atom- bzw. Wasserstoffbomben verwenden, deren Sprengkraft etwa das 4.000fache der Hiroshima-Bombe haben (in Worten: das *Viertausendfache*). Außerdem würde man diese Bomben in wesentlich größerer Tiefe zünden als nur in 30 Metern.

Abb. 32: US-Atombombentest, Juli 1946

Die ersten zwei Bilder stammen vom 1958er Test „Umbrella“, die dritte Aufnahme vom Baker-Test am 24. Juli 1946.

Betreffs der Bomben-Flut sah Alois Irlmaier schon im Jahre 1949*, wie ein russischer Kampfjet eine Bombe über der Nordsee oder zwischen Nordsee und Nordatlantik abwirft:

Alois Irlmaier (1949-I-Südostbayern)*: „Da seh ich aber oan daherfliegen von Osten, der schmeißt was in das große Wasser, na geschieht was Merkwürdiges.* ***Da hebt sich das Wasser wie ein einzigs' Stück turmhoch*** *und fällt wieder runter, dann wird' alles überschwemmt."*[255]

1955 wurde Irlmaier zitiert: *„Die Länder am Meer sind vom Wasser schwer gefährdet, das Meer ist sehr unruhig, haushoch gehen die Wellen, schäumen tut es, als ob es unterirdisch kochte."*[256]

London und die stolze Insel

Alois Irlmaier (1955-I): *„Ein Teil der stolzen Insel versinkt, wenn das Ding ins Meer fällt, das der Flieger hineinschmeißt. Dann hebt sich das Wasser wie ein festes Stück und fällt wieder zurück. Was das ist, weiß ich nicht."*[257]

Die stolze Insel ist England bzw. Großbritannien. Die versunkenen Teile Englands wären hauptsächlich die flacheren Gebiete im Westen zur Nordsee hin, einschließlich des 8-Millionen-Einwohner-Ballungsraums London.
Hebt sich das Wasser *»wie ein festes Stück«,* so scheint es dies wohlgemerkt *ohne Gischtfontäne* (siehe Bild Seite 139) zu tun. Das deutet auf einen Explosionsort so tief im Meer, dass es der Bombe bzw. der Explosionsblase anfangs nicht gelingt, die Wasseroberfläche zu durchstoßen, und dass die Wassermassen im ersten Moment nur angehoben werden.
Etwa 1948 notierte *Konstantin von Bayern,* ein Spross der bayerischen Königsfamilie *Wittelsbacher,* bei einem Besuch beim Freilassinger Hellseher:

Zwischen dem Kontinent und der Insel *[England, Anm. B] sieht Irlmaier eine Wassersäule gegen Himmel schießen. Sie verbindet sich mit den Wolken zu einem rasenden, alles verdunkelnden Orkan. Der Regenvorhang reißt auf und: „* ***Die große Stadt auf der Insel ist im Meer versunken.*** *Vor der Küste des Kontinents liegt neues Land."*[258]

Die *»große Stadt auf der Insel«* ist London. Was sonst? Da Irlmaier beim Überflutungsszenario in Nordeuropa immer wieder England besonders hervorhebt, ist dies jedes Mal auch ein Fingerzeig in Richtung London. Große Teile Londons liegen nur 20 bis 40 Meter über dem Meeresspiegel. *Big Ben* liegt bei ziemlich genau 20 Metern, der *Tower of London* und die *Towerbridge* auch. Der *Hyde Park* liegt um die 30 Meter, der *Regent's Park* um die 35 Meter und *Heathrow Airport* auch nur um 35 Meter. London liegt in einem etwa 20 Kilometer breiten Themse-Tal unterhalb von 50 Metern. Ca. acht Kilometer nordwestlich der *City of London* steigt das Gelände

* Traunsteiner Nachrichten, 3. Dezember 1949

auf über 100 Meter an. Sowohl im Norden Londons als auch im Süden gibt es viele Stadtteile, die über der 100-Meter-Marke liegen.
Irlmaier soll auch noch gesagt haben: *»England geht bis auf einige Bergspitzen«* (siehe unten). Selbst wenn man *»Bergspitzen«* völlig überzogen optimistisch mit „alles über 200 Meter“ übersetzt, wäre das immer noch der vollständige Untergang Londons.

Wenn die Raben das Weite suchen

Im Zusammenhang mit dem vermeintlichen Schicksal Londons muss auch eine spezielle Londoner Legende erwähnt werden, der nach der Untergang des britischen Königreiches und Londons bevorsteht, wenn die Raben den Londoner Tower verlassen – jene Raben, die dort seit Jahrhunderten leben.
Die Legende erzählt, dass diese Raben im 17. Jahrhundert auf das Teleskop des Hofastrologen *König Charles' II.* gekotet haben. König Charles II. wollte daraufhin die Raben töten lassen, soll aber davon Abstand genommen haben, als ihm sein Astrologe die Legende vom Untergang Englands erzählte.
Legende hin, Wahrheitsgehalt her, heutzutage jedenfalls stutzt man den Tower-Raben die Flügel, so dass sie artig aber würdelos im Tower herumhüpfen und so den Briten keinen Schrecken einjagen, indem sie den Tower verlassen. Das Flügelstutzen übernimmt der sogenannte *Ravenmaster,* der im Jahre 2006 die Raben sogar aus Angst vor der seinerzeit grassierenden Vogelgrippe vorübergehend in das Innere des Towers verlegt hatte. Im Zweiten Weltkrieg – so liest man im britischen Wikipedia – überlebte nur ein einziger der Tower-Raben die Bombenangriffe der deutschen Luftwaffe. Premierminister *Winston Churchill* hat dann seinerzeit angeordnet, die Tower-Raben wieder auf Sollstärke zu bringen. Aktuell liegt diese bei einem Dutzend.

Die obige Ortsangabe zum Explosionsort der Tsumani-Bombe *»Zwischen dem Kontinent und der Insel«* könnte nebenbei bemerkt auch eine Hinzudeutung des Zeugen/Autors *Konstantin von Bayern* sein. Dieser war zwar ein Spross der bayerischen Königsfamilie – was eine gewisse Überlieferungstreue garantieren sollte –, aber er hat auch für die Yellow-Press gearbeitet. Es ist also nicht ganz auszuschließen, dass Autor Konstantin von Bayern die Ortsangabe hinzugefügt hat, um es für den Leser plastisch zu machen, denn der braucht ja auch einen konkreten Ort, um sich das alles besser vorzustellen.
Die Detonation einer Tsunami-Bombe im Süden der Nordsee jedenfalls – irgendwo zwischen England und Holland – macht aus militärischer Sicht eigentlich keinen Sinn, da die Nordsee dort viel zu flach ist (selten mehr als 50 Meter). „Flaches Meer“ bedeutet waffentechnisch gesehen, dass man dort nur einen kleinen Teil der Energie der Bombe auf das Wasser übertragen kann. Sehr viel sinnvoller wäre es, die Bombe in großer Wassertiefe zu zünden und so möglichst viel Energie auf gigantische Wassermassen zu übertragen. Die Energie im Wasser bzw. die Wellenenergie kann sich dann über *Tausende Kilometer* ohne großen Energieverlust ausbreiten. Das ist von Tsunamis bestens bekannt. Um London zu treffen, wäre es sehr viel sinnvoller, die

Bombe zwischen Island und Schottland hochgehen zu lassen, weil da das Meer 20 mal so tief ist (und noch tiefer). Im Jahre 1961 wurde Alois Irlmaier zitiert:

*„Die **Inseln vor der Küste** gehen unter, weil das Wasser ganz wild ist. Ich sehe große Löcher im Meer, die fallen dann wieder zu, wenn die riesigen großen Wellen zurückkommen.“*[259]

Autor *Marcus Varena* gab den Seher 1959 wieder:

„Nach [...[260]*] wird plötzlich aus dem Osten ein Flieger kommen und **über dem großen Ozean bei England** etwas fallen lassen. Ein entsetzlicher Wasserstrahl, eine riesige Sturzwelle, wird fast ganz England und die europäischen Küstenländer bis nach Berlin mit einer Sturzflut überschwemmen. England geht bis auf einige **Bergspitzen** unter, gleichzeitig erschüttern gewaltige Beben die Erde und **ein neues Land erscheint aus dem Ozean, das früher schon mal da war.**“*[261]

»Über dem großen Ozean bei England« kann man mit „in der Nähe des Nordatlantiks“ übersetzen oder mit „Europäisches Nordmeer“. So oder so, dort im hohen Norden wird das Meer über 3.000 Meter tief. Das aus dem Ozean neu auftauchende Land könnte Atlantis sein. Das Motiv des Untergang Englands gleichzeitig mit dem Auftauchen neuer Landmassen begegnet uns weiter unten noch einmal bei einer anderen Quelle. Alois Irlmaier wieder:

„Das eine weiß ich ganz gewiss“, fuhr er fort, „wenn der Krieg kommt, dann beißt es droben im Norden am meisten aus. Ich sehe ein großes Wasser, das kommt vom Meer her, das ist höher wie ein Haus, das überschwemmt die Ufer, und wen es erwischt, der kommt nicht mehr lebend davon.“[262]

Die Irlmaier-Zitate zur Überflutung der Nordseeanrainer im Rahmen von atombombenähnlichen Explosionen stammen von 1949, 1950, 1955 und 1961. Gerade diese frühen Zitate bzw. ihre frühe Veröffentlichung sprechen dafür, dass es sich um „Original Irlmaier-Voraussagen“ handelt und der Seher nicht Dinge wiedergibt, die er irgendwo gelesen oder sonst wie aufgeschnappt hat – eine Vermutung, die gelegentlich von Skeptikern vorgebracht wird.

Eine neue russische Tsunami-Bombe?

Sehen wir uns zu Irlmaiers Vision einer russischen Tsunami-Bombe von anno 1949 eine Zeitungsmeldung von anno 2015 an. Am 15. November 2015 berichtete die britische Tageszeitung *The Independent* über einen offenbar vorsätzlich inszenierten „Sende-Unfall“ im russischen Staatsfernsehen.[263] Dieses hatte angeblich aus Versehen für ein paar Sekunden geheimes Material über eine neue russische Tsunami-Bombe ausgestrahlt. Die Schlagzeile im *Independent* lautete:

Russian state-controlled TV 'accidentally' broadcasts secret plans for nuclear torpedo system. Übersetzung: *Russisches Staatsfernsehen sendet „versehentlich“ geheime Pläne für ein atomares Torpedo-System.*

Im weiteren Artikel erfährt man dann, dass Präsident Wladimir Putin höchstpersönlich dieses Waffensystem in Auftrag gegeben hat, um der NATO im Kriegsfall Paroli bieten zu können. Das System soll das westliche Radar unterlaufen und die *»Küstengebiete treffen«*. Putins Sprecher *Dmitry Peskov* sicherte dreist zu, dass sich eine solche Informationspanne nicht wiederholen werde, und bestätigte damit die Echtheit des Materials. Kurz: Der Kreml hatte der NATO wieder einmal eines seiner Folterwerkzeuge gezeigt.
The Independent war zudem nicht die einzige Quelle, die die Sache gebracht hat. Die BBC hatte schon drei Tage zuvor über den Vorfall berichtet und dabei den Russen *Konstantin Sivkov* von der *Russischen Geopolitischen Akademie* zitiert. Dessen Worten nach wäre bei einer 100-Megatonnen-Atombombe mit einer Flutwelle von bis zu *500 Metern Höhe* und einer ***Eindringtiefe von 1.500 Kilometern*** zu rechnen. Das wäre in etwa die Strecke von der Elbmündung bis zur ukrainischen Hauptstadt Kiew. Noch einmal zum Mitschreiben: *von der Elbmündung bis Kiew!*

Nun ist es gut möglich, dass sich die Russen mit den westlichen Medien einen Spaß erlaubt haben – und bei den 100 Megatonnen maßlos übertrieben wurde. Die Sprengkraft der größten russischen Atom- bzw. Wasserstoffbombe, der *Zar-Bombe* (1961), betrug „nur" 50 bis 60 Megatonnen. Aber ein besonders großer Unterschied wäre das nicht mehr.

Zum Vergleich (jeweils Tonnen TNT-Äquivalent):

1945 Hiroshima-Bombe 13.000
1961 Zar-Bombe 50.000.000
2015 mögliche Tsunami-Bombe (BBC/Sivkov) 100.000.000

Ansonsten dürfte einleuchten, dass man in der Nordsee irgendwo zwischen der britischen und holländischen Küste, wo es maximal nur 50–60 Meter tief ist (im Schnitt um 30 Meter), niemals genug Wassermassen in Bewegung setzen könnte, so dass diese Wassermassen dann „1.500 Kilometer" tief in Nordeuropa eindringen. Wie will man in 50 Metern Meerestiefe eine Welle erzeugen, die dann die *30.000-fache* Strecke von 50 Metern schafft?

Damit sind wir wieder bei einem Explosionsort am Rande des Nordatlantiks oder im Nordatlantik. Genau einen solchen Ort finden wir beim norwegischen Seher *Anton Johansson.*

Anton Johansson und der Vulkan in der Nordsee

Anton Johansson (1858–1929) war ein norwegischer Fischer und Bauer, der seine wichtigsten Visionen 1907 und 1913 hatte. Diese Visionen betrafen die weltpolitische Entwicklung bzw. die politische Entwicklung Europas vom Ersten Weltkrieg bis hin zum „dritten Weltkrieg“.

Abb. 33: Anton Johansson (1858–1929)

Bekannt wurde Anton Johansson dadurch, dass er den Verlauf des Ersten Weltkrieges in seinen Grundzügen richtig voraussagte und dass diese Voraussagen rund *fünf Monate vor Ausbruch des Krieges* in der großen schwedischen Tageszeitung *Svenska Dagbladet* abgedruckt worden waren: Am 4. März 1914 war dort zu lesen:

För ett par år sedan hade rösten talat om kriget i Tripolis och på Balkanhalfön, men nu hade den sagt, att det också skulle bli ett krig mellan Tyskland och Österrike å ena sidan samt Ryssland, Frankrike och England å den andra. Belgien skulle också vara med. Huruvida Italien skulle deltaga kunde han ej se.

"Nå men hur blir det med Sverige?" frågade jag.

"Sverige och Norge skola akta sig att ej bli indragna. Vi må bedja till Herren, att han bevarar oss. För Sverige skall det vara svårare att undgå än för Norge. Tyskland skall förlora Elsass och Lothringen."

Abb. 34: *Svenska Dagbladet*, 4. März 1914
Mikrofilm aus der schwedischen Nationalbibliothek
Sequenz zum Ersten Weltkrieg

Oberst Melander [ein schwedischer Militär] hat einen Propheten gefunden. Er heißt Anton Johansson, ist in der Provinz Västerbotten [Nordschweden] geboren, aber seit 1867 im nördlichen Norwegen in der Nähe von Nordkyn wohnhaft und dort als Fischer und Landwirt tätig.
Er hat eine lange Reise hierher [nach Schweden] eigens unternommen, um Herrn Melander seine Prophezeiung zu unterbreiten. Er hat eine Stimme vernommen, die sich an ihn wandte, und Oberst Melander berichtete darüber folgendes: Vor ein paar Jahren habe die Stimme vom Krieg in Tripolis [ab September 1911] und auf der Balkanhalbinsel [ab Herbst 1912] gesprochen, jetzt habe sie aber verkündet, dass es auch zu einem Krieg zwischen Deutschland und Österreich auf der einen sowie Russland, Frankreich und England auf der anderen Seite kommen werde. Auch Belgien werde einbezogen werden.

Der Erste Weltkrieg brach dann fünf Monate später aus. Im Mai 1918, also noch vor Ende des Ersten Weltkrieges wurden Johanssons Visionen in Stockholm vom Verleger *Alfred Gustafsson* herausgegeben.[264]
Anton Johansson ist also eine gut dokumentierte Quelle, bei der sich wichtige Voraussagen nachweislich erfüllt haben. Der Literatur nach hatte Johansson nicht nur Visionen von Völkerschicksalen, sondern „sah“ auch im normalen Leben eher unbedeutende Dinge. Allerdings haben sich im Laufe der Erfassung der Visionen gröbere

Fehler eingeschlichen. Der Verleger Gustafsson hat dies teilweise bemerkt und auch in einer Neuauflage kommentiert.[265]

Anton Johansson sah nun bereits im Jahre 1907 – neben einem russischen Angriff auf Skandinavien (siehe Seite 190) – eine für die Nordsee völlig untypische Überflutung in Tsunami-Form, die sämtliche Nordseeanrainer betrifft: Norwegen, die schwedische Westküste, Dänemark, Deutschland, Holland, Belgien, Frankreich, England, Schottland und – was sich nachfolgend als wichtig erweisen wird – auch Island, das bereits im Nordatlantik liegt.
Bei Johanssons diesbezüglicher Vision gibt es allerdings ein „kleines Problem", denn er spricht von keiner Bombe oder einem anderen militärischen Szenario, sondern von einem *Vulkan.* Skeptiker werden diese Unstimmigkeit zufrieden zur Kenntnis nehmen und sich entspannt zurücklehnen. Ich empfehle aber, noch einen Moment damit zu warten. Denn es würde nicht weiter verwundern, wenn ein Seher im Jahre 1907 (1913) noch nicht von einer „Atombombe" sprechen konnte. Nach Johanssons Vision vom „Vulkan" und der Flut, dauerte es noch rund 30 Jahre, bis der wissenschaftlich Nachweis erbracht werden konnte, dass eine Atomspaltung überhaupt möglich ist. Erst 1938 gelang dem deutschen Physiker *Otto Hahn* der Nachweis der Kernspaltung. Studiert man die betreffende Vision Johanssons eingehender, so zeigt sich, dass sich diese aus zwei Bausteintypen zusammensetzt: Zum einen aus Bildern und Filmen, die Johansson *sah,* zum anderen aus akustischen Informationen, die er *hörte,* konkret eine Stimme, die dem Seher (angebliche) zukünftige Dinge erzählte und das von Johansson gesehene erklärte. Den Vulkan *selbst* sah Anton Johansson bezeichnenderweise *nicht!* Vielmehr erklärte ihm eine Stimme, die er für Gott hielt, dass es in der Nordsee zu einem Vulkanausbruch kommen werde.

Johansson (1907-II-Norwegen): *Unter den großen Heimsuchungen [...] waren besonders zwei von verhängnisvollem Ausmaß. Es handelte sich [...] einerseits [... um einen großen Orkan*[266]*], andererseits um* ***ein gewaltiges Erdbeben,*** *das mit einem* ***Vulkanausbruch in der Nordsee*** *im Zusammenhang stand. [...] Das Land, das in Verbindung mit diesen Zerstörungen an erster Stelle* ***genannt*** *wurde, war* ***Schottland,*** *danach auch* ***Island.***[267]

Island! Damit ist klar, dass der Ausgangspunkt der Johansson'schen Überflutung im Nordatlantik liegen muss, irgendwo in der Mitte zwischen Island, Norwegen und Schottland, dort, wo das Meer 1.500 Meter und mehr tief ist.

Ich konnte jedoch keine Gewissheit darüber gewinnen, ob das Erdbeben von Land oder vom Meeresgrund der Nordsee ausging. Als der HERR mir diese Namen ***nannte,*** *war ich sehr verwundert, denn ich wusste ja, dass es in diesen Gebieten der Erde keine Vulkane gibt und auch Erdbeben dort nicht vorzukommen pflegen; aber der HERR* ***nannte*** *die Namen klar und deutlich mehrere Male. Dass ich mich nicht* ***verhört*** *hatte, wurde mir bald darauf klar, als ich die vom Unglück betroffenen Gebiete* ***sah.***[268]

Die Vision beginnt also mit einer einleitenden Erklärung des *»Herren«.* Erst danach sieht Johansson die betroffenen Gebiete an der Küste.

Natürlich muss man jetzt auch darüber diskutieren, ob Johanssons „Vulkan" identisch sein könnte mit Irlmaiers Bombe. Ich tendiere zu der Ansicht, dass Johansson dasselbe Szenario wie Irlmaier gesehen hat, die Sache mit der Atombombe bei Johansson aber ausgeblendet worden ist, weil sie im Jahre 1907 einfach nicht kommunizierbar war. Von Kernspaltung ahnte damals noch kein Mensch etwas. Auf gut Deutsch gesagt hätten einen die Leute damals für bekloppt gehalten, hätte man behauptet, der Mensch würde einmal Waffen dieses Kalibers erfinden. Im Jahre 1907 ahnte man noch nicht einmal die Verwüstungen des Ersten Weltkrieges und die Folgen der industrialisierten Kriegsführung. Anfang des 20. Jahrhunderts war in Europa das Bild vom Kriege noch maßgeblich geprägt *vom Pferd!*

Dafür, dass Irlmaier und Johansson ein und dasselbe Szenario meinen, sprechen zwei gewichtige Gründe: Zum einen sind Irlmaier und Johansson beides sehr gute Quellen. Man darf folglich annehmen, dass beide tatsächlich eine entsprechende Vision gehabt haben und nicht von irgendwelchem angelesenen Vorwissen beeinflusst waren. Zum Zweiten: Wäre es bei Anton Johansson tatsächlich ein Vulkan, dann müsste es *zwei* solcher Fluten geben. Also gehen wir versuchshalber von diesem Erklärungsansatz mit zwei Überflutungsszenarien aus: Es müssten dann Jahre und Jahrzehnte zwischen den beiden Überflutungen liegen, in denen die Zerstörungen wieder aufgebaut worden sind. Würden bei Irlmaiers späterer Flutwelle nur jene Trümmerberge neu verteilt, die schon bei Johanssons Flut entstanden sind, wäre die Irlmaier'sche Flut nicht weiter erwähnenswert. Zwischenzeitlich müsste also wieder aufgebaut worden sein. Und dabei hätte man natürlich auch besondere bauliche Vorkehrungen gegen zukünftige Überflutungen des Johansson'schen Kalibers treffen müssen, gerade bei einem so unberechenbaren Vulkan, der urplötzlich ohne Vorwarnung im Nordmeer aus dem absoluten Nichts hervorbricht.

Im Klartext: Den größten Teil des überfluteten Gebietes in Südengland hätte man sehr wahrscheinlich gar nicht wieder aufgebaut, einfach deshalb, weil dies viel zu aufwändig gewesen wäre. Bevor man an die Wiedererrichtung der Häuser im Londoner Themse-Tal hätte denken können, hätte man erst einmal einen gigantischen Schutzdamm an der britischen Nordseeküste errichten müssen, der (siehe unten) etwa 30 Meter Höhe hatte haben müssen. Zum Vergleich: Die Höhe der heutigen niederländischen Seedeiche beträgt nur „schlappe" 7,65 Meter. Kurz: Die Idee, London würde zweimal im Meer versinken, ist vollkommen abstrus. London würde nicht wieder aufgebaut. Das Erklärungsmodell mit der zweifachen Überflutung Londons kann man vergessen.

Sehen wir uns nun im Detail an, wie Johansson „seine" Flut beschreibt, und schauen wir, ob wir Ähnlichkeiten zu der Irlmaier'schen Bomben-Flut entdecken:

Über allen Nordseestaaten lag Dämmerung. Kein Stern war zu sehen und vom Meer her wehte ein starker Wind. In den norwegischen Gebirgen war noch kein Schnee gefallen [also etwa vor Mitte Oktober, das passt in etwa, da liefe der Krieg auf Hochtouren. Anm. B.]. Im Geiste wurde ich in die Nähe von Trondheim [norwegische Atlantikküste] geführt. Ich stand am Strand und schaute über das Meer. Plötzlich begann der Boden zu erbeben. Die Häuser der Stadt zitterten wie Espenlaub, und einige hohe Holzbauten an der Küste stürzten zusammen. Gleich darauf erscholl vom Meer her ein furchtbares Getöse, und eine gewaltige Sturzwelle näherte sich mit rasender Geschwindigkeit der Küste und zerschellte an den Felswänden.[269]

Ein Vulkan, der von der Tiefe des Meeres aus einigen hundert Metern dem Meeresspiegel entgegenwächst, dürfte schon in der „Aufbauphase" grummeln und donnern. Kaum zu glauben, dass mit der ersten großen Erschütterung, mit dem ersten Erdbeben auch gleich die große Welle kommt. Die von Johansson beschriebene Plötzlichkeit spricht so gesehen eindeutig eher für eine Atombombe als für einen Vulkan.

In den flachen Gebieten rollte die Flut weit ins Land hinein, überschwemmte große Teile von Trondheim und richtete erheblichen Schaden an. Grosse Speicher und Lagerhäuser barsten auseinander und wurden ins Meer gespült. Die Überschwemmung erstreckte sich über die ganze norwegische Küste, von Südnorwegen bis hinauf in die Gegend von Bodö [nördlich des Polarkreises, rund 800 km nördlich von Oslo]. Ich ***vernahm*** *die Namen mehrerer dort liegender Städte.*
Weiter wurde ich im Geiste zu den großen Städten an der englischen Ostküste geführt, wo die Naturgewalten den allergrößten Schaden anrichteten. ***Die ganze englische Ostküste*** *stand bis weit ins Land hinein unter Wasser. Besonders gelitten hatte die Stadt* ***Hull*** *[ca. 15 m ü. NN] und ihre nähere Umgebung.* ***Schottland*** *musste einem besonders heftigen Anprall ausgesetzt gewesen sein, denn es schien, als seien große Teile des Landes ins Meer abgesunken.*
Dann gewahrte ich ***London. Hier schien die Katastrophe ihren Höhepunkt erreicht zu haben.*** *Hafen und Kaianlagen waren völlig zerstört, unzählige Häuser eingestürzt [...]. Im Hafen waren viele Schiffe gesunken, andere waren sogar weit aufs Land zwischen die Häuser geschleudert worden.*[270]

Johansson hat offenbar nicht direkt gesehen, wie die Flutwelle das Themse-Tal hinaufschießt. Er beschreibt erst die Situation gewisse Zeit danach. Werden die Schiffe von der Themse bzw. von den Hafenanlagen aus *»weit aufs Land«* geschleudert, müssten die Schiffe zunächst von der Welle *über die Häuser unmittelbar am Themseufer* gehoben werden! Und diese Häuser sind in der Regel mehrstöckig. Ansonsten bleibt unklar, *wie groß* die Schiffe waren, was ein weiterer entscheidender Faktor wäre.

[...] Danach zwängten sich die Sturzwellen durch den Kanal und zerstörten dort auf beiden Seiten Häfen und Städte. Besonders schwer betroffen wurde ***Rouen,*** *aber auch andere Städte der französischen Nordküste litten stark.*[271]

Rouen liegt etwa 30 Kilometer im Landesinneren an der Seine bei etwa 20 m ü. NN. Würde Rouen *»besonders schwer«* getroffen, wären in der Normandie noch andere Städte in Mitleidenschaft gezogen, wie *Caen* beispielsweise. Caen liegt rund 300 Kilometer südwestliche der Meerenge bei Calais und Dover.

Der Namen dieser Städte entsinne ich mich nicht mehr. Auch große Teile Hollands, Belgiens und der deutschen Nordseeküste wurden schrecklich heimgesucht. Zu den Städten, die besonders große Schäden aufwiesen, gehörten ***Antwerpen*** *und* ***Hamburg.*** *Letztere bekam ich zu sehen, und mir schien, sie habe nach London am schwersten gelitten. [Was ist mit Amsterdam?, Anm. B.] Es wurde mir gesagt, dass dort riesige Warenvorräte verloren gingen.*[272]

Auch Irlmaier nennt London und Hamburg im selben Atemzug, wobei auch bei ihm London schwerer getroffen wird als Hamburg (siehe unten).

Johansson weiter: *Auch die dänische West- und Nordküste und die dort liegenden Städte und die ganze schwedische Westküste, insbesondere Göteborg, Hälsingborg und Malmö bekamen ebenfalls die Folgen der Katastrophe zu spüren.*[273]

Johanssons Verleger Gustafsson ergänzt dann noch im Buch *»Merkwürdige Gesichte«* von 1954: *Ich habe später in Norwegen Menschen getroffen, die ebenfalls auf übersinnlichem Weg von dieser Erdbebenkatastrophe erfahren hatten. Außer [...] gab es in Kristiania eine Frau, die über die vulkanischen Ausbrüche [...] auf übersinnlichem Wege Nachricht bekommen hatte.*[274]

Gustafssons 1920er Buch *»Nya Syner ...«* (»Neue Visionen ...«) über Johanssons Visionen hatte sich zwischenzeitlich zum Mega-Bestseller in Skandinavien entwickelt, und der Verleger hat dann offenbar Zuschriften von Lesern erhalten, die ihn über andere Seher in Skandinavien informiert haben. Ähnlich lief und läuft es auch bei meinen Büchern.

So weit Alois Irlmaier und Anton Johansson, die beiden wichtigsten Quellen zum Überflutungsszenario im Bereich der Nordsee, einem Überflutungsszenario, das sich von einem ganz bestimmten Punkt aus (Bombenexplosionsort oder Standort des Vulkans) ausbreitet und etwa den Bereich bis 30 Meter über dem Meeresspiegel überfluten soll. Zu dem Bereich von etwa 30 Metern finden sich dann noch weitere Quellen:

Garcilaso de la Vega (1982-III-Eifel): Autor *Henry Schnyder* schreibt: *Nach de la Vega ist das Gebiet auf einer geraden Linie von Brüssel bis zur Insel Rügen von der Flut betroffen.*[275]

Dieser Seher sah die Flut im Zusammenhang mit der dreitägigen Finsternis und dem Krieg. Eine Ursache für die Flut nannte er aber nicht. Wer sich noch mehr für die Bomben-Flut interessiert, findet dazu noch zwei weitere Quellen im Anhang.[276]

Wenden wir uns nun der späteren, deutlich höheren Überflutung zu.

Die Polsprungs-Flut

Der Begriff *Polsprungs-Flut* ist zugegebenermaßen nicht besonders glücklich gewählt. Doch welchen Namen könnte man einer Flut geben, die durch eine unnatürliche Drehbewegung des ganzen Globus' ausgelöst wird? *Global-Flut?* … Tatsächlich wäre es eine zeitgleiche, weltweite Flut und kein lokal begrenztes Szenario wie die Bomben-Flut oder eine gewöhnliche Sturmflut an der Nordsee. Man könnte die Flut auch *Welt-Flut* nennen, denn weltweit wären sämtliche Küsten betroffen, auch solche von großen Seen! *Welt-Flut* klingt aber zu sehr nach *Sint*flut. *Erdkipp-Flut* würde auch komisch klingen. Also nenne ich diese Flut *Polsprungs-Flut.*

Sehen wir uns dazu wieder einige Quellen an:

Edward Korkowski (1984-III-Pulheim bei Köln): *Nach einigen Minuten sah ich drei oder vier Atompilze* ***im Westen*** *[USA] und auch* ***im Osten*** *[Russland, Anm. B]. […]* ***Über Europa waren noch keine*** *[Atom-]****Bomben*** *oder sonst etwas* ***gefallen.***[277]

Diese Stelle bei Edward Korkowski ist wichtig zum Verständnis des gleich folgenden Textes. Die Stelle zeigt, wie Edward Korkowski hier die Begriffe *Westen, Osten* und *Europa* verwendet: Der Westen ist für ihn Amerika (USA), Europa in der Mitte und im Osten Russland. Die europäische Prophetie sagt klar: *kein* Atomkrieg in Europa. Edward Korkowski scheint sich oben auf jenen Moment zu beziehen, den andere Seher als „Eingriff Gottes" bezeichnen, jenen Moment also, zu dem eine höhere Macht den echten, weltvernichtenden Atomkrieg im letzten Moment verhindert.

Edward Korkowski also: *Über Europa waren noch keine [Atom-]Bomben oder sonst etwas gefallen. Nur* ***die Erde schüttelte sich*** *und es war ziemlich dunkel. Der Westen und der Osten waren feuerrot [von den dortigen Atomexplosionen? Anm. B.]. Über Europa kam als nächstes Sturm. Die schwarzen Wolken bewegten sich schnell von Westen in Richtung Osten. […] Als nächstes sah ich auch das Wasser der Nordsee in hohen Wellen kommen.*[278]

Das klingt doch sehr nach dem Überflutungsszenario im Rahmen der dreitägigen Finsternis: *»die Erde schüttelt sich«,* es ist ziemlich dunkel, schwarze Wolken, dann kommt die Nordsee.
Über die langfristigen Folgen der *»drei oder vier Atompilze im Westen [USA] und auch im Osten [Russland, Anm. B.]«* bräuchte man sich keine allzu großen Gedanken zu machen. Das im Vergleich zu den USA und Russland ziemlich kleine Japan hat im Zweiten Weltkrieg zwei Atombomben verkraftet. So zynisch es klingt: Die USA und Russland würden im „dritten Weltkrieg" drei oder vier Atomexplosionen mittelfristig problemlos verkraften – und auch 10 oder 15. Entscheidend ist, dass es nicht zum weltweiten Atomkrieg mit Hunderten oder Tausenden Atomexplosionen kommt.

Edward Korkowski an anderer Stelle: *Ich sah Wasser über einen großen Teil Europas rollen: etwa über Belgien, Holland, Westdeutschland und Ostdeutschland, Polen und* ***teilweise Russland.*** *Es lief Richtung Südost, Richtung Schwarzes Meer. Als ich zurück in meinen Körper kam, sah ich die Stadt* ***Köln*** *noch stehen. Aber die nördliche Seite* *der Stadt [um 50 m ü. NN] war teilweise überschwemmt, ca. drei bis fünf Meter hoch lief es schäumend zwischen den Häusern. [...]* ***Nach einigen Minuten sah ich jedoch vom Fenster, dass das Wasser sich zurückzog.*** *Dann gingen wir auf die Straße und sprachen mit anderen.*[279]

Korkowski selbst *vermutet* hier eine kosmische Katastrophe.
Dass Köln kaum überflutet wird, verwundert zunächst, denn wenn das Wasser über so viel Wucht verfügt, dass es sogar Russland erreicht, müsste Köln eigentlich wesentlich schwerer betroffen sein. Vielleicht hat die Welle aber auch in der Hauptrichtung eine so hohe Geschwindigkeit, dass sie sich zunächst kaum seitlich ausbreitet. Um hier Genaueres zu sagen, müsste man die Flut am Computer simulieren, entsprechende Software gibt es in entsprechenden Instituten seit vielen Jahren!

Hier zwei weitere Quellen, die eine Überflutung im Rahmen der dreitägigen Finsternis voraussagen:

Gräfin Bianca von Beck-Rzikowski (1934-III-Österreich): *„Die Erde bebt und kracht in allen Fugen. [...] Die Tiere fliehen und wollen sich verbergen, und die Berge wanken und die Wälder stürzen. Die Fluten, sie ergießen sich, und die Ewigkeit bricht an [~ Dunkelheit der dreitägigen Finsternis]. [...]* ***Die Erde atmet, wälzt sich um*** *[siehe oben »schüttelt sich«],* ***und es werden Erdteile und Inseln vergrößert wiedererscheinen*** *[Atlantis, siehe Irlmaier[280]],* ***unter furchtbaren Katastrophen andere Erdteile in sich zusammenfallen oder weggeschwemmt werden*** *[England].“*[281]

»Die Erde atmet, wälzt sich um« korrespondiert mit der weiter oben beschriebenen Drehung der Erde in Nord-Süd-Richtung. Es ist klar, dass eine dazu erforderliche gewaltige Initialenergie nicht spurlos an der weltweiten Plattentektonik vorbeigehen kann. Dass in dem Szenario dann ganze Erdteile im Meer versinken und andere aus den Wassermassen auftauchen, erscheint fast zwangsläufig.
Der veränderte Lauf der Sonne, die plötzliche Verschiebung der Klimazonen, das Auftauchen neuer Landmassen aus den Meeren und die gigantischen Überflutungen weit über 30 Meter ü. NN hinaus, – all diese von etlichen Sehern und Prophezeiungen vorausgesagten Einzelaspekte finden ihre gemeinsame Erklärung in der plötzlichen Drehbewegung der Erde, dem geografischen Polsprung.

Franz Kugelbeer (1922-III-Lochau/Bodensee): *Finsternis von drei Tagen und Nächten. Beginn mit einem furchtbaren Donnerschlag mit Erdbeben. [...] Erdbeben, Donner,* ***Meeresrauschen.***[282]

Kurzum: So unwahrscheinlich einem die Polsprungs-Flut erscheinen mag, so deutlich zeichnet sich dieses Szenario innerhalb der europäischen Prophetie ab:
Auffallend oft werden gestiegene Temperaturen in Mitteleuropa in der Zeit nach der dreitägigen Finsternis vorausgesagt (Irlmaier, Frau aus Füssener Raum, Bauer aus Selb[283]). Alois Irlmaier zufolge soll es in Südostbayern etwa so warm sein wie in Süditalien oder noch weiter südlich. Im Berchtesgadener Land sollen laut Irlmaier *Orangen* wachsen und es soll zwei mal im Jahr geerntet werden! Die Frau aus dem Füsse-

ner Raum sah *Zitronen* am Bodensee wachsen und der Bauer aus Selb sogar *Bananen* im Fichtelgebirge.
Ein so drastischer Klimawandel in kürzester Zeit – offenbar in nur Tagen! – lässt sich nur mit einer ruckartigen Verschiebung der Klimazonen erklären – eben mit einer Verdrehung der Erdoberfläche in Bezug zur Rotationsachse. Der prophezeite Sonnenaufgang im Westen infolge einer 180-Grad-Drehung (+/- ? Grad) wäre natürlich die dramatischste und aus heutiger Sicht die mit Abstand unglaubwürdigste Folge der unnatürlichen Erddrehung.
Auch *Edgar Cayce* übrigens, der bekannte *„schlafende Prophet"* aus den USA (gest. 1945) hat für Nordeuropa ein entsprechendes Überflutungsszenario vorausgesagt, allerdings nicht ausdrücklich im Zusammenhang mit einem Krieg. Cayce gilt als sehr glaubwürdige Quelle. Autor *Peter Lemesurier* schreibt über **Edgar Cayce** (1945-II-USA): *... ebenso würden die „oberen Teile" Europas* ***„binnen eines Augenblicks"*** *unter Wasser verschwinden.*[284]
Schaut man auf die Landkarte, so sieht man, dass die Gebiete an der Nordsee im Bereich zwischen 0 und 30 m ü. NN ein insgesamt viel zu kleines Gebiet ergeben, als dass man es zutreffend mit *»obere Teile Europas«* bezeichnen könnte. Bei diesem Gebiet würde fast ganz Skandinavien (von Dänemark abgesehen) fehlen. Wahrscheinlicher ist meiner Ansicht nach, dass auch Edgar Cayce ein Gebiet bis mindestens 100 Meter gemeint hat, also die Polsprungs-Flut. Generell sagt Edgar Cayce so dramatische Veränderungen der Küstenlinien weltweit voraus, dass man dies nicht mit normalen geologischen Prozessen erklären kann.

Jüngere Visionen der Fluten in Nordeuropa

So weit einige Visionen und Prophezeiungen aus der Literatur. Entsprechende Überflutungen werden aber nicht nur von älteren Quellen vorausgesagt, sie werden auch heute noch von sensitiven Personen vorausgesehen, jedenfalls behaupten, glauben oder suggerieren diese es.
So wie andere Prophezeiungsforscher und Autoren zum Thema Prophetie und Hellseherei, habe ich in den zurückliegenden Jahren von Zeit zu Zeit Briefe und E-Mails von Lesern erhalten, in denen diese mir von ihren eigenen Visionen oder von Visionen aus ihrem privaten Umfeld berichtet haben. Dabei ging es u. a. auch um Überflutungen.
Das Problem mit diesen (vermeintlichen) Vorausschauungen jüngeren Datums ist natürlich, dass sich die Glaubwürdigkeit der Quellen kaum verlässlich einschätzen lässt. In der Regel ist viel zu wenig Zeit vergangen, dass sich ein paar Voraussagen dieser Quellen erfüllen konnten. Ein weiterer Nachteil von Visionen jüngeren Datum ist, dass die jeweilige Person durch bereits publizierte Prophezeiungen beeinflusst sein könnte. Und als Drittes: Sehr junge Quellen, die im Internet veröffentlicht worden sind, könnten sogar *vorsätzlich* falsch sein.
Trotzdem sollte man diese jüngeren Quellen nicht komplett ignorieren. Es mag viel Wertloses darunter sein, aber dass *alles* wertlos ist, scheint doch sehr unwahrscheinlich. Wenn es echte Hellseherei gibt, so gibt es sie *auch heute noch!* Ich werde nach-

folgend also ein paar solcher Quellen wiedergeben, wohlwissentlich, dass ich das ein Stück weit im Gutglauben mache und dass der Leser manches anders beurteilen könnte. Was mir eine Veröffentlichung vertretbar erscheinen lässt, ist u. a. der besondere Umstand, dass sich Überflutungsvorhersagen relativ einfach vergleichen lassen, weil man oft die jeweilige Überflutungshöhe hat.
In der betreffenden Überflutungs-Karte auf Seite 159 sind die Aussagen dieser jüngeren Quellen durch einen weißen Kreis mit schwarzem Punkt in der Mitte gekennzeichnet.

Schleswig-Holstein

Zunächst der Traum eines Mannes aus Schleswig-Holstein, wie er am 22. Dezember 2015 in einem Internetforum für Grenzwissenschaften wiedergegeben worden ist:

***Bevor ich mich mit Alois Irlmaier** [...] **beschäftigt habe,** hatte ich eine Art prophetischen Traum [...]:*
*Ich sah mich in der Nähe von Kiel mit mehreren Soldaten und Panzern auf einem gräsernen Feld. Am Rand war ein Wald zu sehen und links im Hintergrund sah man die Stadt **Kiel.** Alle rannten um ihr Leben und sprangen teilweise aus ihren Panzern, welche sie stehen ließen, inklusive mir. Warum? Es kam eine gigantische Welle von Westen. Von Westen? Ja von Westen kam sie!*

Die Wassermassen kämen also aus Richtung Nordsee und hätten bereits 80 Kilometer Landmasse unter sich begraben. Und natürlich nicht nur Schleswig-Holstein, sondern auch Dänemark, die niedersächsische Nordseeküste, die Niederlande usw.

Der Schleswig-Holsteiner weiter: *Sie hat jeden erfasst. Sie spülte mich an die Küste auf einen Felsen. Ich war mit den Füßen und Knien aufgerichtet und blickte in den Himmel. Dann sah ich eine Art Kreuz. Man hätte es aber auch als eine Art X interpretieren können. Kommt je nach Betrachtungswinkel drauf an. [...]*
Das war mein Traum noch bevor ich mich damit [Literatur über Prophezeiungen, Anm. B.] auseinandergesetzt habe. Das schließt aus, dass mein Kopf die Bilder aus vorherigen Ereignissen zusammengesetzt haben könnte.[285]

Bei dem X oder Kreuz am Himmel könnte es sich um den gekreuzten Schweif eines Kometen (oder des Himmelskörpers) handeln, der sich der Erde zweimal aus etwas anderer Richtung genähert hat. Ein Kreuz am Himmel erwähnen z. B. auch Franz Kugelbeer (1922) und Alois Irlmaier (~1952).[286]
Bei Zukunftsvisionen oder Zukunftstraumvisionen kommt es öfter vor, dass der Betrachter innerhalb des Szenarios eine Position einnimmt, die er im wahren Leben gar nicht einnehmen könnte. Im konkreten Beispiel hätte ich meine Zweifel, dass der Träumer die Flut so gut übersteht.
Zum nächsten Fall: Seit 2014 bekomme ich von Zeit zu Zeit E-Mails von einer gebürtigen Hamburgerin, die derzeit in **Niebüll**/Nordfriesland (3 m ü. NN) lebt (das ihrer Ansicht nach auch „untergehen" soll). 2014 schrieb sie mir:

Manchmal sind es Träume, manchmal auch Wachvisionen wie in einem Film. Ich kann bei einigen Menschen sehen oder innerlich hören, wann sie sterben, oder was sie so tun in ihrem Leben. Als Kind sagte ich zu meinem Vater: „Die Mauer fällt, Papa, ich habe die Menschen drübersteigen sehen." Oder: „Opa ist gestorben" – er starb in der [letzten] Nacht. […] Bei der Estonia [eine 1994 in der Ostsee versunkene Fähre] hatte ich einen Wachfilm. Das ist so entsetzlich, als würde man mit untergehen oder mit ertrinken. Zwei Wochen vor dem Untergang träumte ich von 900 Toten Menschen am Meeresgrund [offiziell 852 Opfer]. – Vor ca. zehn Jahren stand ich in Hamburg an der Elbe und hörte „Hamburg liegt am Meer!"

Die gute Nachricht: Immerhin gäbe es die Hansestadt noch. Fragt sich nur, welche Stadtteile? Glaubt man anderen Visionen (siehe unten), wären die Stadtteile im Elbtal sicherlich alle Land unter. Tschüss Veddel und Wilhelmsburg, tschüss Hafen-City. Südlich des Elbtals gibt es im Raum Harburg aber viele Gebiete über 30/40 Meter, die dann ein paar Meter über dem Meeresspiegel lägen. Dasselbe gilt für Blankenese, Teile Altonas und Teile St. Paulis (siehe unten).

Die Dame aus Niebüll weiter: *In Nordfriesland hatte ich einen gewaltigen Traum von vielen Flugzeugen und Krieg und konnte es mir nicht erklären. Vor ca. einem Jahr träumte ich, dass* ***in der Nordsee aus dem Boden etwas in den Himmel steigt und wie mit einer Druckwelle das Meer in den Himmel stieg, bevor es Nordfriesland überflutete.*** *Dann nahm ich in vielen Träumen wahr, wie die Russen hier im Norden in die Häuser eindringen, rauben […]. Ich habe mich dann lange mit Meeresanstieg beschäftigt. Seit ich von Irlmaier las, begriff ich, dass das Meer durch eine Atombombe solche Wellen macht wie in meinem Traum. Es war entsetzliche Weltstille und ich betete im Traum, dass Gott uns, meine Kinder und meine Freundin und dessen Kinder beschützt.*

Ein Zahnarzt, der sich für die Prophezeiungsthematik interessiert, berichtete 2008 in einem Internetforum für parapsychologische Themen über drei Fälle aus seiner unmittelbaren Umgebung:

Eine meiner Töchter wohnt noch in ***Berlin*** *[bei der Mutter]; sie ist heute 9 Jahre alt. Sie fürchtet sich vor einer* ***Überschwemmung der Stadt,*** *und einer* ***Finsternis.*** *[…] Nun habe ich [in seiner neuen Münchner Praxis] eine Angestellte, die mir von einem Traum berichtet, in dem Millionen sinnlos um ihr Leben laufen, hinter sich eine sehr hohe (höher als Häuser) und sehr schnelle Welle. Meine Frau träumte zuvor von einer ebensolchen Welle und „wusste"*, dass z. B. *in der Gegend von* ***Itzehoe*** *[22 m ü. NN]* ***ein Entkommen unmöglich*** *ist. Wir haben dort Verwandte.*

Das liest sich schon fast so, als sei es bei Alois Irlmaier abgeschrieben: Flutwelle bis Berlin, kein Entkommen, womöglich im Zusammenhang mit der Finsternis.

Hamburg

Ich selbst bin gebürtiger Hamburger, bin dort aufgewachsen und habe dort auch in den 1990ern gelebt. Meiner damaligen Freundin in Hamburg hatte ich natürlich auch von meinem „Hobby“ Prophetie erzählt und dabei auch Überflutungsvorhersagen erwähnt, allerdings ohne diese Überflutungen in den schwärzesten, ja nicht einmal dunkelgrausten Farben auszumalen, schließlich war meine Freundin nicht allzu offen für das Thema. Also beschrieb ich ihr das Überflutungsszenario im Norden als eine Art außergewöhnlich hohe Sturmflut.

Eines Nachts dann schreckte sie plötzlich aus dem Schlaf hoch und war völlig perplex. Sie hatte von einer Überflutung Norddeutschlands geträumt! Besonders geschockt war sie – wie sie sagte, weil es angesichts der Wellenhöhe *„überhaupt keine Hoffnung mehr“* gäbe. Das *überhaupt* hat sie dabei besonders betont. Mein Eindruck war: Ihr Traum war aus einer anderen Quelle gespeist und hatte nichts mit meinen nervenschonenden Andeutungen zu tun.

Auch der nächste Fall kommt aus Hamburg. Ein seinerzeit 50-jähriger Hamburger Kunstmaler, mit dem ich mich Anfang 1999 ein paar Stunden unterhalten habe, bei dem ich seherische Kräfte vermute (!) und den ich hier **P. Aydin** nenne, sagte mir, dass das Wasser in Norddeutschland etwa bis **Lüneburg** käme (laut Wikipedia 17 m ü. NN). In Hamburg würden u. a. das *Grindelviertel* und die *Reeperbahn* trotz der Katastrophen weiterbestehen, demnach also nur kurzzeitig überflutet werden.

Seinerzeit habe ich P. Aydins Angaben mit dem Grindelviertel, St. Pauli usw. nicht auf einer topografischen Karte überprüft und offengestanden auch nicht ernst genommen. Erst heute (Januar 2016) habe ich Aydins Angaben nachgeprüft, da es im Internet inzwischen eine sehr hilfreiche interaktive topografische Karte gibt (http://de-de.topographic-map.com), die es erlaubt, auch innerhalb von Stadtgebieten, relativ genaue Höhen (tlw. auf den Meter genau) zu ermitteln. Und siehe da: Die *Grindelallee* liegt bei knapp 20 Meter über dem Meeresspiegel und die Reeperbahn noch ein kleines bisschen darüber. P. Aydin meinte dann noch, Hamburg läge zu zwei Dritteln in Trümmern, wobei etwa zwei Drittel Flutschäden seien. Er selbst war im Frühjahr 1999 dabei, ein Ausweichquartier im Mittelmeerraum zu organisieren, hat sich seinerzeit also wie viele andere Quellen mit dem Zeitpunkt geirrt.

Die **Frau aus dem Füssener Raum** (1998-II) schrieb mir 1999, sie sehe Hamburg *„schon seit Jahren 20 Meter unter Wasser“*. *„Hamburg 20 Meter unter Wasser“* – wohlgemerkt dauerhaft und nicht nur „wenn die Welle kommt“ – wären etwa sechs Stockwerke. Damit würde Hamburg zum Kandidaten für diejenigen Städte, die so hoch überflutet werden sollen, dass nur noch die Kirchtürme aus dem Wasser ragen.

Bei den angenommenen 20 Metern Überflutungshöhe in Hamburg würden in der Altstadt aber immer noch die Kirchendächer und Teile der Kirchenschiffe aus dem Wasser gucken. Das mit den Kirchtürmen würde also nicht ganz passen – von einer Ausnahme abgesehen:

Die frühere Hamburger Hauptkirche *Sankt Nikolai* (siehe rechts). Sankt Nikolai wurde bei Bombenangriffen im Zweiten Weltkrieg so schwer zerstört, dass nur noch der Kirchturm steht. Der Turm von St. Nikolai steht nicht weit entfernt von der Elbe bei etwa 12 Meter* ü. NN.

Abb. 35: St.-Nikolai-Kirche, Kupferstich ca. 1590
In der unteren Bildhälfte sieht man Boote und Kähne auf einem elbnahen Stück Wasser.

Alois Irlmaier (1959-I-Südostbayern): ***Drei großen Städte,*** *erzählte Adlmaier, habe Irlmaier eine düstere Zukunft bescheinigt [jetzt O-Ton Irlmaier]: „Die eine Stadt* ***geht im Wasser unter,*** *die zweite große Stadt* ***steht kirchturmtief im Meer,*** *die dritte aber fällt zusammen.*[287]

In Anlehnung an Anton Johansson: *»Hamburg [...] bekam ich zu sehen, und mir schien, sie habe nach London am schwersten gelitten«,* drängt sich die Vermutung auf, Irlmaier meine mit der zweiten Stadt die Hansestadt.
Hamburg stünde teilweise bis an die Kirchentürme im Wasser, die andere Stadt aber (wohl London) *»geht im Wasser unter«.* Aus Irlmaiers Sicht wäre *»geht im Wasser unter«* folglich noch eine Steigerungsform von *»bis zu den Kirchtürmen im Wasser«,* und meint letztlich „geht spurlos unter". Dieser Logik folgend würden in London wenn überhaupt nur noch letzte Reste der Londoner Großkirchen und Wolkenkratzer aus der Nordsee ragen. Dazu muss man wissen, dass London inzwischen über 18 Wolkenkratzer verfügt, die *höher als 150 Meter* sind. Orientiert man sich an den überlieferten Irlmaier-Zitaten, würde das bedeuten, dass selbst von diesen Hochbauten nach der Polsprungsflut nichts mehr aus dem Wasser ragt. Jedenfalls nichts mehr, was aus Irlmaiers Sicht noch eine Bemerkung wert gewesen wäre.
Bei anderer Gelegenheit meinte der bayerische Hellseher:

„Drei Städte seh' ich untergehen, die eine im Süden versinkt im Schlamm [von Bayern aus ist das südlich der Alpen, also an Mittelmeer/Adria. Anderen Quellen nach wird klar: es ist ***Marseille,*** *Anm. B.], die andere im Norden [Hamburg?] geht im Wasser unter, die dritte ist über dem Wasser [London]. "*[288]

Mit der Stadt *»über dem Wasser«* dürfte eine Stadt jenseits der kontinentaleuropäischen Nordseeküste gemeint sein, auf einer gegenüberliegenden Küste.

* Die topografischen Karte im Internet unter http://de-de.topographic-map.com/places/hamburg-399445/ ist tlw. etwas undeutlich. Die St.-Nikolai-Kirche scheint bei etwa 11/13 Metern über NN zu liegen.

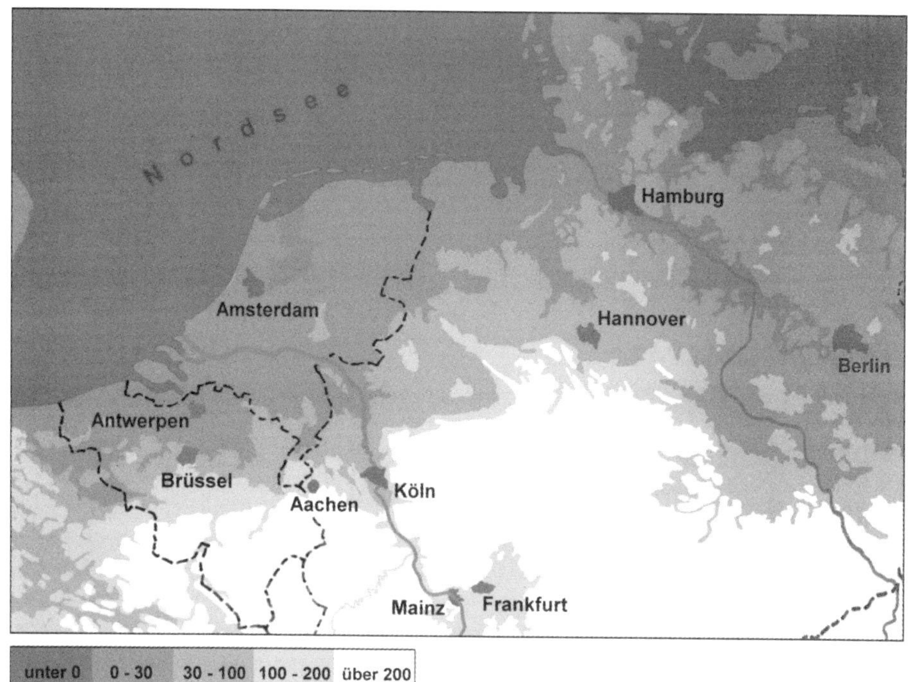

Abb. 36: Die südliche Nord- und Ostsee in den Höhen 0-30-100-200-über 200

Das wäre wieder London. Entsprechend könnte die große Stadt *»im Norden«* wieder Hamburg sein.
Im Fall einer sehr schweren Überflutung der Nordseeanrainer wären natürlich weit mehr Städte betroffen, in Norddeutschland beispielsweise Hafenstädte wie Bremen (550.000 Einw.), Bremerhaven (110.000), Wilhelmshaven (75.000) usw. *Hamburg* und *London* stünden also stellvertretend für ganze Küstenregionen an der Nordsee.

„Frierende Frau“ (1998): Eine Leserin schrieb mir von einer sehr guten Bekannten, die „gesehen“ habe, Hamburg werde *„restlos kaputtgehen“*. Nach der Vision habe die Frau *„acht Tage lang gefroren!“* – wie immer man das deutet.

Amsterdam und die Niederlande

An dieser Stelle kurz zu Amsterdam und den Niederlanden: Der Wasserspiegel der Amsterdamer Grachten liegt derzeit 40 cm *unter* dem durchschnittlichen Meeresspiegel. Zum Vergleich: laut Wikipedia liegt London bei 15 Metern *über* NN. Das allermindeste wäre also, dass Amsterdam zeitgleich mit London und Hamburg kurzzeitig überflutet wird. Die Frage wäre nicht, *ob* Amsterdam in der betreffenden Zeit überflutet würde, sondern nur, ob das Wasser dann auch wieder komplett abfließt bzw. abgepumpt werden kann?

Würden die Überflutungsvorhersagen stimmen, müssten die Niederlande eines jener Länder sein, die nahezu *komplett* von der Landkarte verschwinden. So grausam es klingt, aber letztlich ist das eine ziemlich simple Logik. Insofern überrascht, dass es kaum Quellen gibt, die sich eingehender mit dem Schicksal Hollands bzw. der Niederlande befassen – schon gar nicht im Detail. Die Niederlande erscheinen damit fast schon hellseherlos. Eine denkbare Ursache: Viele niederländische Hellseher haben darüber geschwiegen, weil sie für ihr Land keinerlei Hoffnung mehr sahen. Oder aber in den protestantisch geprägten Niederlanden gibt man besonders wenig auf das, was Hellseher sagen. Der Protestantismus generell akzeptiert bekanntermaßen ja keinerlei Neu-Offenbarungen. Fast könnte man sagen: Traditionell sind Protestanten sämtliche Prophezeiungen zuwider, die sie nicht aus der Bibel kennen. Und letztere mögen sie auch nicht, und deuten so lange an ihnen herum, bis sie unter einem Sediment von Klügeleien erstickt sind. Hellseherei und Protestantismus vertragen sich nicht.

Raum Hannover/Nordrhein-Westfalen

Mann aus Paderborn/Bielefeld (110/118 m ü. NN) (1960 bis 1999-III): Ein Bekannter erzählte mir 1999 von Visionen seines pensionierten Bruders: Sein ganzes Leben über hatte dieser immer wieder Katastrophenträume mit Überflutungen. Der Mann war seinerzeit über 60 Jahre. Den ersten Traum dieser Art hatte er mit ca. 23 Jahren. Angeblich erst Jahre danach begann er sich für Esoterik und Übersinnliches zu interessieren, so dass sich auch hier eine äußere Beeinflussung ausschließen ließe. Entsprechende Träume hatte obiger Mann aus Paderborn/Bielefeld über die Jahre hin 20–30-mal. Ein immer wiederkehrender Traum war folgendermaßen:

Der Himmel ist „tiefschwarz“ [ein Hinweis auf die Finsternis? Anm. B.]. Der Träumer befindet sich in einer hügeligen Landschaft und spürt, dass Wassermassen kommen. Das Wasser kommt. Und steigt. Menschenmassen flüchten auf Anhöhen, wobei der Träumer die Flüchtenden antreibt. ***Gleichzeitig bebt die Erde und schwankt bis zu einem Neigungswinkel von „45 Grad“****. Auf einer Anhöhe steht eine Kirche. Das Wasser erreicht die Kirche und steigt am Kirchturm hoch, bis über seine Spitze.*

In seinen unterschiedlichen Träumen zur Flut ertrank der Träumer manchmal und manchmal nicht. Das ist ein Hinweis darauf, dass in solchen Träumen nicht jedes Detail präkognitiven Charakter haben muss. Ob sich diese Träume auf seine Heimatregion bezogen haben, blieb unklar. Der Landschaft nach wäre es denkbar.
Ob obiger Traum *überhaupt* seherisch inspiriert ist, bleibt so weit Spekulation.

Heilerin aus Hannover (ca. 1992): Anfang der neunziger Jahre gab es in Hannover in Nähe des Hauptbahnhofes ein Meditationszentrum, das von einer Dame geleitet wurde, die nebenbei auch als Heilerin tätig war. Das Hannoversche Stadtmagazin *»Schädelspalter«* brachte etwa 1992 ein Interview, in dem diese Heilerin sagte, wie sie die Zukunft sieht: u. a. *werde Hannover irgendwann Hafenstadt sein.* Hannover liegt derzeit bei 50 m ü. NN.

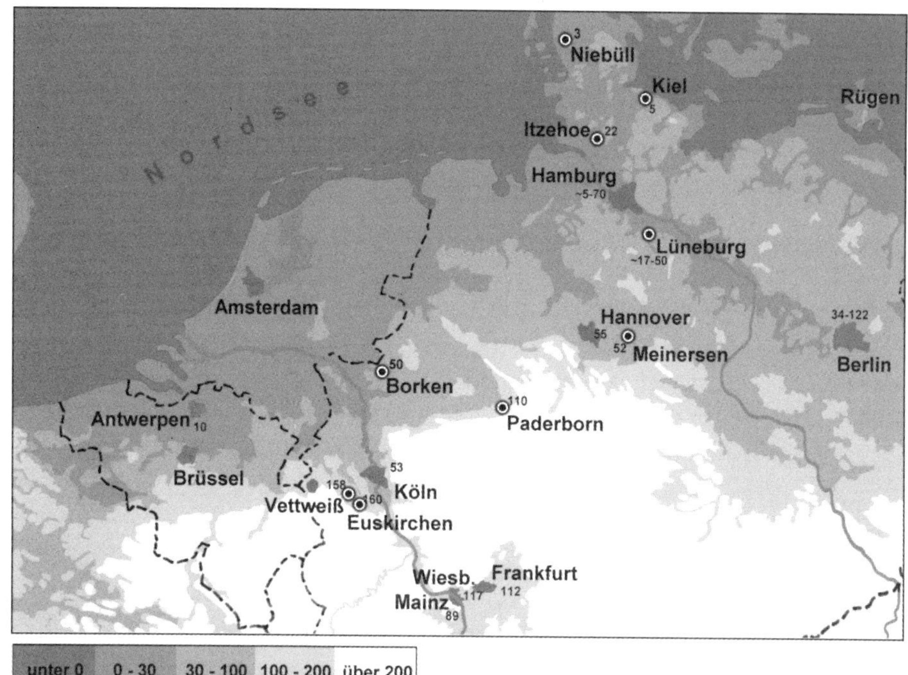

Abb. 37: Angaben zu Überflutungen an der südlichen Nord- und Ostsee

Der Vollständigkeit halber und mit allem Vorbehalt hier noch eine andere Quelle zu Hannover: In einem Internetforum zum Thema Prophezeiungen schrieb eine Teilnehmerin am 29. Oktober 2015, sie habe im Hafen von *„Neu-Hannover"* Frachtsegler liegen gesehen, wie sie derzeit in Konzeptentwürfen vorliegen; Frachter, die zum Treibstoffsparen auch mit Segeln ausgestattet sind.
Weiter unten folgt noch eine dritte Quelle zu Hannover, die die zukünftige Küste in Norddeutschland ebenfalls bei Hannover gesehen haben will.

Frau aus Meinersen (1998) Meinersen liegt etwa 25 Kilometer östlich von Hannover. Ein Bekannter erzählte mir 1998 von einer Frau aus Meinersen (52 m ü. NN), der angeblich ein Seher erzählt habe, *das Wasser stiege dort bis über den zweiten Stock, und wenn es wieder Richtung Nordsee abfließe, bliebe eine ein Meter dicke Schlammschicht zurück.* (Auch bei dieser Quelle ist das seherische Element rein hypothetisch.)

Am Nordrand der Eifel

Im Jahr 1999 erreichten mich zwei Leserbriefe, die sich unabhängig voneinander auf Überflutungen am Nordrand der Eifel beziehen. Der erste Brief bezog sich auf *Vettweiß* in 145 m Höhe, der zweite auf *Euskirchen* in 150 m Höhe. Beide Orte liegen ca. 12 km Luftlinie voneinander entfernt.

Leserin aus Vettweiß (Traumvision ca. 1968): *Ich stand auf dem Dachboden [ihres Wohnhauses in Vettweiß] am Fenster und schaute in nordöstliche Richtung [Köln]. Unter mir war eine riesige Wasserfläche, das gesamte Land, soweit sichtbar, war bedeckt, von meinem Standort aus gesehen schätzungsweise zwischen 0,50 – 1,00 m hoch. Aus Richtung Norden hörte ich ein gewaltiges Rauschen und Brausen der Wogen. Ich hatte sehr große Angst und zitterte am ganzen Körper, davon erwachte ich. Der Traum hatte keinerlei phantastische Beimischung (außer die des Wassers), wie das in Träumen so üblich ist, er war einfach nur ein Blick in die Landschaft, wie am Tage auch. Ich hatte früher, als ich jung war, oft Voraus-Träume, meist über Örtlichkeiten, die ich später aufsuchte, und wiedererkannte.*

Leserin aus der Eifel (1998): *Vielleicht ... dass die Nordsee bis* ***Euskirchen*** *heranrollen soll [der nördliche Teil Euskirchens liegt bei 150 Meter], wie eine Dame hier in der Eifel von ihrem höheren Selbst informiert worden ist.*

Auch hier ist der seherische Aspekt natürlich spekulativ. Dennoch ist es für die parapsychologische Forschung essenziell, dass solche Dinge möglichst frühzeitig publiziert werden.
Beide Quellen zum Nordrand der Eifel enthalten keine Anhaltspunkte zum Zeitpunkt. Im Hinblick auf andere Voraussagen (z. B. Korkowski) können sich die Überflutungsszenen eigentlich nur auf eine Situation deutlich *nach* Ende des Krieges beziehen. In Köln (Kölner Dom 60 m ü. NN) und/oder in Aachen (Aachener Dom bei 170 m ü. NN) soll es ja bald nach Kriegsende zur Krönung neuer Monarchen kommen.
In dem Zusammenhang sei dann auch an Edward Korkowski erinnert bzw. eine Stimme, die dieser vernahm und die ihm riet – wenn auch in einem anderen zeitlichen Kontext –, von Köln aus bis *»fast zur belgischen Grenze in bergige Gegend«* zu flüchten (siehe Seite 124). Begibt man sich von Köln aus auf schnurgeradem kürzesten Weg Richtung Südwesten zur belgischen Grenze, so erreicht man nach etwa 35 Kilometern den Rand eines Ausläufers der Eifel. Die ersten 30 Kilometer von Köln aus steigt das Gelände noch sanft von 50 auf etwa 150 Meter an. Auf dem letzten Abschnitt aber geht es relativ rasch innerhalb von etwa 5 Kilometern auf über 500 Meter. Diesen Bereich dürfte Korkowskis „Stimme" gemeint haben. Euskirchen liegt unmittelbar davor, genau wie Vettweiß. Korkowskis Stimme legt sozusagen „noch 100 Meter drauf", aber in solche Feinheiten sollte man sich nicht verbeißen. (Die belgische Grenze ist vom Rand des Eifelausläufers aus etwa 15 Kilometer entfernt.)

Raum Mainz/Wiesbaden

Escher (1998): *Diese Flutwelle überrollte Norddeutschland, Dänemark, Westdeutschland, Holland, große Teile von Belgien, Nordwestfrankreich und England. ... Dann drückte sich die Flutwelle ins Rheintal, füllte das Rheintal aus und kam bei* ***Mainz/Wiesbaden*** *wie aus einer Hochdruckdüse herausgeschossen, in das Rhein-Main-Gebiet hinein. Das Wasser erreichte noch das siebte Stockwerk der Häuser in Mainz auf dem Rosengarten. Nach Auskunft des Vermessungsamtes der Stadt Mainz liegt der Rosengarten 35 Meter über dem Flussniveau. Dazu sieben Stockwerke, das* *sind etwa 20 Meter. ... Teile von Nord- und Westdeutschland (werden) so weit absinken, dass sie für immer vom Meer überflutet bleiben.* (aus einem selbstverfassten Rundbrief)

Auf einem mir vorliegenden Tonband sagt Herr Escher, die neue Küste werde später im Norden etwa bei *Hannover* verlaufen.
Das Flussniveau des Rheins bei Mainz liegt bei etwa 85 Metern über dem Meeresspiegel. So kommen wir hier auf eine letztendliche Überflutungshöhe von 140 Metern ü. NN. Das kommt den Werten von Euskirchen (150 m) und Vettweiß (145 m) nahe. Ich hatte mit Herrn Escher mehrmals telefoniert und er machte auf mich einen ehrlichen Eindruck. Dennoch sollten zu Mainz und Wiesbaden unbedingt noch weitere Quellen gesucht werden.

Zusammenfassung der Überflutungsvorhersagen

Insgesamt sind zwei unterschiedliche Überflutungsszenarien erkennbar: die Bomben-Flut und die Polsprungs-Flut. Die Bomben-Flut wäre gewissermaßen die letzte Warnung vor der Polsprungs-Flut, denn die Polsprungs-Flut könnte den Quellen nach etwa *fünfmal* so hoch steigen wie die Bomben-Flut (etwa 150 statt etwa 30 m ü. NN).
Wie hoch die zweite Flut wirklich reichen würde, ist aufgrund der mir so weit bekannten Quellen schwer zu sagen. Die Höhe von etwa 150 Metern basiert zum Teil auf Quellen ziemlich hypothetischen Charakters. Wenn Sie sich auf der Tabelle auf Seite 216 die einzelnen Quellen zu den höheren Überflutungshöhen ansehen, sehen Sie, dass es mit deren so weit beurteilbarer Glaubwürdigkeit nicht allzu weit her ist. Damit meine ich jedoch *nicht,* dass diese Quellen tendenziell unglaubwürdig sind, sondern dass bisher *zu wenig Informationen* vorliegen, die eine bessere Einschätzung ihrer Glaubwürdigkeit erlauben.
Grundsätzlich wäre beim zweiten Überflutungsszenario klar, dass die wiederkehrende Voraussage, **England** (wohlgemerkt nicht ganz Großbritannien) versänke im Meer, impliziert, dass es dadurch auch an anderen Nordseeküsten zu schweren Überflutungen kommt. Schon alleine das Versinken gigantischer Landmassen Großbritanniens würde Flutwellen auslösen, die die Welle der Bomben-Flut bei Weitem übertreffen müssten und z. B. die holländische, deutsche und dänische Küste massiv in Mitleidenschaft ziehen müssten. (Weitere Quellen zum Untergang Englands siehe hier: [289])
Träfe darüber hinaus auch noch zu, worauf Alois Irlmaier und Gräfin Bianca von Beck-Rzikowski hindeuten, dass nämlich zeitnah zum Untergang Englands neues Land aus dem Atlantik auftaucht, so hätten wir eine weitere mögliche Ursache für einen Mega-Tsunami in Norddeutschland, umso mehr, wenn das neue Land aus dem Ozean auch noch recht groß ist.

Im Zusammenhang mit neu auftauchenden Landmassen sei dann auch noch eine Anmerkung des Autors Gustafsson in seinem Buch über Anton Johansson zitiert. Gustafsson schreibt:

Ich habe später in Norwegen Menschen getroffen, die ebenfalls auf übersinnlichem Weg von dieser Erdbebenkatastrophe erfahren hatten. [...] Auch Herr Alme hat große

Naturkatastrophen im Nördlichen Eismeer, die sich in späteren Jahren ereignen sollen, visionär geschaut. Dabei gewahrte er, wie sich der Meeresboden hob und große neue Landesgebiete entstanden, u. a. ein Gebiet zwischen Nordnorwegen und Spitzbergen, das beide Länder miteinander verband.[290]

Spitzbergen liegt rund 1.000 Kilometer nördlich von Nordnorwegen, und etwa die Hälfte des dazwischenliegenden Meeresbodens liegt tiefer als 200 Meter.

Ein gewisser Unsicherheitsfaktor der Polsprungs-Flut liegt im genauen Zeitpunkt. *Eine* Polsprungs-Flut im Rahmen der dreitägigen Finsternis wäre den Quellen nach sicher, aber manchen Quellen nach (zum Beispiel das Lied der Linde oder Edward Korkowski) könnte der Polsprung auch in mehreren Etappen erfolgen, womöglich mit Einzeletappen auch noch nach der dreitägigen Finsternis.

Lesern, die geneigt sind, die prophezeiten Überflutungsszenarien zu glauben oder für möglich zu halten, rate ich in erster Linie, die weltpolitische Entwicklung aufmerksam zu verfolgen. Weltpolitische Krisen wären ein Vorzeichen für den Krieg, der Kriegsausbruch wiederum wäre ein Vorzeichen für die Bomben-Flut, und die Bomben-Flut wiederum ein Vorzeichen für die dreitägige Finsternis und die Polsprungs-Flut.

Der gelbe Strich

Obwohl von Alois Irlmaiers weltpolitischen Voraussagen viel in Zeitungsartikeln und anderen Publikationen aus den Jahren 1949, 1950 (und kurz danach) überliefert ist, findet sich darin – abgesehen von der Nordsee-Bombe – *keine einzige Voraussage zu einem Atomkrieg in Europa.* (Zu Marcus Varenas „Atomkriegsdeutung" im Falle Irlmaiers siehe hier:[291])

Auch in veröffentlichten Zeugenaussagen in den Jahrzehnten nach Irlmaiers Tod bis heute hat sich meines Wissens nirgends ein deutlicher Hinweis darauf gefunden, dass Alois Irlmaier einen Atomkrieg in Europa gesehen hat.
Darüber hinaus gibt es meines Wissens nach auch keine Indizien dafür, dass der Freilassinger Seher einen Atomkrieg *verschwiegen* hat. Theoretisch wäre es ja möglich gewesen, dass der Hellseher sich mit entsprechenden Aussagen zurückhält gegenüber Leuten, die er nicht kennt, Presseleute usw. Aber allem Anschein nach hat Alois Irlmaier nie über einen Atomkrieg gesprochen. Nirgends! Nicht einmal in privaterem Rahmen gegenüber langjährigen Freunden.[292]
Dabei hat der Freilassinger Seher bisweilen durchaus kein Blatt vor den Mund genommen. Die *Landshuter Zeitung* vom 12. April 1950 beispielsweise – alles andere als ein lokales „Käseblatt" – zitierte ihn: *»Zwoa Dritt'l aller Menschen de san tot.*[*]*«* Und wenigstens für Teile Norddeutschlands hat Irlmaier den Eindruck vermittelt, es würden in den überfluteten Gebieten nur wenige Menschen überleben. An anderer Stelle im Zusammenhang mit dem gelben Strich beschreibt der Seher, auf welch' grauenhafte Art die Menschen in dem betroffenen Gebiet sterben sollen: *»Die Menschen werden ganz schwarz und das Fleisch fällt ihnen von den Knochen, so scharf ist das Gift.«*[293]

Warum also sollte Alois Irlmaier verheimlicht haben, dass er in Europa einen Atomkrieg gesehen hat? Das ergäbe keinen Sinn. Selbst wenn man den Seher angewiesen hätte, über einen Atomkrieg zu schweigen, oder die Presse entsprechende Voraussagen unterschlagen hätte, hätte der Hellseher es Freunden anvertrauen können, die darüber erst nach seinem Tode sprechen. Entsprechendes habe ich aber nirgends entdeckt, weder in irgendwelchen Publikationen noch bei dem Dutzend Irlmaier-Zeugen, die ich noch selbst interviewen konnte.
Außerdem deckt sich Alois Irlmaier in der überaus wichtigen Kernaussage „kein Atomkrieg in Europa" mit anderen Sehern, zum Beispiel **Buchela** (1983-II-Rheinland):

Der letzte Krieg wird nicht kommen. *Ihr braucht euch nicht zu ängstigen. Niemals wird eine gewaltige Flamme den Himmel zum Fegefeuer machen und die Hitze euch verbrennen. [...]* ***niemals wird das Feuer vom Himmel fallen und euch versengen. Ich sage es euch.***[294]

---

[*] Hier wird nicht klar, ob die *»Zweidrittel«* nur für Deutschland, Europa oder die Welt gelten sollen.

Nicht zuletzt wird die These, Alois Irlmaier habe *definitiv keinen Atomkrieg* in Europa vorausgesehen, dadurch untermauert, dass er immer wieder einen großangelegten nichtatomaren Waffeneinsatz der USA vorausgesehen und beschrieben hat – den „gelben Strich" eben: eine langgestreckte, mehrere hundert Kilometer lange Zone im Nordosten Deutschlands, die vom westlichen Militär durch einen gelben oder gelbgrünen Giftstoff tödlich verseucht werden soll. Es würde keinen Sinn haben, ein Szenario wie den gelben Strich vorauszusagen, einen ausgewachsenen Atomkrieg in Europa aber komplett zu verschweigen.

Alois Irlmaier zum gelben Strich

Sobald die russischen Angriffsspitzen nach Westeuropa hineinstoßen, sollen plötzlich aus dem arabischen Raum gigantische Flugzeugschwärme aufsteigen, das Mittelmeer und die Alpen überfliegen und dann von Prag bis hoch zum Meer einen chemischen Kampfstoff abwerfen, der einen Streifen Landes so nachhaltig vergiftet, dass er nicht mehr passierbar ist und der russische Nachschub abreißt; und zwar endgültig, nicht nur für ein paar Tage oder Wochen.
Die Breite des Strichs ist nicht ganz klar, vielleicht sind es 100 Kilometer (siehe unten). Auf jeden Fall wäre damit der russischen Armee das Rückgrat gebrochen. Und auch wenn sich die Kämpfe noch einige Wochen hinzögen, die russischen Angreifer könnten nicht mehr siegen.
Beim Angriff mit dem chemischen Kampfstoff sollen so viele Flugzeuge zum Einsatz kommen – Tausende (siehe unten) –, dass im Nachhinein eines unumstößlich klar wäre: Der US-Regierung und ihren geostrategischen Planern wäre seit geraumer Zeit, *seit etlichen Jahren,* bewusst gewesen, dass ein großer Krieg mit Russland droht. Und darauf hätte man sich technologisch, industriell und militärisch sehr zielgerichtet vorbereitet, mit viel Grips, Fantasie, Manpower und Geld. Nur was man eben *nicht* getan hätte, wäre die *Bevölkerung* in Mitteleuropa frühzeitig vor dem möglichen Krieg zu warnen und ernsthaft zu versuchen, die hochgefährlichen politischen Spannungen rechtzeitig zu entschärfen.

Die Voraussagen Irlmaiers zum gelben Strich sind also aus einer Fülle von Gründen sehr interessant. Unter anderem zeigt sich bei der genaueren Analyse der Vorhersagen, dass Alois Irlmaier tatsächlich in unsere Zeit nach der Jahrtausendwende hineingesehen haben muss, und dass er nicht etwa in den 1950er oder 1960er Jahren mit seinen Visionen „stecken geblieben" sein kann.
Ein anderer wichtiger Aspekt ist der, dass man anhand seiner Vorhersagen erkennen könnte, dass in Ost- bzw. Norddeutschland in einem sehr großen Gebiet im Kriegsfall eine absolut tödliche Gefahr droht. Dieses Gebiet will ich an dieser Stelle provisorisch umreißen mit einer etwa 100 Kilometer breiten Zone, die von Prag hoch zur Ostsee verläuft. Leider ist der genaue Verlauf dieser Zone im nördlichen Abschnitt der Überlieferung nach etwas widersprüchlich, und es könnte statt einer Süd-Nord-Richtung auch eine Süd-Nordwest-Richtung sein, also statt hoch zur Ostsee zur Nordsee. Weiter unten werden wir uns die entsprechenden Zitate genauer ansehen.

Zunächst will ich aber verdeutlichen, wie eingehend sich Alois Irlmaier zum gelben Strich geäußert hat, und dass die einzige Chance, seine diesbezüglichen Voraussagen zu ignorieren, letztlich darin besteht, Irlmaier *per se* hellseherische Fähigkeiten abzusprechen.

1955 wurde der Seher zitiert: *„Jetzt sehe ich die Erde wie eine Kugel vor mir, auf der die Linien der Flugzeuge hervortreten, die nunmehr* ***wie Schwärme von weißen Tauben aus dem Sand*** *[Afrika/Arabien] auffliegen. Der Russe rennt in seinen drei Keilen dahin, sie halten sich nirgends auf [also gibt es anfangs praktisch keine Gegenwehr, keine Kämpfe und Schlachten, Anm. B.], Tag und Nacht rennen sie bis ans Ruhrgebiet, wo die vielen Öfen und Kamine stehen [was heutzutage allerdings nicht mehr der Fall ist!]. Aber dann kommen* ***die weißen Tauben*** *[die Flugzeuge!] und es regnet auf einmal ganz* ***gelb*** *vom Himmel herunter. Eine klare Nacht wird es sein, wenn sie zu werfen anfangen. Die Panzer rollen noch, aber die Fahrer sind schon tot."*[295]

Die *»weißen Tauben«* hätten natürlich nichts mit „Friedenstauben" zu tun. Sie brächten nicht Frieden, sondern *tausendfachen Tod.* Nur warum benutzt der Seher dann das Bild der Taube? Mögliche Antwort: Irlmaier meint das nicht symbolisch, sondern er meint die äußere Form, das Design und die Konstruktion dieser Fluggeräte. Würden diese Flieger Tauben ähneln, könnten sie nicht allzu windschnittig sein. Das wiederum würde bedeuten: Die Tauben sind nicht die schnellsten Kampfflugzeuge und ihre Überlebensstrategie setzt nicht auf schnelle Flucht oder rasante Flugmanöver. Wie wir weiter unten sehen werden, setzen die „Tauben" offenbar nicht auf Geschwindigkeit, sondern auf Masse *und Tarnung.*

Alois Irlmaier wieder: *„Dort, wo es hinfällt, lebt nichts mehr, kein Mensch, kein Vieh, kein Baum, kein Gras, das wird welk und schwarz. Die Häuser stehen noch. Was das ist, weiß ich nicht und kann es nicht sagen.*
Es ist ein langer Strich *[»breiter Streifen«*[296]*]. Wer darüber geht, stirbt. Von* ***Prag*** *geht's hinauf bis ans große Wasser an eine Bucht [oder* ***»zu der Stadt in der Bucht«***[297]*]. In diesem Strich ist alles hin. Dort, wo es angeht, ist* ***eine Stadt ein Steinhaufen. Den Namen darf ich nicht sagen.*** *"*

Frage: Warum *»darf«* Irlmaier den Namen der Stadt, *»wo es angeht«* (beginnt), nicht sagen, wenn er doch sagen *»darf«,* dass *Prag* betroffen ist? Was unterscheidet die ungenannte Stadt von Prag? Mögliche Erklärung: Prag lag 1955 im Ostblock. Liegt die andere Stadt also im NATO-Gebiet der 50er Jahre? Haben amerikanische Besatzungsorgane in Bayern dem Seher klargemacht, dass er besser den Mund hält, wenn er Dinge in ihrem Machtbereich voraussieht, die die Leute zu sehr erschrecken könnten? Dass hohe amerikanische Militärs Irlmaier konsultiert haben, ist zum einen durch einen Augenzeugen (2014) belegt, wurde seinerzeit aber auch schon in Publikationen angesprochen.[298]
Natürlich waren Irlmaiers Weltkriegsvoraussagen *per se* beunruhigend. Eine gewisse Beunruhigung und eine gewisse Kriegsangst passte den Amerikanern damals aber durchaus ins Konzept. Unter „wohlwollender Duldung" der amerikanischen Besat-

zungsmacht hatte Anfang 1950 sogar die bayerische Lokalpresse lang und breit über den aktuellsten Stand der atomaren Wettrüstung berichtet.

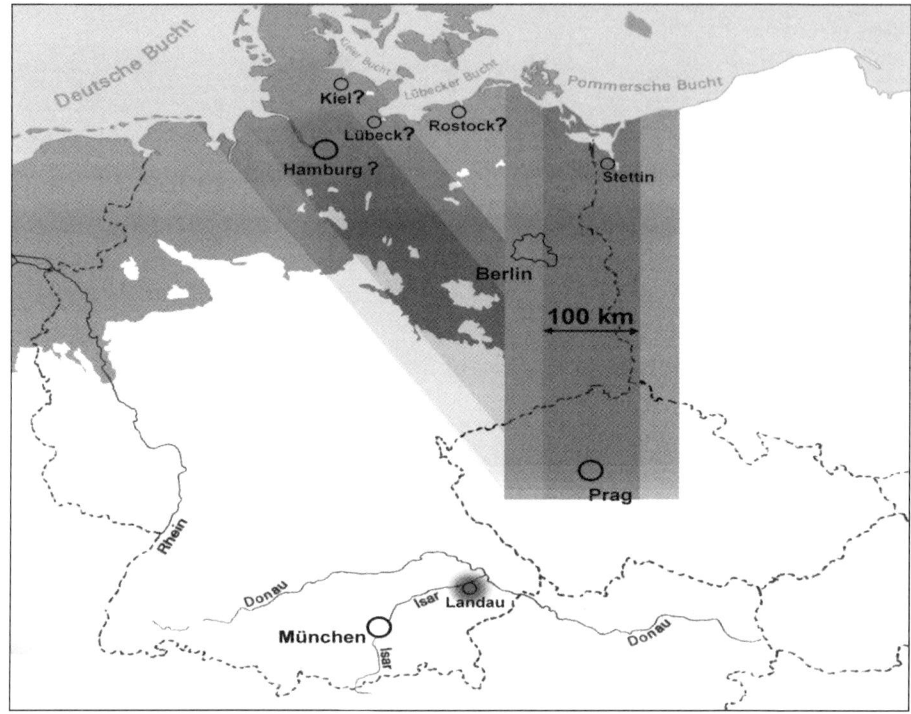

Abb. 38: Alois Irlmaiers Angaben zum Verlauf des gelben Strichs

Entsprechende Berichte mit vielen Fotos aus US-amerikanischen Militäreinrichtungen fanden sich seinerzeit sogar in Sonntagsbeilagen der Zeitungen, so dass auch Mutti einmal dazu kam zu lesen, was der mächtige „Ami“ alles hat, um den bösen Russen vom Ärgsten abzuhalten. Die Angst vor „dem Russen“ war seinerzeit aus Sicht der USA ein durchaus willkommenes psychologisches Schlüsselelement, um die westdeutsche Bevölkerung – fünf Jahre zuvor noch ein verbissener Kriegsgegner – davon zu überzeugen, dass „der Ami“ jetzt ihr Freund ist. In diesem Sinne waren Irlmaiers Weltkriegsprophezeiungen durchaus hilfreich. Angst machen war völlig o. k. Es musste nur kontrollierbar bleiben und es durfte nicht zu viel werden.

Gelegentlich hat Alois Irlmaier die Stadt Prag nicht beim Namen genannt, sondern von „der goldenen Stadt“ gesprochen. In einem überlieferten Dialog fragt Irlmaier einen Zuhörenden:

*„Kennst' die Goldene Stadt?“ – „Ja, freilich, **Prag.**“ – „Siegst as, der kennt's! Und von dort zieht **ein breiter Streifen hinauf bis ans Meer,** da is alles hin, da kommt keiner rüber und hinüber.“*[299]

Irritierend an dem Zitat mit der ungenannten Stadt ist auch noch, dass Irlmaier einerseits Prag als Ausgangspunkt der vergifteten Zone nennt, dann aber eine weitere Stadt erwähnt, wo der Strich ebenfalls *anfängt.* Eine mögliche Erklärung ist – abgesehen von Überlieferungsfehlern –, dass der Strich östlich von Prag weiter Richtung Osten/Südosten verläuft (wofür es zwei Quellen gibt, siehe Seite 171) und sich der gesamte Strich aus zwei oder mehreren Einzelabschnitten zusammensetzt, die von jeweils eigenen Flugzeugflotten gezogen werden. Militärisch gesehen wäre eine Aufteilung des gesamten Strichs in Teilabschnitte auch logistisch geboten, denn verliefe der Strich von der deutschen Nordseeküste über Prag bis hin zum Schwarzen Meer, wäre es wenig zweckmäßig, diejenigen Flugzeuge, deren Gift für den letzten Abschnitt gedacht ist, mit am ersten Abschnitt starten zu lassen. Je länger der Strich oder Streifen wäre, desto zwingender wäre es, den Gesamtstrich aus mehreren Teilstrichen zusammenzusetzen. Das würde bedeuten, dass mehrere Flugzeugarmadas zum Einsatz kommen. ... Alois Irlmaier wieder:

„Nach dem sehe ich, dass niemand mehr drüber kann. Die herent [diesseits] sind, können nicht mehr zurück, die Drentern [die jenseits sind] können nicht mehr herüber. Dann bricht bei den Herenteren [den Russen] alles zusammen. Zurück kommt keiner mehr.[300]

Als die USA noch nichts im Nahen Osten zu suchen hatten

Einigen Lesern wird zwischenzeitlich aufgefallen sein, dass im afrikanisch/arabischen Raum eine solch massive Militärflugzeugpräsenz mit mehreren Tausend Flugzeugen überhaupt nicht in die weltpolitische Lage von 1949 bis 1955 passt – damals, als Irlmaiers Visionen zum gelben Strich erstmals veröffentlicht wurden.[*]

Einerseits war bis zum Zweiten Weltkrieg nicht Amerika sondern *Großbritannien* die beherrschende Macht im Nahen Osten, andererseits brauchten die USA nach 1945 noch geraume Zeit, um in der Region Bündnisse mit regionalen Machthabern einzugehen, sich dort militärisch festzusetzen und Stützpunkte aufzubauen.

Richtig in die Gänge kam das US-Engagement in dieser Region erst ab 1979 mit der islamischen Revolution im Iran, und noch massiver 1990/1991 beim ersten US-Krieg gegen den Irak. Und natürlich gab es dann nach dem 11. September 2001 nochmals eine drastische Steigerung des US-Militärengagements in der Region. Das bedeutet: Alleine schon die von Irlmaier beschriebene Startposition der US-amerikanischen Flieger im nordafrikanisch-arabischen Raum deutet auf ein Szenario in Zeiten erst nach Ende des Kalten Krieges und *nach dem Zerfall der UdSSR* (1991).

---

[*] Siehe: Bayerische Landeszeitung (Oktober 1949), Münchner Merkur (Oktober 1949), Altbayerische Heimatpost (November 1949), Blick in die Zukunft (Februar 1950), Landshuter Zeitung (April 1950), Tatsachenberichte über Alois Irlmaier (1952), Blick in die Zukunft (1955)

Die atomare Überlegenheit der USA in den Jahren 1949/1950

Ein weiteres Argument für ein Szenario gelber Strich erst nach 1991 bzw. erst nach der Jahrtausendwende findet sich in Folgendem: Im Jahre 1949* waren die USA der UdSSR in Sachen atomarer Bewaffnung haushoch überlegen. Im August 1949, als die UdSSR gerade einmal ihre erste Atombombe erfolgreich *getestet* hatte, hatten die USA schon 50 einsatzbereite Atombomben. Einen russischen Angriff auf Westeuropa hätten die USA 1949/1950 mit ihrer atomaren Faust vernichtend zerschmettern können, ähnlich wie sie es rund vier Jahre zuvor mit Japan gemacht hatten. Um 1950 herum bestand für die USA *überhaupt kein Anlass* für die von Irlmaier vorausgesagte ausgefallene, extravagante Strategie mit Tausenden Flugzeugen aus einer von Europa weit entfernten Region, in der es damals auch noch gar nicht die erforderliche Infrastruktur wie Flugplätze gab.

Kampfdrohnen aus der Wüste?

Als drittes Argument für ein Szenario nach dem Jahre 2000 und eben nicht um 1950 herum noch dies: In einem der Irlmaier-Texte, dem sogenannten »Kurier-Text«, einer Handschrift aus den 1970er Jahren, die Voraussagen vom Oktober 1945 (!) wiedergeben soll, aber erst 2002 aufgetaucht ist, die ich eingehend untersucht habe und die ich für sehr wahrscheinlich echt halte[301], heißt es, *in den Flugzeugen aus dem afrikanisch-arabischen Raum säße niemand drin.*

Bitte?

Lesen Sie selbst:

»Aus dem Sande der Wüste Afrikas steigen die großen Vögel auf mit Todeseiern [aber] ohne Männer.«[302]

Im Originaltext – ohne das hier eingeschobene *[aber]* – liest sich die Sache so, als säßen *in den Bomben* bzw. den *»Todeseiern«* keine Männer, was natürlich völliger Blödsinn wäre, zumal Irlmaier die Bombengröße an anderer Stelle mit etwas kleiner als Schuhkarton-Größe angibt.[303] Offenbar hat sich der Seher nie so wirklich einen Reim auf die Flugzeuge ohne Piloten machen können. Die Umschreibung *»Vögel«* hat er in seiner ländlichen Einfachheit womöglich ganz bewusst verwendet, um zu betonen, dass es *keine* normalen Flugzeuge sind. So sagte er seinem Freund Alfred Pollinger: *„... in Afrika steigen Vögel auf, keine Flugzeuge“,* wobei der Seher das „keine“ besonders betont haben soll.

Im Klartext: Es müsste sich bei den *»Vögeln«* um *Kampfdrohnen* handeln, Kampfflugzeuge ohne menschliche Besatzung.[304]

Die Kampfdrohnen-These erhärtet sich dann weiter, wenn man sich Irlmaiers Aussage zu der Anzahl der „Flugzeuge“ ansieht. Den überlieferten Zitaten[305] nach wären es

---

* Irlmaiers erste Bezüge zum gelben Strich sind nachweislich von Oktober 1949 (Bayerische Landeszeitung, 22. Oktober 1949, Seite 7), wenn nicht sogar vom Oktober 1945 („Kuriertext“).

wie schon erwähnt mehrere Tausend bzw. so viele, dass der US Air Force dazu schlicht die Piloten fehlten.
Mehrfach sagte Irlmaier, es sind so viele Flieger, dass er sie nicht zählen kann.[306] Dabei muss man bedenken, dass er diese Flugzeuggeschwader offenbar immer wieder – auch am Himmel über Südostbayern – gesehen hat. Demnach hatte er genug Zeit, um zu versuchen, sie zu zählen. Entsprechend wird der Seher wiedergegeben:

„10.000 Tauben steigen aus dem Sand auf, fliegen über uns [Südostbayern] hinweg, aber bei uns werfen's nix runter."[307]

Mit der Anzahl von 10.000 – und auch, wenn es nur 5.000 wären – würde eine Grenze überschritten, die die US Air Force noch mit menschlichen Piloten bewerkstelligen könnte. Diese Grenze liegt aktuell bei etwa 5.000. So viele Piloten könnte das US-Militär aber unmöglich für den gelben Strich abstellen.
Verknüpft man die Drohnen-These weiter mit Irlmaiers Umschreibung *»Taube«*, so ergibt sich folgende Idee: Irlmaiers „Drohnen" könnten nicht so aussehen wie jene Kampfdrohnen, die man aus dem Fernsehen kennt (siehe die *US-Drohne Global Hawk* rechts oben) und die für Einsätze in großer Höhe bei relativ geringer Fluggeschwindigkeit gedacht sind; erkennbar an den langen, rechtwinklig abstehenden Flügeln.
Natürlich wäre auch zu berücksichtigen, dass Irlmaiers Sehgewohnheiten durch die Flugzeugtypen aus dem Zweiten Weltkrieg geprägt waren. Siehe dazu rechts den amerikanischen B-17-Bomber, der im Luftkampf über Deutschland in großer Stückzahl zum Einsatz kam.
Im Bild darunter sehen Sie die amerikanische Tarnkappendrohne X-47B. Was an dieser besticht, ist der Umstand, dass sich *durch das fehlende Seitenleitwerk* am Heck ein Vergleich mit einem Vogel fast schon aufdrängt. Es braucht also nicht viel Fantasie, um sich vorzustellen, dass man eine solche Tarnkappendrohne seinerzeit im ersten Moment gar nicht als Flugzeug wahrgenommen hätte.

Abb. 39: US-Drohne Global Hawk

Abb. 40: B-17-Bomber

Abb. 41: US-Tarnkappen-Kampfdrohne X-47B

Das vom gelben Strich betroffene Gebiet

Was das vermutlich betroffene Gebiet betrifft, sehen wir uns jetzt die dazugehörigen Stellen von Alois Irlmaier genauer an. Wie schon erwähnt, geht es um zwei mögliche Verläufe der vergifteten Zone:

1. Ein kürzerer Streifen von Prag hoch zur Ostsee, und
2. eine westlichere Route, von Prag hoch vielleicht nach Rostock, Lübeck, Kiel oder gar Hamburg, die sich südöstlich von Prag Richtung Südosten bis zum Schwarzen Meer verlängert.

Irlmaiers geografische Angaben zum gelben Strich				
Gebiet / Formulierung	**SOR**	Quelle	Glaubwürdigkeit*	Zeit
zw. **Schwarzem Meer** u. **Nordsee**	JA	Schönham. (S. 67)	kritisch, da Originalquelle unbekannt	1978
Prag u. **Budapest** selbes Schicksal	JA	Münchn. Merkur	interpretationsabhängig	1949
von **Donau bis Nord- u. Ostsee**	?	Landshuter Ztg.	interpretationsabhängig	1950
von **Prag „hinauf** bis ans **Meer“**	?	Alexander Gann	vermutlich gut	1982
von **Prag** bis zu **„Stadt an Bucht“**	?	Conrad Adlmaier	gut, da relativ klares Detail	1955
von **Tschechei nach Norden**	?	Ernst Ladurner	gut	1952
W. Deutschland	(JA)	Kurier-Text	gut, konkreter Text, aber seltsam	1945

SOR = Südost-Route Richtung Schwarzes Meer, die indirekt eine Verlängerung zur Nordsee impliziert

* nach meiner Einschätzung. Jeweils nur auf das hier abgedruckte Zitat bezogen und nicht automatisch auf den Gesamttext der jeweiligen Quelle übertragbar.

Auch wenn ein Verlauf von Prag auf direktem Kurs nach Norden zur Ostsee den überlieferten Zitaten nach wahrscheinlicher erscheinen mag, ist es meiner Einschätzung nach insgesamt ratsam, auch einen deutlich westlicheren Kurs in Betracht zu ziehen. Für Menschen, die in dem betreffenden Gebiet leben, kann das – sofern sie bereit sind, all das zu glauben – im ersten Moment erschreckend sein. Schaut man dann jedoch auf die Karte (siehe Seite 166), so sieht man, dass ein Großteil dieser westlicheren Zone *sowieso schon von den Fluten betroffen wäre!* Das bedeutet: Die Diskussion über den genauen Verlauf des gelben Strichs in Norddeutschland wäre zum großen Teil rein akademisch, da viele der fraglichen Gebiete wegen der Fluten (Bombe und Polsprung) sowieso zu meiden wären!
Im Hinblick auf das betroffene Gebiet in Deutschland ist wohl am eindeutigsten Irlmaiers Aussage aus der *Landshuter Zeitung* vom April 1950. Hier ist von *Nord-* ***und*** *Ostsee* die Rede. Nur vermutlich sind hier Visionen von Überflutungen, vom gelben Strich und anderen Kampfhandlungen in einem Bild zusammengeflossen:

„Koa G'würm am Bod'n wird mehr leb'n, koa Graserl wird mehr sai. [...] Oa Jahr ko neamad mehr dort hi, dad'n alle sterb'n. ***Von da Doana bis zur Nord- und Ostsee***

is a Graus'n. *Vui Mensch'n sterb'n no [noch], ne an Cholera, na, na,* ***mia**** *[wir]* ***nennen's*** *halt den schwarz'n Tod."*[308]

Dieses Zitat klärt zwar nicht wirklich den genauen Verlauf des gelben Strichs, aber – so Irlmaier – die zu meidende Zone würde sich so oder so *bis zur Nordsee* erstrecken. Im sogenannten »Kurier-Text« von Alois Irlmaier heißt es:

Der Boden in W. Deutschland wird durch eine Kraft [das Gift, Anm. B.] zehn Meter tief verbrannt [chemisch zersetzt]. Aus dem Sande der Wüste Afrikas steigen die großen Vögel auf mit Todeseiern ohne Männer.

Da auch Bayern Teil dieses *»W. Deutschland«* war und ist, ist klar, dass nicht ganz Westdeutschland gemeint sein kann. Und es wäre sicherlich auch nicht klug, alleine auf dieses *»W.«* irgendwelche Ängste zu stützen. Dennoch ist diese Stelle aus dem Kurier-Text der Vollständigkeit halber zu erwähnen. Und die Stelle ist ein weiteres Indiz für einen Verlauf des gelben Strichs weiter nach Westen hoch zur Nordsee.

Von der Nordsee bis zum Schwarzen Meer?

In der Praxis würde ein lückenloser Verlauf quer durch ganz Europa von der Nordsee bis hin zum Schwarzen Meer zweierlei bedeuten: Zum einen wäre das gesamte russische Militär in Westeuropa wirklich *komplett* vom Bodentransport-Nachschub aus Osteuropa abgeschnitten und könnte nicht auf Routen südlich von Prag ausweichen. Rein militärisch betrachtet wäre eine Komplettabriegelung die „sauberste" Lösung. Andererseits gäbe es bei einer Linie Nordsee–Schwarzes Meer unter der Zivilbevölkerung der NATO-Staaten sehr viel mehr Todesopfer als bei dem deutlich kürzeren Verlauf Prag–Ostsee. Vor einigen Jahren dachte ich noch, die kürzere Variante von Prag hoch zur Ostsee sei deshalb wahrscheinlicher, weil die USA die zivilen Opfer unter ihren Verbündeten möglichst gering halten würden. Inzwischen bin ich mir da nicht mehr so sicher. Würde es in der US-Außenpolitik wirklich um Schadensminimierung gehen, würde Washington alles dafür tun, dass es überhaupt nicht erst zum Krieg mit Russland kommt.
Für einen Verlauf Nordsee–Schwarzes Meer spricht folgende überlieferte Aussage Alois Irlmaiers:

Alois Irlmaier (1949-I-Südostbayern): *„Es gibt wieder einen großen Krieg, wenn das Getreide reif ist. Das Jahr kann ich leider nicht sagen. [...] Dieser Krieg wird nur vier Monate dauern, aber der schrecklichste der Weltgeschichte sein.* ***Budapest und Prag werden dabei vernichtet werden.*** *In diesem Ringen werden Waffen zur Anwendung kommen, dass Panzer noch weiterrollen, wenn die Männer, die in ihnen sitzen, schon tot sind ..."*[309]

Veröffentlicht wurde dieser Text am 18. Oktober 1949 in der bayerischen Tageszeitung *Münchner Merkur*. Im Text wird zwar nicht ausdrücklich gesagt, dass Prag und

---

* Das klingt so, als beziehe sich Irlmaier auf den in Bayern üblichen Sprachgebrauch *nach* dem Kriege!

Budapest *durch den gelben Strich* vernichtet werden, aber gleich im nächsten Satz ist die Rede von der Wirkung des Giftstaubes. Insofern liegt die Schlussfolgerung nahe, dass **Budapest** so wie auch Prag im gelben Strich liegt.
Übereinstimmend mit Alois Irlmaier wird ein Verlauf des gelben Strichs weiter südöstlich von Prag noch von einer anderen Quelle erwähnt. Im Jahre 1988 veröffentlichte der bayerische Heimatautor W. J. Bekh das prophetische Gedicht eines *»Unbekannten Verfassers«*. Quellen ohne Namen sind natürlich unbefriedigend bis ärgerlich, zudem ist Autor W. J. Bekh wie schon erwähnt inzwischen verstorben.[310]
Was in einem solchen Fall bleibt, ist die reine Textanalyse. Dabei zeigt sich im vorliegenden Fall, dass der Gesamttext mit den üblichen bekannten Prophezeiungen zum „dritten Weltkrieg“ übereinstimmt, und zwar bis hin zu kleineren Details. Darüber hinaus tauchen in dem Gedicht noch andere, bis 1988 unbekannte Elemente auf, die sich sinnvoll in das damals bekannte Gesamtbild einfügen.
Für eine Kopie bekannter Texte scheint mir der Text des unbekannten Verfassers etwas zu spezifisch zu sein. Es tauchen für meinen Geschmack etwas zu viele Elemente auf, die bis 1988 unbekannt waren. Was auch gegen eine „Abschrift“ bei Irlmaier spricht, ist, dass die zweite osteuropäische Stadt neben Prag nicht *Budapest* sein soll, sondern *Sofia.*

Unbekannter Verfasser (1988):
(Die bis 1988 unbekannten Elemente sind fett gedruckt.)

Todesstreifen legt der West –
Von dem Schwarzmeer bis zur Küst –
Halb so breit wie Bayernland –
Alles Leben dort entschwand.
Sofia, *Prag und* ***Hansestadt***
Gottes Hand geschlagen hat
Gelber Staub nach Osten weht
Tod und Seuchen mit ihm geht.[311]

Verlängert man die Linie Sofia–Prag schnurgerade weiter nach Norden, so landet man zwischen Hamburg und Bremen an der Nordsee. Bei der angegebenen Breite von ca. 100 km würden dort natürlich noch andere Städte liegen, je nach genauem Verlauf: *Belgrad, Budapest,* ***Wien,*** *Leipzig, Hannover.*

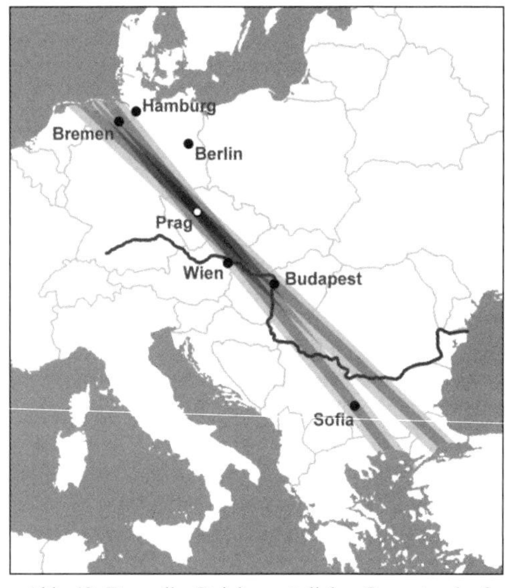

Abb. 42: Der gelbe Strich – möglicher Gesamtverlauf nach Irlmaier und unbek. Verfasser/Bekh

Auf der Karte rechts sieht man, wie die Routen Prag–Budapest (Irlmaier) und Prag–Sofia (unbek. Verf.) voneinander abweichen. Viel ist es nicht. Irlmaiers Route wäre günstiger für Wien und Hamburg. Die Verlängerung der Linien Richtung Nordsee ist wohlgemerkt spekulativ. *»Hansestadt«* muss nicht unbedingt Hamburg sein. Wahr-

scheinlich scheint allerdings, dass es eine größere deutsche Hafenstadt ist. Irlmaier wird an anderer Stelle zitiert: *»Bis zu der Stadt in der Bucht.«*[312]
Wohlgemerkt ist obige Karte nur ein Kontrollversuch auf Basis der überlieferten Aussagen und unter Annahme, dass der Verlauf Prag–Ostsee *nicht* zutrifft.

Zur Situation Wiens

Was die Route über Wien beim unbekannten Verfasser betrifft, so bin ich persönlich skeptisch. Österreich ist ein Land, das öfter im Blickfeld der Seher lag. Mir ist sonst keine glaubwürdige Quelle bekannt, der nach der gelbe Strich auch Österreich betreffen würde (auch wenn es nur der äußerste Nordostzipfel wäre). Dass die Bürger Wiens wie im Lied der Linde vorausgesagt, als Erste singen, wenn der „große Monarch“ auftaucht, spricht wie gesagt *gegen* einen möglichen Verlauf des gelben Strichs über Wien. Alois Irlmaier wird zum gelben Strich zitiert: *„Oa Jahr ko neamad hi mehr dort, dad'n alle sterb'n.“*[313] In der Praxis würde das bedeuten, dass man länger als ein Jahr bis zur Rückkehr in die betroffenen Gebiete wartet, da niemand die Folgen der Giftwirkung einschätzen könnte, auch wenn das Gift nach einem Jahr schon keine unmittelbar wahrnehmbare Wirkung mehr zeigen würde. Wer wollte den Menschen glaubhaft versichern, es gäbe schon nach einem Jahr keine Spätfolgen mit Krebs oder DNA-Schädigungen mehr? Im Klartext: Nach einem Jahr würde man erst einmal Spezialisten mit Schutzanzügen in die vergiftete Zone schicken und dort kleinere Säugetiere fangen, um diese auf Schädigungen zu untersuchen.

Die aktuelle Quellenlage ist also so, dass auch ein Verlauf des gelben Strichs von Prag aus weiter nach Südosten in Betracht zu ziehen ist. Dies wiederum deutet auf der anderen Seite westlich von Prag auf eine Route Prag–Nordsee.

Etwas Giftstaub auch südlich der Donau?

Dann finden sich noch zwei Quellen, die ich tlw. schon erwähnt hatte und die darauf hindeuten, dass auch ein kleineres Gebiet *südlich* der Donau vom Giftstaub betroffen sein könnte. W. J. Bekh zitiert Alois Irlmaier: Um ***Landau*** sei *»weithin alles gelb und vernichtet«*[314], und eine andere Irlmaier-Aussage: *»Die Stadt Landau an der Isar leidet schwer durch eine verirrte Bombe.«*[315] Landau liegt 20 km südwestlich der Donau an der Isar. Ein teilweiser Übertritt des gelben Giftes über die Donau findet sich auch in folgender Quelle:

Frau Landinger (1957-II-Oberpfalz): *„Dann wollte es [das Tier aus Moskau, Anm. B.]* ***Köln*** *umfangen, aber der Erzbischof segnete die Stadt mit einem Doppelkreuz. Da wurde die Zunge des Tieres wie lahm, es brüllte, dass die Erde bebte. Der* ***gelbgefärbte Himmel*** *vermischte sich mit blutrotem Schein. Mir war, als hörte ich das Wehklagen und Weinen der Erde. Da traf mich ein kalter Hauch: Vor mir mähte der Tod in* ***Thüringen und Sachsen,*** *er mähte in* ***Preußen,*** *er mähte* ***in der nördlichen Oberpfalz,*** *in meiner Heimat, in meinem Vaterhaus, o Schrecken, im* ***Osten in Bayern bis vor München.*** *“*[316]

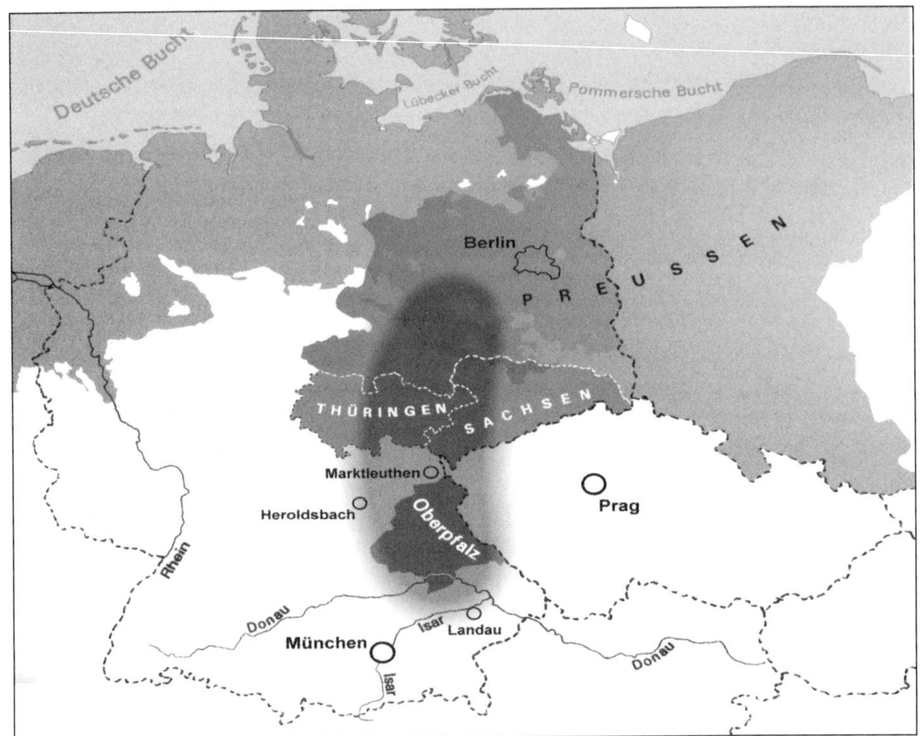

Abb. 43: Optimistische Auslegung der Kernzone des gelben Strichs nach Landinger und Bauern aus Selb

Zwar wird nicht ausdrücklich gesagt, dass ein Zusammenhang besteht zwischen dem gelben Himmel und dem mähenden Tod, aber es ist eigentlich klar, dass der gelbe Himmel irgendwie eine Folge des Krieges sein muss. *Thüringen* spräche eher für eine Route Prag–Nordsee, oder aber der Strich wäre noch breiter als etwa 100 Kilometer (halb so breit wie Bayern). Bindet man auch noch die Oberpfalz mit ins Bild ein, reicht als Erklärung auch die Route Prag–Nordsee nicht mehr aus. Nach Frau Landinger wäre die Zone also deutlich nach Westen verschoben, sagen wir um 100 Kilometer. Das *»im Osten in Bayern bis vor München«* kommt dann Irlmaiers Aussage zu Landau erstaunlich nahe. Das wäre wiederum mit Irlmaiers Aussage zu kombinieren, wonach es in Landshut sicher wäre. Demnach dürfte die vergiftete Zone um Landau nicht mehr an Landshut heranreichen.

Alois Irlmaier ist gewissermaßen die Standard-Quelle für Südostbayern. Würde der gelbe Strich in „nennenswertem" Ausmaß über die Donau nach Süden verweht, hätte Irlmaier dies oft und deutlich genug gesagt, und er hätte die Donau nicht mehr so sehr als Trennungslinie betont. Und im Fall von Landau wäre dann auch nicht mehr von einer (einzelnen) *»verirrten Bombe«* die Rede gewesen. Allem Anschein nach könnte man guten Gewissens davon ausgehen, dass es sich bei Landau (~ bis kurz vor München) um eine Ausnahme südlich der Donau handelt.

Abschließend zum gelben Strich noch drei andere Quellen, um zu verdeutlichen, dass sich dieses Szenario nicht zu einer fixen Idee ganz weniger Seher kleinreden lässt. Zuerst *Franziska Beliante,* die Frau eines italienischen Aristokraten.[317]

Franziska Beliante (1923-III-Savoyen, franz. Alpenregion südlich des Genfer Sees): *»Ganz Europa wird in einen gelben Dunst gehüllt. Alle, die diesen Dunst atmen, werden sterben.«*[318]

»Ganz Europa« in gelben Dunst eingehüllt? Das ist definitiv kein *Strich* oder *Streifen* mehr. Wird der gelbe Strich also weit nach Westen verweht? Oder driftet er in obere Luftschichten ab und verdünnt sich dort so sehr, dass der Himmel zwar noch gelb, die Atemluft am Boden aber nicht mehr schädlich ist? Dem unbekannten Verfasser von W. J. Bekh zufolge sollen die „Todeswolken" nach Osten abziehen. Ändert sich nach wenigen Stunden die Windrichtung? Wieder eine unklare Stelle.
Das Bild einer weiten Fläche statt eines langgezogenen Strichs begegnet uns auch in folgender Quelle:

Eine alte Flüchtlingsfrau aus Böhmen (nach 1945-II-Böhmen): *Dann wird **eine Linie** gelegt werden, **zwischen** einer steinernen Stadt (mein Vater sprach aber auch da schon immer von **Prag) und der Ostsee,** wo keiner mehr herüber und hinüber kann. Es wird ein Getöse und Gedröhne in den Lüften sein, gelbe Schwaden werden die Welt einhüllen.*[319]

Hier eindeutig ein Verlauf von Prag hoch *zur Ostsee* … Interessant, dass im selben Atemzug von *»Linie«* und *»Welt einhüllenden gelben Schwaden«* gesprochen wird. Muss man daraus schließen, dass die Linie stark verweht?
»Welt« steht hier vermutlich für Mitteleuropa. Wäre nur der Himmel gelb, würde dies noch nicht zwingend bedeuten, dass man unter diesem gelben Himmel auch sterben muss. *»Ganz Europa«* (F. Beliante) ist ansonsten natürlich eine irreführende Verallgemeinerung, ebenso wie *»die Welt«* (böhmische Flüchtlingsfrau). Oftmals scheinen die Visionäre oder Seher ganz erschlagen von der Monstrosität des Geschauten, so dass sie es bei den Feinheiten nicht mehr so genau nehmen.

Hier eine weitere, ebenfalls schon erwähnte Quelle zum Thema Nebel und Tod:

Marienthaler Klosterbuch (1749-II-Luxemburg): *Es werden nicht nur sterben viele Krieger auf und unter den Wällen, sondern auch viele Kinder und Greise und Frauen überall, wo **der Atem des großen Krieges** weht. Der Atem wird unrein sein und die Nacht bedeuten, aber auch wieder den Tag nach einer langen Nacht.*
*Viele Städte und Dörfer links und rechts des strömenden Wassers [Rheins] werden jedoch verschont bleiben, wie sie schon öfters verschonet geblieben sind in schweren Zeiten und Schrecken des Krieges. **Den Hauptschlag werden Städte und Dörfer und ganze Länder jenseits** [östlich] **des fließenden Wassers** [Rhein] **treffen,** und alle Hauptstädte werden dort versinken in **Nebel** und Trümmern und Asche […]. Die Schrecken des großen Krieges werden nicht mehr in Gallia sein, sondern über dem großen Strom.*[320]

»Der Atem des großen Krieges« könnte der „verwehte" gelbe Strich sein. Teilweise klingt der Text aber auch so, als sei damit die dreitägige Finsternis gemeint *(»Tag nach langer Nacht«),* wo die Luft ebenfalls verpestet wäre. Bei der dreitägigen Finsternis wäre die Grenze Rhein aber bedeutungslos. Die Hauptstädte, die östlich des Rheins im „Nebel" versinken, klingen dann wieder nach der gelben Wolke. Interpretatorisch lässt sich der Text aber nicht festnageln. Im Zusammenhang erwähnenswert ist er dennoch.

Berlin

Abschließend für Leser aus Berlin, die es bereits geahnt haben, noch folgendes Irlmaier-Zitat zum gelben Strich:

Alois Irlmaier (1956-I-Südostbayern): *In Berlin alle Wohnungen unangetastet und in den Fabriken alle Maschinen heil – aber keinen einzigen Menschen.*[321]

3,5 Millionen Berliner könnten unmöglich innerhalb weniger Stunden aus der Stadt flüchten, schon gar nicht, wenn die östliche Armee gleichzeitig mit einer gigantischen Menge von Panzern, Lkw usw. nach Westen vorstößt. Dass Irlmaier in Berlin keine (lebenden) Menschen mehr sah, klingt für mich etwas nach „seherischer Weichzeichnerei".
Dass Berlin im gelben Strich liegen könnte, wäre trotz der etwas unklaren Quellenlage relativ naheliegend (siehe die Karten auf Seite 166 und 174). Der Quelle Frau Landinger nach wäre Preußen wenigstens in der Nähe von Thüringen und Sachsen betroffen, ob ganz bis Berlin, bleibt unklar. Unter der Annahme, dass der gelbe Strich rund 100 Kilometer breit ist – was quellenmäßig nur sehr dürftig unterlegt ist –, verliefe die vergiftete Zone so oder so wenigstens über Teile des Berliner Stadtgebietes, egal, ob die Nordroute Richtung Ostsee zuträfe oder die Nordwestroute Richtung Nordsee.

Zusammenfassend lässt sich feststellen: Der europäischen Prophetie nach wäre im Rahmen des „dritten Weltkrieges" mit dem großflächigen Einsatz eines extrem giftigen Kampfstoffes zu rechnen, der weite Teile Ostdeutschlands, Norddeutschlands und zum Teil auch Süddeutschlands betrifft (von Tschechien und evtl. auch Westpolen abgesehen). Auch hier wieder wären der Rhein und die Donau die markanteste Begrenzung für das potenziell gefährdete Gebiet.

Ostdeutschland

Selbst wenn es keinerlei Prophezeiungen zu Ostdeutschland gäbe, wäre alleine schon von der Geografie her klar, dass sich Ostdeutschland verhältnismäßig lange unter russischer Herrschaft befände, mit entsprechenden potentiellen Folgen für die dortige Zivilbevölkerung. Fraglich wäre, ob und in welchem Umfang das russische Regime versuchen könnte, die Restbestände einer 40-jährigen pro-russischen Indoktrinierung für ihre Zwecke zu nutzen, bis hin zu Freiwilligen-Bataillonen und Zwangsrekrutierungen.

Was die bekannten Voraussagen zu Ostdeutschland betrifft, so stammt der Löwenanteil dieser Quellen aus Westdeutschland. Das mag unbefriedigend sein, ist aber nun einmal so. Ein erheblicher Teil Ostdeutschlands wäre vom gelben Strich betroffen und große Teile der anderen Gebiete Ostdeutschlands von Überflutungen.
Mir ist keine Quellenbasis bekannt, auf deren Grundlage man in Ostdeutschland bzw. dem Gebiet der ehemaligen DDR ein Gebiet als „sicher“ oder „wahrscheinlich sicher“ bezeichnen könnte. Aus rein praktischen Erwägungen käme wohl der Harz in Frage, da er relativ weit im Westen liegt, hoch genug und dünn besiedelt ist und auch strategisch uninteressant wäre. Der Harz läge innerhalb weniger Stunden nach Kriegsausbruch im besetzten Gebiet und es gäbe dort sicherlich so gut wie keine Kämpfe. Aber der Harz wäre auch keine gute Idee, verliefe der gelbe Strich Richtung Nordsee.

Voraussagen zur nicht-deutschsprachigen Welt

Überblick

Allgemeines

Grundlage des vorliegenden Buches »*Refugium*« sind fast ausnahmslos Texte in deutscher Sprache – entweder Texte, die schon im Original deutsch waren, oder Texte, die ins Deutsche übersetzt worden sind. Das bedeutet: Praktisch sämtliche *nicht* übersetzten Quellen aus England, den Niederlanden, Frankreich, Spaniens usw. werden in diesem Buch *nicht* berücksichtigt. Die Datengrundlage dieser Arbeit im Hinblick auf die nicht-deutschsprachige Welt ist so gesehen höchst löchrig und unvollständig und sollte im Bedarfsfall unbedingt mit lokalen fremdsprachlichen Quellen gegengecheckt werden.

Trotz dieser begrenzten Datenbasis lassen sich meiner Einschätzung nach aber im Zusammenhang mit der dreitägigen Finsternis und dem geografischen Polsprung sehr wohl belastbare Aussagen zu Gebieten *weltweit* machen.

Die dreitägige Finsternis

Den mir bekannten Quellen nach ist davon auszugehen, dass im Spätherbst des Kriegsjahres, etwa drei Monate nach Kriegsbeginn in Mitteleuropa, der gesamte Planet Erde für drei Tage in Dunkelheit fällt, also kein Sonnenlicht mehr zur Erde durchdringt.
Die schlüssigste Erklärung für die plötzlich einsetzende weltweite Finsternis ist eine kosmische Staubwolke, die sich zwischen Erde und Sonne schiebt. Diese Wolke müsste sich im Wesentlichen noch außerhalb der Erdatmosphäre befinden. Zur besseren Unterscheidung bezeichne ich diese Wolke nachfolgend als *Dunkelwolke.*
Was die von den europäischen Prophezeiungen vorausgesagte Luftverpestung durch Staub betrifft (nachfolgend *Staubwolke*), finden sich Hinweise darauf, dass diese Staubwolke entgegen des Eindruckes, den manche europäische Quellen erwecken, *keinesfalls die gesamte Welt betrifft* (siehe Karte Seite 185).
Das mir derzeit bekannte Quellenbild deutet darauf hin, dass Europa und (wenigstens) der Osten Nordamerikas von der Staubwolke am Erdboden am schwersten betroffen wären. Im Klartext: Während der dreitägigen Finsternis wäre in Europa und im Osten Nordamerikas ein Überleben an der freien Luft so gut wie *unmöglich* – sehr wohl aber in geschlossenen Räumen. Da die Quellen wiederholt dazu raten, sich in Häuser und Wohnungen zu flüchten und Fenster und Türen zu schließen, scheinen die Staubpartikel der Staubwolke relativ großkörnig zu sein, so dass sie eben nicht durch Fenster- und Türritzen hindurch gelangen können. Somit ergäbe sich ein scheinbares Paradoxon von höchster Lebensgefahr außerhalb geschlossener Räume und leicht erreichbarer „Sicherheit" innerhalb derselben.
Ein weiterer wichtiger Aspekt während der dreitägigen Finsternis wäre ein drastischer Temperatursturz. Schon in normalen Nächten fallen die Temperaturen über Nacht. Während der dreitägigen Finsternis würden die Temperaturen aber nicht ~10 Stunden fallen, sondern ~70. Damit ginge es definitiv in den Minusbereich. Aus der europäischen Prophetie ist mir aber nicht bekannt, dass diese Kälte besonders thematisiert wird, beispielsweise in Form von Hinweisen auf viele Kältetote. Ob die Seher dort etwas „übersehen" haben, ist schwer zu sagen. Ich glaube es nicht. Vermutlich wäre der Temperatursturz nur so tief, dass man sich noch mit dicker Kleidung und Decken schützen kann. Rein physikalisch gesehen müsste der Temperatursturz in den Gebieten unter der Staubwolke auch *gedämpft* sein, da die Staubwolke als Isolationsdecke wirken müsste. Man kennt das vom Prinzip her aus Nächten mit dichter Bewölkung. In solchen Nächten fallen die Temperaturen nicht so stark. Interessanterweise stammt die einzige mir bekannte Quelle, die den Temperatursturz thematisiert, aus *Thailand* (siehe unten). Diese Quelle sagt aber auch, dass die Staubwolke in Thailand bei Weitem nicht mehr so schlimm ist wie in Europa.

Außereuropäische Quellen zur dreitägigen Finsternis

Ende März 2016 habe ich aus Thailand folgende E-Mail erhalten:

Hallo Herr Berndt,

seit 10 Jahren verfolge ich Ihre Darstellungen der europäischen Prophetie. [...] Der eigentliche Grund, weshalb ich Ihnen schreibe ist, dass es auch interessante Informationen dazu aus Thailand gibt. Persönlich lebe ich hier seit sieben Jahren und bin mit einer Thailänderin verheiratet.
Hier im asiatischen Raum gibt es Prophezeiungen von einem schon verstorbenen Mönch, der einen dritten Weltkrieg vorhersagt, der seinen Fokus in Europa hat, jedoch dessen Auswirkungen bis nach China gehen. China sei involviert in dem Krieg gegen die Amerikaner, Thailand bliebe jedoch kriegerisch verschont. China soll Amerika in die Knie zwingen und handlungsunfähig machen. ***Deutschland wäre am meisten betroffen,*** *auch ein wirtschaftlicher Zusammenbruch wurde gesehen.*
Dabei soll durch eine dreitägige Finsternis alles Böse vernichtet werden [Das wäre einigen christlichen Quellen nach ein Irrtum, denn irgendwann nach der Jahrhundertmitte würde sich das geistige Klima wieder deutlich verschlechtern. Anm. B.]. In Europa soll die dreitägige Finsternis begleitet sein von einer kosmischen tödlichen Staubwolke. Die dreitägige Finsternis soll es auch hier [in Thailand] geben, jedoch soll die tödliche Staubwolke nicht so extrem ausfallen wie in Europa.

In der Praxis würde das bedeuten, dass man sich in Thailand kurzzeitig in der freien Luft aufhalten kann. Aber wie lange? Fünf Minuten? Zehn?

Man spricht von einer zunehmenden Kälte (klimatisch bedingt) und enorme Regenfälle. Regenfälle sind für Thailand nichts ungewöhnliches, jedoch ein Kälteeinbruch. Der Mönch empfahl, in der Zeit der dreitägigen Finsternis, sich im Hause aufzuhalten, warme Decken und Nahrungsvorräte zu halten.
Es soll in <u>ganz Thailand</u> ***nach dem Polsprung vier Jahreszeiten geben,*** *Der Norden kennt heute drei, der Süden zwei. Besonders wurde in der Prophezeiung erwähnt, dass man sich [vor der Eskalation der Weltlage, Anm. B.] viele Decken aufbewahrt, da es sehr kalt werden soll. Die Vorzeichen der Endzeit [für Thailand] seien vor allem, absolute Trockenheit in der Trockenperiode und regelrechte Überflutungen in der Regenzeit. Extreme Kälteeinbrüche, welche Thailand noch nie kannte.*

Auf eine solche Information warte ich seit Jahren. Denn hätten Seher wie Alois Irlmaier recht, und Bayern würde infolge des Polsprungs mindestens 800 Kilometer Richtung Äquator wandern (Orangenanbau in Südbayern und bis zu zwei Ernten im Jahr!), so müssten andere Erdteile auf der gegenüberliegenden Erdhälfte natürlich in der entgegengesetzten Richtung zum Pol rutschen. Liegt die Mitte Deutschlands heutzutage etwa auf dem 50. Breitengrad, würde sie zukünftig irgendwo um den 40. liegen, wenn nicht noch näher am Äquator. Würde Thailand proportional ebenfalls um 10 Breitengrade nach Norden wandern, läge es aber immer noch in etwa auf der Höhe Indiens. So käme man kaum auf vier Jahreszeiten in Thailand. Vier Jahreszeiten würden einen Winter bedeuten, ob mit Schnee und Frost und wenn wie stark, wäre eine andere Frage. Folglich müsste Thailand mehr als etwa 1.000 Kilometer nach Norden wandern. Ein daraus resultierendes mitteleuropäisches Klima könnte für Thailand aus Sicht der Landwirtschaft noch irgendwie zu bewerkstelligen sein, indem man andere Pflanzen anbaut. Richtig übel wäre es vermutlich für *China,* das wenigstens zum Teil in Regionen rutschen würde, wo Ackerbau überhaupt nicht mehr möglich ist. Der E-Mailschreiber aus Thailand ergänzte noch:

Hier darf nicht übersehen werden, dass viele thailändische Häuser oder Wohnungen keine zu verschließende Fenster haben, dennoch sollen die Menschen nicht sterben, sofern sie sich in ihren Wohnungen aufhalten.

Also würden ein paar Decken reichen, wohlgemerkt in Wohnungen, die zumeist nicht beheizbar oder gegen Kälte isoliert sind.

Eine zeitliche Datierung gibt es auch, welche jedoch nur als Orientierung genannt wurde und nicht als exakte Zeitangabe. Es wurde das Jahr „zwischen" 2560–2562 genannt (umgerechnet auf den gregorianischen Kalender wäre es das Jahr „zwischen" 2017–2019). Das ganze Szenario soll genau 49 Tage dauern (für Thailand).

Auch die Kürze des Szenarios für Thailand deckt sich im Prinzip mit den europäischen Quellen. Mit Datumsspekulationen (2017–2019) wäre ich ansonsten vorsichtig. Besser, man achtet auf die prophezeiten Vorzeichen in Europa und Deutschland.

[...] Durch meine Erzählungen über die europäische Prophetie wurde ich durch meine Frau vor mehr als drei Jahren aufmerksam gemacht auf das Buch eines Mönchs, der diese Ereignisse vor 300 Jahren vorhersah. Leider kann man mit niemandem darüber sprechen ohne in der Spinnerecke zu enden.

So weit die E-Mail aus Thailand. Orientiert man sich an der europäischen Prophetie, so ist klar, dass es weltweit, teilweise sehr alte Prophezeiungen geben *muss,* die die dreitägige Finsternis vorausgesehen haben. Insofern ist obige E-Mail nicht überraschend. Eine Voraussage der dreitägigen Finsternis findet sich beispielsweise auch um das Jahr 800 im arabischen Raum im islamischen Standardwerk *Hadith,* einer Sammlung überlieferter Taten und Aussprüche des Propheten Mohammed. Eine Staubwolke wird dort zwar nicht erwähnt, wohl aber, dass nach der dreitägigen Finsternis die Sonne im *Westen* aufgeht. Und so wie beim thailändischen Mönch und in europäischen Prophezeiungen wird die Finsternis mit einer spirituellen Reinigung der Menschheit in Zusammenhang gebracht:

Wenn die letzten Tage gekommen sind *[bitte nicht zu wörtlich nehmen, Anm. B.],* ***wird die Sonne drei Tage lang nicht mehr aufgehen.*** *Drei Tage lang wird sie nicht aufgehen, und die, die zur Zeit des Tahadjjud-Gebets wach sind, werden lange auf den Sonnenaufgang warten und sich fragen, wo nur die Dämmerung bleibt. [...] Die Frommen aber, die sich in der Nacht ihrer Andacht hingeben, wissen, dass die Zeit gekommen ist, da sich das Tor der Reue schließt [eine Analogie zur christlichen Bitte um Vergebung, Anm. B.]. Sie werden versuchen, ihre achtlos schlafenden Gefährten* *aufzuwecken, aber keiner, der nicht schon wach ist [symbolisch für geistig-spirituell wach], wird dann mehr erwachen, sie werden daliegen im Schlaf, als wären sie Tote. Drei Tage dauert es, bis das Tor der Reue sich geschlossen hat; und diejenigen, denen Wissen gegeben ist, werden weinen um ihre Brüder und zum Herrn um Gnade flehen.* ***Wenn drei Tage vergangen sind, wird die Sonne im Westen aufgehen,*** *und die Zeit der Reue ist unwiderruflich vorbei.*[322]

Wäre der Sonnenaufgang im Westen ein zwingender Hinweis auf den geografischen Polsprung, dann fehlten in diesem Text Hinweise auf Erdbeben, Flutwellen und andere geophysikalische Vorgänge während der drei Tage. Mag sein, dass diese Details wegen der spirituellen Ausrichtung des Textes entfallen sind.
Dann sei nochmals auf jene mongolischen Quellen verwiesen, in denen ähnlich wie bei manchen europäischen Quellen ein Zusammenhang besteht zwischen dem (zeitgleichen) Auftauchen eines sonnenähnlichen Himmelskörpers und einer großen Finsternis. Die ungarische Autorin *Alice Sárközi,* die über das Thema politische Prophetie in der Mongolei des 17. bis 20. Jahrhunderts schrieb, hatte sich nur am Rande mit mongolischer Endzeitprophetie befasst, und kommentierte:

Lang anhaltende Finsternis, oder gerade das Gegenteil, das Erscheinen mehrerer Sonnen können eine globale Katastrophe ankündigen.[323]

Darüber hinaus habe ich eine endzeitliche Vision aus der mittelamerikanischen Maya-Kultur gefunden, die sich auch auf die dreitägige Finsternis beziehen *könnte.* Im Buch *»Die Stimme des Großen Geistes«* von Rudolf Kaiser findet sich Folgendes:

Esst, esst, solange es Brot gibt;
Trinkt, trinkt, solange es Wasser gibt;
Ein Tag *wird kommen,*
an dem ***Staub*** *die* ***Luft verdunkeln*** *wird,*
an dem ein ***Pesthauch*** *das Land verdorren lassen wird,*
an dem sich eine ***Wolke*** *erheben wird,*
an dem ein ***Berg emporgehoben*** *wird,*
an dem ein starker Mann sich der Stadt bemächtigen wird,
an dem alle Dinge in Schutt und Asche fallen werden,
an dem das zarte Blatt vernichtet wird,
an dem Augen sich im Tode schließen werden.[324]

Im ersten Moment könnte man diese Zeilen für die Beschreibung eines großen Vulkanausbruchs irgendwo im heutigen Mexiko halten. Doch dann würde sich fragen, warum der Text nicht irgendwo zur Flucht rät. Vulkane können zwar ihre nächste Umgebung mit Asche und Staub einnebeln, doch spätestens nach ein, zwei Tagen Fußmarsch wäre man raus aus der Gefahrenzone. Der Seher hätte also auf irgendein Vorzeichen verweisen können, beispielsweise ungewöhnliche Verhaltensweisen der Tiere, an denen man den bevorstehenden Ausbruch hätte erkennen können.
Dann noch ein Text aus Nordamerika, der von etwa 1920 von einem Medizinmann der Hopi-Indianer stammen soll. Aufgezeichnet wurde der Text 1969:

*„Als ich ein Junge war ... sagte mein Vater [der Medizinmann] zu mir, eines Tages würde die Erde sich umkehren, würde sich überschlagen. Wenn das geschehe, sagte er, das sei der Tag der Reinigung. Der Himmel werde dunkel werden, und wir würden herumkriechen wie Ameisen, die nicht sehen können. Dann würden jene Dinge kommen, so wie Haufen von Flugzeugen, und sie würden die Sonne verdunkeln und eine Menge Dinge auf die Erde fallen lassen, so wie Regen. Diese vier Dinge werde es geben: Regen, **die Erde würde sich überschlagen,** der Ozean würde aufwogen und Donner – und es werde auf der ganzen Erde geschehen, allen Völkern.“*[325]

Abb. 44: Der schematische Ablauf des geografischen Polsprungs bzw. des „Überschlagens“ der Erde

Bedeutet die Nichterwähnung einer Staubwolke, dass die Staubwolke den Westen der USA nicht mehr erreicht? ... Dazu eine Vision von *Veronika Lueken,* einer Seherin aus New York City, Bayside, einem Viertel im Stadtteil Queens:

Veronika Lueken (1972-III-USA, New York): ... *große sengende Hitze – Feuerblitz, dann Finsternis – die Welt scheint stillzustehen, die Erde sich nicht mehr zu drehen – [...] Staub und Felsbrocken beginnen auf die Leute zu fallen [...] Eine Stimme schreit: drei Tage, drei Tage. [...] Dann [nachdem die Seherin Afrika und Arabien im Blickfeld hatte] wird die Aufmerksamkeit Veronikas auf die andere Seite des Globus gelenkt [auf die USA]; **da schwebt eine gewaltige Himmelskugel,** wie eine glühende Sonne, über dem Land, sie zieht hinter sich einen Feuerschweif [...]. Die Kugel [...] speit riesige Staubwolken aus, [...] der Staub senkt sich herab, Felsbrocken fallen [...]. Es erheben sich Wellen [...] überfluten das Land, **New York.***[326]

Das klingt, als würde der auch von anderen Sehern vorausgesagte Himmelskörper der Erde über den östlichen USA am nächsten kommen. Demnach läge der Eintrittsbereich der Staubwolke auf der Nordhalbkugel über dem Osten Nordamerikas und dem westlichen Nordatlantik. Dies korrespondiert mit einer Aussage Edward Korkowskis, der die Wolke von Westen (Atlantik/USA) nach Europa kommen sah:

Edward Korkowski (1985-III): *Über Europa waren noch keine [Atom-] Bomben oder sonst etwas gefallen. Nur **die Erde schüttelte sich** und es war ziemlich dunkel. Der Westen und der Osten waren feuerrot. Über Europa kam als nächstes Sturm. **Die schwarzen Wolken bewegten sich schnell von Westen in Richtung Osten.** [...] Als nächstes sah ich auch das Wasser der Nordsee in hohen Wellen kommen.*[327]

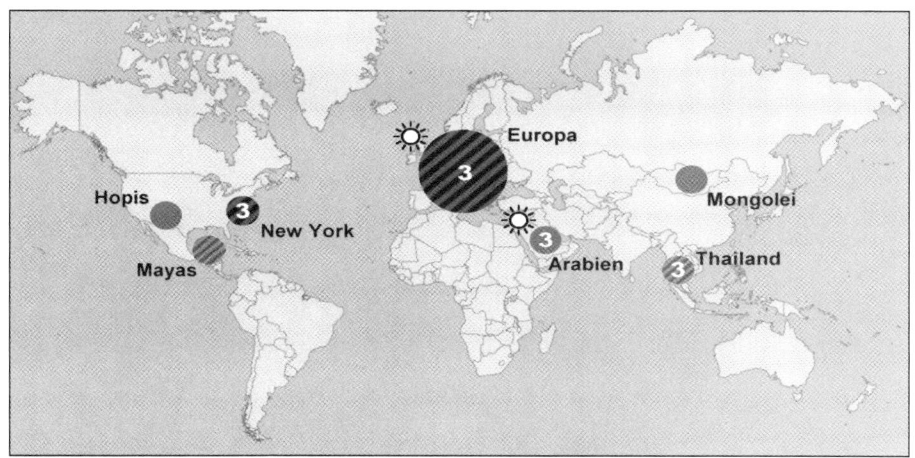

Abb. 45: Voraussagen zur dreitägigen Finsternis weltweit

Zeichenerklärung: Punkte mit **3** in der Mitte stehen für Gebiete, aus denen Vorhersagen zu einer *dreitägigen* Finsternis bekannt sind. Punkte mit **schraffierter Fläche** stehen für die Herkunftsgebiete derjenigen Quellen, die eine Verpestung der Luft mit Staub vorhersagen. In Fällen mit **dunkler Schraffur** wäre die Staubkonzentration an der freien Luft tödlich. Graue, **nicht schraffierte Punkte ohne 3** stehen für Quellen, deren Bezug zur dreitägigen Finsternis eine Frage der Auslegung ist, mir jedoch naheliegend erscheint. Das **Sonnensymbol** steht für die Voraussage eines Sonnenaufgangs im Westen nach der Finsternis.

Obige Karte zeigt, dass die Prophezeiungen zur dreitägigen Finsternis keinesfalls auf Europa beschränkt sind. Grundsätzlich zeigt die Karte, dass die tödliche Staubwolke angesichts der mir bekannten Quellenlage erstens keinesfalls die ganze Welt beträfe und sich zweitens eher auf die Nordhalbkugel und dort vor allem auf Europa konzentriert. Wo *genau* aber die Grenze verliefe zwischen tödlicher und nichttödlicher Staubkonzentration außerhalb geschlossener Räume, ist schwer zu sagen. Wenn die Staubkonzentration in Thailand schon deutlich geringer ist, so liegt natürlich die Vermutung auf der Hand, dass die Staubkonzentration noch weiter entfernt von Europa in Australien, im südlichen Afrika und Lateinamerika noch deutlich geringer ausfällt.

Weltweit Fluten und Mega-Tsunamis infolge der Finsternis

Ein geografischer Polsprung im Rahmen der dreitägigen Finsternis würde bedeuten, dass weltweit die Meeresküsten überflutet werden und auch die Ufer großer Seen. Ausgehend von den Voraussagen zu Nordeuropa sollte man nach Kriegsbeginn weltweit an sämtlichen Meeresküsten den Bereich zwischen 0 und 150 meiden, vielleicht noch etwas höher. Einsame Palmeninselstrände wären das absolute No-Go. Dasselbe gälte für die Idee, dem Unheil der Welt zu entkommen, indem man mit einem Segelboot das Weite sucht. Denn wer weiß schon, ob sich Polsprung-Tsunamis auf offener See so sanft verhalten wie die üblichen Tsunamis.

Tabelle zur dreitägigen Finsternis

	Quellen mit Bezug zur dreitägigen Finsternis	Zeit	Datensätze	Qualität	Finsternis			Krieg	Naturkatastrophen (Erklärung siehe nächste Seite)								Ratschläge			Literatur *
					3	F	W		~	P	E	N	Ü	O	D	V	H	F	T	
1	Irlmaier	1959	150	I																30/134
2	Biernacki	1984	149	IV																8/289
3	Seher v. Waldviertel	1959	79	II																12/262
4	Dixon	197o	48	IV																5/147
5	Kugelbeer	1922	43	III																15/101
6	Luecken	1972	38	III																8/231
7	Stockert	1948	37	III																12/221
8	Smith, T.H.	1991	34	III																71/68
9	Elena Aiello	1955	33	II																10/161
10	Zönnchen	1988	33	III																85/143
11	Lindenlied	1850	29	II																7/374
12	Uriella	1993	21	IV																209/17
13	De la Vega	1982	18	III																16/214
14	M. J. Jahenny	1938	16	III																8/208
15	Böhmischer Seher	1940	16	III																8/46
16	Pater Pio	1961	14	I																8/151
17	Taigi	1837	12	II																8/132
18	Zängeler, Berta	1950	12	II																51
19	Quelle aus Hadith	~800	10	II																99/94
20	Thailändischer Mönch	~1700	8	III																PaB
21	Heilige Ottilie	720	7	II																14/75
22	Ashtar Sheran	1997	7	III																PaB
23	Palma v.Oria	1872	6	III																24/53
24	M.Bergadieu	1875	6	III																88/315
25	Johannes Friede	1948	6	II																46/84
26	Baourdi	1878	6	III																10/154
27	Schweizer Neuoffenb.	1856	4	III																14/107
28	Henle	1890	4	III																8/275
29	J. d. la Faudaise	1819	2	III																4/170
30	Gründ d.Kongr.v.k.Bl	1837	2	III																10/155
31	Heroldsbach (Heilm.)	1949	1	III																8/275
32	Nostradamus	1558	548	II	Keine Angaben zur Dauer der Finsternis		=			=		=		=	=	=	=	=	=	1/377
33	Korkowski	1947	178	III				=====		=		=		=	=	=	=	=	=	32/23
34	La Salette	1846	84	II			=	=====		=		=	=	=	=	=	=	=	=	7/367
35	Erna Stieglitz	1972	50	III		=			=	=	=	=	=	=	=	=	=	=	=	12/237
36	Lorber	1864	33	II		=			=	=	=	=	=	=	=	=	=	=	=	5/156
37	Madam Sylvia	1934	24	III		=	=	=====		=				=	=	=		=	=	14/178
38	Birger Claesson	1950	23	II			=		=	=	=	=	=	=	=	=	=	=	=	PaB
39	Frau aus Valdes	1968	20	II		=			=	=	=	=	=	=	=	=	=	=	=	PaB
40	Methodius v. Patara	677	20	III			=	====	=	=		=	=	=	=	=	=	=	=	5/139
41	C. v. Heisterbach	1230	20	III			=		=	=		=		=	=	=	=	=	=	15b/63
42	Italienische Sibylle	100	19	III																5/209
43	Hep. v. St. Gallen	1081	18	I		=			=			=	=	=	=	=	=	=	=	41/85
44	Marienth. Klosterbuch	1749	18	II																41/245
45	Libysche Sibylle	-200	16	III																5/205
46	Edda	1300	14	III			=	=====	=	=				=	=	=	=	=	=	14/59
47	Emmerick	1822	13	III																14/77
48	Amsterd. Botschaft	1947	12	III																PaB
49	Beliante	1923	11	III																14/73
50	Mutter Graf	1961	10	III																60/123
51	Handwercher	1830	8	III																8/191
52	Maya-Quelle	1500	8	III				=====	=	=		=	=	=	=	=	=	=	=	77/118
53	Hopi-Quelle	1938	7	II			=			=	=	=	=	=	=	=	=	=	=	S.99
54	Bertha Dudde	1947	7	III			=		=			=	=	=	=	=	=	=	=	19/55
55	Kossuthácurrent	1918	6	III																47/407
56	Higginson	1880	4	III																24/81
57	Kerizinen	1965	3	III																8/252
58	Mongolische Quelle	1700	2	III			=	=====	=		=	=	=	=	=	=	=	=	=	99/98
					3	F	W		~	P	E	N	Ü	O	D	V	H	F	T	

inverse Felder = Geistliche der (meist) katholischen Kirche – oder von dieser heilig- oder seliggesprochen, oder Visionen von kirchlich anerkannten Marienerscheinungen

* teilweise zu einzelnen Quellen weitere Literaturangaben nötig – Literaturcodes siehe Anhang

Abb. 46: Tabelle zur dreitägigen Finsternis

Erläuterung der Tabelle zur dreitägigen Finsternis

Gruppe 1 (1 – 31) bezieht sich definitiv auf die dreitägige Finsternis. Lediglich eine Quelle der Gruppe 1 – der Seher aus dem Waldviertel – weicht bei der Dauer von drei Tagen ab! Im Waldviertel dürfte es lokale Gründe dafür geben, dass die Dunkelheit und/oder Luftverpestung länger dauert.

Gruppe 2 (32 – 58) umfasst Quellen, bei denen Angaben zur Dauer der Finsternis fehlen, jedoch weisen diese Quellen Details auf, die ebenfalls auf die dreitägige Finsternis hindeuten. Vielleicht 15 % aus Gruppe 2 könnten sich bei einer genaueren Prüfung (zu der mir derzeit die Daten fehlen) als ohne Bezug zur dreitägigen Finsternis erweisen. Weshalb die Quellen der Gruppe 2 auf die dreitägige Finsternis hindeuten, siehe unten.

Wie aus der Tabelle hervorgeht, wird die dreitägige Finsternis umso häufiger im Zusammenhang mit einem Krieg erwähnt, je mehr Vorhersagen ich von der Quelle erfasst habe (breite Spalte „Krieg" + Spalte „Datensätze"). Dies ist insofern von Bedeutung, als einige wenige Quellen mehrere dreitägige Finsternisse voraussagen (z. B. Wolfgang Zönnchen). Das zu diskutieren, ergibt aufgrund der diesbezüglich dünnen Datenbasis jedoch wenig Sinn. Doch selbst wenn es zu mehreren dreitägigen Finsternissen kommen sollte, so wäre die entscheidende diejenige im Zusammenhang mit dem Krieg, den Russland beginnen soll.
Die einzelnen Buchstaben am Kopf der Spalten beziehen sich auf unterschiedliche Aspekte der dreitägigen Finsternis, die von der jeweiligen Quelle erwähnt werden.

3 =	Dauer = 3 Tage (nur Gruppe 1)	Ü =	Überflutungen
F =	Finsternis	O =	Orkane
W =	Wolke	D =	(großer) Donner
~ =	Störung der Gravitation	V =	Blitze
P =	(leuchtender) Himmelskörper	H =	**man soll im Haus bleiben**
E =	Erdbeben	F =	**man soll nicht aus dem Fenster sehen**
N =	neues Land taucht auf	T =	**man soll nicht die Haustüre öffnen**

Bitte beachten Sie die Spalten „H", „F" und „V". Dort geben die Quellen Ratschläge, wie man sich zu dieser Zeit verhalten soll. In den mit „=" gekennzeichneten Fällen deuten die Details deutlich auf die dreitägige Finsternis. So z. B. wenn von einer Störung der Gravitation im Zusammenhang mit einer Finsternis die Rede ist: Spalte „F" („W") + Spalte „~". Oder aber, wenn das Auftauchen eines Sterns im Zusammenhang mit der Finsternis erwähnt wird: Spalte „F" („W") + Spalte „P". Indirekt könnte der Polsprung auch durch merkwürdige Veränderungen am Sternenhimmel bzw. dem Planetenhimmel angezeigt werden. Diese merkwürdigen Veränderungen können z. B. in einem Aufrollen des Himmels, Fallen oder Zusammenstoßen von Sternen oder merkwürdiger Bewegungen der Planeten einschließlich von Sonne und Mond bestehen. In den meisten dieser Fälle kann man von erheblichen Störungen im Gravitationsgefüge unseres Sonnensystems ausgehen. Ebenso deutet ein Versinken oder Auftauchen von Landmassen im Zusammenhang mit einer Finsternis indirekt auf einen Polsprung: Spalten „E", „N", „Ü". Was außer einem Polsprung (abgesehen von einem großen Meteoriteneinschlag) könnte die erforderlichen Energien freisetzen? Prinzipiell gilt dies für die plötzliche und drastische Häufung von Naturkatastrophen zur Zeit der Finsternis. Woher kommt plötzlich diese enorme Energie?
Ebenfalls auf die dreitägige Finsternis deutet (wie im Falle von Erna Stieglitz) eine Giftwolke während eines Krieges, an der in riesigen Gebieten etwa ein Drittel der Menschen sterben. Damit wäre keinesfalls der gelbe Strich gemeint, da dort das betroffene Gebiet sehr viel kleiner wäre, aber innerhalb des Gebietes die Todesrate bei 100 % läge. Im Falle der dreitägigen Finsternis belaufen sich in den Quellen die Opferzahlen im Wesentlichen zwischen 1/3 und 2/3.

Die nicht-deutschsprachigen Länder im Einzelnen

Warnung

Sollten Sie in Betracht ziehen, vor dem Kriege in ein nicht-deutschsprachiges Gebiet zu flüchten oder dort ein Ausweichquartier zu organisieren, insbesondere wenn dieses Gebiet außerhalb Europas liegt, seien Sie gewarnt, dass die europäische Prophetie in der Regel eine völlig ungenügende Quellenbasis ist, um Aussagen über die mögliche Zukunft des betreffenden Landes zu machen. Das heißt, sie müssten unbedingt Quellen aus dem betreffenden Land hinzuziehen. Dazu reichen Quellen ausschließlich aus dem Internet nicht aus, weil sich dort auf gut Deutsch gesagt zu viel Mist findet.

Europa allgemein

Nicht nur bei der dreitägigen Finsternis und dem geografischen Polsprung, auch in anderen Fällen ist es möglich, von deutschen bzw. ins Deutsche übersetzen Prophezeiungen trotz des Mangels anderssprachiger Quellen relativ sichere Rückschlüsse auf die Situation in nicht-deutschen Gebieten und Ländern zu ziehen. So lässt sich aus der Kürze des Krieges (~ drei Monate, siehe Seite 215) folgern, dass in Gebieten weit im Westen Europas, wie Spanien, Portugal und Irland, kein Krieg ist. Und falls dorthin doch irgendwelche russischen Einheiten gelangen sollten, wäre zu vermuten, dass sie dort nur sehr kurz bleiben und nur kleine Gebiete davon betroffen sind. Die prophezeite Kürze des Krieges ist ein ganz entscheidender Basisparameter, von dem sich andere Aspekte ableiten lassen.

Eine islamische Invasion in Südeuropa?

Was sich im Südeuropa meines Wissens und meiner Einschätzung nach ausschließen ließe, wäre eine „islamische Invasion", ein Schreckensgespenst, das überall dort auf fruchtbaren Boden gefallen ist, wo man die tägliche Ablenkungs-Propaganda unserer Medien mit der „islamischen Bedrohung" glaubt. Allerdings haben auch gewisse Nostradamus-Interpretationen die Furcht vor einer solchen Invasion genährt, die naturbedingt zunächst den Süden Europas betreffen müsste.
Natürlich weiß keiner, wie viele ideologisch verblendete, gewaltbereite Islamisten im Zuge der Flüchtlingskrise inzwischen nach Mitteleuropa eingesickert sind. Aber wir reden im Falle des „dritten Weltkrieges" von *richtigem Krieg!* Die islamische Welt jedoch verfügt über keine nennenswerte Rüstungsindustrie, hat keine brauchbaren Invasionsflotten, und damit ist das Thema „islamische Invasion" in Südeuropa für jeden erledigt, der noch 1 und 1 zusammenzählen will.
Und die islamische Atombombe? Der einzige islamische Staat, der bekanntermaßen derzeit über Atomwaffen verfügt, ist Pakistan. Pakistan aber wird mit seinen paar Atombomben (geschätzte 24 bis 75) keinen Unfug in Europa veranstalten, weil es dann schon seinerseits Probleme mit Indien bekommen könnte, das ebenfalls über Atomwaffen verfügt – abgesehen von Frankreich, Großbritannien und den USA natürlich. Im Kriegsfall kommt es nicht darauf an, *ob* jemand ein paar Atombomben hat, sondern ob er *genug für einen ausgewachsenen Atomkrieg* hat. Und das wären in diesem Fall Frankreich und Großbritannien, von den USA ganz zu schweigen.

Osteuropa allgemein

Findet man noch relativ viele ins Deutsche übersetzte Prophezeiungen aus Nord-, West- und Südeuropa, so wird die Quellenlage zu Osteuropa, insbesondere für die Länder des früheren Warschauer Paktes ziemlich dünn. Gerade bei Russland ist das irritierend, da sich – so wenigstens in Westeuropa – rein statistisch gesehen in großen Völkern mit einer langen, starken geistigen Tradition relativ viele Hellseher finden, darunter auch sehr gute. Natürlich gab und gibt es diese Hellseher auch in Russland (und nicht nur aus der christlichen Geisteswelt), aber diese sind so gut wie nie ins Deutsche übersetzt worden. Hinzu kommt, dass die Kommunisten ab 1917 systematisch dafür gesorgt haben dürften, dass diese Prophezeiungen aus Büchern, Zeitschriften und Bibliotheken verschwinden. Und zwar aus dem einfachen Grunde, weil es in Russland nicht wenige echte Hellseher gegeben haben muss, die den Untergang des kommunistischen Systems vorausgesehen haben, ebenso wie die traditionellen europäischen Seher das Ende der Demokratie voraussagen. Die von mir hier unterstellte Prophezeiungs-Säuberung der russischen Kommunisten wäre kein Einzelfall. Eine entsprechende Säuberungsaktion („Aktion-Hess“) haben die Nazis im Sommer 1941 im Deutschen Reich durchgeführt sowie chinesische und römische Kaiser und andere.

Was die Kriegssituation in Osteuropa (ohne Russland) betrifft, so deutet der in westeuropäischen Prophezeiungen immer wieder vorausgesagte urplötzliche Kriegsausbruch – also das urplötzliche Auftauchen russischer Truppen in Westeuropa – ganz klar darauf hin, dass es in Osteuropa wenigstens in der Angriffsphase zu so gut wie überhaupt keinen Kampfhandlungen kommt, einfach deshalb, weil Kämpfe schon in Osteuropa (z. B. Polen) eine Vorwarnung für Westeuropa wären – eine Vorwarnung, die es aber nicht geben soll. Der Krieg soll für die Masse der Westeuropäer völlig überraschend von einem Tag auf den anderen hereinbrechen.
Bedeutet dies nun, dass Osteuropa völlig vom Krieg verschont wird? Leider nein. Die Tschechische Republik würde so oder so ziemlich restlos verwüstet (siehe »Prophezeiungen, alte Nachricht …«, Seite 275). Glaubt man der Überlieferung, wäre auch im Westen Polens mit dem gelben Strich zu rechnen. Ob dann die gelben Wolken tatsächlich nach Osten abdriften und Polen davon ebenso betroffen wäre, das kläre man anhand polnischer Quellen. Dasselbe gälte für einen möglichen Verlauf des gelben Strichs von Prag zum Schwarzen Meer. Betroffen wären dann Teile der Slowakei, Teile Ungarns, Rumäniens und Bulgariens. Auch hier ziehe man unbedingt lokale Quellen hinzu, die deutschsprachige Quellenbasis ist einfach viel zu dünn. Glaubt man allerdings Alois Irlmaier, müssten donauabwärts größere landwirtschaftliche Gebiet vom gelben Strich verschont bleiben – falls der Strich überhaupt östlich von Prag weiterverläuft –, denn Irlmaier sagt, dass nach dem Kriege aus Südosten über die Donau große Lebensmitteltransporte in Bayern ankommen[328]. Sollte der gelbe Strich bis zum Schwarzen Meer weiterlaufen, würde das darauf hindeuten, dass er *nördlich der Donau* verläuft.

Russland

Was Russland betrifft, so wäre es ebenso wie die USA von nicht nur vereinzelten Atomexplosionen betroffen. Aber ob nun 10, 20 oder mehr, lässt sich aufgrund der mir bekannten Quellenlage nicht sagen. Klar ist jedoch, dass Russland auf einen Atomangriff der USA auf russisches Gebiet mit einem atomaren Gegenschlag auf US-amerikanisches Gebiet antworten würde (siehe unten die Quellen zu den USA). Das bedeutet: Von Voraussagen zu Atomangriffen auf die USA kann man rückschließen auf Atomangriffe auf Russland und umgekehrt.
Ein weiterer wichtiger Punkt für Russland wäre ein außerordentlich blutiger Bürgerkrieg, der der Niederlage Russlands im Westen folgen soll.
Doch trotz des Krieges würde sich Russland später relativ rasch zu einer sehr wichtigen Säule der nachfolgenden europäischen Friedensordnung entwickeln. Laut Gabriele Hoffmann (Berlin, 2011) soll Russland auch für Deutsche ein Einwanderungsland werden, wie die USA im 19. Jahrhundert.[329]
Ansonsten gilt auch für Russland: Die in Deutschland bekannten Quellen sind bestenfalls geeignet, Schwerpunkte für Recherchen vor Ort in Russland zu liefern.

Schweden, Norwegen und Finnland

Zu Schweden und Norwegen gibt es zwei sehr detailreiche Quellen: den Norweger *Anton Johansson* (1907), bei dem die Dokumentation ziemlich gut ist, und den Schweden *Birger Claesson* (1951), der ähnlich vertrauenswürdig erscheint. Beide Quellen sagen bzw. deuten darauf hin, dass die russische Armee im Rahmen ihres Angriffes auf Westeuropa auch in Skandinavien einfällt, auch in Norwegen

und Schweden*. In beiden Quellen finden sich zahlreiche Ortsangaben, so dass sich eine recht detaillierte Skandinavien-Karte erstellen lässt (siehe Seite 194).
Ob es im Rahmen des Angriffes auf Schweden und Norwegen auch in Finnland zu Kämpfen kommt, kann ich nicht sagen. Hier fehlen wieder die Quellen. Für Finnland gälte prinzipiell wohl dasselbe wie für große Teile NATO-Osteuropas. Es würde entweder ohne große Kämpfe überrannt oder aber von den Russen umgangen.
Für Norwegen und Schweden gälte dasselbe wie für Mitteleuropa: Infolge der Kürze des Krieges hätten die russischen Angreifer nicht genug Zeit, jeden Winkel des Gebietes zu besetzen. Norwegen ist zudem sehr zerklüftet. Zerklüftete Gebiete werden von Angreifern nach Möglichkeit gemieden, vor allem, wenn sie in Eile sind. Außerdem besteht die strategische Bedeutung der norwegisch-schwedischen Landmasse hauptsächlich im leichteren Zugang zum Nordatlantik und der Absicherung der Ostsee. Folglich müsste es innerhalb der norwegisch-schwedischen Landmasse überall Gebiete geben, in denen nie ein russischer Soldat auftaucht, obwohl in beiden Ländern mit einer russischen Präsenz über die *gesamte Kriegsdauer von etwa drei Monaten* zu rechnen wäre.
Nach Johansson und Claesson würden die Russen im Norden, Süden und Westen der schwedischen Küste mit Truppen eindringen und stellenweise bis zu 200 Kilometer ins Landesinnere vorstoßen. Natürlich würden sie auch mit Bodentruppen über die finnisch-schwedische Grenze kommen.
Ansonsten wären auch in Norwegen und Schweden vorsichtshalber Gebiete bis 150 Meter, vielleicht sogar 200 Meter ü. NN zu meiden. Diese Werte sind aber im Wesentlichen nur Rückschlüsse von deutschen Quellen (z. B. Eifel-Nordrand).

Sehen wir uns nun die konkreten Voraussagen Johanssons und Claessons an:

Anton Johansson

Anton Johanssons Aussagen zum russischen Angriff:

Die Russen griffen mit zwei Abteilungen an: Die eine fiel von Süden auf ***Gotland*** *ein und überschwemmte die Insel. Ich sah lange Marschkolonnen und große Luftflotten. Die Luft war nicht klar. Es schien, als ob sie von Rauch geschwängert sei. Die Russen drängten zum Festland und schienen gegenüber von* ***Öland*** *an Land zu gehen. Von dort schienen sie gegen Gotenburg vorzurücken um den* ***Franzosen*** *zur Hilfe zu eilen.*[330]

Wie Johansson hier auf *Franzosen* kommt, ist ziemlich unklar. Weiter erklären tut er es nicht. Fraglos ist dies eine gravierende Schwachstelle in Johanssons Visionen. Einige Leser werden an diesem Punkt abwinken, was man ihnen nicht verdenken könnte. Andererseits hat sich gerade Anton Johansson als Seher erwiesen, der mehrfach richtig lag. Ihm etwa Geldgier und Sensationsmache zu unterstellen, wäre absurd. Entweder ist *»Franzosen«* eine Fehldeutung Johanssons oder diese Vision wäre in Anlehnung an die sonstige europäische Prophetie in ein Paralleluniversum zu verweisen. Johansson weiter:

Stockholm *schien ziemlich vom Krieg verschont zu bleiben. Dank der Luftflotten und der Luftabwehr funktionierte hier die Verteidigung gut. Mit der anderen Abteilung griffen die Russen im Norden an. Mit gewaltigen Massen fielen sie in* ***Nordschweden*** *ein, wo sie erstaunlicherweise leicht voran kamen. [...] Ich sah zwei Eisenbahnen und eine davon nördlich des Sumpfes von* ***Enare*** *[schwedische Schreibweise des finnischen* ***Inari*** *im norwegisch-russischen Grenzgebiet]. Auf dieser Bahn sah ich einen russischen Militärzug, in dessen Wagen die Russen dicht gedrängt standen. Das Gelände war durchschnitten. Es war in dem* ***Passviksthal*** *[direkt an der norwegisch-russischen Grenze]. Der Zug ging nach Osten zur Murmanskküste.*
Ich sah nördlich vom Fluss Tana, etwa eine halbe Meile entfernt, eine Schlacht zwischen ***Waljock*** *und* ***Poschd*** *[zwei kleine Flüsse in Nordnorwegen]. Ich sah eine mehrere Meilen lange Schlachtlinie;*

* Birger Claesson nennt den Angreifer zwar nicht beim Namen, aber aus dem Kontext ist klar: Es kann sich nur um Russland handeln.

daselbst gefallene Soldaten und Kriegsvolk, welches die Toten begrub. Hier befanden sich Massen von Gräbern. Die Norweger hier oben zogen sich zum ***Porsangerfjord*** *zurück. [...]*
Große Scharen von Juden waren zu dieser Zeit nach Jerusalem und in ihr Land heimgekehrt *(nach 1945)* ① *[Mit den eingekreisten Nummern kennzeichne ich die von Johansson 1918 richtig vorausgesagten Dinge. Anm. B.].* ***Russland hatte zu dieser Zeit nicht seine frühere ausgedehnte Macht. Seine Grenzen waren, sowie ich sie früher gesehen hatte. Also ohne Ukraine, Polen und die Ostseeprovinzen.***[331] *(ab 1991)* ② *Weiter sagte die Stimme zu mir: „Die Türken sollen sich zu Christus bekehren, soweit sie eine Nation bleiben und nicht aus der Reihe der freien Staaten ausgetilgt werden wollen."*[332]

Die Rückkehr *»großer Scharen von Juden«* nach Jerusalem (veröffentlicht 1918!) ist eines der vielen Indizien für Johanssons seherische Fähigkeit. Dasselbe gilt für die Aussage, die Ukraine, Polen und die *»Ostseeprovinzen«* – also die baltischen Staaten – seien zum Zeitpunkt des russischen Angriffes auf Skandinavien nicht mehr Teil Russlands. Letzteres hat sich erst nach dem Zusammenbruch der UdSSR im Jahre 1991 erfüllt – über 80 Jahre nach Johanssons Vision! Interessant ist dann auch die Warnung an die Türkei, der nach sie drohen *»aus der Reihe der freien Staaten ausgetilgt«* zu werden. Genau das sagt der griechische Mönch Paisios (gest. 1991) im Zusammenhang mit dem russischen Angriff voraus.[333]

Insgesamt ist Johansson eine etwas zwiespältige Quelle. Zum einen ist da die frühe Dokumentation seiner Visionen vom Ersten Weltkrieg und es gibt deutliche Hinweise auf eine echte Sehergabe. Dann sind seine Visionen zu Skandinavien plastisch und detailreich, aber an einigen Stellen tauchen Unstimmigkeiten auf („Franzosen"), die sich aber durchaus noch, wenn auch mit Mühe, als Deutungsfehler erklären lassen.

Birger Claesson

Birger Claesson war ein Pfarrer aus Oerebro in Schweden. Am 12. Dezember 1950 hatte er eigenen Angaben nach eine *»Offenbarung von Gott«* in Form einer *vierstündigen* Wachvision. Im Januar 1951 wurde diese Vision in der schwedischen Tageszeitung *»Blekinge Läns Tidning«* veröffentlich. Claesson selbst veröffentlichte seine Vision später im Buch *»Gericht über Schweden«*. Dort liest man:

Ich bete normalerweise zu Gott zwischen vier und sechs Uhr morgens. Dann lege ich mich noch mal eine Weile hin, und das ist zur Gewohnheit geworden. Ich wache morgens ohne weiteres auf, und als ich am 12. Dezember (1950) etwa um vier gerade etwas wach gelegen hatte und fertig zum Aufstehen war, sah ich eine große weiße [männliche] Gestalt. Ich sah sie näherkommen, wurde furchtbar erschreckt und bebte am ganzen Körper. [...] Aber da hörte ich ihn sprechen: „Fürchte Dich nicht. Mitten in Deiner geistlichen Armut bist Du hoch begnadet. Und ich will Dir zeigen, ***was mit den nordischen Völkern*** *in der Endzeit in dieser Gnadenzeit* ***geschehen*** *soll."*
Dann bekam ich folgendes zu sehen und zu hören: Zuerst bekam ich zu sehen, wie fremde Heere kamen und ***Umeå*** *[siehe* ❶ *auf Karte Seite 194] angriffen. Und Umeå wurde dem Erdboden gleichgemacht.* ***Woher sie kamen, kann ich nicht sagen.***

Auch nachfolgend wird bei Birger Claesson nicht verraten, wer denn die Angreifer sind. Heißt es oben, dass *»mit den nordischen Völkern«* etwas *»geschehen soll«*, wären diese in Zukunft eindeutig eher Opfer als Täter, und wir können schlussfolgern, dass der Angreifer eben *kein* nordisches Volk sein kann. Doch verfolgen wir die Idee, der Angreifer könnte doch ein nordisches Volk sein – und nicht Russland –, ein paar Momente weiter. Sehen wir uns dazu die unterschiedliche militärische Kraft der skandinavischen/nordischen Völker an. Dazu folgende kleine Auflistung:

Land	Bevölkerung	aktive Soldaten	Verteidigungshaushalt
Schweden	9,6 Mio.	33.900 [1]	~ 5,22 Mrd. € [2]
Dänemark	5,7 Mio.	18.000 [3]	~ 3,35 Mrd. € [3]
Finnland	5,4 Mio.	35.000	2,66 Mrd. € [2]
Norwegen	5,1 Mio.	21.000 [3]	~ 5,10 Mrd. € [3]
Zahlen von: 1 = 2009, 2 = 2015, 3 = 2011			

Da militärische Angriffe in der Regel immer so geplant werden, dass der Angreifer kräftemäßig *dreifach* überlegen ist, ist diesen Zahlen zu entnehmen, dass kein nordisches Länder ein anderes angreifen wird. Auch hier sagt einem der gesunde Menschenverstand: Der Angreifer kann eigentlich *nur Russland* sein.

Nur welchen Sinn hätte es, Herkunft und Namen des Angreifers im Unklaren zu lassen? Nun, bei religiös motivierten Quellen werden die Bösewichter gelegentlich nicht beim Namen genannt, weil es nicht um äußere Feindschaft geht, sondern eher um den Krieg als – nun sagen wir – „Strafe" Gottes oder karmischen Ausgleich. Die Botschaft ist eher: „Seht, was euch droht, wenn ihr euch nicht bessert."

Birger Claesson weiter: *Dann sah ich fremde Heere* ***Östersund*** *angreifen. Es war ein Angriff aus der Luft, der praktisch ganz Östersund dem Erdboden gleichmachte.*

Jetzt kommt Szene 1 des von Claesson beschriebenen Angriffs, siehe dazu die Zahlen in schwarzen Punkten in der Karte auf Seite 194:

Es ***sah so aus,*** *als ob der Feind* ***Östersund*** *hauptsächlich als Hauptquartier haben wollte. Aber die schwedische Armee hielt die Festung, so dass sie die Stadt nicht einnehmen konnten, aber sie verwüsteten sie schwer. Dann bekam ich einen Angriff von See her zu sehen, in dem* ***Härnösand*** *angegriffen wurde, aber von einer Insel mit Namen* ***Hemsö*** *aus, auf der die schwedische Küstenartillerieüberwachung ziemlich große militärische Kräfte zusammengezogen hatte, wurde das ankommende feindliche Heer beschossen.*

Auch dort hielten sie die Festung mit Hilfe der schwedischen Luftwaffe. Aber zwischen ***Örnsköldsvik*** *und Härnösand sah ich massenweise Soldaten, die aus Flugzeugen abgeworfen wurden und in großen Massen mit ihren Sonnenschirmen [gemeint: Fallschirme] herunterfielen, zu Hunderten, ja es sah fast so aus, als seien es Tausende.*

Und sie landeten an einer Stelle zwischen Örnsköldsvik und Härnösand und ich hörte die Stimme rufen: – „Dieser Platz heißt ***Veda****", von dem aus sie die Schweden in Härnösand angriffen und die ganze Stadt besetzten. Es wurde eine Überrumpelung, ein Angriff im Rücken, mit dem die Schweden nicht gerechnet hatten, als sie die Festung gegen das Meer halten wollten.*

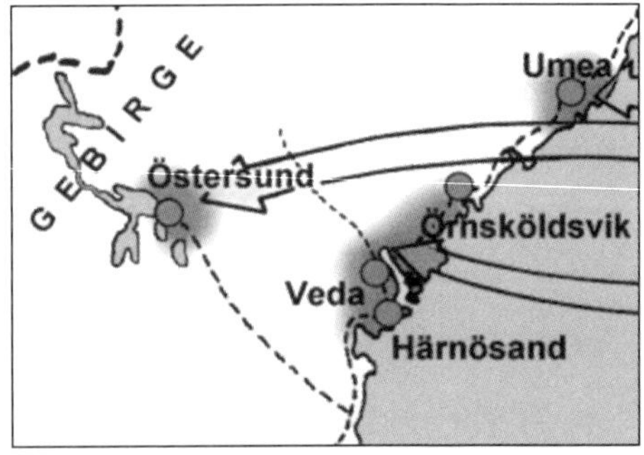

Abb. 47: Luftlandetruppen bei Veda?

Den Claesson-Text erhielt ich erstmals von einem Deutschen, der in Schweden lebt und der in den Text einige interessante Anmerkungen eingefügt hatte; nachfolgend immer der „Deutschschwede".

Der Deutschschwede erklärte: *Veda war 1950/51 ein unbedeutendes kleines Fischernest ohne strategische Bedeutung. Anfang bis Mitte der 90er wurde dort eine neue Straßenbrücke über den Angermanälven gebaut, und diese Brücke ist heute die wichtigste Straßenverbindung zwischen der Mitte und dem Norden des Landes. 1950 konnte Birger Claesson unmöglich wissen, dass ausgerechnet*

Veda später einmal eine strategische Schlüsselrolle einnehmen würde. Der Abwurf von starken Fallschirmverbänden deutet darauf hin, dass man nicht nur den Verteidigern von Härnösand in den Rücken fallen will, sondern auch die wichtigste Straßenverbindung zwischen Nordschweden und dem übrigen Land unterbrechen und sich selber den Weg in beide Richtungen freihalten. Außerdem sollen die Fallschirmtruppen wahrscheinlich verhindern, dass die schwedischen Verteidiger selber die Brücke sprengen, um den Angreifern den Landweg von Norden her Richtung Stockholm zu blockieren.

Abb 48: Brücke „Högakustenbron", 1997 eröffnet

Jetzt wieder Birger Claesson: *„Dann sah ich einen Angriff, der war gleichzeitig mit dem auf Umeå. Es war ein Angriff auf* ***Göteborg*** *[Szene 2 auf Karte Seite 194], und dieser Angriff war so fürchterlich, dass* ***in wenigen Sekunden – natürlich nur in der Vision, das dauert sicher länger, wenn es passiert*** *– ganz Göteborg dem Erdboden gleichgemacht war.*

Kurze Anmerkung dazu: Wird ein länger andauernder Zerstörungsprozess „im Film" auf wenige Sekunden verdichtet, kann natürlich der Eindruck entstehen, dass die dahinterstehende Zerstörungskraft wesentlich größer ist als bei „normalen" konventionellen Bombardements. Das wird nachfolgend bedeutend sein, wenn es um die Frage geht, ob Birger Claesson nicht vielleicht doch den Einsatz kleiner Nuklearwaffen in Mittelschweden gesehen haben könnte, – was meiner Einschätzung nach aber *nicht* der Fall ist.

Das schwedische Militär konnte die Außenposten in den Schären nicht halten, sondern musste sich zurückziehen. Die fremden Militärs nahmen die Festungen, und da stellten sie ihre Waffen auf und verwendeten sie zum Beschuss von Göteborg. Die schwedischen Bodentruppen und die Küstenartillerie zogen sich bis Kungälv [20 km nördlich von Göteborg] zurück. Dort bissen sie sich fest und bekamen von irgendwoher Verstärkung und hielten den Feind die ganze Zeit zurück. Gleichzeitig mit diesem Angriff ***sah ich*** *auch einen Angriff auf* ***Malmö.*** *Aber Malmö wurde eingenommen, und es sah aus, als ob kein Haus eingestürzt sei. Es wurde auch zur Freistadt ausgerufen und alle Einwohner, die in der Stadt blieben, sollten loyal [anständig?] behandelt werden.*

Siehe dazu der ähnlich moderat wirkende Umgang der russischen Besatzer im Schwarzwald, S. 64.

Aber damit gleichzeitig sah ich eine große breite Reihe kleiner Boote, vermutlich Invasionsboote, in fünf Reihen hintereinander kommen auf einer Strecke, die ich nicht richtig berechnen kann. Die Invasion der fremden Truppen geschah zwischen ***Trelleborg*** *und* ***Ystad.***

Der Deutschschwede: *Das ist die Südküste des südlichsten Landesteils Schonen, in dem auch Malmö liegt. Der Strand ist im Küstenabschnitt Trelleborg–Ystad sehr flach und gut für Invasionsboote im Stil vom D-Day in der Normandie gut geeignet. Dort ist oft ruhige See und Boote mit geringem Tiefgang können dort gut landen. Man kann auch problemlos an Land waten.*

Birger Claesson weiter: *Zur selben Zeit, als die feindlichen Truppen zwischen* ***Trelleborg*** *und* ***Ystad*** *an Land gingen, hielten die Feinde die schwedische Armee durch einen Angriff auf* ***Falsterbo*** *gebunden, welches völlig verschwand. Dann verschwanden die Truppen. Ich weiß nicht, welche Straßen sie nahmen, aber sie tauchten wieder auf, und da hatte sich die schwedische Armee bis* ***Hässleholm*** *zu-*

rückgezogen. Aber dort leisteten die Schweden einen furchtbaren Widerstand und einige der feindlichen Heere kamen um. [...] Hier kam der Feind nicht weiter.

Dann sah ich damit gleichzeitig mit diesem Angriff einen Angriff auf ***Stockholm*** *[Szene 4 in Karte auf Seite 194]. Es war eine fremde Flotte, die angriff. Sie wollten bei* ***Vaxholm*** *[die Küstenfestung im Osten von Stockholm] durchfahren, und dort trafen sie auf einen fürchterlichen Widerstand von der schwedischen Flotte und der schwedischen Küstenartillerie, die den Feind von Land aus beschoss, wahrscheinlich von Oscar-Fredriksborg [die Inselfestung der Küstenartillerie]. Sie versenkten einen Teil dieser Flotte, und ich hörte die Stimme sagen: „Das geschah im Ochsentief [Oxdjupet]". Die Schiffe, die sich zurückzogen, wurden auch versenkt, und kein feindliches Schiff blieb übrig.*

Und zum Zeichen, wo die Kämpfe waren, bekam ich ein kleines Leuchtfeuer zu sehen, das ich selber nicht kenne, aber auf dem Leuchtfeuer war zu lesen: „Brödstycket" [das Stück Brot]. Genau neben diesem Leuchtfeuer erlitt der Feind die große Niederlage.

Jetzt kommentiert Claesson die Vision nachträglich bei der Niederschrift: *Dieses kleine Leuchtfeuer ist vermutlich unansehnlich. Man hört nie davon sprechen, und wenige Menschen dürften wissen, dass es existiert [Der Deutschschwede: Es existiert genau außerhalb von Vaxholm]. Ich hatte keine Ahnung von seiner Existenz, aber dieser Tage ging Pastor Alvar Blomgren in Örebro mit mir zur Stadtbücherei von Örebro, um herauszufinden, ob dieses Leuchtfeuer existiert. Wir holten einen Teil Bücher vor, und als wir berichteten, was wir wissen wollten, bekamen wir einen Atlas. Sobald wir ihn öffneten, sah Bruder Blomgren sofort das „Brödstycket". Wir sahen auch genauer, wo das Leuchtfeuer lag.*

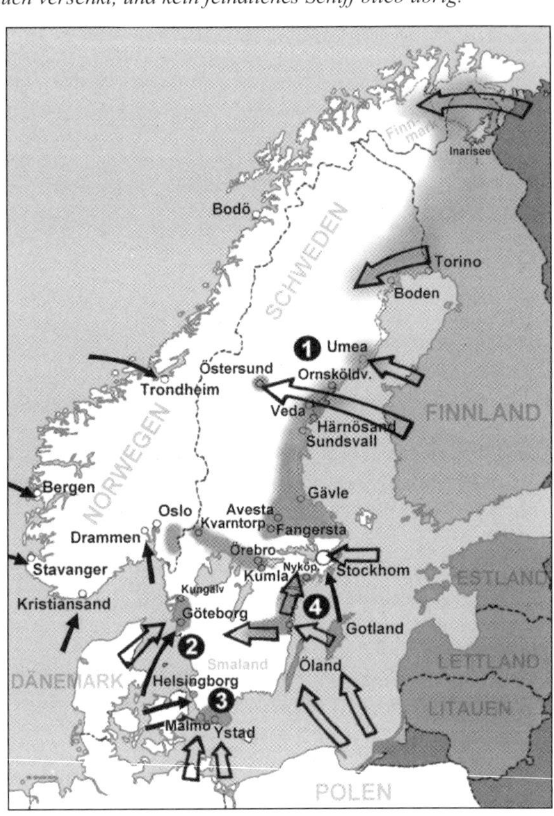

Abb. 49: Johanssons und Claessons Visionen zu Skandinavien

schmale Pfeile = Luftangriffe, breite Pfeile = Landungs- und Bodentruppen

Der Deutschschwede: *Etwas nordöstlich von Vaxholm im Schussbereich der Küstenartillerie. ... Ich habe mir ebenfalls die Mühe gemacht und eine genaue Karte eingesehen.*

Das Leuchtfeuer „Brödstycket" liegt genau so neben der Fahrrinne von den äußeren Schären Richtung Vaxholm und Stockholm, dass ein Schiff, das von draußen kommend nach Vaxholm einfahren will, genau an dieser Stelle für die Beobachter der Küstenfestung Oscar-Fredriksborg (mit der Küstenartillerie) sichtbar wird. Wenn es ein feindliches Schiff ist, besteht an dieser Stelle die erste Möglichkeit zum direkten Beschuss. Wenn wir annehmen, dass der Angreifer vor dem Angriff die elektronischen Überwachungs- und Kommunikationssysteme und damit die Frühwarnsysteme der schwedischen und der anderen westlichen Streitkräfte außer Kraft setzt (EMP), dann wird eine feindliche Flotte vom Verteidiger vielleicht wirklich erst hier rechtzeitig entdeckt. Das würde den vorhergesag-

ten Ablauf erklären. Die schwedischen Seestreitkräfte könnten sich dann nur provisorisch irgendwo bei Vaxholm sammeln und die Meerengen blockieren, während zunächst Oscar-Fredriksborg den Angreifer unter Feuer nimmt (Direktbeschuss „auf Sicht").

Birger Claesson weiter: *„Und das [die Sache mit dem Leuchtfeuer], sagte die Stimme des Herrn zu mir, solle der Beweis sein, dass das, was ich gesehen hatte, eintreffen werde. Das Furchtbarste von allem war, dass* ***viele Hunderte von Flugzeugen*** *des fremden Heeres gleichzeitig mit dem Angriff zur See einen Luftangriff flogen, und daher erlitt die Stadt* ***Stockholm*** *schwere Verluste durch den Beschuss von oben. Die Stadt wurde vom Feindesheer nicht eingenommen, aber sie wurde fürchterlich zerstört, und ein großer Teil der Zivilbevölkerung, die sich nicht evakuieren lassen wollte oder es zeitlich nicht mehr geschafft hatten, kam völlig in den Ruinen um [Etwas übertrieben?, Anm. B.].*
Dann sah ich auch einen Angriff vom Meer gegen ***Västervik,*** *und der kam so überraschend, dass dort die fremden Heere an Land gingen, aber nicht eher als Västervik so gut wie dem Erdboden gleichgemacht war. Dort wurden auch Bodentruppen angelandet, die landeinwärts marschierten. Ich sah sie dann nicht mehr, sondern erst wieder in der Gegend von Söderköping. Und da hörte ich eine Stimme rufen: „Marsch Richtung* ***Norrköping!*** *"*
Als die Heere verschwanden, die in Västervik an Land gesetzt worden waren und während des Aufenthalts dort, bevor ich sie in Söderköping sah, bekam ich eine Vision davon, wie es der Zivilbevölkerung in verschiedenen Städten unseres Landes ergehen würde. Ich sah, wie die feindlichen Soldaten in die Häuser gingen und unsere Frauen herauszerrten, während die Frauen hysterisch schrieen und um Hilfe riefen. Ich sah auch, wie an den Straßenecken Leute versammelt umherstanden, auch ältere Männer in Zivil, aber sie konnten nichts tun, obwohl sie sahen, wie die Frauen unter Hilferufen fortgezerrt wurden. Die Soldaten lachten sie aus und sagten in gebrochenem Schwedisch: „Niemand hilft euch. Nicht einmal Gott im Himmel."

Dieses *»Niemand hilft euch«* bezieht sich möglicherweise nicht so sehr auf die lokale Szene vor Ort, sondern auf die Situation Schwedens zu diesem Zeitpunkt überhaupt. Würde Schweden von Norwegen, Dänemark oder Finnland angegriffen – eine hanebüchene Idee, aber egal –, käme sicherlich ein anderes NATO-Land zu Hilfe, notfalls sogar Russland. Dass *kein* anderes Land zu Hilfe kommt, deutet darauf hin, dass diese anderen Länder zur gleichen Zeit genug mit sich selbst zu tun haben, sprich *selbst* ums Überleben kämpfen! Und natürlich ergibt sich hier eine Analogie zu anderen mitteleuropäischen Sehern, die fragen: „Wo bleiben die USA?"[334] Das heißt, hier schwingt auch ein Hinweis darauf mit, dass die Schweden ohne Schutz der NATO dastehen würden.

Dann sah ich, wie ***Sundsvall*** *mit seinen Einwohnern von den feindlichen Heeren furchtbar behandelt wurde. Es war ein Angriff vom Meer, und zur gleichen Zeit, als die Schweden mit diesem Angriff beschäftigt waren, wurden Truppen aus der Luft abgesetzt. Die Bodentruppen, die zwischen Örnsköldsvik und Härnösand abgesetzt worden waren, waren durch Härnösand marschiert, und die Überreste gesellten sich als Verstärkung zum feindlichen Heer in Sundsvall.*
Es waren also insgesamt fünf Orte, die in meiner Vision gleichzeitig angegriffen wurden. Das waren ***Umeå, Göteborg, Malmö, Stockholm*** *und* ***Västervik.*** *Dann sah ich die Stadt* ***Nyköping*** *von feindlichen Heeren überschwemmt, und diese marschierten in drei Richtungen und die eine Richtung sah ich war Katrineholm. Dann sah ich die Luftangriffe [...] wie sie in Wirklichkeit werden. Und ich hörte die Stimme rufen:* ***„Kumla",*** *und da wurde Kumla mit einem fürchterlichen Krach dem Erdboden gleichgemacht.* ***Es kamen massenweise Flugzeuge.*** *Von Kumla blieben nur drei Häuser in Richtung Stene übrig. Da war auch* ***Kvarntorp*** *schon vernichtet und die Strecke zwischen Kvarntorp und Kumla.* ***Hallsberg*** *sah ich nur düster, aber es sah aus, als sei auch Hallsberg schwer zugerichtet.*
Dann hörte ich die Stimme rufen: ***„Örebro".*** *Da sah ich die Stadt Örebro als einen Ruinenhaufen, Steinhaufen neben Steinhaufen. Mehr als die halbe Stadt ging unter, aber es sah aus, als ob ein Teil der Stadt in Richtung Lindesberg und Arboga übrigbleiben sollte.*
Dann hörte ich die Stimme rufen: ***„Fagersta"*** *[der Deutschschwede: Stahlwerk !]. Dann gab es dort denselben Krach. Es war* ***ein furchtbarer Angriff aus der Luft,*** *und ich sah ganz Fagersta dem Erdboden gleichgemacht. 8...]. Dann hörte ich die Stimme rufen:* ***„Avesta"*** *[der Deutschschwede:*

Stahlwerk!]. Und Avesta wurde dem Erdboden gleichgemacht. Dieselbe Stimme wieder: ***„Sandviken"*** *[der Deutschschwede: Stahlwerk!]. Und auch von Sandviken blieb nichts übrig.*

Genau solche Beschreibungen, in denen zunächst der Name der Stadt gerufen wird, und sofort danach das Bild der komplett zerstörten Städte erscheint, sind geeignet, den Eindruck einer atomaren Zerstörung zu erwecken, siehe unten.

Gävle *sah ich nur sehr, sehr verschwommen. Ich kann nicht sagen, ob die Stadt zerstört wurde, aber ich habe eine Ahnung, dass ich auch dort etliche Ruinen sah. Dann bekam ich wieder die Stimme zu hören, und jetzt rief sie:* ***„Bofors"*** *[der Deutschschwede: Waffenfabrik!]. Es wurde ein gewaltiger Angriff aus der Luft. Aber* ***ein feindliches Flugzeug nach dem andern stürzte*** *ab, und Bofors überstand den Kampf praktisch unversehrt [der Deutschschwede: Das Luftabwehrsystem »Bamse«, dort gebaut!]. Das ganze Werksgelände war unbeschädigt. Ein paar Häuser wurden beschädigt, aber nicht durch den Angriff, sondern wegen der Abstürze, denn ein Teil der Maschinen explodierte und riss die Umgebung mit sich. Karlskoga [Der Deutschschwede: dort liegt Bofors] sah ziemlich unberührt aus. Wahrscheinlich überstand es den Kampf völlig ohne Schäden.*

Der Deutschschwede: *In der Waffenfabrik Bofors bei Karlskoga wurde das moderne Luftabwehrsystem »Bamse« eigens für die schwedische Armee entwickelt. Es wurde nie in den Dienst gestellt – natürlich aus Kostengründen. Daher ist es nie in Serie gegangen. Aber in Bofors hat man immer noch die Prototypen rumstehen. Wahrscheinlich wird man die zur Selbstverteidigung einsetzen.*

Dann wieder Birger Claesson: *Dann hörte ich die Stimme rufen:* ***„Borlänge".*** *Da wurde Borlänge mit all seinen Vororten dem Erdboden gleichgemacht. Danach wurde es kohlschwarz, und es wurde über dem ganzen Land völlig schwarz, und gleich hörte ich die Stimme rufen:* ***„Dunkelheit fällt über die ganze Welt."***

Das abschließende *»Dunkelheit fällt über die Welt«* dürfte wieder ein Hinweis auf die dreitägige Finsternis sein. Diese träte rund drei Monate nach Kriegsausbruch ein. Das könnte bedeuten: Die Kämpfe in Schweden und Norwegen würden relativ unbeeinflusst bleiben von den Kampfhandlungen in Mitteleuropa und sich in den betroffenen Landesteilen in Skandinavien über die gesamte Kriegsdauer von etwa drei Monaten erstrecken.
Da der eine oder andere Leser bei obiger Auflistung der mehr oder weniger auf einen Schlag zerstörten schwedischen Städte an einen Atomkrieg denken dürfte, folgende nähere Betrachtung. Zunächst dazu eine Auflistung der genannten Städte und Claessons dazugehörigen Anmerkungen:

Ort	Einwohner	Claessons Formulierung
Örebro	107.000	*Ruinenhaufen ... Mehr als die halbe Stadt ging unter.*
Borlänge	42.000	*Borlänge mit all seinen Vororten dem Erdboden gleichgemacht.*
Sandviken	23.000	*von Sandviken blieb nichts übrig.*
Avesta	14.000	*Avesta wurde dem Erdboden gleichgemacht.*
Kumla	14.000	*... mit einem fürchterlichen Krach dem Erdboden gleichgemacht.*
Fagersta	11.000	*ganz Fagersta dem Erdboden gleichgemacht.*
Bofors	Waffen-fabrik	*Es wurde ein gewaltiger Angriff aus der Luft. Aber ein feindliches Flugzeug nach dem andern stürzte ab, und Bofors überstand den Kampf praktisch unversehrt. Das ganze Werksgelände war unbeschädigt.*

Die Frage, die uns jetzt interessiert, ist, ob das wiederholte *»dem Erdboden gleichgemacht«* mit hoher Wahrscheinlichkeit den Einsatz russischer Atomwaffen in Mittelschweden bedeuten würde.
Im ersten Moment liegt die Vermutung nahe, wenn Kumla *»mit* ***einem*** *fürchterlichen Krach dem Erdboden gleichgemacht«* wird und in Fagersta offenbar dasselbe geschieht. Andererseits spricht Claesson ausgerechnet bei dem Angriff auf die Rüstungsfirma Bofors von einem *»gewaltigen Angriff aus der Luft«* mit einer Vielzahl feindlicher Flugzeuge. Gerade ein solches im Vergleich zu ganzen Städten verhältnismäßig kleine Ziel wäre ideal für kleine moderne taktische Atomraketen, die auf kurze Distanz kaum abzuwehren sind. Dabei würde man das Herannahen der Rakete vom Boden aus

überhaupt nicht sehen, weil sie zu schnell ist. Würde eine Atombombe vom Flugzeug abgeworfen, würde dazu ein einziger Flieger reichen. Schon alleine die Erwähnung **mehrere Flugzeuge** für ein und dasselbe Zielgebiet deutet also auf einen nicht-atomaren Angriff.
Ich deute den Text also so, dass es in Mittelschweden unmittelbar vor der dreitägigen Finsternis zum Einsatz extrem zerstörerischer, aber noch nicht-atomarer Munition kommt (z. B. von Fuel-Air-Explosive-Bomben). Diese Bomben unterscheiden sich in ihrer Zerstörungswirkung kaum mehr von kleinen Atombomben, die etwa ein Zehntel der Kraft der Hiroshima-Bombe haben können. Vom Prinzip her deckt sich Birger Claesson mit Quellen wie Edward Korkowski, bei denen die dreitägige Finsternis die völlige Eskalation des Krieges verhindert.

Resümee zu Johansson und Claesson: Detaillierte Beschreibungen von Kampfhandlungen wie bei Birger Claesson sind europaweit sehr selten. Im Fall von Stockholm weichen Claesson und Johansson etwas voneinander ab. Claesson sieht, dass Stockholm zwar *nicht eingenommen, aber fürchterlich zerstört* wird. Johansson sagt: *»Stockholm* ***schien*** *(!) ziemlich vom Krieg verschont zu bleiben.«* Dieser Widerspruch spricht nicht notgedrungen gegen die Glaubwürdigkeit einer der beiden. Solche Abweichungen findet man auch bei normalen Zeugenaussagen, etwa bei Unfallzeugen.

Nun noch ein paar andere Quellen zu Norwegen und Schweden bzw. Skandinavien. Eine Quelle, die sich zu Skandinavien im „dritten Weltkrieg" äußert, ist *Ron White,* ein Evangelist:

Ron White (1976-III): *„Die Vision eröffnete sich auf einer Karte von Europa, von Großbritannien bis Russland und von Norwegen bis zum Nahen Osten. Ich studierte diese Karte für einen Moment, und währenddem ich sie betrachtete, passierte etwas Bemerkenswertes. Ganz oben im oberen Teil Norwegens begann die Karte die Farbe zu wechseln. Sie wurde rot und diese rote Farbe breitete sich aus* ***vom nördlichsten Teil bis ins Zentrum.*** *[...] Die rote Farbe stellte zwei Dinge dar. Zuerst bedeutete sie die geistige Erneuerung der Bevölkerung, und dann die Invasion einer fremden Armee. ...* ***Russland wird den nördlichen Teil Norwegens einnehmen und besetzen.****"*[335]

Erna Stieglitz (1975-III-Augsburg): *Im Sommer [...] erfolgt der Angriff der Sowjetunion auf die Süd- und Nordflanke, auf die Türkei, auf Griechenland, auf Jugoslawien und auf Skandinavien. Gegen Ende Juli stoßen die sowjetischen Angriffskeile blitzartig gegen Westeuropa vor.*[336]

Die Aussagen zu Griechenland und Jugoslawien dürften falsch sein, da aus beiden Ländern Quellen bekannt sind, die für ihr Land aussagen, dass es nicht vom Krieg mit Russland betroffen ist bzw. dort *keine Kampfhandlungen* stattfinden (siehe unten). Natürlich wäre den lokalen Quellen eher zu trauen. Ob hier bei Erna Stieglitz wieder ein Überlieferungsproblem oder eine Fehldeutung vorliegt (etwa der kampflose Durchzug durch Serbien), bleibt fraglich.

Dame aus Valdres (1968-II-Norwegen): *„Ich sah die Zeit, kurz bevor Jesus kommt und der dritte Weltkrieg bricht aus. Ich sah die Ereignisse mit meinen natürlichen Augen. Ich sah die Welt wie eine Art Globus. Ich sah Europa – ein Land nach dem anderen. Ich sah Skandinavien. Ich sah Norwegen. Ich sah gewisse Szenen, die stattfinden werden, unmittelbar, bevor Jesus wiederkommt – kurz bevor das letzte Unglück stattfindet. Ein Unglück, wie wir es noch nie zuvor erlebt haben!"*[337]

*„****Bevor Jesus wiederkommt,*** *und kurz bevor der dritte Weltkrieg ausbricht, wird es eine Art Entspannung geben, wie wir sie nie zuvor gehabt haben. Es wird Friede sein unter den Großmächten in Ost und West, und es wird ein langer Friede sein. In dieser Friedensperiode wird in vielen Ländern abgerüstet werden, auch in Norwegen, und wir werden nicht vorbereitet sein, wenn er losbricht.*
Der dritte Weltkrieg wird auf eine Weise beginnen, die niemand erwartet hat – von völlig unerwarteter Seite. [...] ***Menschen aus armen Ländern werden nach Europa strömen.*** *Sie werden auch nach Skandinavien kommen – und Norwegen. Es werden so viele sein, dass die Leute negativ über sie denken und sie hart behandeln werden. Sie werden behandelt werden, wie die Juden vor dem Kriege [also noch ohne KZs und Massenmord, Anm. B.]. Dann wird das Maß unserer Sünden erreicht sein.*

[...] Dann kommt Jesus plötzlich wieder, und der dritte Weltkrieg bricht aus. Es wird ein kurzer Krieg sein.[338]

Die Originalhandschrift des Textes soll von 1968 sein. Erstmals veröffentlicht wurde der Text in den 1990ern in Norwegen. Ich habe etwa 1999 eine deutsche Übersetzung erhalten, die ich 2001 in meinem Buch *»Alte Nachricht ...«* veröffentlicht habe. Wie schon erwähnt, ist dieser Quelle nach die Flüchtlingskrise in Europa das letzte bedeutungsvolle oder erwähnenswerte Vorzeichen für den „dritten Weltkrieg“: *»Dann wird das Maß unserer Sünden erreicht sein.«* Das bedeutet aber noch nicht, dass auf die Flüchtlingsflut auch gleich der Krieg kommen muss. Die Dame aus Valdres weiter:

Alles, was ich an Krieg vorher gesehen habe, ist das reinste Spiel im Verhältnis zu dem, und ***er endet mit Atombomben*** *[Irrtum, siehe unten, Anm. B.]. Die* ***Luft*** *wird so verunreinigt sein, dass man nicht atmen kann. Es wird über mehrere Kontinente kommen – Amerika, Japan,* ***Australien*** *[siehe unten] und die reichen Länder. Das* ***Wasser*** *wird verdorben sein. Wir werden den* ***Boden*** *nicht mehr bearbeiten können. Das Resultat wird sein, dass nur ein Rest übrigbleiben wird. Und der Rest aus den reichen Ländern wird versuchen, in die armen Länder zu fliehen ...*[339]

Die Dame von Valdres macht meiner Meinung nach den Fehler, die dreitägige Finsternis mit einem Atomkrieg zu verwechseln. Ein Fehler, der leicht passiert. Tatsächlich haben beide Szenarien große Ähnlichkeiten. Um herauszufinden, ob hier nicht doch ein Atomkrieg gemeint ist, sehen wir uns noch einmal obige „Atomkriegs-Beschreibungen“ der norwegischen Seherin an:

1. die **Luft** ist gefährlich verunreinigt
2. das **Wasser** ist verdorben
3. der **Boden** ist nicht mehr zu bearbeiten

Punkt 1, die verseuchte Luft, ist typisch für die dreitägige Finsternis, Punkt 2, verdorbenes Wasser, wird z. B. von **Alois Irlmaier** im Zusammenhang mit der dreitägigen Finsternis vorausgesagt: *»Alle offenen Wasser werden giftig [...] Nach 72 Stunden ist alles wieder vorbei. [...] Über Nacht sterben mehr Menschen als in zwei Weltkriegen. ...«*[340]

Punkt 1 (Luft) und Punkt 2 (Wasser) gäbe es auch bei der dreitägigen Finsternis. Bliebe als letztes potenziell gewichtiges Indiz für einen Atomkrieg *der vergiftete Boden.* Hier lautet die alles entscheidende Frage: „*Wie lange* soll der Boden vergiftet oder verstrahlt bleiben?“ Nur ein paar Monate? Ein Jahr? Mehrere Jahre? Von der Antwort hängt ab, ob *die komplette Bevölkerung das Land dauerhaft verlassen* muss. Beim Fallout von Atombomben baut sich die Radioaktivität im Gegensatz zu Reaktorkatastrophen aber sehr rasch wieder ab, so dass die landwirtschaftliche Produktion nicht so dramatisch beeinträchtigt wird.
Das zutiefst deprimierende Bild von Nordeuropäern, die vor den Folgen eines Atomkrieges in ärmere Länder flüchten, ist in den mitteleuropäischen Quellen nicht zu erkennen – einzelne Gebiete, die verlassen werden müssen –, ja, aber nicht *ganze Länder,* so wie es die Dame von Valdres suggeriert.

Schaut man sich den Prophezeiungstext der Norwegerin noch einmal genauer an, so findet man keine weiteren Indizien für einen Atomkrieg – Beschreibungen von Lichtblitzen, Rauchpilzen oder so. Die Seherin sagt nur noch über den Krieg: *»Er endet mit Atombomben.«* Sie sagt aber nichts darüber, wer wen mit Atomwaffen angreift, wo die Atombomben fallen, wie viele es sind usw. *»Atombomben«* könnte also auch eine Fehldeutung der dreitägigen Finsternis sein..
Meiner Einschätzung nach hätte es auch keinen Sinn, Australien mit Atomwaffen anzugreifen, da Australien zu weit ab von den Kämpfen auf der Nordhalbkugel läge. Die Seherin sagt aber: *»Die* ***Luft*** *wird so verunreinigt sein, dass man nicht atmen kann. Es wird über mehrere Kontinente kommen – Amerika, Japan,* ***Australien*** *und die reichen Länder.«* Meiner Einschätzung nach hat die Seherin wahrscheinlich die Wolke der Finsternis mit einem Atomkrieg verwechselt. Indiz dafür ist, dass die Dame aus Valdres die dreitägige Finsternis *eben gar nicht erwähnt!*

Eine Flucht der ehemals reichen Völker in die armen Länder kann ich aus Sicht der mitteleuropäisch-deutschen Quellen nicht bestätigen. Ganz im Gegenteil: Gewisse Zeit nach den Katastrophen soll Deutschland erneut europäisches Kraftzentrum sein – wenn auch nicht unbedingt das einzige.
Es ist schwer zu sagen, ob die Dame aus Valdres wirklich ein Szenario gesehen hat, das der mitteleuropäischen Prophetie widerspricht, oder ob ihre „Atombomben" eine falsche Wahrnehmung der dreitägigen Finsternis waren.
Zuletzt diese Quelle: **Bruder Adam** (1949-III-Würzburg): *„Der Krieg wird im Südosten (Balkan, Nahost?) ausbrechen, aber es ist nur eine List. [...] Der Hauptstoß erfolgt zuerst gegen Schweden und richtet sich dann gegen Norwegen und Dänemark."*[341]

Zusammenfassend lässt sich zu Norwegen und Schweden sagen: Die in Deutschland zugängliche Quellenbasis für Norwegen und Schweden ist zwar dünner als für Mitteleuropa. Claesson und Johansson jedoch sind Quellen mit seltener Detailfülle, die in vielen Bereichen übereinstimmen.

Dänemark

Für Dänemark kenne ich so gut wie keine Voraussagen, abgesehen davon, dass die russische Armee dorthin vorstoßen soll. Wie weit ist unklar. Bekanntermaßen ist Dänemark sehr flach und könnte ähnlich schwer von den Fluten betroffen sein wie Holland und Großbritannien. Grob geschätzt liegen nur 10 Prozent des Landes über 70 Meter, Gebiete über 150 muss man mit der Lupe suchen.

Island

Die in Deutschland verfügbaren Quellen sind völlig unzureichend. Fluten, Vulkanismus, Staubwolke.

Irland

Das in Deutschland verfügbare Quellenmaterial ist völlig unzureichend. Irland ist aber für einen Angreifer aus dem Osten strategisch völlig uninteressant. Es liegt einfach zu weit abseits. Risiko: Fluten, Staubwolke, (Unruhen?). Das Risiko Staubwolke gilt der mir bekannten Quellenlage nach für praktisch ganz Europa und wird deshalb nachfolgend nicht mehr erwähnt.

Großbritannien

Glaubt man den Quellen, so würde England auf Deutsch gesagt komplett absaufen, Schottland und Wales aber bestehen bleiben, vielleicht auch ein Teil der Midlands. Aus den überfluteten Gebieten scheint es einen massiven Bevölkerungsdruck auf die „sicheren Gebiete" im Osten und Norden des Landes zu geben, was einen äußerst brutalen Bürgerkrieg auszulösen scheint. Mir sind drei Quellen bekannt, denen nach es erst französischen Truppen gelingt, den britischen Bürgerkrieg zu befrieden. Das heißt: Der Bürgerkrieg in Großbritannien bräche wohl spätestens mit der Tsunami-Bombe aus und würde bis deutlich über das Kriegsende in Europa hinaus andauern, schließlich müssten sich auch die französischen Truppen erst einmal von den Kämpfen mit Russland erholen.

Niederlande

Wenn auch nur die Hälfte der Überflutungsvorhersagen stimmt, müssten praktisch die gesamten Niederlande in der Nordsee untergehen, abgesehen von wenigen höheren Landesteilen im Südosten. Auf den zweiten Blick merkwürdig ist die sehr dünne Quellenbasis zu diesem Land. In den Niederlanden könnte viel passieren, aber es wird von den Sehern sehr wenig darüber gesprochen.

Belgien

Im Nordosten Krieg, im Süden sind genug höhere Gebiete, die Schutz vor den Wassermassen bieten, dort wäre auch kein Krieg, siehe Seite 44.

Frankreich

Überflutungen an der Nordseeküste, teilweise noch der Kanalküste und im Mittelmeer auch wenigstens im Bereich Marseille. Marseille soll – so mehrere Quellen – untergehen bzw. im *»Schlamm versinken«*. Das deutet auf einen weiteren Bomben-Tsunami, der die Stadt überspült und an den dahinterliegenden Bergen Erdmassen ab- und mitreißt.
Kriegsgebiete in Frankreich allgemein, siehe Seite 37; Unruhen und Bürgerkriegsszenen in vielen Landesteilen. Hierzu finden sich auf der „Jahenny-Karte" interessante Details, die ich aber nicht weiter überprüft habe (www.marie-julie-jahenny.fr/carte-d'invasion-de-la-france.htm). Ein absoluter Hotspot wäre natürlich Paris und sicher auch dessen Umland. Teilweise wird der Bürgerkrieg in Frankreich als sehr gewalttätig beschrieben. Das verwundert letztlich nicht, denn die Franzosen sind bekanntermaßen immer gut für eine brutale Revolution. Motto: „Ich rebelliere, also bin ich." Das feiert der Franzose schließlich auch jedes Jahr am 14. Juli.
Nach dem ganzen Tohuwabohu soll Frankreich wieder Monarchie werden und scheint weiterhin eines der Kraftzentren Europas zu bleiben.

Spanien und Portugal

Kein Teil Kontinentaleuropas liegt weiter entfernt von Russland als die iberische Halbinsel. Hier beruhigt schon alleine der Blick auf die Landkarte. Doch auch hier gilt: Die mir für Spanien und Portugal im deutschen Sprachraum bekannten Prophezeiungen reichen zur Einschätzung der dortigen Lage nicht aus. Die iberische Halbinsel wäre aber in jedem Fall eine Fluchtoption. Allerdings wären auch hier die Küstenbereiche bis etwa 150 zu meiden, sowohl am Atlantik als auch am Mittelmeer. Dies gälte insbesondere für die spanischen Inseln, also die Balearen und Kanaren. Auf der Insel La Palma geht durch den fast 2.000 Meter hohen Vulkan *Cumbre Vieja* ein Riss, Teile des Vulkans könnten abrutschen und einen Tsunami auslösen, der *angeblich »die Ostküste der USA verwüsten könnte«.*
Auch in Spanien wäre mit bürgerkriegsähnlichen Unruhen zu rechnen, aber die sollen noch vergleichsweise harmlos sein. In Portugal gibt es erhöhte Erdbebenrisiken (Erdbeben in Lissabon, 1755). Grundsätzlich gilt auch hier: Recherchieren Sie im Bedarfsfall nach lokalen Quellen.
Darüber hinaus scheint Spanien im Szenario „dritter Weltkrieg" wider Erwarten alles andere als nur eine Randfigur zu sein. Vielmehr zeichnet sich in der mir bekannten Quellenbasis ab, dass Spanien im Nachkriegseuropa spürbar an Bedeutung gewinnt. Das soll bereits im Kriege beginnen:

Eine alte Flüchtlingsfrau aus Böhmen (~1945-II-Böhmen): *Nach diesem Kampf [dem Sieg über die russischen Angreifer, Anm. B.] wird in jedem Land eine Revolution entstehen, nur in Deutschland nicht [Das widerspricht Irlmaier und anderen, könnte aber auch meinen, dass die Unruhen in Deutschland relativ schnell wieder vorüber sind, siehe Irlmaier, Katharina aus dem Ötztal und Mühlhiasl, Anm. B.]. In Deutschland werden die Menschen zu Tausenden verhungert auf den Straßen liegen, und ein Bruder wird den anderen wegen einer Brotkruste erschlagen.* ***Dann wird in Spanien eine Armee aufstehen.*** *Sie wird Armee Mariens genannt werden und anschwellen wie ein Orkan und die Revolution niederschlagen. […] Dann wird die glücklichste Zeit kommen, die je auf Erden gewesen ist.*[342]

Autor W. J. Bekh schreibt über die *»alte Flüchtlingsfrau«,* sie habe nur die Aussagen ihres Vaters wiedergegeben. Veröffentlicht hat Bekh den Text 1988. Bekh selbst war Jahrgang 1925, beim Erscheinen des Buches also selbst schon 63. Schreibt er dann von einer *»alten Flüchtlingsfrau«,* dürfte die Dame zwischen 70 und 80 gewesen sein. Ob die Dame da noch alles richtig erinnert hat?
Dass nach dem ganzen Chaos eine Ordnungsmacht aus Spanien kommt, würde nicht überraschen, schließlich müsste das Land weitestgehend vom Krieg verschont geblieben sein und entsprechend noch über mehr intakte Ressourcen verfügen.
Was die Hungersnot in Deutschland betrifft, so müsste es größere regionale Unterschiede geben, hauptsächlich in Abhängigkeit von der Bevölkerungsdichte. Bei den Menschen, die *»zu Tausenden*

verhungert auf den Straßen liegen«, bin ich skeptisch. In einer solchen Situation droht Seuchengefahr, und denjenigen, die noch über mehr körperliche Kraft verfügen, bliebe nichts anderes übrig, als die Toten irgendwie zu beerdigen (und stinken tut es ja auch gewaltig).
Im Grunde streckt hier die eigentliche Information nicht in den vielen Toten auf den Straßen, sondern in denjenigen, die sie rumliegen lassen. So viele Hungertote gibt es nicht auf einen Schlag aus dem Nichts heraus, sondern nur nach und nach, so dass man die Toten noch beerdigen kann. Schlagartig massenhafte Tote gäbe es jedoch im Fall der dreitägigen Finsternis.
Meine Vermutung also: Es sind keine Hungertoten, sondern Menschen, die während der dreitägigen Finsternis (oder infolge des gelben Strichs) gestorben sind. Das würde dann auch bedeuten, dass es sich um ein regionales Szenario handeln könnte, siehe Hepidanus von St. Gallen zwischen Rhein, Elbe und Donau. Alois Irlmaier beispielsweise beschreibt die Hungersnot in Bayern südlich der Donau noch als relativ glimpflich (siehe *»Alois Irlmaier – ein Mann sagt, was er sieht«,* Seite 140).
Grundsätzlich gilt beim Thema Hungersnot: Möglichst raus aus der Stadt, Vorräte anlegen. Mindestens für drei Monate, besser für ein halbes Jahr. Und nicht überall rumerzählen.

Lied der Linde (1921-II-Staffelstein):

Deutscher Name, der Du littest schwer,
Wieder glänzt um dich die alte Ehr,
Wächst um den verschlung'nen Doppelast,
Dessen Schatten sucht gar mancher Gast.

Dantes und Cervantes' weicher Laut
Schon dem deutschen Kinde ist vertraut,
Und am ***Tiber****- wie am* ***Ebrostrand***
Singt der braune Freund vom Herrmanns Land.[343]

Der Ebro ist der größte Fluss in Nordspanien und mündet ins Mittelmeer. Am Tiber liegt Rom. Auch im Lied der Linde ergibt sich damit wenigstens mittelfristig ein positives Bild für Spaniens Zukunft. Den *»braunen Freund«* könnte man so interpretieren, dass in Spanien und Italien plötzlich viele Schwarzafrikaner leben. Nur worauf sollte sich diese deutsch-afrikanische Freundschaft dann gründen? Und was wäre zwischenzeitlich mit der „weißen" Stammbevölkerung in Italien und Spanien?
Die Antwort finden wir bei Dante und Cervantes. *Dante Alighieri* (gest. 1321) war italienischer Dichter und Philosoph, *Miguel de Cervantes* (gest. 1616) war ein spanischer Dichter und gilt als spanischer Nationaldichter. Der *»braune Freund«* der Deutschen entstammt also der europäischen Kultur, und es sind *keine* zugewanderten Afrikaner! Warum sind die Freunde dann *»braun«?* Keine Ahnung. Vielleicht klärt sich das in Zukunft.

Der selige Amadeus Menez de Silva (1482-III-Mailand): Der Franziskaner *Amadeus Menez de Silva* hatte Visionen, die 1794 im kurfürstlichen Archiv in Düsseldorf gefunden wurden:

Viele Kriege, Kirchenverfolgung, ein mächtiger Fürst aus dem Norden [Putin?] bekriegt Italien. Nach langem Morden der Menschen werden Spanien, Deutschland und Frankreich unter einem großen Fürsten einig sein, es folgen höchst glückliche Zeiten. Rom erleuchtet den ganzen Erdkreis.[344]

Nicolaas van Rensburg

So weit drei Quellen zur groben Orientierung hinsichtlich einer prophezeiten Zukunft Spaniens. Im Zusammenhang mit Spaniens Situation während des Krieges müssen wir uns jetzt noch mit *Nicolaas van Rensburg* befassen, einem südafrikanischen Seher, gestorben im Jahre 1926.
Nach allem, was ich bisher gelesen habe, scheint Nicolaas van Rensburg tatsächlich ein sehr guter Seher gewesen zu sein. Nur leider hatte er seine Visionen offenbar überwiegend in sehr symbolischer Form, was einen hohen Deutungsaufwand nach sich gezogen hat, zum einen von ihm selbst, aber auch von der Nachwelt. Ausgehend von der mir vorliegenden deutschen Übersetzung *(»Worte eines*

Propheten – Der Seher van Rensburg«), ist oft kaum nachvollziehbar, wie bestimmte Einzelaussagen zu zukünftigen Vorgängen in Europa abgeleitet worden sind. Diese Unklarheiten wären nicht weiter erwähnenswert, würde van Rensburg bei uns nicht weiter beachtet. Doch in gewissen deutschnationalen Kreisen hat dieser südafrikanische Seher erhebliche Aufmerksamkeit auf sich gezogen, weil er als Bure, also als Südafrikaner mit niederländischen Wurzeln, – und somit als scheinbar neutrale, von Europa aus unbeeinflusste und damit besonders glaubwürdige Quelle – das Bild eines Deutschland als zukünftiger *„Supermacht"* zeichnet.
Van Rensburg deckt sich damit in Grundzügen noch mit der europäischen Prophetie, die ja letztlich eben *auch* ein Wiedererstarken Deutschlands voraussagt, nur erscheint dieses neue Deutschland in den europäischen Quellen irgendwie etwas katholisch oder monarchistisch gebändigt, und nicht als Supermacht wie bei Nicolaas van Rensburg.

Nicolaas van Rensburgs Visionen nach bzw. deren Auslegung zufolge würden die Russen über Italien und Frankreich nach Spanien gelangen. Das deckt sich so weit noch halbwegs mit *Marie Julie Jahenny*, der nach die Russen im Südosten Frankreichs bis zur spanischen Grenze vorstoßen sollen – aber nicht weiter. In *»Worte eines Propheten – der Seher van Rensburg«* liest man weiter:

„Die Russen stürmen durch Ungarn, Jugoslawien und Österreich nach Italien, um diese Länder zu besetzen, dann durch Frankreich hindurch, das sie unterstützt [Wie bitte? Frankreich unterstützt Russland?, Anm. B.], weiter nach Spanien, wo die Spanier erbitterten Widerstand leisten, ***bevor ihnen die USA zu Hilfe kommen.****"*[345]

Dass die USA den Spaniern helfen, davon ist mir aus der europäischen Prophetie her nichts bekannt. Im Gegenteil, die USA sollen im europäischen Krieg, vom gelben Strich abgesehen, eigentlich keine Rolle spielen. Van Rensburg weiter:

„Die Russen brechen nach Spanien durch, stoßen direkt weiter vor bis ***Gibraltar,*** *und als sie dort gestoppt werden, gehen sie in einem Luftangriff auf England los. […]* ***Die Russen kämpfen weiter in Europa, und während sie auf ihrem Weg nach Gibraltar alles dem Erdboden gleichmachen, werden sie nochmals von spanischen und amerikanischen Truppen in den Pyrenäen gestellt.*** *Schwere Kämpfe finden dort statt, und ein Wunder geschieht mit der deutschen Armee.* ***Die Rote Armee ist vollständig zerschlagen.****"*[346]

Hier zeigt sich am deutlichsten die – sagen wir einmal – ziemlich überspannte Auslegung der Visionen des Nicolaas van Rensburg. Die mitteleuropäischen Quellen lassen überhaupt keinen Zweifel daran, dass die letzten Schlachten *in Norddeutschland* stattfinden. Davor soll es noch größere Schlachten bei Ulm und Lyon geben. Ein totaler Sieg über die Russen schon in den Pyrenäen fällt damit völlig aus dem Rahmen. Entweder hat sich da van Rensburg „verguckt" oder aber seine Interpreten sind über die Stränge geschlagen. Van Rensburg bzw. dessen Deutung weiter:

„Die Rote Armee wird an der spanischen Grenze zerschlagen werden, und die Russen werden ***Waffen antreffen, mit denen sie niemals in den Pyrenäen*** *gerechnet hatten, alle von Deutschen hergestellt."*[347]

Frage am Rande: Warum stoppt man die Russen nicht schon das erste Mal an den Pyrenäen, sondern erst, wenn sie erstens die Pyrenäen von Norden kommend passiert haben, zweitens ganz Spanien verwüstet haben und drittens dann wieder auf dem Rückzug nach Norden vor den Pyrenäen auftauchen?
Fantasiebegabte Deutschnationale glauben in van Rensburgs „Wunderwaffen" made in Germany fliegende Untertassen erkannt zu haben (Stichwort *Iron Sky*[*]), fliegende Untertassen, die sich die Na-

[*] *Iron Sky* ist ein 2012er Kinofilm, in dem es darum geht, dass sich die Nazis 1945 mit Ufos auf die Rückseite des Mondes gerettet haben, und Jahrzehnte später von dort aus die „Rückeroberung" des Planeten starten.

zis im Frühjahr 1945 hastig zusammengeschraubt hätten, von denen sie aber leider zu wenig hatten, um noch den Krieg zu gewinnen.
Wunderwaffe hin oder her – es fragt sich, warum die deutschen Superwaffen-Besitzer die Russen nicht gleich besiegt haben, als sie das erste Mal vor den Pyrenäen erschienen sind. Kaum zu glauben, dass die Teutonen-Ufos ausgerechnet in diesen Schicksalsstunden aufgrund von Wartungsarbeiten oder so nicht einsatzbereit wären. Das wäre schon ein verdammt mieses Timing.

Weiter aus der Deutung der Visionen des van Rensburg:

„Die Spanier greifen Gibraltar an. Geheimwaffen und Gas werden überall eingesetzt. Horror-(Atom)bomben töten Millionen [in meinen Augen eine weitere wilde Fehldeutung, Anm. B.], und ganze Nationen werden ausgelöscht."

Hier wäre es äußerst interessant zu lesen, wie ein südafrikanischer Seher Anfang des 20. Jahrhunderts Atombombenexplosionen beschreibt. Lägen entsprechende konkrete Beschreibungen des Sehers vor, hätte man sie mit Sicherheit auch abgedruckt. Das hat man aber nicht, also handelt es sich offenbar um eine Interpretation, möglicherweise um das Buch etwas spannender zu gestalten, was sich auch im merkwürdigen Wort *»Horror(Atom)bomben«* anzudeuten scheint.

Während einige Nationen aufhören zu existieren, werden andere überleben, aber ohne Bedeutung sein. Es wird ein verheerender Krieg und ***von jedem wird erwartet, dass er mitkämpft.*** *"*[348]

Auch Letzteres wird durch deutsche Quellen eher nicht bestätigt. Alois Irlmaier wird zitiert: *„Unsere jungen Leute [nur bayerische?] müssen noch einrücken, Freiwillige werden noch in die Kämpfe verwickelt, die anderen müssen fort zur Besatzung und werden drei Sommer dort bleiben, bis sie wieder heimkommen. Dann ist Frieden und ich sehe Weihnachtsbäume brennen."*[349]

Ob sich „unsere jungen Leute" nur auf Bayern bezieht, aber in anderen Regionen Deutschlands aufgrund akuter Not tatsächlich Zivilisten an Kämpfen teilnehmen müssen, bleibt so weit unklar. Grundsätzlich widerspricht die Vorstellung oder das Bild eines „Volkssturmes" den immer wiederkehrenden Voraussagen zur Kürze des Krieges.

In *»Worte eines Propheten«* heißt es weiter:

Van Rensburg sagte, dass England komplett zerstört werden würde, so dass „nur ein mageres Schwein übrig bleiben wird, das zurückgelassen hier und da im Schlamm liegen wird."[350]

Dieses Schicksal Englands deckt sich wieder mit den europäischen Quellen. *Mageres Schwein in Schlamm* passt atmosphärisch zu den französischen Truppen, die die Unruhen auf den Inselresten beilegen müssen.

„England wird nun ein völlig bedeutungsloses Land sein. Irland wird auch seine Unabhängigkeit erlangen und vertreibt die Engländer aus dem Land. Holland gibt auf, ohne einen Mucks von sich zu geben [passt auch, Anm. B.]. Frankreich wird irgendwie überleben. Russland wird kaputt sein, und obwohl die USA nicht zerstört werden, ist es eine sehr schwache Nation."[351]

Auch das deckt sich in den Grundzügen mit den europäischen Quellen. Die von den europäischen Quellen für Europa wieder und wieder vorausgesagte Rückkehr der Monarchie deutet ohne jeden Zweifel auf eine grundlegende geistige Abwendung Europas von Amerika und auf einen Zusammenbruch des weltweiten Einflusses der USA.

„Die Deutschen erklären den Frieden in Europa und sind in kürzester Zeit die stärkste Nation. Wir (Südafrika) bekommen unsere Freiheit durch Deutschland, das die führende Macht in Europa wird, während es all seine einstigen Kolonien zurückerhält (Wie bitte?, Anm. B.)."[352]

Es war wohl unvermeidbar, dass van Rensburg eine Inspirationsquelle in politisch rechten Kreisen Deutschlands geworden ist. Ein Wiedererstarken Deutschlands sagt im Prinzip aber auch die deutsche Prophetie voraus. Und ein Erstarken Deutschlands wäre auch absolut logisch, wenn die USA und England als Einflussfaktor in Europa komplett wegfallen. Nicht zuletzt im Zusammenhang mit

der Euro-Krise hat sich Deutschland schon jetzt für jeden sichtbar als *das* Kraftzentrum Europas erwiesen.
Würden zudem die Russen auf deutschem Boden geschlagen, würde der Ablauf des „dritten Weltkrieges“ zu einer grundlegenden Umdeutung der europäischen und deutschen Geschichte des 20. Jahrhunderts führen. Nach dem überraschenden Angriff Russlands auf Westeuropa – einschließlich des Einsatzes der russischen Massenvernichtungswaffe in der Nordsee –, würde Hitlers 1941er Angriff auf die UdSSR in einem völlig neuen Kontext gedeutet werden. Auch wenn es viel zu grob und undifferenziert gedacht wäre, der Gedanke „Wenn Hitler Stalin besiegt hätte, wäre das mit dem dritten Weltkrieg nicht passiert“ würde ein grundlegendes Umdenken im deutschen Volk begleiten.
Den überlebenden Deutschen bliebe gar nichts anderes übrig, als im Spannungsfeld zwischen „bösem Ami“ (gelber Strich) und „bösen Russen“ (Tsunami-Bombe) wieder auf die *eigene Kraft* zu vertrauen. Wenn die USA und Großbritannien dauerhaft von der Weltbühne abgetreten wären und Russland vorübergehend in den Hintergrund, könnte es gar nicht anders sein, als dass sich ein neues deutsches Selbstbewusstsein entwickelt. Und den Deutschen ist durchaus zuzutrauen, dass sie dann auch nicht mehr die Fehler aus Kaiser Wilhelms und Hitlers Zeiten wiederholen. Das heißt: Trotz des russischen Überfalls läge es im strategischen Interesse der Deutschen, dass es zu einer echten Freundschaft zwischen Russland und Deutschland kommt, ähnlich wie dies nach vielen Kriegen auch mit Frankreich gelungen ist.

Für Leser, die sich etwas mehr für die Deutungsproblematik bei Nicolaas van Rensburg interessieren, hier ein paar Beispiele:

Symbol/Bild in Vision	Deutung/Zuordnung
rotes Tier/Bulle	England oder Engländer
roter Bulle	**Russland** oder China
Ochse, gesprenkelt	**Russland**
Ochsen mit weißen Rücken	Amerika oder Amerikaner
Ochsen mit weißen Bäuchen	Italien

Quelle: »Worte eines Propheten – Der Seher van Rensburg«, Seite 274

Es liegt auf der Hand, dass unterschiedliche Symbole für ein und dasselbe Land und ein und dasselbe Symbol für unterschiedliche Länder (roter Bulle = England und Russland oder China) drohen, Chaos in der Deutung zu verursachen. In jedem Fall werden die Deutungen so in hohem Maße erklärungsbedürftig, wobei sich die meisten Leser natürlich gar nicht mehr für die Herleitung interessieren, sondern einfach das glauben, was sie glauben wollen, siehe Nostradamus, Bibel-Code usw. Im Prinzip ist van Rensburg – jedenfalls beim aktuellen Stand der Forschung – nur eine der vielen Blackbox-Quellen, in die man sehr viel hineindeuten kann.

Bruder Adam (1949-III-Würzburg): *Alsdann werden sie [die Russen]* ***versuchen,*** *durch Spanien und Frankreich zur Atlantikküste vorzudringen, um sich mit der im* ***Norden*** *kämpfenden Armee zu* ***vereinigen*** *und die militärische Einkreisung des europäischen Festlandes zu vollenden.*[353]

Ich will die Authentizität dieser Quelle nicht grundsätzlich anzweifeln, aber ich frage mich, welchen praktischen Sinn es hätte, wenn russische Truppen nach Spanien vorstoßen, um sich mit russischen Truppen im Norden Europas zu vereinigen? Zudem heißt es hier, dass die Russen es nur »versuchen«.

Kurz zu Mallorca: Zu Mallorca ist mir nichts Konkretes bekannt. Grundsätzlich wären auch hier die Küsten stark vom Wasser bedroht. Für Russland hätten diese Inseln meines Wissens nach aber keine Bedeutung.

Italien

In Italien sollen die russischen Angreifer im Süden bis kurz vor Rom kommen und im Westen bis Genua.[354] Ob noch weiter westlich, weiß ich nicht. Vermutlich blieben die Truppen östlich von Genua und nördlich von Rom über die gesamte Dauer des Krieges, mit Ausnahme entlegener Alpengebiete. Die Frau aus dem Füssener Raum hat Vorstöße der Russen aus der Poebene in die Schweiz gesehen, ebenso eine Schlacht bei Mailand. Die italienische Nonne *Rosa Colomba Asdente* (1847) soll gesehen haben, dass die Russen auch nach Sardinien kommen.[355]
Neben dem Krieg soll es in Italien zu schweren Unruhen kommen, und zwar unmittelbar vor dem Krieg, insbesondere in Rom, dort insbesondere auch gegen die katholische Kirche und den Vatikan.
Vom Seher aus dem Waldviertel ist folgende Aussage überliefert: *»Im letzten großen Krieg falle* ***eine Atombombe in die Adria*** *und eine in die Nordsee. Diese sei gegen London gerichtet. Das Meer, das bis zu 80 Meter hoch austrete, verursache riesige Überschwemmungen.«*[356]
Demnach gäbe es auch in der Adria einen Bomben-Tsunami. Aber auch das müsste man anhand lokaler Quellen überprüfen, was recht gut gehen sollte, weil Flutwellen offenbar relativ leicht vorausgesehen werden können.

Griechenland

Glaubt man dem griechischen Mönch Phillipas (um 1990)[357], wäre Griechenland kaum von dem Krieg betroffen. Dies würde sich rein rational so erklären, dass es für Russland zunächst keine strategische Bedeutung hätte. Griechenland läge abseits der russischen Hauptstoßrichtung Ost-West, und von Griechenland wären auch erst einmal keine Gegenstöße in die russische Flanke zu erwarten. Zur Adria siehe oben bei Italien die Sache mit der Tsunami-Bombe.

Serbien

Für Serbien findet sich ebenso eine Quelle, der nach dort kein Krieg wäre. In den sogenannten *Kremna Prophezeiungen* von *Milos Tarabic* (1809–1854) und *Mitar Tarabic* (1829–1899) heißt es: *»Wir (Serben) aber werden nicht in diesem Krieg kämpfen.«*[358] Etwas anders klingt das allerdings beim Serben *Stevan Bogic* (angeblich Vision von 1912).[359]
Im Fall Serbiens wäre es laut Irlmaier so, dass die russische Armee durch Serbien nach Italien vorstößt. Serbien ist aber traditioneller Verbündeter Russlands. Also gäbe es beim Vormarsch keine Kämpfe. Besiegt würde Russland dann endgültig in Norddeutschland. Also gäbe es auch keine Rückzugsgefechte, die sich quer durch ganz Osteuropa erstrecken. ... Von der Lage in Serbien und Griechenland könnte man rückschließen auf all die kleineren Staaten in der Region, wobei völlig unklar wäre, ob dort nicht wieder Bürgerkriege ausbrechen. Zur Adria siehe oben bei Italien die Sache mit der Tsunami-Bombe.

Türkei

Das mir bekannte Quellenmaterial zur Türkei ist wahrscheinlich völlig ungenügend. Der griechische Mönch Paisios (gest. 1991) sagt voraus, die Türkei würde als Staat zerfallen und Griechen, Georgier und Kurden würden sich Teile des Landes herausreißen.[360] Anton Johansson deutet auch in diese Richtung. Die christliche Rückeroberung Konstantinopels taucht in Prophezeiungen öfter auf, so dass sich insgesamt das Bild einer in Zukunft mehr oder weniger zerfallenen Türkei ergibt.

Amerika

Kanada

Glaubt man Alois Irlmaier, so gäbe es einen Einfall östlicher Armeen in Alaska: *„Über dem großen Wasser da drüben [Nordamerika, Anm. B.] da kommt der Ruß' noch hin.“*[361] An anderer Stelle wird

der Seher wiedergegeben: *»Irlmaier sah auch einen Einbruch von gelben Menschen* ***über Alaska nach Kanada und die USA.*** *Doch werden die Massen zurückgeschlagen.«*[362]
Wie sehr Kanada und die USA davon betroffen wären, bleibt unklar.
Auch im Falle Kanadas würde ich unbedingt örtliche Quellen (insbesondere indianische) hinzuziehen. Alles andere wäre verantwortungslos. Insbesondere wäre auch zu klären, ob und wie sich dort die Klimazonen verschieben sollen. Was völlig klar wäre, ist, dass wenn Europa ein Stück zum Äquator wandert – sagen wir 1.000 Kilometer –, dann müssen andere Teile der Nordhalbkugel Richtung Nordpol wandern. Eine solche Verschiebung wird grundsätzlich auch durch eine thailändische Quelle bestätigt (siehe Seite 181).
Möglicherweise wird es dann in Westkanada (und Alaska) deutlich kälter und es bildet sich zwischen dem neuen Nordpol, der dann näher an Kanada liegt, und den Rocky Mountains eine große permanente Kältezelle, in der es insgesamt noch kälter wird als am gegenwärtigen Nordpol, der in der Sommerzeit immer wieder etwas aufgewärmt wird. Würde *West*kanada zum Nordpol wandern und Europa vom Nordpol weg, dann könnte Ostkanada mit etwas Glück halbwegs auf der alten Position verbleiben.
Da das Schicksal Kanadas mit dem der USA zusammenhängen dürfte, wäre auch zu beachten, was in den USA geschehen soll.

USA

Aus den USA sind in Europa natürlich etwas mehr Quellen bekannt. Die USA sind ein großes Land und die Europäer achten immer auf das, was in den USA passiert.
Neben den New-Age-Quellen sind bekanntere Quellen u. a. *Edgar Cayce* (gest. 1945), *Veronika Lueken* (gest. 1995), *David* Wilkerson (gest. 2011), zuzüglich einiger Indianer-Prophezeiungen – alles Nicht-New-Age-Quellen, die sich mehr oder weniger mit den europäischen Quellen decken.
Ansonsten gilt auch für die USA: Vorortrecherchen wären unabdingbar.

Das Schicksal der USA wäre ansonsten der mir bekannten Quellenlage nach durch mehrere Hauptfaktoren geprägt:

Erstens: Zunächst würde es im Gegensatz zu Europa auf US-amerikanischem Gebiet eben doch vermehrt zu Atomwaffenexplosionen kommen, jedoch nicht in einem solchen Ausmaß, dass das Land insgesamt vernichtet wird.
Zweitens: Glaubt man Alois Irlmaier, dann würden östliche Bodentruppen in Alaska einfallen (siehe Kanada oben).
Drittens: Spätestens im Rahmen der dreitägigen Finsternis und des Polsprungs müsste das lang erwartete große Erdbeben in Kalifornien stattfinden. Allerdings deutet die mir bekannte Quellenlage darauf hin, dass das Erdbeben schon im Mai des Kriegsjahres stattfindet (siehe *»Countdown Weltkrieg 3.0«*, Seite 284).
Viertens: Nach dem Kriege soll in den USA ein Bürgerkrieg ausbrechen, der allem Anschein nach ziemlich langwierig würde und möglicherweise auf eine echte territoriale Spaltung des Landes hinausläuft! Auch hier lässt sich wieder Alois Irlmaier zitieren: *„A Staat im West'n kriagt de größte Revolution von alle Zeit'n.“*[363] Um dieses Zitat richtig einordnen zu können, muss man wissen, dass Irlmaier mehr oder weniger offen gesagt hat, England versinke in der Nordsee. Zu Frankreich sagt er ganz klar, dass es einen Bürgerkrieg gibt, konkret in Paris. Obige *»größte Revolution aller Zeiten in einem Staat im Westen«* dürfte demnach das übliche Irlmaier'sche Drumherumreden sein, wenn es um die USA geht – die ihm offenbar in den 1950ern ziemlich genau aufs Maul geschaut haben.
Das Irlmaier'sche Drumherumreden scheint auch im Falle New Yorks vorzuliegen: Irlmaier (1959/1961): *»Dagegen behauptete Irlmaier, eine große Stadt werde durch Raketen-Geschosse vernichtet werden. Ob damit New York gemeint sei, diese Frage wollte er nicht beantworten und blieb sehr zurückhaltend.«*[364]

Im Klartext: Es IST New York. Sonst hätte Alois Irlmaier es einfach verneint. Allerdings wäre dieser Angriff auf New York City auch noch *vor* dem Kriegsausbruch in Europa zu erwarten, siehe *»Countdown Weltkrieg 3.0«,* Seite 274.

Ansonsten sind die USA natürlich ein riesiges Land mit vielen dünn besiedelten Gebieten, die gute Überlebenschancen böten. Nach den schlimmsten Katastrophen wäre der American Dream natürlich ausgeträumt, das US-Imperium zerfallen und die bisherige US-amerikanische Identität wäre futsch. Für den möglichen Zusammenhang zwischen einem Atomkrieg auf die USA und einem dort nachfolgenden ausgewachsenen Bürgerkrieg, habe ich vor kurzem im Internet eine aus meiner Sicht recht glaubwürdige Quelle gefunden, eine Art indischer Guru namens **Sadhu Sundar Selvaraj** mit einem interessanterweise indisch-christlichen Background. Auf einem YouTube-Video[365], das am 6. August 2014 hochgeladen wurde, sagt Sundar Selvaraj im Rahmen eines Radio-Interviews (die Übersetzung stammt von mir):

„Über die Jahre hatte ich viele Visionen. Eine bestimmte, die ich in den ***späten 90ern*** *hatte, zeigte mir Raketen, die überall in den USA niedergingen, [...] überall gingen [dort] Raketen nieder. Ich sah nach oben und schrie: ‚Wer wagt es, diese Raketen auf die USA abzufeuern?‘, und ich hörte mich selbst sagen: ‚... außer dem Herren selbst? Wer sonst würde es wagen?‘*
Ich war sehr überrascht, als ich das sah, und dann hörte ich Gott sagen: ‚RUSSLAND wird die USA angreifen. Und die Nation [USA] wird in zwei Teile geteilt werden, wenn sie [die USA, siehe unten] Jerusalem in zweit Teile teilen werden.‘
Das hörte ich Gott sagen, als ich auf dem Berge Sinai in der letzten Novemberwoche 2011 fastete und betete. [...] An einem Morgen [in dieser Woche auf dem Berg], als ich die Texte studierte [wohl Bibeltexte], sah ich plötzlich einen acht Fuß [~ 2,50 Meter] großen ***Engel,*** *der vor mir mit einem Schwert stand und dann sagte: ‚Dies wird mit der Nation geschehen, die Jerusalem in zwei Teile teilt.‘ Als er dies sagte, erschien eine dreidimensionale Karte der USA vor dem Engel, und er stach sein Schwert in das Herz der USA, in seine Mitte, und es entstand in der Mitte ein Riss, und er sagte: ‚So werden die USA gespalten werden, wie diese Nation [die USA!] Jerusalem spaltet.‘“*

In dem Interview, dem diese Sequenz entnommen ist, versuchen der Moderator und Sadhu Sundar Selvaraj, die Spaltung der USA zu deuten, können sich aber nicht festlegen, ob es eine politische Spaltung ist oder eine tektonische. So unklar, wie die Spaltung der USA ist, so unklar ist auch die Spaltung Jerusalems. Ist ganz Israel gemeint? Oder wirklich nur die Stadt Jerusalem? Derzeit steht ganz Jerusalem (also auch der arabische Osten) unter israelischer Kontrolle, und aus israelischer Sicht ist ganz Jerusalem bereits ein Teil Israels, was international aber nicht anerkannt wird. Bei einer Einwohnerzahl von 800.000 und einem muslimisch-palästinensischen Anteil von etwa einem Drittel würde sich die Teilung Jerusalems bzw. der eigentliche Zankapfel auf ein Gebiet konzentrieren, in dem nicht einmal 300.000 Muslime leben. Salopp formuliert: Wegen schlappen 300.000 Muslimen muss gleich ein ganzes Land mit über 300 Millionen Einwohnern gespalten werden? – Ganz schön happig, echt brutal alt-testamentarisch.

Versuchen wir eine Interpretation der Vision Sadhu Sundar Selvaraj auf Basis der europäischen Prophetie: Zunächst haben wir drei Grundelemente: Erstens einen „dritten Weltkrieg“, in dem Russland die USA mit Atomraketen angreift, zweitens einen kausalen Zusammenhang zwischen dem „dritten Weltkrieg“ und der Situation im Nahen Osten bzw. der Situation Israels. Drittens wäre das Ergebnis des „dritten Weltkrieges“ in den USA eine Spaltung des Landes.
In den Grundzügen decken sich diese drei Punkte mit der europäischen Prophetie: Die USA treten nach dem Krieg als globale Supermacht ab. Ursache ist der „dritte Weltkrieg“, der den USA einen russischen Atomangriff einbrockt, mit der Folge, dass das Land bald danach auch politisch auseinanderbricht (Bürgerkrieg). Und der „dritte Weltkrieg“ würde im Nahen Osten beginnen.
Wenigstens bei oberflächlicher Betrachtung entzündet sich in Sadhu Sundar Selvarajs Vision der Weltkrieg „irgendwie“ wegen Israel und dem Nahen Osten. So weit passen Sundar Selvaraj Visionen

gut zusammen mit der europäischen Prophetie. Ebenso passt, dass die USA *selbst* verantwortlich wären für ihr Schicksal bzw. für den Krieg selbst, dessen Folge eine Spaltung der USA wäre.

Meiner persönlichen geostrategischen Analyse nach (siehe mein Buch »Was will Putin?«), ist die Ursache für die Atombomben in den USA und die Spaltung des Landes jedoch nicht, dass sich die USA das „Wohlwollen Gottes verscherzt haben", weil sie eine falsche Israel-Politik betrieben haben. Ich teile diese christlich-zentristische, fast schon alt-testamentarische Deutung von Sundar Selvaraj ganz und gar nicht. Diese Deutung hinkt meiner Auffassung nach schon deshalb, weil die Elite der USA gespalten ist, in einen eher nationalen und einen eher globalistischen Flügel. Das geht teilweise bis hinein in die Geheimdienste. So widersprachen vor ein paar Jahren sämtliche (!) US-amerikanischen Geheimdienste der vom US-Politestablishment vertretenen These, der Iran baue an einer Atombombe. Meiner Deutung nach ist die Spaltung der USA damit im Zusammenhang zu sehen, dass die Supermacht USA im Rahmen des One-World-Projektes früher oder später *sowieso* abzutreten hätte. Das One-World-Projekt steht im kategorischen Widerspruch zur Idee des Nationalstaates, und die USA sind, auch wenn sie sich nach außen hin gerne anders geben, weltweit der Hauptvertreter der Nationalstaatsidee. Das bedeutet: Auch *der Glaube an die USA* gehört im Sinne der One-World-Ideologie mittelfristig *zerstört*. Anders formuliert: Die USA zerfallen deshalb, weil sie sich zu sehr den globalistischen Kräften untergeordnet haben, die langfristig *auch keine starken* USA dulden können. Für den 2,50 Meter großen Engel bedeutet dies, dass man sich Gedanken über dessen wahre Herkunft machen darf und dass man beim Zauberwort „Engel" nicht gleich eine geistige „Ich-glaube-alles-Starre" verfallen sollte.
Zum Schicksal der USA sei hier noch die Prophezeiung eines Hopi-Indianers zitiert, die ich von YouTube habe:

„*... die Zeit [...] kommt zu einem Punkt, an dem sie sich wieder erneuert. ...* ***Zuerst gibt es eine Zeit der Reinigung,*** *und dann eine Zeit der Erneuerung. Wir sind schon sehr nahe an dieser Zeit der Erneuerung. Uns [den Hopis] wurde gesagt, wir würden [das weiße] Amerika kommen – und gehen sehen.* ***Auf eine Art ist Amerika schon am Sterben*** *... von innen. Denn sie halten sich nicht an die Bestimmung, wie man auf dieser Welt zu leben hat. Alles kommt zu einem Punkt, an dem [...] die Unfähigkeit des Menschen, auf eine spirituelle Weise zu leben, zu einer Wegkreuzung mit riesigen Problemen führen wird. Es ist der Glaube der Hopis – es ist unser Glaube –, dass wenn man nicht spirituell mit der Welt verbunden ist und nicht die spirituelle Wirklichkeit erkennt – [...], dass man es dann nicht schaffen wird [slightly you will not make it].*"[366]

Mittelamerika

Hier ist die mir bekannte europäische Quellenlage wieder völlig unzulänglich.

Südamerika

Südamerika wäre natürlich weit ab vom Schuss für den „dritten Weltkrieg" auf der Nordhalbkugel. Orientiert man sich an obigem thailändischen Mönch, wäre in Betracht zu ziehen, dass der Südkontinent auch von der Staubwolke verschont bleibt. Von daher regt Südamerika die Fantasie vieler Menschen an (angeblich auch die Angela Merkels ...). Fraglich wäre aber, wie lange es dauert, bis man von Südamerika aus wieder zurück nach Europa kann. Was in den einzelnen Staaten Südamerikas passieren würde, entzieht sich restlos meiner Kenntnis. Auch hier gilt: Auf jeden Fall nach lokalen Quellen suchen, und zwar gedruckte Sachen vor Ort, nicht nur im Internet.

Asien

Auch für den asiatischen Raum gilt: Erkundigen Sie sich nach lokalen Quellen! Auch hier ist die mir bekannte Quellenlage völlig unzureichend.

Japan

Japan müsste ähnlich wie Großbritannien im Rahmen des Polsprungs zu großen Teilen dauerhaft im Meer versinken. Im Gegensatz zu Großbritannien ist Japan aber bekanntermaßen eine der geologisch instabilsten Regionen der Welt. Sollten Sie versuchen, dies anhand japanischer Quellen zu bestätigen, müssten Sie vermutlich etwas tiefer graben, da Herrscher und Völker mit so negativer Zukunftsaussicht die entsprechenden Prophezeiungen gerne frühzeitig und gründlich beseitigen. Dennoch müsste man irgendwo etwas finden, von ausgewanderten Japanern, Europäern, die zeitweise im Lande gelebt haben, christlichen Missionaren oder von Hellsehern aus Nachbarvölkern (Koreaner, Chinesen).

China

China soll sich auf russischer Seite am Krieg beteiligen. Es müsste aber auch schon aus rein geostrategischen Überlegungen an der Seite Russlands in den Krieg eintreten, da es im Falle einer Niederlage Russlands damit zu rechnen hätte, als Nächstes in die Schusslinie der westlichen Weltbeglücker zu geraten. Daraus folgt auch, dass China auf eigene Rechnung weiterkämpft, sobald sich die Niederlage Russlands abzeichnet, und zwar um sich für die zu erwartende spätere Konfrontation mit den USA und ihren Vasallen eine bessere Ausgangsposition zu sichern.
Wären die mir bisher bekannten Voraussagen zur Verschiebung der Klimazonen belastbar, müssten große Teile Chinas in Regionen wandern, in denen entweder mit schweren Ernteeinbußen zu rechnen ist oder es zu kalt ist für Ackerbau überhaupt. Daraus könnte für China eine extrem schlechte Langfristprognose resultieren.

Indien

Auch da muss ich passen. Indien ist natürlich ein riesiges Land mit einer uralten spirituellen Tradition. Dort muss es genug alte und neue Hellseher geben.

Thailand

Zu Thailand habe ich wie oben erwähnt im April 2016 eine E-Mail von einem Deutschen bekommen, der dort seit einigen Jahren lebt und mir über einen hellsichtigen thailändischen Mönch berichtet hat (siehe Seite 181). Dieser Quelle nach soll in Thailand *kein* Krieg sein, es wäre aber noch teilweise von der dreitägigen Finsternis betroffen, und nach dem Polsprung soll es dort deutlich kälter werden, das Land soll etwa mitteleuropäisches Klima bekommen. Infolge des spürbar kälteren Klimas müsste es wenigstens vorübergehend zu erheblichen Ernteeinbußen kommen.

Australien/Neuseeland/Ozeanien

Dass Australien kein Kriegsschauplatz wäre, liegt auf der Hand. Es liegt viel zu weit ab vom Schuss, und der Krieg wäre viel zu kurz, als dass sich doch irgendwelche russischen oder chinesischen Militärs hierhin verirren könnten.
Nimmt man obige Klimaprognose zu Thailand als Grundlage, würde Australien Richtung Äquator wandern, wodurch sich die Niederschlagsmenge in Australien insgesamt wohl deutlich *erhöhen* würde. Ebenso deutet die thailändische Quelle darauf hin, dass Australien nicht oder so gut wie gar nicht von der Staubwolke, die Europa so zusetzt, betroffen ist. Australien wäre aber wohl für längere Zeit von jeglichen Importen abgeschnitten, und es dürfte ziemlich lange dauern, bis man wieder nach Europa zurück kann. Entsprechendes gälte für Neuseeland.
Für die kleinen Inseln Ozeaniens gilt: Weg da! Auch im Pazifik wäre infolge des Polsprungs mit gigantischen Flutwellen zu rechnen.

Afrika

Nordafrika/Arabien

Auch hier gäbe es eine gute Nachricht: Wenn die Mittelmeer-Klimazone rund 1.000 Kilometer nach Norden wandert (München bekäme ein Klima etwa wie in Südspanien, aber mit derselben Regenmenge wie heute) –, dann würde auch der Regengürtel vom Äquator nach Norden wandern, mit dem Ergebnis, *dass große Teile der Sahara ergrünen würden!*
Normalerweise müsste es ein paar afrikanische Wüstenvölker geben, in deren Mythologie ein zukünftiges Ergrünen der Sahara vorausgesagt wird. Solche positiven Voraussagen sind in der Regel sehr beliebt, werden gerne verbreitet und auch nicht unterdrückt.
Ansonsten sprechen auch islamisch-arabische Quellen davon, dass es zu einem Nahostkrieg kommt. Doch auch hier gilt: Die deutschsprachige Quellenbasis ist völlig ungenügend.

Südafrika

Hier studiere man die Voraussagen des Nicolaas van Rensburg (siehe das Buch von Adrian Snyman, *»Worte des Propheten – Der Seher van Rensburg«*). Nach van Rensburg würde in Südafrika der Konflikt zwischen Weißen und Schwarzen wieder aufflammen, Südafrika aber mittelfristig einer sehr positiven Zukunft entgegensehen: *»Unser Land wird sehr groß und reich.«*[367] Die Überlieferung der Van-Rensburg-Prophezeiungen ist aber nicht unproblematisch, siehe dazu Seite 201.

Restliches Afrika

Dazu erlaubt das mir derzeit bekannte Material absolut keine Aussage.

Ewige Fragen in unruhigen Zeiten

Selbst, wenn ein echter Hellseher direkt vor einem steht, kann man nicht sicher im Voraus wissen, welche seiner Voraussagen sich erfüllen wird, noch wann und wie. Die wirkliche Qualität einer Voraussage ist nicht im Voraus zu erkennen. Und das gilt auch für den jeweiligen Hellseher insgesamt, auch wenn dieser nachweislich schon öfters richtig gelegen hat.
Selbst, wenn es eine halbwegs verlässliche Methode gibt, um glaubwürdige von unglaubwürdigen Hellsehern zu unterscheiden, bleiben noch genug Fallstricke. Sei es, dass ein Seher Elemente seiner Visionen falsch gedeutet, falsch erinnert oder die Abfolge der Ereignisse durcheinandergebracht hat. Sei es, dass Einzelheiten fehlerhaft überliefert worden sind. Derlei Fehlerquellen werden umso bedeutender, je schmaler die Quellenbasis ist, beispielsweise wenn sich zu einem bestimmten Gebiet nur eine einzige Quelle findet.

Angesichts dieses fast allgegenwärtigen Glaubwürdigkeits-Problems fragt sich, ob man nicht besser die Finger lassen sollte vom Thema Hellseherei, Prophetie, „dritter Weltkrieg" und „sichere Gebiete"?

Diese Frage kann man so oder so beantworten. Letztlich ist es aber egal, *wie* man sie beantwortet. Denn je unruhiger und ungewisser die Zeiten werden, desto drängender wird die Frage nach der Zukunft. Die Frage nach der Zukunft wird wieder und wieder auftauchen. Diese Frage hat jahrtausendealte Tradition. Und es hat Tradition, dass diese Frage maßgeblich von der herrschenden Macht beantwortet wird. Politiker und Massenmedien mischen in Sachen Zukunft und Vision immer ganz, ganz vorne mit.

Nur wie jeder weiß: Immer wieder haben diese Politiker eben *keine* Ahnung von der Zukunft. Beispiele gibt es genug: Napoleon Bonaparte, Kaiser Wilhelm II., Adolf Hitler, Erich Honecker, John F. Kennedy – und wie sie alle heißen.
Politiker wollen Macht. Aber wohin der Strom der Zeit sie trägt, das wissen sie nicht. Trotzdem ziehen sie immer wieder mit wehenden Fahnen und festen Überzeugungen ihrem Untergang entgegen. Und Millionen folgen ihnen. Sei es auf der Straße, im Schützengraben oder im Fernsehsessel.

Die Frage nach der Zukunft ist unausrottbar. Und nie wird sie wirklich beantwortet sein. Damit ist sie eine der ewigen Fragen. Und gemessen an der Verlogenheit und Selbstüberschätzung vieler, die vorgeben, die Antwort auf die Frage nach der Zukunft zu kennen, sind die europäischen Hellseher bestimmt nicht die schlechteste Quelle.

Wer sich fragt, was kommt, und wer weiß oder ahnt, dass er auf der Suche nach der Antwort praktisch an jeder Straßenecke belogen und in jedem Sendeformat in die Irre geführt wird, kommt nicht vorbei an der traditionellen europäischen Prophetie.

Anhang

Hintergrundinformationen

Tabelle Voraussagen zum Überraschungsangriff

Zeit	Quelle	L.	Q	Zitat / Formulierung (tlw. gekürzt)	Liter.
1790	Walraff	D	III	Die Umwälzungen werden **sehr schnell** hereinbrechen.	24/66
1794	Knopp	D	III	Dann wird es Krieg geben, **wenn es keiner glaubt.**	7/305
1819	Faudaise	F	III	Die Krise wird **für alle plötzlich** kommen.	10/154
1809	Mühlhiasl	D	II	In Zwiesel die Männer im Wirtshaus sitzen, wenn die Roten jäh in die Stadt …	5/46
1872	Eilert	D	III	Abends wird man sagen: **Friede, Friede,** morgens stehen sie vor der Türe.	8/73
1916	Curique	F?	III	Abends werden sie noch **„Friede, Friede“** rufen, doch am nächsten Morgen …	8/91
1916	Kossuthány	Ug.	III	**plötzlich und völlig unerwartet**	47/407
1917	Fatima	Po.	II	**Wenn kein Kaiser, König, Kardinal und Bischof es erwartet!** *	8/199
1922	Kugelbeer	Ös.	III	Wie **Blitz a. heiterem Himmel** kommt Umsturz von Russl. zuerst in Deutschl.	41/261
1940	Böhm.Seher	Tz	III	Die Russen durch die Gasthausfenster schauen, wenn … beim Bier sitzen.	8/45
1950	Zängeler	Sw	III	Man sieht nichts kommen, **alles geschieht ganz plötzlich.**	Seite 118
1951	K.a.d.Ötztal	Ös	III	Anfangen tut es langsam … Dann **plötzlich** brichts	8/88
1959	Irlmaier	D	I	Die Bauern säßen im Gasthaus, da blickten die feindlichen Soldaten …	41/179
1968	Fr.a.Valdres	Nw.	II	Beginnt auf Weise, die **niemand erwartet hat,** von völlig unerwarteter Seite.	PaB
1970	Dixon	US	IV	**Plötzliche** Vernichtung und Krieg (1999)	6/289
1975	Stieglitz	D	III	Stoßen … blitzartig gegen Westeuroopa vor.	12/235
1981	Korkowski	D	III	Ihre Uneinigkeit wird wirksame Verteidigung beim Überraschungsangriff …	32/159
1982	Eisenberg	D	III	Die große Übermacht des gottlosen Weltkommunismus wird unerwartet …	8/262
1984	Babaji	Ind.	III	die Revolution unmittelbar bevorsteht - sich in Sekundenschnelle ausbreiten	27/49
1988	Anonymus	D	III	Blitzschnell schlägt der Roten Heer, Deutsches Land vor Schreck ohn´ Wehr.	8/264

L. = Herkunftsland d. Quelle, Q = subjektive Glaubwürdigskeit nach dt. Schulnoten, Liter = Literatur, sie Literaturcodes im Anhang

Tabelle Voraussagen zur Dauer des Krieges

Nr.	Quelle	Q	Zeit	Dauer	*	Monate 1	2	3	4	5	6	7	8	Liter.
1	Bl. Jüng. v. Prag	II	1365	max. ***9 Monate***	③									8/24
2	Nostradamus	II	1566	max. ***7 Monate***	❸									1/377
3	B. v. M. Laach	II	1600	ganz ***kurz***	③	←←	←							41/244
4	B. d. Matienth.	III	1749	***6 Monate***	●									41/246
5	Nectou	III	1760	***kurze*** Dauer	●	←←	←							7/304
6	Knopp	III	1794	nicht lange	●	←←	←							7/305
7	N. v. Belley	III	1816	***3 Monate***	●									7/352
8	Mühlhiasl	II	1809	„ein Brot lang“	●									5/46
9	Schw. v. Lyelb.	III	1826	***kurz***	?	←←	←							88/235
10	Geiß. Käther	IV	1831	„ein Brot lang“	?									22/187
11	Eilert	III	1833	wenige Tage	●	←←	←							7/307
12	Clausi	III	1849	***kurze*** Dauer	●	←←	←							7/368
13	Q. v. Beykirch	III	1622	3 – 5 Monate	?									5/77
14	Schw. v. Lyon	III	1850	max 6 Monate	P									88/235
15	Eug. Pegghi	III	1855	extrem ***kurz***	?	←←	←							88/264
16	J. du. Bourg	III	1862	abge- ***kürzt****	●	←←	←							7/379
17	Curique	III	1872	nicht lange	●	←←	←							8/91
18	Don Bosco	II	1874	ca. 4 Monate	❸									8/150
19	Feldpostbriefe	I	1914	28 od. 58 Tage	❸									12/100
20	Irlmaier	I	1959	max. 3 Monate	❸									12/143
21	S. a. d. Waldv.	II	1959	wenige Tage	❸	←←	←							12/263
22	Böhm. Seher	III	1940	6 Monate	❸									8/46
23	Frau a. Valdres	III	1968	***kurz***	❸	←←	←							PaB
24	Ron White	III	1970	nicht lange	❸	←←	←							8/162
25	Stieglitz	III	1975	2–3 Monate	❸									12/235
26	Babaji	III	1981	an 1 Tag! (?)	?									27/28
27	Paulussen	III	1983	7 Tage (?)	❸									44/114
28	Biernacki	IV	1984	3 ½ Monate	❸									8/281
29	Bauer	IV	1986	bald beendet	❸	←←	←							80/140

* Angreifertypen: ❸ = Russland (bzw. sehr wahrscheinlich …), ③ = dritter großer Krieg, P = Preußen, ● = Russland (vermutlich …)

Tabelle Voraussagen zur Jahreszeit bei Kriegsausbruch

	Quelle	Zeit	Q	Formulierung/Sinn	**Land/ Gebiet**	**März**	**April**	**Mai**	**Juni**	**Juli**	**August**	Liter.
1	Nostradamus	1566	II	ab / nach dem Frühling	Frankreich							1/377
2	Q. v.Beykirch	1622	III	Juli / August	Deutschl.?							5/77
3	Mainz.Proph.	1670	III	zur Zeit der Kornblüte	Mainz							5/75
4	Test.d.f.Papst.	1701	III	wenn sich Ähren voll neigen	Wismar							7/298
5	Mühlhiasl	1825	II	zur Weizenernte	Bayr.Wald							5/46
6	Eilert	1833	III	nach Korn-, vor Hafenernte	Westfalen							7/307
7	Curique	1872	III	nach Weizen-, vor Haferernte	Frankrei.?							8/91
8	Johansson	1907	II	Ende Juli od. Anfang August	Norwegen							13/14
9	Onit	1948	IV	ab Juni	Tirol (?)							14/186
10	Brandt	1950	III	an trübem, feuchtem Tag	Bad.Württ.							16/129
11	Kath.a.d.Ötztal	1951	II	Spätsommer / Korn reif	Tirol							8/88
12	Irlmaier	1949	I	wenn das Getreide reif ist	Bayern							41/184
13	Landinger	1957	II	nach Weizen-, vor Haferernte	Böhmen							75/61
14	S.a.Waldviert.	1959	II	frühsommerl. Wetter davor	Österr.							12/246
15	Adolf Schwär	1968	III	Wenn Bauer Roggen mäht ...	Schwarz.W							S. 65
16	Stieglitz	1975	III	Ende Juli	Bayern							12/235
17	Karin Nagel	1992	IV	August	NRW							29/153
18	Bauer.v.Fichtlg.	1970	?	Gras in Graben 35 cm	Fichtelgeb.							PAB
19	Kanad.Leser	1998	?	zweifache Vision **29.7.**	Kanada							PAB
20	Mäd.a.Nürnbrg	1999	?	läuft *barfuß* in Giftstaub	Nürnberg							PAB

Literatur : Zu den Zahlen unter „Literatur" siehe Literatutcodes im Anhang **Q** : Glaubwürdigkeit der jeweiligen Quelle, **PAB** : Privatarchiv Berndt; **Die schwarzen Kästchen** heben nur den Schwerpunkt Ende Juli / Anfang August hervor. Der helle Grauton im Falle von (Erna) Brand spiegelt die ungenaue Angabe wieder.

Tabelle Voraussagen zu Überflutungshöhen in Nordeuropa

Zeit	Quelle	Q	Gebiet	Überflutungshöhe in Nordeuropa m ü. Meeresspiegel nach jeweiliger Formulierung													
				10	20	30	40	50	60	70	80	90	100	150	200	250	300
1907	Johansson	II	London/ Rouen														
1945	Cayce	II	„obere Teile Eur."														
1948	Onit	IV	bis Erzgebirge														
1959	Irlmaier	I	bis Berlin														
1959	S. a. d. Waldv.	II	Nordseeküste														
1982	De la Vega	III	Norddeutschland														
1992	Heil. a. Hannov.	?	Hannover														
1960	M. a. Bielefeld	III	Bielf./Paderborn?														
1984	Korkowski	III	Deutschland														
1998	Fr. a. Meinersen	?	Niedersachsen														
1998	Fr. a.Füssen. R.	III	Hamburg														
1999	Aydin	III	Hamburg														
1999	Fr.a.Borken	?	Niederrhein														
1968	Fr.a.Vettweiss	?	Eiffel/Nordrand														
1998	Fr.a.Euskirch.	?	Eiffel/Nordrand														
1998	Escher	III	Eiffel/Rheingrab.														

Detail am Rande: Wenn das Kloster Abdinghof in Paderborn wiedereröffnet wird (bei 120 m ü. NN) und das Kloster Lehnin bei Berlin (ca. 35 m ü. NN), wäre das natürlich auch zu berücksichtigen.

Ortregister

Literatur

Abd-ru-Shin: *Im Lichte der Wahrheit*, Der Ruf – München, 1931
Adlmaier, Conrad: *Blick in die Zukunft*, 1950
Adlmaier, Conrad: *Blick in die Zukunft*, 1955
Adlmaier, Conrad: *Blick in die Zukunft*, 1961
Allgeier, Kurt: *Die Prophezeiungen des Nostradamus*, Heyne – München, 1990
Backmund, Norbert: *Hellseher schauen in die Zukunft*, Morsak – Grafenau, 1972
Bauer, Heinrich: *Der Dritte Weltkrieg bricht aus am 22 August 1998*, Mai 1998
Bayern, Konstantin von: *Nach der Sintflut*, Lübbe-Verlag, Bergisch-Gladbach, 1988
Bekh, Wolfgang Johannes: *Am Vorabend der Finsternis*, Ludwig – Pfaffenhofen, 1988
Bekh, Wolfgang Johannes: *Das dritte Weltgeschehen*, Knaur, 1985
Bekh, Wolfgang Johannes: *Alois Irlmaier*, Ludwig – Pfaffenhofen, 1990
Berndt, Stephan: *Prophezeiungen – alte Nachricht in neuer Zeit*, G. Reichel, Weilersbach, 2001
Berndt, Stephen, *Alois Irlmaier – ein Mann sagt, was er sieht*, G. Reichel, Weilersbach, 2009/2014
Berndt, Stephan: *Hellseher und Astrologen im Dienste der Macht*, Ares-Verlag, 2013
Berndt, Stephan: *Countdown Weltkrieg 3.0*, Kopp-Verlag, Rottenburg, 2015
Berndt, Stephan: *Was will Putin?*, Kopp-Verlag, Rottenburg, 2015
Beykirch, Theodor, *Prophetenstimmen*, F. Schöningh, Paderborn,1849
Bouvier, Bernhard: *Nostradamus*, Ewert-Verlag, 1996
Buchela: *Ich aber sage euch*, Droemer Knaur – München, 1983
Centurio, N. Alexander: *Die großen Weissagungen des Nostradamus*, Goldmann, 1988
Claesson, Birger: *Dom över Sverige (Gericht über Schweden)*, Evangeliipress, Örebro, 1953
Ellerhorst, Winfried: *Prophezeiungen über das Schicksal Europas*, Schnell & Steiner, 1951
Fontbrune, Max de: *Was Nostradamus wirklich sagte*, Ullstein, 1989
Gann, Alexander: *Die Zukunft des Abendlandes?*, IFAP-Institut, Postf. 140, A-5024 Salzburg, 1986
Graf, Maria: *Offenbarung der göttlichen Liebe*, Miriam-Verlag, 1989
Gustafsson, A.: *Merkwürdige Gesichte !*, Sverigefondens – Stockholm, 1954
Hildegard v. Bingen: *Gesichte über das Ende der Zeiten*, Credo – Wiesbaden, 1953
Hildegard v. Bingen: *Wisse die Wege*, Müller – Salzburg, 1954
Hingerl, Martin: *Staffelbergsagen*, Selbstverlag, 1921
Huainigg, Franz-Joseph: *Heiler und Prophet*, Die Silberschnur – Neuwied, 1992
Hübscher, Arthur: *Die große Weissagung*, Heimeran – München, 1952
Kaiser, Rudolf: *Die Stimme des Großen Geistes*, Kösel – München, 1989
Korkowski, Edward: *Kampf der Dimensionen/Band I*, H. J. Andersen – Gevelsberg, 1990
Ladurner, Ernst: *Tatsachenberichte um Alois Irlmaier*, Eigenverlag, 1952
Lemesurier, Peter: *Geheimcode Cheops*, Bauer – Freiburg/Breisgau, 1988
Loerzer, Sven: *Visionen und Prophezeiungen*, Pattloch – Augsburg, 1989
Melzer, Gottfried: *Der Matreier Prophet Egger Gilge*, Theresia – Lauerz, 2000
Neudegg, Rudolf Freisauff von: *Der Birnbaum auf dem Walserfelde*, Ein kleiner Beitrag zur Salzburger Landeskunde. Oberer, Salzburg 1876.
Renner, Rolf: *Weltenbrand*, Historia – Elchingen, 1992
Robinson, L. W. : *Edgar Cayce`s Bericht von Ursprung und Bestimmung der Menschheit*, Goldmann, 1989
Rufe aus Bayside: *Band I u. II*, Selbstverlag „Der neue Tag", Salzburg, 1980
Sárközi, Alice: *Political prophecies in Mongolia in the 17–20th centuries*, Harrassowitz – Wiesbaden, 1992
Schnyder, Henri: *Wie überlebt man den 3.Weltkrieg ?*, Hesemann – München, 1984
Schönhammer, Adalbert: *Dritter Weltkrieg und Zeitenwende*, Haag & Herrchen, 1998
Schönhammer, Adalbert: *PSI und der dritte Weltkrieg*, Rohm – Bietigheim, 1978
Seewald, Peter: *Benedikt XVI. – Ein Portrait aus der Nähe*, Ullstein, 2005
Silver, Jules: *Prophezeiungen bis zur Schwelle d. 3. Jahrtausends*, Ariston – Genf, 1987
Stearn, Jess: *Der schlafende Prophet*, Ariston – Genf, 1982
Stocker, Josef: *Reinigung der Erde/Band I und Band II*, Mediatrix-Verlag, St. Andrä-Wördern, 1992
Stocker, Josef: *Der Dritte Weltkrieg*, 8. Auflage, Mediatrix-Verlag, St. Andrä-Wördern, 1992
Snyman, Adrian: *Worte eines Propheten*, Argo-Verlag, 2006
Varena, Marcus: *Gesammelte Prophezeiungen*, Bauer – Freiburg/Breisgau, 1959
Voldben, A.: *Nostradamus und die großen Weissagungen*, Langen Müller – München/Wien, 1992

Literaturcodes für einige der Tabellen:

1 : Allgeier .... Prophezeiungen des Nostradamus
4 : Voldben .... Nostradamus und die großen Weissagungen (1992)
5 : Silver .... Prophezeiungen bis zur Schwelle des 3. Jahrtausends
6 : Lemesurier .... Geheimcode Cheops
7 : Loerzer .... Visionen und Prophezeiungen
8 : Bekh .... Am Vorabend der Finsternis
9 : Kahir .... Nahe an 2000 Jahre
10 : Voldben .... Nostradamus und die großen Weissagungen (1981)
12 : Bekh .... Das dritte Weltgeschehen
13 : Gustavsson .... merkwürdige Gesichte
14 : Varena .... Gesammelte Prophezeiungen
15 : Ellerhorst .... Prophezeiungen über das Schicksal Europas (1992)
15b : Ellerhorst .... Prophezeiungen über das Schicksal Europas (Dt. Bibliothek in Frankfurt)
16 : Schnyder .... Wie überlebt man den Dritten Weltkrieg? (1991)
17 : Dudde .... Der Antichrist
19 : Dudde .... Der Eingriff Gottes
20 : Stocker .... Reinigung der Erde (Band I)
21 : Backmund .... Hellseher schauen die Zukunft
22 : Hübscher .... Die große Weissagung
23 : Schönhammer .... PSI und der Dritte Weltkrieg
24 : Stocker .... Reinigung der Erde (Band II)
27 : Reichel .... Babaji spricht, Prophezeiungen und Lehren
27b : Wosien .... Babadschi, Botschaft vom Himalaya
29 : Nagel .... Rametha
30 : Bekh .... Alois Irlmaier
31 : Kirkwood .... Marias Botschaft an die Welt
32 : Korkowski .... Kampf der Dimensionen (Band I)
33 : Korkowski .... Kampf der Dimensionen (Band II)
34 : Rabanne .... Das Ende unserer Zeit
36 : Wilkerson .... Die Visionen
38 : Snow .... Zukunftsvisionen der Menschheit
40 : Buchela .... Ich aber sage euch
41 : Gann .... Zukunft des Abendlandes?
42 : Bouvier .... Nostradamus
44 : Huainigg .... Heiler und Prophet
45 : Renner .... Weltenbrand
46 : Friede .... das Johanneslicht
47 : Hagl .... Apokalypse als Hoffnung
48 : Tempelhofgesellschaft ...... Die Edda
49 : Capri .... Die Prophezeiungen von Papst Johannes XXIII
50 : Heibel .... Das geht uns alle an
53 : Koteen .... Der letzte Walzer der Tyrannen
54 : Centurio .... Die großen Weissagungen des Nostradamus
59 : Hildegard v.Bingen .... Wisse die Wege
60 : Mutter Graf .... Offenbarung der göttlichen Liebe
62 : Stern der Erleuchtung .... Hans J.Andersen Verlag
65 : Stearn, Jess .... Prophezeiungen in Trance
71 : Smith /Braeucker .... Mutter Erde wehrt sich
72 : Niessen .... Enthüllungen einer Hellseherin
73 : Ray Nolan .... Die Siebte Offenbarung
75 : Schönhammer .... Dritter Weltkrieg und Zeitenwende
76 : Der Morgenstern, Nr.9
77 : Kaiser .... Die Stimme des Großen Geistes
78 : Bauer, *Heinrich* .... Der 3.Weltkrieg beginnt am ...
79 : Tempelhofgesellschaft ...... Buch der Sajaha
80 : Bauer, *Erich* .... Die Menschheit in und nach den großen Katastrophen
81 : Mann .... Prophezeiungen zur Jahrtausendwende
82 : Valtorta .... das Morgenrot einer neuen Zeit
85 : Zönnchen .... Im Zeichen des Fisches
86 : Sun Bear .... Die Erde liegt in unserer Hand
88 : San Miguel .... De Laatste Zegels
89 : Niessen .... Enthüllungen einer Hellseherin
91 : Herrholz .... Das apokalyptische Weltgeschehen
93 : Ruhela .... Sai Baba
95 : Eilenberger & Schubert .... Nostradamus, Zukunftsbilder ...
97 : Thor .... Outwitting Tomorrow
101 : Stern der Endzeit (101 = 1, 102 = 2, etc.)
102 : siehe 101
209 : Uriella .... „Der Heiße Draht" Nr. 9
300 : Lichtpunkt E Sonderheft Juni 1992, Seite 9

Bildnachweis

Abb. 1: der östliche Angriff auf Europa / vereinfachter Überblick, Grafik von Stephan Berndt
Abb. 2: Der Vorstoß in Deutschland, Grafik von Stephan Berndt
Abb. 3: Der russische Vorstoß im westlichen Mitteleuropa, Grafik von Stephan Berndt
Abb. 4: Die Angriffssituation am Rhein nach Irlmaier, Grafik von Stephan Berndt
Abb. 5: zw. Rhein, Elbe und Donau, Grafik von Stephan Berndt
Abb. 6: zw. Rhein, Elbe und Donau, Grafik von Stephan Berndt
Abb. 7: Karte: Angriffssituation im Bereich der Rheinmündung/Deltarhein, Grafik von Stephan Berndt
Abb. 8: Karte Ruhrgebiet Westfalen, Grafik von Stephan Berndt
Abb. 9: ein älterer Baschkire um 1900, Wikipedia
Abb. 10: der Eifel-Vulkan
Abb. 11: Kinoplakat »Die Brücke von Remagen« 1969
Abb. 12: Kinoplakat »Die Brücke von Arnheim« 1977
Abb. 13: Der Vorstoß in Mitteldeutschland, Grafik von Stephan Berndt
Abb. 14: Vor- und Rückmarsch der Russen in Südwestdeutschland, Grafik von Stephan Berndt
Abb. 15: Der russische Vorstoß nach Frankreich und Rückzug, Grafik von Stephan Berndt
Abb. 16: Orte im deutschsprachigen Raum, die Irlmaier laut Überlieferung erwähnt hat, Grafik von Stephan Berndt
Abb. 17: Der Barringer-Krater in Arizona, Wikipedia
Abb. 18: Übersichtskarte Vorhersagen zu Kampfhandlungen und Kriegseinwirkungen in Bayern, Grafik von S. Berndt
Abb. 19: Bayern südlich der Donau, Grafik von Stephan Berndt
Abb. 20: Münchner *Abendzeitung*, 5. Mai 1950
Abb. 21: Die Statue der Patrona Bavariae, Foto von Stephan Berndt
Abb. 22: Übersichtskarte: Kriegsvoraussagen zu Österreich, Grafik von Stephan Berndt
Abb. 23: Der Spiegel, #14, 2010
Abb. 24: Der Birnenbaum auf dem Walserfeld, Wikipedia
Abb. 25: Voraussagen zu Tirol, Grafik von Stephan Berndt
Abb. 26: Voraussagen zur Schweiz im „dritten Weltkrieg“ , Grafik von Stephan Berndt
Abb. 27: Bürgerkriegsvoraussagen für den deutschsprachigen Raum, Grafik von Stephan Berndt
Abb. 28: Nach dem Ende der Hyperinflation, Foto von 1923
Abb. 29: Unterseeischer Atomtest der USA in Enewetak Lagune, Südpazifik, 1958, Wikipedia
Abb. 30: US-Atombombentest, Juli 1946, YouTube
Abb. 31: US-Atombombentest, Juli 1946, YouTube
Abb. 32: US-Atombombentest, Juli 1946, Wikipedia
Abb. 33: Anton Johansson, Foto aus Alfred Gustafssons »Nya Syner« von 1920
Abb. 34: *Svenska Dagbladet,* 4. März 1914, Mikrofilm aus schwedischer Nationalbibliothek
Abb. 35: St.-Nikolai-Kirche, Kupferstich ca. 1590
Abb. 36: die südliche Nord- und Ostsee in den Höhen 0-30-100-200-über 200, Grafik von Stephan Berndt
Abb. 37: Angaben zu Überflutungen an der südlichen Nord- und Ostsee, Grafik von Stephan Berndt
Abb. 38: Alois Irlmaiers Angaben zum Verlauf des gelben Strichs, Grafik von Stephan Berndt
Abb. 39: US-Drohne Global Hawk, Wikipedia
Abb. 40: B-17-Bomber, Wikipedia
Abb. 41: US-Tarnkappen-Kampfdrohne X 47B, Wikipedia
Abb. 42: der gelbe Strich – möglicher Gesamtverlauf, Grafik von Stephan Berndt
Abb. 43: Optimistische Auslegung der Kernzone d. g. Strichs n. Landinger u. Bauern aus Selb, Grafik v. Stephan Berndt
Abb. 44: Der möglicher Ablauf des geografischen Polsprungs, Grafik von Stephan Berndt
Abb. 45: Voraussagen zur dreitägigen Finsternis weltweit, Grafik von Stephan Berndt
Abb. 46: Tabelle zur dreitägigen Finsternis
Abb. 47: Luftlandetruppen bei Veda?, Grafik von Stephan Berndt
Abb. 48: Brücke „Högakustenbron“, Wikipedia
Abb. 49: Johanssons und Claessons Visionen zu Skandinavien, Grafik von Stephan Berndt

Vorsorge-Literatur

Zum Thema „Krisenvorsorge“ gibt es im Buchhandel ein recht umfangreiches Sortiment. Bei einer Unfrage unter Personen, die sich schon seit Jahren mir der Prophezeiungsthematik befassen, wurden folgende Bücher besonders empfohlen:

Lexikon des Überlebens .... von Karl Leopold von Lichtenfels
Das große Buch der Überlebenstechniken .... von Gerhard Buzek
US Army Survival Handbuch .... von John Boswell u. Hermann Leifeld
Die Proviantbibel .... von Ralf und Birgit Londe

Anmerkungen

[1] http://www.schauungen.de/Forumsarchive/zforum/Thema%20587.htm
Titel: Fremd, bunt, und bunter
Beitrag von: Stephan Berndt am 11. Januar 2008
[2] Berndt, Prophezeiungen – alte Nachricht in neuer Zeit, 2001, S. 387
[3] „Der Dritte Weltkrieg ...“ Band I, 1992, S. 24
[4] Bekh, Am Vorabend der Finsternis, S. 60
[5] http://www.balkanforum.info/f9/kremna-prophezeiungen-12284/
viele Links in serbischer Sprache, z. B.:
http://nexus-svjetlost.com/vijesti/misterije/item/209-milos-tarabic-1809-1854-najpoznatija-prorocanstva-srpskog-nostradamusa
[6] Bekh, Am Vorabend der Finsternis, S. 58
[7] Bekh, Das dritte Weltgeschehen, S. 141
[8] Bekh, Das dritte Weltgeschehen, S. 141
[9] Gann, Zukunft des Abendlandes?, S. 186
[10] Bauer, Heinrich, Der 3. Weltkrieg beginnt am Abend des 22. August 1998, S. 57
[11] Bauer, Heinrich, Der 3. Weltkrieg beginnt am Abend des 22. August 1998, S. 57
[12] FOCUS Magazin, 1994, Nr. 30, 25.07.1994, Schreckensszenario dritter Weltkrieg
[13] Berndt, Prophezeiungen – alte Nachricht in neuer Zeit, S. 449
[14] Bekh, Das dritte Weltgeschehen, S. 220
[15] Bekh, Das dritte Weltgeschehen, S. 234
[16] Bekh, Das dritte Weltgeschehen, S. 235
[17] http://www.welt.de/print-welt/article215588/Atomraketen-auf-Bremen-Die-Angriffsplaene-gegen-Deutschland-waehrend-des-Kalten-Krieges.html 09. Mai 2006
[18] Schnyder, Wie überlebt man den dritten Weltkrieg?, S. 214
[19] Bekh, Am Vorabend der Finsternis, S. 218
[20] Huainigg, Heiler und Prophet, S. 114-115
[21] Huainigg, Heiler und Prophet, S. 150
[22] military-today.com/trucks/kzkt_7428_rusich.htm
[23] Bauer, „Der Dritte Weltkrieg beginnt ...“, 1998, Aussage von 1956, S. 57, 58
[24] Bauer, „Der Dritte Weltkrieg beginnt ...“, 1998, Aussage von 1956, S. 57, 58
[25] Gann, Zukunft des Abendlandes?, S. 186
[26] Gann, Zukunft des Abendlandes?, S. 161
[27] Gann, Zukunft des Abendlandes?, S. 90
[28] Ellerhorst, Prophezeiungen über das Schicksal Europas, 1951, S. 117
[29] Beykirch, Prophetenstimmen, S. 71
[30] Bekh, Das dritte Weltgeschehen, S. 220
[31] Voldben, Nostradamus, S. 180
[32] Stern der Erleuchtung Nr. 3, S.15, H. J. Andersen Verlag.
[33] Loerzer, Visionen und Prophezeiungen, S. 297
[34] Landshuter Zeitung, 12. April 1950, S. 5
[35] Adlmaier, Blick in die Zukunft, 1950, S. 54
[36] Ladurner, Tatsachenberichte um Alois Irlmaier, S. 22
[37] Silver, Prophezeiungen zur Schwelle des 3. Jahrtausends, S. 97
[38] Berndt, Alois Irlmaier, Ausgabe 2014, S. 121
[39] Schnyder, Wie überlebt man den dritten Weltkrieg?, S. 198
[40] im Original steht *Sint Pieters**vield**,* nicht *Sint Pieters**veld***
[41] Silver, Prophezeiungen zur Schwelle des 3. Jahrtausends, S. 95
[42] Bekh, Am Vorabend der Finsternis, S. 218
[43] Bekh, Das dritte Weltgeschehen, S. 235
[44] Ellerhorst, Prophezeiungen über das Schicksal Europas, 1951, S. 146
[45] Bekh, Das dritte Weltgeschehen, S. 208
[46] Bekh, Das dritte Weltgeschehen, S. 264
[47] Bekh, Das dritte Weltgeschehen, S. 236
[48] Ellerhorst, Prophezeiungen über das Schicksal Europas, 1951, S. 119
[49] Beykirch, Prophetenstimmen, S. 81
[50] Bekh, Am Vorabend der Finsternis, S. 78
[51] Silver, Prophezeiungen zur Schwelle des 3. Jahrtausends, S. 96
[52] Beykirch, Prophetenstimmen, S. 84
[53] Beykirch, Prophetenstimmen, S. 84

[54] Beykirch, Prophetenstimmen, S. 84
[55] Beykirch, Prophetenstimmen, S. 70
[56] Beykirch, Prophetenstimmen, S. 84
[57] Beykirch, Prophetenstimmen, S. 67
[58] Beykirch, Prophetenstimmen, S. 84
[59] Silver, Prophezeiungen zur Schwelle des 3. Jahrtausends, S. 98
[60] Silver, Prophezeiungen zur Schwelle des 3. Jahrtausends, S. 95
[61] Loerzer, Visionen und Prophezeiungen, S. 310
[62] Beykirch, Prophetenstimmen, S. 60
[63] Loerzer, Visionen und Prophezeiungen, S. 307
[64] Ellerhorst, Prophezeiungen über das Schicksal Europas, 1951, S. 148
[65] Silver, Prophezeiungen zur Schwelle des 3. Jahrtausends, S. 100
[66] Bekh, Das dritte Weltgeschehen, S. 208
[67] Schönhammer, Dritter Weltkrieg und Zeitenwende, S. 61
[68] Ellerhorst, Prophezeiungen über das Schicksal Europas, 1951, S. 146
[69] Bekh, Das dritte Weltgeschehen, S. 97
[70] Bender, Kriegsprophezeiungen, Teil I: »Der prophetische Franzose« in: Zeitschrift für Parapsychologie und Grenzgebiete der Psychologie, #22 (1980), S. 1-22
[71] Neue Wissenschaft. Zeitschrift für Parapsychologie 5. 1955; Neue Wissenschaft. Zeitschrift für Parapsychologie 6. 1956.
[72] Seewald, Benedikt XVI. – Ein Portrait aus der Nähe, S. 25/26
[73] Bekh, Das dritte Weltgeschehen, S. 208
[74] Adlmaier, Blick in die Zukunft, Adlmaier, 1961, S. 110
[75] Bouvier, Nostradamus, S. 280
[76] Bouvier, Nostradamus, S. 233
[77] Bouvier, Nostradamus, S. 256
[78] Berndt, Countdown Weltkrieg 3.0, S. 163
[79] Silver, Prophezeiungen zur Schwelle des 3. Jahrtausends, S. 95
[80] Beykirch, Prophetenstimmen, S. 63–65
[81] Beykirch, Prophetenstimmen, S. 63
[82] Beykirch, Prophetenstimmen, S. 64
[83] Loerzer, Visionen und Prophezeiungen, S. 305
[84] Adlmaier, Blick in die Zukunft, 1961, S. 109
[85] Beykirch, Prophetenstimmen, S. 70
[86] Landshuter Zeitung, 12. April 1950, Seite 5
[87] Loerzer, Visionen und Prophezeiungen, S. 305
[88] Adlmaier, Blick in die Zukunft, 1961, S. 110
[89] ... aus einer Zusammenfassung ihrer Visionen auf zwei DinA4-Seiten vom 25. April 1999 für mein Archiv: *»in der Eifel sehe ich mindestens 1 Vulkanausbruch«*, allerdings keine weiteren Details.
[90] Schnyder, Wie überlebt man den 3. Weltkrieg?, S. 214
[91] Bekh, Am Vorabend der Finsternis, S. 219
[92] Bekh, Am Vorabend der Finsternis, S. 79
[93] Loerzer, Visionen und Prophezeiungen, S. 293
[94] Loerzer, Visionen und Prophezeiungen, S. 295
[95] Ellerhorst, Prophezeiungen über das Schicksal Europas, 1951, S. 146
[96] Ellerhorst, Prophezeiungen über das Schicksal Europas, 1951, S. 148
[97] Bauer, Der 3. Weltkrieg beginnt am Abend des 22. August 1998, S. 57
[98] FOCUS Magazin, 1994, Nr. 30, 25.07.1994, Schreckensszenario dritter Weltkrieg
[99] Schönhammer, Dritter Weltkrieg und Zeitenwende, S. 61
[100] Bauer, Der 3. Weltkrieg beginnt am Abend des 22. August 1998, S. 58
[101] Schnyder, Wie überlebt man den dritten Weltkrieg?, S. 149
[102] Schnyder, Wie überlebt man den dritten Weltkrieg?, S. 149
[103] siehe Berndt, Prophezeiungen – alte Nachricht in neuer Zeit, S. 275
[104] Ellerhorst, Prophezeiungen über das Schicksal Europas, 1951, S. 146
[105] Hübscher, Die große Weissagung, S. 171
[106] Esotera #29, 1978, S. 804
[107] Esotera #29, 1978, S. 805
[108] Esotera #29, 1978, S. 802
[109] Esotera #29, 1978, S. 803
[110] Esotera #29, 1978, S. 803
[111] Esotera #29, 1978, S. 805

[112] Esotera #29, 1978, S. 805
[113] Esotera #29, 1978, S. 806
[114] Esotera #29, 1978, S. 804
[115] Esotera #29, 1978, S. 807
[116] Gann, Zukunft des Abendlandes?, S. 246
[117] Gann, Zukunft des Abendlandes?, S. 246
[118] Gann, Zukunft des Abendlandes?, S. 246
[119] Gann, Zukunft des Abendlandes?, S. 246
[120] Gann, Zukunft des Abendlandes?, S. 245
[121] Gann, Zukunft des Abendlandes?, S. 246
[122] Schnyder, Wie überlebt man den dritten Weltkrieg?, S. 129
[123] Gann, Zukunft des Abendlandes?, S. 185
[124] Bekh, Das dritte Weltgeschehen, S. 237
[125] Bekh, Das dritte Weltgeschehen, S. 236
[126] Bekh, Das dritte Weltgeschehen, S. 237
[127] Centurio, Die großen Weissagungen des Nostradamus, S. 63
[128] Bouvier, Nostradamus, S. 347
[129] Allgeier, Die Prophezeiungen des Nostradamus, S. 416
[130] Bauer, Heinrich, Der 3. Weltkrieg beginnt am Abend des 22. August 1998, S. 57/58
[131] Bekh, Das dritte Weltgeschehen, S. 236
[132] Loerzer, Visionen und Prophezeiungen, S. 336
[133] Bekh, Das dritte Weltgeschehen, S. 236
[134] Gann, Zukunft des Abendlandes?, S. 90
[135] Berndt, Alois Irlmaier, Ausgabe 2014, S. 69
[136] Bekh, Das dritte Weltgeschehen, S. 96
[137] Blick in die Zukunft, Adlmaier, 1961, S. 109
[138] Ladurner, Tatsachenberichte um Alois Irlmaier, 1952, S. 22
[139] Bekh, Das dritte Weltgeschehen, S. 100
[140] Sarközi, Political Prophecies in Mongolia in the 17–20th Century
[141] Von Bertha Dudde (1891–1965) gibt es ein ganzes Heftchen mit dem Titel »Der Eingriff Gottes«
[142] Gann, Zukunft des Abendlandes?, S. 186
[143] Bauer, Heinrich, Der 3. Weltkrieg beginnt am Abend des 22. August 1998, S. 57
[144] Bekh, Alois Irlmaier, 1990, S. 129, Conrad Adlmaier erzählte dies Norbert Backmund
[145] Bekh, „Alois Irlmaier", 1990, Seite 129, der Verleger Conrad Adlmaier erzählte dies Norbert Backmund
[146] Bekh, Am Vorabend der Finsternis, S. 58
[147] Gann, Zukunft des Abendlandes?, S. 179
[148] Hübscher, Die große Weissagung, S. 68
[149] Bekh, Das dritte Weltgeschehen, S. 237
[150] Schnyder, Wie überlebt man den dritten Weltkrieg?, S. 214
[151] Loerzer, Visionen und Prophezeiungen, S. 282
[152] Bekh, Am Vorabend der Finsternis, S. 218
[153] Bekh, Das dritte Weltgeschehen, S. 113
[154] Wer sich mehr dafür interessiert, der schlage in meinem Buch *»Prophezeiungen – alte Nachricht in neuer Zeit nach«.* Böhmen und Tschechien wird in diesem Buch nicht behandelt, weil es aus Sicht der europäischen Prophetie praktisch sinnlos ist. Böhmen wäre so gut wie absolute Todeszone.
[155] Bekh, Das dritte Weltgeschehen, S. 115
[156] Bekh, Am Vorabend der Finsternis, 1988, S. 112
[157] Münchner Merkur, 18. Oktober 1949, S. 4
[158] Berndt, Prophezeiungen – alte Nachricht in neuer Zeit, S. 277
[159] Altbayerische Heimatpost, 20. November 1949, S. 8
[160] Loerzer, Visionen und Prophezeiungen, S. 313,319
[161] Hübscher, Die große Weissagung , S. 66
[162] Hübscher, Die große Weissagung , S. 66
[163] Silver, Prophezeiungen bis zur Schwelle des 3. Jahrtausends, S. 52
[164] Landshuter Zeitung, 12. April 1950
[165] Bekh, Alois Irlmaier, 1990, Seite 129, Ohrenzeuge Norbert Backmund, dem erzählte dies der Verleger Conrad Adlmaier.
[166] Bekh, Alois Irlmaier, 1990, S. 147
[167] Schönhammer, Dritter Weltkrieg und Zeitenwende, S. 61
[168] Schönhammer, Dritter Weltkrieg und Zeitenwende, S. 61
[169] Ladurner, Tatsachenberichte um Alois Irlmaier, S. 22

[170] Ellen Grasse, Chakren- und Auradiagnose
[171] Renner, Weltenbrand, S. 45
[172] Bekh, Das dritte Weltgeschehen, S. 222
[173] Bekh, Das dritte Weltgeschehen, S. 215
[174] Adlmaier, Blick in die Zukunft, 1950, S. 55
[175] Berndt, Alois Irlmaier, 2014, S. 132
[176] Bekh, Alois Irlmaier, S. 147
[177] Altbayerische Heimatpost, 1949, S. 8
[178] Berndt, Alois Irlmaier, 2014, S. 132
[179] Aussage aus dem Jahre 2008, von einem Bekannten meinerseits, dessen Familie Nachbar der Irlmaiers in Oberscharam/Siegsdorf war, bevor Irlmaier 1928 nach Freilassing zog.
[180] Gann, Zukunft des Abendlandes?, S. 185
[181] Landshuter Zeitung, 12. April 1950, S. 5
[182] Bekh, Das dritte Weltgeschehen, S. 100
[183] Varena, Gesammelte Prophezeiungen, S. 179
[184] Varena, Gesammelte Prophezeiungen, S. 179
[185] Münchner Merkur, 18. Oktober 1949, S. 4
[186] Bekh, Am Vorabend der Finsternis, 1988, Seite 112. Als Quelle gibt Bekh hier einen »Priester aus Salzburg« an. Meinen Untersuchungen nach handelt wes sich dabei aber wahrscheinlich um eine Aussage Irlmaiers, und der Priester hat es offenbar nicht riskieren wollen, dass bekannt wird, dass er Kontakt zu Irlmaier hat – und diesem auch noch glaubt. Jedenfalls decken sich die Aussagen dieses Priesters in so hohem Maße mit denen Irlmaiers, dass Irlmaier als der eigentliche Quelle angenommen werden kann. Siehe Stephan Berndt, Alois Irlmaier, Seite 365
[187] Bekh, Das dritte Weltgeschehen, S. 263
[188] Bekh, Das dritte Weltgeschehen, S. 246
[189] Bekh, Das dritte Weltgeschehen, S. 247
[190] Bekh, Das dritte Weltgeschehen, S. 237
[191] W. J. Bekh schreibt hier angeblich Erna Stieglitz zitierend: »Erst gegen Ende dieses verhältnismäßig kurzen Krieges kommt es zum Duelle mit Atomwaffen. Und schließlich zum totalen atomaren Krieg. Seine verheerenden Auswirkungen entziehen sich jeder Beschreibung. [...] Südlich der Donau gibt es vereinzelte atomare Explosionen, hinter der Grenze am unteren Inn fürchterliche Zerstörungen ...«
Dazu ist festzustellen, dass der »totale atomare Krieg« prinzipiell dem immer wieder vorausgesagten „Eingriff Gottes" widerspricht. Was die angeblichen Atomexplosionen südlich der Donau (siehe Irlmaiers einzelne verirrte Bombe südlich der Donau ...), so fehlt bei Bekh jede genau Ortsangabe, und es ist zu vermuten, dass er sie abgedruckt hätte, hätte er sie gehabt. Kurzum: Entweder hat sich hier wieder im Laufe der Überlieferung eine irrige Deutung eingeschlichen, oder aber der Autor Bekh hat hier etwas „auf die Tube gedrückt", damit etwas mehr Spannung in seinen Text kommt. Meinen Recherchen nach hat er das wenigstens in einem Fall getan, und zwar im Falle von Irlmaiers Beerdigung, siehe S. Berndt, Alois Irlmaier, Seite 244. Der Mann war eben Schriftsteller und kein Prophezeiungsforscher.
[192] Bekh, Das dritte Weltgeschehen, S. 234
[193] Bekh, Das dritte Weltgeschehen, S. 100
[194] siehe Rudolf Freisauff von Neudegg: Der Birnbaum auf dem Walserfelde, Ein kleiner Beitrag zur Salzburger Landeskunde. Oberer, Salzburg 1876.
[195] Gann, Zukunft des Abendlandes?, 1986, S. 186
[196] Bekh, Am Vorabend der Finsternis, S. 84
[197] Gann, Zukunft des Abendlandes?, S. 185
[198] Varena, Gesammelte Prophezeiungen, S. 188
[199] Bekh, Am Vorabend der Finsternis, S. 84
[200] Berndt, Countdown Weltkrieg 3.0, S. 245
[201] Hingerl, Staffelbergsagen, 1921, S. 13/14
[202] Landshuter Zeitung, 12. April 1950, Seite 5: »Oa Jahr ko neamad hi mehr dort, dad'n alle sterb'n. Von da Doana bis zur Nord- und Ostsee is a Graus'n. Vui Mensch'n sterb'n no, ne an Cholera, na, na, mia nennen's halt den schwarz'n Tod.«
[203] z. B. Hans J. Andersen, Polsprung – Prophezeiungen und wissenschaftliche Analyse; John White, Pole Shift
[204] In späteren Quellen steht statt *»Sonnenstern«* fälschlicherweise *»Hoffnungsstern«,* was auf einen komplett andere Deutung hinausläuft.
[205] Loerzer, Visionen und Prophezeiungen, S. 354
[206] Denkbar wäre auch, dass der Dichter Martin Hingerl die Prophezeiung des Ludovico Rocco gekannt hat, und sich davon inspirieren ließ, als er an den Reimen arbeitete – ohne im Traum daran zu denken, dass sich rund 100 Jahre später über das Wort »Stephansplatz« eine Diskussion darüber entzündet, ob das Lied der Linde eine Fälschung sei. Autoren und Schriftsteller suchen ihre Inspiration nun einmal auch in den Werken anderer Autoren. Bei Prophezeiungen muss aber zwischen formal-sprachlicher und inhaltlicher Inspiration (Vortäuschung hellseherischer Information) unterschieden werden.
[207] Ladurner, Tatsachenberichte um Alois Irlmaier, S. 21/22

[208] Ellerhorst, Prophezeiungen über das Schicksal Europas, 1951, S. 148
[209] http://goldblogger.de/prophezeiungen/prophezeiungen-berta-zaengeler-stgallen-schweiz-um-1950.html
Der Link ist von 2009.
[210] Bekh hatte den Text aus dem Osttiroler Boten vom 4. Dezember 1986, Seite 4, dessen Quelle war Kaplan Josef Stocker aus Assling.
[211] Bekh, Am Vorabend der Finsternis, S. 88
[212] Bekh, Am Vorabend der Finsternis, S. 89
[213] Bekh, Am Vorabend der Finsternis, S. 89
[214] Bekh, Am Vorabend der Finsternis, S. 89
[215] Bekh, Am Vorabend der Finsternis, S. 88
[216] Bekh, Das dritte Weltgeschehen, S. 236
[217] Bekh, Das dritte Weltgeschehen, S. 236
[218] Privatarchiv Berndt
[219] Allgeier, Die Prophezeiungen des Nostradamus, S. 402
[220] Voldben, Nostradamus und die großen Weissagungen über die Zukunft der Menschheit, S. 277
[221] Graf, Offenbarung der göttlichen Liebe, S. 130
[222] Stocker, Der Dritte Weltkrieg, 8. Auflage 1992, S. 24
[223] Berndt, Alois Irlmaier Auflage 2014, S. 132
[224] Bekh, Das dritte Weltgeschehen, S. 237
[225] Ladurner, Tatsachenberichte um Alois Irlmaier, S. 21/22
[226] Bekh, Das dritte Weltgeschehen, S. 263
[227] Korkowski, Kampf der Dimensionen Band I, S. 246
[228] Edward Korkowski: Kampf der Dimensionen Teil 1, 1982
Edward Korkowski: Kampf der Dimensionen Teil 2, 1989
[229] Bekh, Das dritte Weltgeschehen, S. 254
[230] Bekh, Das dritte Weltgeschehen, S. 236
[231] Berndt, Hellseher und Astrologen im Dienste der Macht, S. 331
[232] Quelle: Berchtesgadener Anzeiger, 30. März 1932, Seite 18 und 19, aus dem Buch *„Bergheimat (Beilage zum Berchtesgadener Anzeiger) – Jahrgang 1931 / 1932 / 1933 / 1934"*
[233] Melzer, Der Matreier Prophet Egger Gilge, S. 137
[234] Berndt, Alois Irlmaier – ein Mann sagt, was er sieht, 4. Auflage 2014, S. 166
[235] Bekh, Das dritte Weltgeschehen, S. 96
[236] Hübscher, Die große Weissagung, S. 65
[237] Berndt, Countdown Weltkrieg 3.0, S. 92
[238] Siehe DIE WELT vom 7. September 1953, Seite 1. Ein fast identischer Artikel erschien am selben Tag in der Bonner Rundschau – Ausgabe Kölnische Rundschau ebenfalls auf Seite 1.
[239] Buchela, Ich aber sage euch, S. 118
[240] Ellerhorst, Prophezeiungen über das Schicksal Europas, 1951, S. 148
[241] „Der alten Linde Sang von der kommenden Zeit" aus dem Büchlein „Staffelbergsagen", 1921
[242] Hingerl, Staffelbergsagen, 1921, S. 12
[243] https://de.wikipedia.org/wiki/Deutsche_Inflation_1914_bis_1923
[244] Die Deutsche Nationalbibliothek (dnb.de) gibt das Erscheinungsjahr mit 1920 an, in der Signatur steht aber 1921.
[245] Hingerl, Staffelbergsagen, 1921, S. 14
[246] Hingerl, Staffelbergsagen, 1921, S. 14
[247] Hingerl, Staffelbergsagen, 1921, S. 14
[248] Hingerl, Staffelbergsagen, 1921, S. 14
[249] nicht mehr gebräuchliche Redensart aus viehwirtschaftlichem Kontext, bezieht sich auf domestizierte Tiere, nicht auf Wildtiere, hier also eher einheimische Unruhestifter
[250] Hingerl, Staffelbergsagen, 1921, S. 14
[251] Hingerl, Staffelbergsagen, 1921, S. 14
[252] Hingerl, Staffelbergsagen, 1921, S. 15
[253] Renner, Frumentius P.: Der Dorfschuster Johann Kristl - ein verkannter Gottesbote. Augsburg 1993, siehe auch: Bekh, Wolfgang Johannes: Bayerische Hellseher. Pfaffenhofen 1976, Seite 116 (gekürzt)
[254] siehe https://www.youtube.com/watch?v=o0IsxCSgyiY, Spiegel Online, 2003, »zuletzt schlug er vor, Atombomben über dem Atlantik abzuwerfen, um so Großbritannien zu überfluten.«
[255] Adlmaier, Blick in die Zukunft, 1950, S. 37
[256] Adlmaier, Blick in die Zukunft, 1955, S. 93
[257] Adlmaier, Blick in die Zukunft, 1955, S. 93
[258] Konstantin von Bayern, Nach der Sintflut, 1986, Seite 164, im Original ist der Name falsch geschrieben: *Irrlmeier*
[259] Adlmaier, Blick in die Zukunft", 1961, S. 111

[260] Hier steht im Original: *»Nach den* ***Atombomben der Westmächte*** *wird plötzlich aus dem Osten ein Flieger kommen und* ***über dem großen Ozean bei England*** *etwas fallen lassen.«* Bei den ***»Atombomben der Westmächte«*** dürfte es sich um eine unautorisierte, aber keinesfalls böswillige Ergänzung des Autors Marcus Varena handeln, oder von der von ihm verwendeten Irlmaier-Quelle. Von Alois Irlmaier gibt es sonst keinen Hinweis auf einen massenhaften Einsatz von Atombomben. Es finden sich bei ihm keine entsprechenden Ortsangaben oder irgendwelche konkreten Beschreibungen von Atomexplosionen, ganz im Gegensatz zu seinen doch recht plastischen Beschreibungen unterseeischer Atomexplosionen, oder des Giftstaubeinsatzes nördlich von Prag. Marcus Varena scheint sich ansonsten tief in die Thematik hineingearbeitet zu haben, und wirkt nicht wie jemand, der zu Sensationsmache neigt.

[261] Varena, Gesammelte Prophezeiungen, S. 184

[262] Gann, Zukunft des Abendlandes?, S. 184

[263] http://www.independent.co.uk/news/world/europe/russian-state-controlled-tv-accidentally-broadcasts-secret-plans-for-nuclear-torpedo-system-a6731276.html

[264] Gustafsson, Merkwürdige Gesichte, S. 104

[265] Wer sich für die Details dieser Fehler interessiert, lese es in meinem Buch *Prophezeiungen, alte Nachricht in euer Zeit* nach.

[266] der von Nordamerika nach Europa zieht und überall große Zerstörungen verursacht

[267] Gustafsson, Merkwürdige Gesichte, S. 59

[268] Gustafsson, Merkwürdige Gesichte, S. 60

[269] Gustafsson, Merkwürdige Gesichte, S. 60

[270] Gustafsson, Merkwürdige Gesichte, S. 60

[271] Gustafsson, Merkwürdige Gesichte, S. 61

[272] Gustafsson, Merkwürdige Gesichte, S. 61

[273] Gustafsson, Merkwürdige Gesichte, S. 61

[274] Gustafsson, Merkwürdige Gesichte, S. 62

[275] Schnyder, Wie überlebt man den dritten Weltkrieg?, S. 165

[276] **Onit** (1959-IV-Tirol): Marcus Varena (»Gesammelte Prophezeiungen«, S. 188) bezeichnet diese Quelle als jüdische Schwarzmagie und Kabbalisten, und Onits Voraussagen scheinen durch eine tiefe Abneigung gegen Europa geprägt zu sein, d. h. er zeichnet die Zukunft Europas extrem negativ und hoffnungslos. Dennoch tauchen auch bei Onit bekannte Elemente auf, die hier der Vollständigkeit halber erwähnt sein sollen: „Die Sintflut reicht bis zum **Erzgebirge." Dann spricht** er auch von einer „Atommine" Russlands, die „das Untertauchen Englands im Meer" verursachen soll. Ob Onit das von Irlmaier hat, ist unklar.

Seher aus dem Waldviertel (1959-II-Österreich): »Im letzten großen Krieg falle eine Atombombe in die Adria und eine in die Nordsee. Diese sei gegen London gerichtet. Das Meer, das bis zu 80 Meter hoch austrete, verursache riesige Überschwemmungen.«, Bekh, Das dritte Weltgeschehen, S. 264.

[277] Korkowski, Kampf der Dimensionen Band I, S.196

[278] Korkowski, Kampf der Dimensionen Band I, S. 196

[279] Korkowski, Kampf der Dimensionen Band I, S. 227

[280] Varena, Gesammelte Prophezeiungen, S. 185

[281] Varena, Gesammelte Prophezeiungen, S. 178

[282] Ellerhorst, Prophezeiungen über das Schicksal Europas, 1951, S. 150

[283] siehe auch Berndt, Prophezeiungen – alte Nachricht in neuer Zeit, S. 57

[284] Lemesurier, Geheimcode Cheops, S. 281

[285] https://grenzwissenschaftler.wordpress.com/2015/04/08/die-vorzeichen-des-sehers-alois-irlmaier-zum-3-weltkrieg/#comments

[286] Ellerhorst, Proph. ü. d. Schicksal Europas, 1951, S. 150, Ladurner, Tatsachenberichte um Alois Irlmaier, 1952, S. 22

[287] Gann, Zukunft des Abendlandes?, S. 178; 1950

[288] Gann, Zukunft des Abendlandes?, S. 182; 1955

[289] **Hilarion** (17. Jh.-III) *Das große Reich im Meer, welches ein Volke verschiedenen Stammes und Ursprungs (von Kelten, Angelsachsen, Normannen, also* ***England****) bewohnt, wird durch Erdbeben, Sturm und Wasserflut verwüstet werden. Es wird in zwei Inseln geteilt werden und dabei* ***zum großen Teile untergehen.*** *(*Ellerhorst, Prophezeiungen ... S. 106)

Seherin von Prag (1658-II-Böhmen): *»Im Nebelland wird ein schönes jungfräuliches Mädchen Königin, welche mit ihren Getreuen ihr Land zu Größe und Reichtum führen wird. ... An 300 Jahre wird diese große Segnung anhalten, dann aber verloren gehen.* ***Das Inselreich wird verschwinden*** *(bzw. im Meer versinken (Varena)).«* (Gann, Zukunft des Abendlandes?, S. 133)

Mit der jungfräulichen Königin dürfte Queen Viktoria I. (1819–1901) gemeint sein, die mit 18 Jahren Königin wurde, aber erst mit knapp 21 heiratete. Die 300 Jahre stimmen aber nicht, denn das britische Empire ist schon zerfallen.

Karmohaksis (1959-III-Italien): *„Allen Ländern Europas wird in kleinerem oder größerem Ausmaß und mehrmals hintereinander das gleiche Geschick widerfahren wie Italien. (Erdbeben und Überflutungen durch Erdbeben) Hart getroffen werden sein: Belgien, Holland, Russland, Deutschland, Frankreich, Spanien und Portugal.* ***England wird fast vollkommen verschwinden.*** *"* (Voldben, Nostradamus, S. 111)

Paulussen (1991-III, Deutschland): „**Großbritannien wird aufhören zu existieren und wird buchstäblich in zwei Abschnitten im Meer versinken.** Einem großen Teil der Bevölkerung wird es jedoch gelingen, vorher auf den Kontinent überzusetzen und sich in Sicherheit zu bringen." (Huainigg, Heiler und Prophet, S. 154)

[290] Gustafsson, Merkwürdige Gesichte, S. 62

[291] Marcus Varena gibt Irlmaier an einer Stelle wieder: *»Nach den* ***Atombomben der Westmächte*** *wird plötzlich aus dem Osten ein Flieger kommen und* ***über dem großen Ozean bei England*** *etwas fallen lassen.«* Bei Varenas »***Atombomben der Westmächte***« muss es sich meiner Auffassung nach um eine unautorisierte Ergänzung des Autors Varena handeln oder von der von ihm verwendeten Irlmaier-Quelle. Hätte Alois Irlmaier tatsächlich gesagt, die USA würden »Atombomben« abwerfen, so hätte er im selben Atemzug sicher auch gesagt, wo diese niedergehen, in welchem Land (wohl Russland) und wo genau dort. Außerdem – und das lässt sich leicht nachvollziehen – wäre es ziemlich unlogisch und unplausibel, würde Russland auf den Abwurf einer *Mehrzahl* amerikanischer Atombomben mit nur *einer einzigen* Atombombe (in der Nordsee) reagieren, selbst wenn dies besonders katastrophal wäre. Aus russischer Sicht wäre es das Mindeste gewesen, dass sie im Gegenzug (auch) das Gebiet der USA atomar angreifen! Grundsätzlich gilt darüber hinaus: Die kategorische Gegenposition der europäischen Prophetie zu einem Atomkrieg in Europa ist der »Eingriff Gottes«, auf den sich auch Alois Irlmaier an zwei Stelle zu beziehen scheint.

[292] ... wie Ferdinand Felber, dessen Frau und Alfred Pollinger

[293] Adlmaier, Blick in die Zukunft, 1950, S. 54

[294] Buchela, Ich aber sage euch, S. 129

[295] Adlmaier, Blick in die Zukunft, 1955, S. 90

[296] Gann, Zukunft des Abendlandes?, S. 187-1981

[297] Bekh, Das dritte Weltgeschehen, S. 141-1955

[298] Berndt, Alois Irlmaier, 2014, S. 42

[299] Gann, Zukunft des Abendlandes?, 1986, S. 186

[300] Adlmaier, Blick in die Zukunft, 1955, S. 91

[301] Berndt, Alois Irlmaier, 2014, S. 285

[302] Berndt, Alois Irlmaier, S. 294

[303] Altbayerische Heimatpost, 20. November 1949, S. 8, und Adlmaier, Blick in die Zukunft, 1950, S. 54

[304] Berndt, Alois Irlmaier, 4. Auflage 2014, S. 313

[305] Berndt, Alois Irlmaier, 4. Auflage 2014, S. 313

[306] Berndt, Alois Irlmaier, 2014, S. 313

[307] Varena, Gesammelte Prophezeiungen, S. 183

[308] Landshuter Zeitung, 12. April 1950, S. 5

[309] Münchner Merkur, 18. Oktober 1949, S. 4

[310] Ich habe W. J. Bekh kurz vor seinem Tode (2010) einmal angerufen, er zeigte sich aber (wohl auch altersbedingt) sehr unkooperativ. Hintergrundinformationen waren ihm nicht zu entlocken.

[311] Bekh, Am Vorabend der Finsternis, S. 264

[312] Adlmaier, „Blick in die Zukunft", 1961, S. 107 „Die Goldene Stadt wird vernichtet, da fängt es an. Wie ein gelber Strich geht es hinauf **bis zu der Stadt in der Bucht.**"

[313] Landshuter Zeitung, 12. April 1950, S. 5

[314] Bekh, Irlmaier, S. 147

[315] Bekh, Alois Irlmaier, 1990, Seite 129, Ohrenzeuge Norbert Backmund, dem erzählte dies der Verleger Conrad Adlmaier.

[316] Schönhammer, Dritter Weltkrieg und Zeitenwende, S. 61

[317] auch „Gräfin Beliante" oder „Bilcante von Savoyen"

[318] Bekh, Das dritte Weltgeschehen, S. 207

[319] Bekh, Am Vorabend der Finsternis, S. 46

[320] Gann, Zukunft des Abendlandes?, S. 246

[321] Der dritte Weltkrieg beginnt ..., Heinrich Bauer, Aussage von 1956, S. 58

[322] Gaben des Lichts, Amina Adil, Spohr Verlag, 1999, S.196f.

[323] Alice Sarközi, Political Prophecies in Mongolia in the 17–20th Century

[324] Kaiser, Die Stimme des Großen Geistes, S. 118

[325] Kaiser, Die Stimme des Großen Geistes, S. 23

[326] Bekh, Am Vorabend der Finsternis, S. 231/232

[327] Korkowski, Kampf der Dimensionen Band I, S. 196

[328] Adlmaier, Blick in die Zukunft, 1950, Seite 38, und Berndt, Alois Irlmaier, (2014), S. 140

[329] Berndt, Countdown Weltkrieg 3.0, S. 196

[330] Gustafsson, Merkwürdige Gesichte, S. 16

[331] Gustafsson, Merkwürdige Gesichte, S. 15–19

[332] Gustafsson, Merkwürdige Gesichte, S. 18

[333] Berndt, Countdown Weltkrieg 3.0, S. 143

[334] Bekh, Das dritte Weltgeschehen, S. 250, der Waldviertler um 1980: »Auch Amerika ist auf die Dauer nicht zuverlässig«

[335] Bekh, Am Vorabend der Finsternis, S. 160
[336] Bekh, Das dritte Weltgeschehen, S. 235
[337] Berndt, Prophezeiungen – alte Nachricht in neuer Zeit, 2001, S. 387
[338] Berndt, Prophezeiungen – alte Nachricht in neuer Zeit, 2001, S. 386
[339] Berndt, Prophezeiungen – alte Nachricht in neuer Zeit, 2001, S. 386
[340] Adlmaier, Blick in die Zukunft, 1961, S. 109
[341] Bekh, Am Vorabend der Finsternis, S. 218
[342] Bekh, Am Vorabend der Finsternis, S. 46
[343] Hingerl, Staffelbergsagen, 1921, S. 15
[344] Beykirch, Prophetenstimmen, S. 92
[345] Snyman, Worte eines Propheten, S. 254
[346] Snyman, Worte eines Propheten, S. 255
[347] Snyman, Worte eines Propheten, S. 257
[348] Snyman, Worte eines Propheten, S. 255
[349] Adlmaier, Blick in die Zukunft, 1955, S. 92
[350] Snyman, Worte eines Propheten, S. 255
[351] Snyman, Worte eines Propheten, S. 256
[352] Snyman, Worte eines Propheten, S. *256*
[353] Bekh, Am Vorabend der Finsternis, S. 218
[354] Berndt, Prophezeiungen, alte Nachricht ..., S. 179
[355] Loerzer, Prophezeiungen und Visionen, S. 343
[356] Bekh, Das dritte Weltgeschehen, S. 264
[357] Berndt, Countdown Weltkrieg 3.0, S. 141
[358] http://www.balkanforum.info/f9/kremna-prophezeiungen-12284/
viele Links in serbischer Sprache, u. a.:
http://nexus-svjetlost.com/vijesti/misterije/item/209-milos-tarabic-1809-1854-najpoznatija-prorocanstva-srpskog-nostradamusa
[359] http://www.j-lorber.de/proph/seher/bogic.htm
[360] Berndt, Countdown Weltkrieg 3.0, S. 143
[361] Ladurner, Tatsachenberichte um Alois Irlmaier, ~1952, S. 21
[362] Adlmaier, Blick in die Zukunft, 1961, S. 112
[363] Landshuter Zeitung, 12. April 1950, S. 5
[364] Adlmaier, Blick in die Zukunft, 1961, S. 112
[365] https://www.youtube.com/watch?v=9H8-r1VdQmQ
Indischer Prophet sagt RUSSISCHE INVASION voraus; Versklavung der US Bürger Sunar Selvaraj
[366] http://www.youtube.com/watch?v=fsvYFv8nzqk
Indianische Prophezeiungen
[367] Snyman, Worte des Propheten, S. 256

Stephan Berndt

Wenn Beteigeuze explodiert

Das Buch beschreibt die letzten großen Vorzeichen für den großen Wandel. Damit wagt sich der Autor tief hinein in den vor uns liegenden dunklen Tunnel. Aber das macht er, damit der Leser das Licht am Ende des Tunnels besser erkennt.

ISBN 978-3-946959-81-6…236 Seiten € 19,90

Stephan Berndt

Prophezeiungen zur Zukunft Europas und reale Ereignisse

Sorgfältige Analysen von fast 250 Quellen haben erstaunliche Übereinstimmungen der wichtigsten Voraussagen ergeben. Obwohl uns Kriege und gewaltige Naturkatastrophen bevorstehen, gibt es Gebiete, die weniger betroffen sein werden, und wo man verhältnismäßig sicher sein kann. Auch werden wir wieder wunderbare und friedliche Zeiten erleben.

ISBN 978-3-926388-82-7 301 Seiten € 17,90

Stephan Berndt

Alois Irlmaier – Ein Mann sagt, was er sieht

Dieses Buch bietet dem Leser den neuesten Stand der Irlmaier-Forschung und ist ein Muss für jeden Bürger, der sich um die Zukunft sorgt, und der weiß, dass in einer Welt voller Täuschung jeder Mensch selbst die Wahrheit suchen muss.

ISBN 978-3-941435-01-08 372 Seiten € 18,00

Stephan Berndt

Neustart

Mit seinem inzwischen neunten Buch zum Thema traditionelle europäische Prophetie legt Stephan Berndt eine Analyse der Prophezeiungen speziell zur Zukunft Deutschlands in der Zeit nach dem prophezeiten ⍰dritten Weltkrieg⍰ vor. Dieses zukünftige neue Deutschland (und Mitteleuropa) soll – man lese und staune – von Königen regiert werden, und es soll aufblühen!

328 Seiten ISBN 978-3-946959-13-7 € 18,95

Jürgen Majewaski

Die Welt im Wandel

12 Schlüssel für einen Bewusstseinssprung

Weltfinanzkrise, Umweltkrise, politische Krisen, die Verhältnisse auf der Erde haben sich weltweit bedrohlich aufgebaut. Immer mehr Menschen beginnen zu begreifen, dass sie auf dem Planeten so nicht werden weitermachen können. Die Menschheit wird sich entscheiden müssen.

ISBN 978-3-941435-03-2 167 Seiten € 14,95

E Erich Berger

Prophezeiungen – Keine Angst vor Krieg in Europa - Vorsorgen und schützen

Kommt es in Europa wieder zu einem 3. Kriegsausbruch, dann ergibt sich dieser praktische und nüchterne Leitfaden. Er bündelt Alarmzeichen je nach Gefahrenstufe und gibt Ratschläge, was zu tun ist und an welchen Orten in Deutschland, der Schweiz und Österreich man einigermassen sicher ist.

ISBN 978-3-910402-00-3 160 Seiten € 18,00